هل تعرف؟

Do You Know?

هل تعرف؟

Do You Know?

Joseph Eshoo Bahribek

ARPress
ILLUMINATING IDEAS
EMPOWERING VOICES

ARPress
45 Dan Road Suite 5
Canton MA 02021

Hotline: 1(888) 821-0229
Fax: 1(508) 545-7580

Ordering Information:

Quantity sales. Special discounts are available on quantity purchases by corporations, associations, and others. For details, contact the publisher at the address above.

Printed in the United States of America.

ISBN-13: Paperback 979-8-89389-276-5

Library of Congress Control Number: 2024907792

مقدمه

Introduction

كتابي يحتوي على المعرفه الحقائق على المعلومات حول قليل من (Encylopeda) إنسيكلوبيديا في كل مراتب المعرفه من حقيقه الخليقه كل الشيء في الكون وكل أشياء فيه وأيضا من الفروع العلوم والعلم اللاهوت والفلسفه وأفكار وخاطره أو فكره أو عقيد. وعلم الخرافات لا وجود لها من صحتها الباطله والاشياء أخرى تخص فيك والخ

المدون والمؤلف
جوزيف أ. بحري بك

This book, my book, Contoins True-document of Knowledgment of information about Litte Encylopedia for all fieds of my knowledgement, and From Creation of Universe ((cosmos)) and everything in it and Sciece, Physics, Chemics, Magnetics fields. philosophy

Auther and
Usher
at st. Gregory church.
Joseph. E. BahriBek Eshoo Awdishou
kallo. Rev. priest David EL Skriah
((Zakriah)) Hajee From Ankawa City
North Iraq ((Mesopotamia)) Iraq

المدون والمؤلف: جوزيف إيشو بحري بك
إيشو أوديشو كالو
قس داود الصريا ((زكريا))
هاجي من مدينة عنكاوى. وادي رافدين
في شمال وطني الحبيب ((بلده الحضارات
العراق ((بلد أول أدم خلق فيه)) وموقع
الجنه كانت فيه - آمين -
Usher: J.E.B.
ي.أ.ب

نقل: مأخوذه من
أبي كما قال
لي

[illegible]

[illegible]

ي.أ.ب

J. E. B

ALL mankind God Create them Equal

J.E.B. [illegible]

آمين. Amen.

على الأرض السلام
peace on Earth
Amen!
آمين J.E.B
ي.أ.ب

مصادق في كتابة المقدمة
في 21/9/2022
ي.أ.ب

هل تعلم لماذا سميت الدول العربية بهذا الاسم

الكويت: الكويت تعني حصن صغير قريب من مياه. كوت.
التونس: أطلق الاغريق على التونس تسمية بالأمازيغية
مشتق من الأمازيغية معناها توقف أو تخيم أو تونس
نسبة الى آلهة تيميتا الى آلهة تانيت التي عبدها القرطاجيون. ثم
غير العرب الى التقديس من طنيسه وأيضا كانها
الجزائر: سميت جزائر كالدولة على عاصمتها التي تأسست
سنة 960 على أنقاض Icosium الرومانية ويقال أنها سميت
اسم جزائر نسبة الى ثلاثة الجزر كما تقول المؤرخين أن عرب
أطلق أطلقوا على منطقة اسم جزائر لأنها بدا لهم كالجزيرة
تملكوها حيات لأنها بحر في شمال وصحراء في الجنوب
البحرين: هو مثنى البحر
العراق: تعريب الى اسم سومرية أوروك. أطلق في الفارسي
إيراك معنى أرض الخصبة
الأردن: نسبة الى نهر الأردن مشتقة من كلمة سامية يارد
التي تعني الهابط
الإمارات العربية: أبو ظبي الى الضباع الى نسبة مطاردة
الضباع. أم قسمية (عمارة) أم قوتني
جيبوتي مشتقة من شعب عطرة تعني صفيحة أو لوحة
لبنان: لبنان مشتقة جبالها الثلجية كانت تعرف في لغة
السامية لبقان الأبيض نسبة جبالها مغطية في ثلوج ذكر
اسمها في ملحمة كلكامش. لبنانيين اصلهم الفينيقيين.
موريتانيا: شعب موري سميت أكبر مجموعة اثنية
استوطنه منطقة. أم مشتق من لفظ أمازيغي اموري يعني
أرض أو وطن بينما يقول بعض اسم موريطانيا

السودان: نسبه الى أرض السود، إشارة الى أرض
السود كما مشتقه من لغة النوبيه هي السودان تعني
المخلوط أي بين أبيض الشديد والأسود الشديد وإشارة
بالنسبه للون بشره في المنطقه

المغرب: كما يعتقد المغرب منذو غزو المسلمين نال إسمه عند
عرب الشمس: آخر تقرب الشمس. اما في أنكليزي
Morocco تقريره في للاسبانيه والبرتغاليه من كلمة مراكش
الامازيغيه تعني أرض الله

اليمن: يقال أن اسم اليمن مشتقاً من كلمة اليمين لأن البلاد
واقعه على يمين الكعبه أو يمين بحر الاحمر وقد يكون اسم
مشتق من كلمة اليمن يعني ازدهار ولكن مشتق من
يامن بن قحطان أو يعرب حفيد هود وهو جد
مللوك مملكتين الحميرا

عمان: يرجع مصدر تسميه عمان من كلمه السوريه معناها
مكان الي تشير الى سفينه ويبدو أنه كانت لسوريين
علاقات التجاريه مع عمان في تلك فتره هناك قول آخر ينسب
الى اسم عمان الى أو ربما الى عمان بن سبا بن نفشان

القطر: قطر مشتقه من كلمة قطاره كما أستخدمه لبعض
آثار في منطقه حتى في خرائط بطليموس ذكرها في
الخرائط في حضر عياء أنها قطاره

ليبيا: ليبيا ظهور اسم ليبيا نقش فرعون رمسيس ثاني
وكتبه حينها ليبيا. ويقال أن مشتق اسم ليبيا أبنه الاله
ابانوس اليونانيه

3.A

(3)

Levi
Gershon
Libni
Shimei
Gathath
Merari
Amram
Izhar
Hebron
Uzziel
Mahli
Mushi
Zechariah
Jediael
Zebadiah
Jathniel
Elam
Jehohanan
Elioenai
Jahaziel
Zechariah
Benaiah
Jeiel
Mattaniah
Meshelemiah
Kore
Zaccur
Joseph
Nethaniah
Asarelah
Asaph
Berachiah
Shimea
Michael
Baaseiah
Malchiah
Ethni
Zerah
Adaiah
Ethan
Zimmah
Shimei
Jahath
Jeaterai
Zerah
Iddo
Joah
Eliasaph
Lael
Shelomith
Haziel
Haran
Jahath
Zina
Jeush
Beriah
Jehiel
Zetham
Joel
Laadan
Shimei
Hashabiah
Kemuel
Ezra
7:1-5
Seraiah
Azariah
Hilkiah
Shallum
Zadok
Ahitub
Amariah
Azariah
Johanan
Azariah
Ahimaaz
Zadok
Ahitub
Amariah
Meraioth
Zerahiah
Uzzi
Bukki
Abishua
Phinehas
Eleazar
Abihu
Nadab
Aaron
Moses
Gershom
Eliezer
Rehabiah
Jeshaiah
Joram
Zichri
Shelomith
Shebael
Jonathan
Jonathan
Abiathar
Ahimelech
Ahijah
Ahitub
Ichabod
Phinehas
Hophni
Eli
Ithamar
Elkana
Assir
Korah
Nepheg
Zichri
Bukkiah
Mattaniah
Uzziel
Shebuel
Jerimoth
Mahazioth
Heman
Abijah
Joel
Shemuel
Elkanah
Jeroham
Eliel
Toah
Zuph
Elkanah
Mahath
Amasai
Elkanah
Joel
Azariah
Zephaniah
Tahath
Assir
Jekameam
Jahaziel
Amariah
Abiasaph
Jeriah
Shamir
Michah
Mishael
Isshiah
Zechariah
Elzaphan
Zithri
Hosah
Eleazar
Kish
Jerahmeel
Jaaziah
Beno
Shoham
Zaccur
Ibri
Eder
Jeremoth
Abihail
Ibri
Zaccur
Shoham
Beno
Jaaziah
Ethan
Jeduthun
Kishi
Abdi
Malluch
Mashabiah
Amziah
Hilkiah
Amzi
Bani
Shamer
Mahli
Eder
Jeremoth
Heggiah
Asaiah
Shime
Shimi
Libni
Uzza
Kish
Eleazar

(٢) B.

فلسطين: يعود أصل فلسطين في عهد الإغريق من جزر اليونانية الواقعة بين يونان وتركيا. وكان على الأرجح أول رواية جنوبية لشرقية لبحر المتوسط. ذكر هيرودوتس أنها جزء من سورية وأن من بين شعوب التي تواصل الفينيقيين هم الفلستيون الذي استقروا في مدن مثل غزة وعسقلان وأشدود.

المصر: نسبة إلى المصريم بن حام بن نوح حسب مصادر العربية. سميت المملكة مصرايم. في العبرية اسم مصر كميت الذي يعني أرض سوداء. أما اسم في انكليزي Egypt وهو مشتق من إغريقية ايجبتوس الذي يعني على اللفظ المصري هيكوبتاح الذي كان يطلق على مدينة منفس.

سوريا: سوريا أصل مشتق من آرام (الارامي) بن سام معنى اسم سوريا السريانية الآرامية سوريا أي سريان أو سوري.

المملكة السعودية: سميت بالنسبة إلى ملك آل سعود.

الصومال: كلمة الصومال مؤلفة من جزئين، صو معناها اذهب ومال معنى الحليب أي اذهب واحلب. يصف نظرة عن معنى بدو وأصحاب الأنعام. أن اسم مستمد من شعوب أو قبيلة أفريقية التي عاشت على رعي أغنام تلك منطقة. اسم صوومال مشتق من كلمة قبائل أو قبيلة أفريقية.

جزر قمر: جزر قمر سميت بهذا الاسم لأنها تشكل هلالاً على محيط الهادي.

هل نعلم
لأنسان وأستقراره على الأرض :-

1- أنعدام الجاذبيه وأنخفاض الوزن: كلما تنعدم الجاذبيه وينخفض
الوزن عندما تخرج من جاذبيه الأرض تخف وزنك عدده
مرات. ربنا العظيم عمل في أرض جاذبيه قويه كي لا يطير أو
يفقد كما في قمر عمل الجاذبيه قويه في أرض كي تستقر على أرض
ولم يطير كما يطير ويطوف في مركبات الفضائيه عند خروجها
من جاذبيه ارضيه آمين

2- الجاذبيه والنمو:- جاذبيه تأثر على النمو !! مثلا
أقرب جيران إلى أرض هو القمر لم يوجد هواء
في القمر وأنعدام الجاذبيه لا تنمو الخضروات والنبات
أطول نموها على الأرض عدده مرات لأن جاذبيه
تأثر على النمو النباتات؛ هكذا عمل ربنا خالقنا
الجاذبيه على الأرض كي لا يطول وينمو جسمهم أكثر
غير طبيعي
آمين

3- مصر:- جاء أسم مصر من أسم مصرايوم Mesraim
أبن حام Ham الابن نفسه أبن نوح Noah معروفه ومكتوبه
في عهد القديم؛ التوراة old Testament Torah
مصر تنقسم في عهد القديم إلى القسمين قسم الأعلى
فيتروس phetrus وقسم الأسفل Lower Mesraium
وسميت مصر بكلمه السفلى مصرايوم بالمصر. آمين

4- أول حضارات في تاريخ البشريه هي في عراق حاضر!! "10"
1- أول أخترعوا الكتابه ودونوها كتابه المسماريه 2- أول
من أخترعوا عجله أو عجله حربيه في بلاد سوم
وكتابه. و3- أول قانون في العالم هي مسله حمورابي
5- أول من وضعوا أو أخترعوا التقويم

هل تعلم

٦- أول من صنع المشروبات كحولية البيرة . ١- أول مصمم
مصمموا البناء عالية كالبرج بابل وزقورة وفن البناء
- وتعرفوا على حركة الكواكب والنجوم التنجيم وحركة كواكب
- الرسومات .

٧- وجه الوجه
- لا أحد يقدر أن يواجه الله وجه لوجه ما عدا نبي
موسى كما وجهه من فوق الجبل سيناء من بعد لذلك كان
وجهه براق . كما يقولون أن يعقوب يتصارع مع الله
ليس كان مع الله وإنما مع ملاك الله الذي يمثل الله .
حيث قال ملاك الله أنما سيكون إسرائيل معناه صارع مع
ملاك الله . لذلك سميه باسم اسرائيل في منطقة اسمها
بانائيل panaeL معناها وجه الله pana وجه
eL الله في أسماء لسيوديه يهوديه كما في عهد قديم التوراة
في آشوريه بانا patah أمام

٨- اسماعيل : معنى سمع في سامية أن اسماعيل وصفه
ابراهيم من أور عراقيه ووصفه هاجر المصرية . كما في عهد قديم
التوراة . أور اسم مدينة (Ur) في جنوب العراق
آمين

٩- عمالقة : Amalec Eliphaz
٩ عمالقه جاءوا من تيمنا Thamna من أليفاز ابن عيسو
الذي دخل في الشخصية Shakh Easu . عيسو ابن
يعقوب (اسرائيل) . كما مكتوبه ومدونه في كتاب مقدس
عهد قديم التوراة . في اخبار أيام الاول .
آمين

هل تعلم

١٠- صوم: عند غروب الشمس ينتهي اليوم يجب أن نفطر
كما مكتوبه في عهد القديم وعهد الجديد. عند كاثوليك يجب يكون
٢٤ ساعة أي في منتصف الليل ١٢ (علمياً) يرجعون الى الساعات
عمله الذي وضعها أنسان لتمرعى على وقت كما يعملون
كاثوليك أي لم يطبقوا في عهد الجديد والقديم كما يجب أن
يكون.
آمين

١١- عماد:
عند كاثوليك المعموديه في عدد حالات لم يعطو كل
جسم في الماء وأنما رشو او رش ماء على وجه وجسم
يجب يتعمد جسد كله في ماء كما عمد مسيح كل جسده.
كما يعملون اسوريين وكلدانيين وأرثودوكسين آخرين
اميا

١٢- عندما *ظهور نجم براق في سماء في شهر الاول
٧ او ٦ في شهر اول يجب أن نحتفل بالعيد ولادة مخلصنا
يسوع المسيح. كاثوليك غيروا ولادة كما قالوا انه
ولد في ٢٥ شهر ١٢ اي رجعوا تقويم ايام ١٢ يوما
الى وراء. ليس مكتوبه في عهد الجديد في شهر
١٢ وانما في شهر واحد ٧ في أثوريه و ٦ أرمنيه
نعود في أختلاف في شهر واحد ٧ أو ٦ إلى تاريخ يوم
والموقع واليوم ثاني. أختلاف بين اثوريين كلدانيين
و ارمن في شهر واحد ٦ فيه وأثوريين في شهر واحد ٧ فيه.

* ظهور نجم في سماء
معنى توجد شيء سيحدث في نفس وقت دليل على
ذلك هو ولادة مخلصنا يسوع المسيح من ظهور نجمه
في شهر واحد ٧ فيه Jan.7. هذا هي هي اشار
من خالقنا سبحان اسمه آمين

١٣ - لا يميزون ولا يفرقون من اين جاءوا - 13

لا يفرقون من أين آتوا ولا يعرف حقيقة كما مدونة في عهد قديم

١٣ - أشور Asshur أو Asshuriam

أ - أشور ابن سام ابن نوح في شمال عراق نينوى 13

ب - أشوريوم Asshuriam ابن ددان Dadan دادان

ابن يقشان Jokshas أول ابن ابراهيم من زوجته قطورة

أي حفيد حفيد ابراهيم الذي ذهب الى مملكة سعودية

لذلك يوجد اسمين متشابهين لا يقدرون يفرقون بينهما

من اين أتى و اين ذهبوا الى بلاد الحاضرة. كما مكتوبة

في عهد القديم أخبار أيام الأول أي 1 chronicles

أشوريوم حفيد حفيد ابراهيم من زوجته ثالثة قطورة. آمين

١٤ - أشوريين اذا كانوا أقوام عربية. لماذا العرب لم يسمون 14

أبناءهم ابنائهم في أسماء أشورية كما الاسم أشور و أشحورون

وسركون و سمي أميس كذلك مع كل شيء اذا كانوا قبائل

عربية لماذا لم يسمون أسماء أولادهم في كلدانية كوديا

وحمورابي وأسماء آخرى اننا كلنا من ابناء سام أي ساميين

ولكن حيث أنتقوا مكان آخر كما مدونة في عهد قديم أخبار أيام

الأول 1 chronicles آمين ولسنا قبائل عربية

Og king of Bashan of Rephaites ١٥ - انما الجبابرة ملك عوج ملك باشان 15

آخر جبابرة الرفائيين. وكان سريره مصنوعا من حديد ولا يزال

محفوظا في متحف ربه من عمون طوله تسعة أذرع (نحو أربعة

أمتار ونصف المتر وعرضه أربع أذرعه نحو مترين.

only Og king of Bashan was Left of the remant of the Rephaites. His bed Was made of Iron and was more than thirteen feet Long Six 6 feet Wide. It is still in Rebbah of Ammonites. ٣:١١ مكتوبة في عهد قديم في التثنية

Deuteronomy: 3:11.

آمين

هل تعلم

١٦- معنى أسماء أسماء مدن عراقية

16-أ- سامراء: سُرَّ من رآه. د- العراق: أعراق كثيرة وجود جذور حضارات، اورك مدينة في جنوب عراق لذلك سمية عراق. ايراك في فارسية معنى ارض خصبة والى أخره

ب- كربلاء: كرب وبلاء.

ج- نجف: نجح وجفاف.

١٧- اسطرلاب: جهاز قياس بعد النجم: جهاز قياس بعد النجم

17 وموقعه: جهاز قياس بعد النجم وموقعه (اسطرلاب)

١٨- لماذا يوجد سابقاً وضعوا التقويم في التقويم ١٧ اشهراً

18- فمن يدور ١٧ مرة في السنة. في التقويم السامية في شمال عراق، الاشوريين في جنوب عراق كالسومرية والاكدية (اول مستقرين السومرية الاكدية) والكلدانيين ١٧ اشهر في تقويمهم. في كل شهر يوجد ٢٩ و٢٠ يوماً في شهر. أما في التقويم الحديث كالتقويم كريكوري: قديس وبابا كريكوري أضاف يوم واحد في كل شهر أي ٢٠-٢١ بين كل يوم واحد كي تكون ١٧ اشهراً عوضاً في تقاويم السامية (الاشوريين، والكلدانيين، واليهود، وعرب والى أخره) ١٢ اشهراً. تقويم كريكوري مع سنة كبيسة ١٢ اشهراً

19-١- ارقام عربية (١، ٢، ٣، ٤، ٥، ٦، ٧، ٨، ٩) ليست عربية.

١٩- كتابة ارقام عربية ليست أصل كتابة عربية، كتابة ارقام الانكليزية هي اصل عربية كان عند عرب عملوا ارقام على شكل زوايا على هذا شكل كالآتي

1: زاوية واحدة. Z: زاويتين. 3: ثلاثة. +: أربعة زوايا

5: خمسة زوايا. 6: ستة زوايا. 7: سبعة زوايا. 8: ثمانية زوايا

9: تسعة زوايا. حيث تطور كتابة النوايا العربية الى الانكليزية حالية هي أصلها العربية كالآتي: كما أعرفها:-

1 . Z . 3 . + . 5 . 6 . 7 . 8 . 9

1 . 2 . 3 . 4 . 5 . 6 . 7 . 8 . 9

هل تعلم

٧- 20 - أيام الأسبوع :-

أيام أسبوع جاء لعدد أيام (خليقة كل شي موجود
في كون وعلى الأرض) ، الله جل جلاله الذي خلق
أولا ملائكه (كي تخدمه وتطيع وتعمل طلبه) ، كل شي
في كون وفي الأرض في سبعة (السابع استراح)
يوم السابع هو السبت (يوم السبت) ، و ستة أيام
باقيه من خليقه كل شي ، لذلك تكون عدد أيام
مع استراحه ٧ أيام في أسبوع ، كما يلي في التوراة
قال : خوشيبا أي أول يوم في أسبوع حاد واحد ، شيبا أسبوع
معناها واحد في أسبوع ثره اثني شيبا (ترو شيبا) اثنين
في أسبوع ، طلاوشيبا الثالث في أسبوع ، اربوشيبا
الرابع في أسبوع ، خموشيبا السادس في أسبوع
شبتا (السبت) استراحه أو أسبوع أو عطله كما
يعطلون يهود ولم يشتغلون يوم السبت تكريما لاستراحة
الرب من خليقته . لذلك يوجد ٧ أيام في أسبوع .

آمين

٧- 21 - أسماء أيام أسبوع في انكليزي نسبتاً الى أسم الشمس
والكواكب وأقمار (قمر) ، كما يلي

sunday : day of sun
Monday : day of Moon
Tuesday .
Wensday .
Thursday .
Friday . day moon of Mars (Fabus) يوم قمر مريخ
Saturday . day of satrian يوم كوكب زحل

ملاحظة
لقد رويت هذه
قصة لأني من زمان

هل تعلم

22-٢-
ملكة سميراميس (شميرام في آشوريه)
أقوال ودعايات كاذبة ومزيفة وباطلة كما يقولونها يقولون الأرمن
على ملكة البطلة القوية التي قتلت بجيشها قوي الملك ملك
الأرمن: حيث دعايات كاذبة ليس لها صحة قالوا (الأرمن)
أن ملكة كانت تحب (وقعت حب معه (ملك ارمن).
لما قالوا في أقوال ليس لها صحة اي كاذبة ومزيفة
لماذا قالوا هكذا!

الجواب ؟- لأن ملكة سميراميس أمرأة قتلت ملكهم
الأرمن رجال. (مرأة قتلت رجل (رجلهم)، لذلك يقولون
ذلك (ملكتكم حيث وقعت في حب معه) كي يحطموا معنويات
اي آشوريين.

ب- أنها أسطورة ليس لها من صحتها ولا كانت
مذكورة أو مدونة في عهد القديم التوراة (Torah)
كما ذكروا عدد من ملوك آشوريه والبابليه في كتاب
المقدس العهد القديم التوراة

ج- كما يقولون أن ملكة سميراميس (شميرام)
كانت كلدانية. كما في أعتقادي عندما كانت بابل
تحت حكم آشوريين قد يجوز أحد ملوك أو أحد من
شعب آشوري تزوجها.

أذا كانت تحبه لماذا قطعت أو تكلم في لغتهم أرمنية
أذا كانت تحبه لماذا أحتلت بلادهم (أرمن)، ولماذا
قتلته (ملك) ؟

د- كيف وقعت حب معه أذا ملكين ضد الاخر ويريد أحدهم
يغزوا بلاد آخر بـ آخرى :- أعدين ضد آخر كيف يقعون (يحب)
حب مع بعضهم: هذا كل دعايات على ملكة سميراميس
باطلة وليس لها من صحة أنها كلها دعايات كما قلت لأن
أمراة قتلت رجلهم. مدون جوزيف ايشو بجري بك

٢٧- صور والتماثيل: (فكره وخاطره لي) كما في أعتقادي
23-
كما كتب ودوونه في كتاب مقدس العهد القديم (التوراة) وفي
عهد الجديد الانجيل لا تصنعوا أصنام ولا تعملوا صور او
رسومات كي تعبدونها وقرابين تقدمون لها. لا الرب هو
غيور. ولكن في اماكن عباده في كثره (كثير) يوجد في بعض
كنائس الكثوليكيه (صور واصنام) وبعض كنائس
أورثودكسيه (صور فقط): الكلدانيه والسريانيه
والمونانيه وروسيه وقبطيه آمين
فقط في كنائس ارثودكسيه (اصحوا كاثليك) ولكن مع
هذا لم يضعوا لا صور تماثيل؛ وأنما صليب بدون
سيدنا ومخلصنا يسوع مسيح؛ ومع هذا يوجد في شبابيك زجاج
الكنيسه فقط الغيوم* من كل طوائف المسيحيه لا
تضع تماثيل ولا صور؛ لذلك طبقنا واتبعنا تعاليم كتاب
مقدس هو اشوريين: كما ذكر في كتابه المقدس إعطينا المقدره
عصا يدي بين اشوريين. كما كتبيه أو قيله في كتاب مقدس
شعب أومله اشوريين وسمائي سيكون شاهد على اليهود
الذين قتلوا أنبيائهم (قتله أنبياء).
وضع صور وتماثيل في بعض كنائس لـ أحياء ذكرهم
كما في اعتقاد تخليدهم وأحياء ذكرهم الرب شاهد ماذا
عمل في بيوت الرب (كنائس) في الفاتيكان مقعد كرسي
قدس بطرس؛ فقد مخلصنا عوضنا. أن الله ومخلصنا يرون
كل شيء يقدر أن يزيل الصور وتماثيل كما يشاء ولكن
أن (رب ومخلصنا) يعرفون ذلك لـ أحياء ذكرهم وتخليدهم.
* الغيوم مكتوبه في كتاب المقدس: غيوم كما الرب عمل غيوم
ومخلصنا سيأتي على غيمه كما كانت رمز في كتاب مقدس
والرب على غيوم. وضع فقط الغيوم على شبابيك كنيسه فقط
لا صور ولا تماثيل. آمين

من أين جاءوا وما معناها:- (بعض دول العربية)

٢٤- بعض دول عربية يرجع أصلهم كما مدونة في كتاب مقدس
-24
العهد قديم توراة أنظر في كتاب مقدس أخبار أيام الأول
أ- عراق: مملكتين ١- أشور ٢- بابل (كلديا) لقد جاء من إلم
مدينة أورك في جنوب العراق: إيراك أم فارسي إيراني
معنى أرض خصبة. العراق: عرق: جذور كثيرة من حضارات
أو جذور كثيرة جذور موجودة على أرض عراق: حضارات
وجذور. عراق سابقا كانوا أشوريين وبابليين (كلديا) وأصبحت عربية.
ب- بغداد اسم في فارسية هبة الله:- بغ: هبة، داد: الله
ج- لبنان أصلهم الفينيقيون: معنى مشتقة من جبالها
الثلجية بيضاء. لبنان: كانت فينيقية وأصبحت عربية.
د- مصر: أصلهم فراعنة أفريقين حاميين (حام) (Ham) أبن نوح
تسمية مصر يرجع الى مصريوم السفلى من مصر
سابقا. تتكون مصر من قسمين قسم الأعلى فيتروس
Upper phetus ابن مصريوم Mesraim ابن (san) حام (Ham)
حام ابن (San) نوح Naah ، مصريوم Mesraim (Lower Egypt)
أسفل مصر. اسم Egypt أجبتوس مشتق أغريقية
إجبتوس مشتق من الاغريقية: مصر كانت فراعنة وأصبحت عربية.
سوريا: جاءت من أرام أبن سام (Aram Son Sam) معنى سوريا
السريانية. أرام معنى أراميين لذلك تسمية سوريا أي
السريانية الارامية. سوريا كانت سريانية وأصبحت عربية.
فلسطين: جاءوا من بحر أي من جزر اليونانية (sea people)
من بحر إيجة حيث دخلوا في كاسلوحيم (casLuim) الجنب فلسطين
(phLstin) وفلسطين الجنب ولدين (٢ أولاد) ١- لحام (Lahm).
٢- كولس (GoLiath). فلسطين جزر يونان وأصبحت عربية.
كل هذه معلومات كلها تقريبا من كتاب مقدس التوراة
في أصحاح في أخبار أيام الدول 1.chronicles
أصحاح ١

هل تعلم

25 قياسات والرب (الأدوات)

عند رب لا يستعمل الأدوات كالقياسات والوزن؟
كالإنسان عمل وصنع الأدوات وضع مقاييس كأنج
وسانتمتر وكيلو وغرامات وباوند والاونس والى اخره.
كي يعرف دقة مقاييس الأشياء الذي يستعملها وهندستها
كالمثلث ومرجال وبالخ والى اخره) من مقاييس.
عند الرب عنده مقاييسه كالذراع اليد وقدم الرجل وليس
فيهما مقاييس لتتعرف من دقة قياساتها وهندستها ومن
بنائها. حقائق هذا الوثائق والمعلومات مدونة ومكتوبة
في كتابه مقدس عهد القديم (توراة Torah)
كما قال لمثلة الملك في عهد قديم من بعض ملوك
اسرائيل (يعقوب) ملك قال لهم أريد منك أن
تبني بنايه طوله مثلا وخمسه أو يارد أو خمسه
اقدام أو قدم وليس قال لهم أريد منكم ثلاثه أقدام
في يارد و ١٢ انج في القدم. وانما فقد استعمل قياس ذراعه
او قدم رجليه فقط لا يوجد مقاييس فيهم لتأكد من
دقة مقاييسهم وانما استعمل يده ذراعه وقدمه عوضا عن
مقاييس. كذلك اقول لكم رب خالقنا ليس له مقاييس
اما بالنسبه للوزن ثقل أقول لكم أن أبونا السماواتي
ليس له أدوات الثقل؟ انسان عملها لتعرف من دقة وزن
مثلا على الأرض وزنك ٦٠ كيلو على ارض حسب الجاذبيه
ولكن قياس أو عدة وزن لا ينفع في القمر (اقرب جيران الأرض)
سيختلف وزنك من ستين كيلو الى ١٥ كيلوات تقريبا لان
قياس الوزن (كيلو) لا يفيدك هنا في (قمر)؟ لسبب الجاذبيه
أو نعدام الجاذبية. جاذبيه خلقنا رب على الارض كي
تستقر على الأرض كي لا تطير أو تطوف. وانا كي تذهب وترجع
عادي كالمعتاد ومستقر على ارض امين

هل تعلم

٢٦- بناء الاهرمات عند مصريين قداما (الفراعنه) :-
كما في اعتقادي لرفع الصخر او حجر الكبير (ثقله او ثقل
بعضهم عدد الاطنان كيف رفعوها ؟
اولا : قد يجوز صب على شكل قوالب : حيث صبوا ماده
تشبه كلاسمنت وتصلب وتحولت الى الصخر
ثانيا : قد استعملوا ادوات خاصه قد تزيرت اي تأكون
ادوات اختفت في الارض (كل شي يخرج من ارض كالحديد
والخ عندما يعملونه ويصنعونه يكون قوي لا تقدر كسره في جاكوج
وعندما يبدأ يتاكسد وتتاكل ينكسر ويكون هاش يكون
سريع اختفائه في التربه كما كما عمله واخرجه من تربيه
ثالثا : قد عملوا شي كي تنعدم الجاذبيه كما سمعنا في تلفزيون
حيث قالوا قد انعدموا الجاذبيه كي تخف ثقله ويكون ثقل
حجاره خفيفه كي يرفعونها ويصعونها على حجاره أخرى
من اعتقادي كان عندهم افكار والالات عندهم
كي ينعدمون الجاذبيه نظريتهم وافكارهم خاصه
كما قلت في رقم (٢٥-25) انعدام وخفت وزن في قمع الكواكب
اذا كان وزنك على الارض ٦٠ كيلو سيخف وزنك على قمر
بعدة مرات
رابعا : مصريين قداما عملوا اسرائيلين في شغل اشغال شاقه
وكالعبيد قد يجوز استأجروهم في بناء الاهرامات لرفع صخور
الثقيله . اسرائيلين كانوا يستعملوهم في اشغال ثقيله و
عبيد كما مذكوره ومدونه في كتاب مقدس التورات .
خامسا : كما يقولون في نظريتهم قد كبوا الحجاره عدد كبير من
البشر كي يصعونها فوق اخرى بواسطة حبل ثميك
وقوي ، أن اعتقاد كل البشر وكلنا كيف بنوا الاهرامات
لا احد يعرف الا المصريون قداما . والله يعرف ذلك ولا أحد يعرف
ذلك . الله يعلم (امين

هل تعلم

٢٧
27 - عقوبة موت الانسان وما يحيط به :- (لعنة الموت)
حيث قال الرب الى آدم وحواء بأن لا تأكلو ولا تلمسوا
الشجرة في حي منتصف ستموتون اذا أكلتوا من ثمرها.
ولكن شيطان قال لهم أكلو هذه ثمرة (قد يجوز تفاحة كما يرمزونها
ذكاء أو معرفة في الكومبيوتر ثمرة تفاحة د معرفة). ولكن عندما
أمر رب لا يأكلون أو يلمسون شجرة والا ستموتون ستموتون
حيث أعتقدوا (آدم وحواء) عند اكل ثمرة سيموتون حالا لذلك
لم يلمسوها ولكن شيطان (الحية) قال لهم أكلوا هذه ثمرة
سوف لا تموتون (تموت فأكلو ثمرة ولكن الم يطيعوا كلام
الرب لذلك رب لعنهم وضع موت عليهم وطردهم من جنة
ولكن مع هذا الرب حنين وغفور أعطانا جنة ثانية التي
نعيش فيها الان
عند مرض أو شيخوخة في أكثر أحيان هي سبب موت ومغادرتنا
هذه الحياة الدرصية التي أنعمها الله سبحانه لنا
كـ فيزا أو تأشيرة كي نغادر بلد. مرض أي طريقة موتنا
في أرض ومغادرة هذه حياة الذي وهبها لنا ربنا
كلنا تأشيرة أو (فيزا Visa) رخصة مغادرة ارحال
عند رب وأبونا السماوي لعن آدم وحواء في الموت
كل شيء خلقه على أرض يموت (كالحيوانات وطيور والاسماك
النباتات والأشجار وأرواح) كما لا نملكها الـ أجيالنا
أحفادنا . وأحفاد أحفاد ألخ . حسب أعتقادي
ولاهوتي مزمن وكاتب جوزيف إيشو بحري بك

Joseph. Eshoo Bahri Bek

Tue Sep. 14 - 2021

أسماء :-

هل تعلم ؟

٢٨- 28- أسم موسى : معنى أنتشال

أسم مردخاي من بابلي مثل مردوخ ألخ . مردخاي
أسم يهودي مأخوذ من بابلي عندما كانوا في سبي ، ومنها
ومنهم هربوا من عراق

أسم : زوربابيل : أسم أكدي معنى نمو الأجيال بابلي أسم
قائد او حكومي يهود الذي رجعهم من بابل الى اورشليم
في عهد ملك ايراني

أسم زيا : معنى هزة ، أرتجاف . شخص كاديتي يعيش في باشان ،
في أخبار أيام الاول Gadite Who Lived in Bashan . 1. ch: 5:7.1.13
١٣ . ١٠٧ : ٥ . ٥:٧.١.13

أسم أثيوبيا : في عهد قديم يهود كوش (Gush) عربي حبشة
عربيا أثيوبيا ، أنكليزي ، يونان يطلقون أسم أثيوبيا Ethiopia keesh

دان أسم دان (Dan) معنى القاضي ، أسم دان واحد من ١٢ أولاد
يعقوب (أسرائيل) أبنائه .

أسم دانيئيل معنى أبي قاضي دان قاضي Dan . إيل EL
الله . Daniel . Ge: 35:25-26 . تكوين ٣٥ : ٢٥ . ٢٦

أسم بيت لحم معنى : بيت خبز BethLehem

أسم قديم لـ قدس يبوس Jabus

أسم جافان Javan معنى يونان : أسم يونان أخرى إيبنيليكا
كريس آيونيا .

أسم ساميين : جاء من سام (Sam) أبن نوح (Noah) هم عيلاميين
وآشوريين ، لوديين ، ارآميين : السريانيين Aram سوريا والكلدانيين
الصينيين ، العرب ، اليهوديين ، وأول مستعمرتين سومريين
وأكديين . و بابليين ، كما مكتوبه ومدونه في كتاب المقدس
في الاصحاح أخبار أيام الأول
الساميين كما دونتها هنا كالعرب كذلك أردن . ألخ

هل تعلم

الجافسيين (Japhth): هم إيرانيين. أتراك، يونانيين،
والأرمنيين، والكورسيين: أوربا
الحاميين: (حام Ham أفريقيين) جاءوا من حام هم
مصر جاءوا من إسم حاميين (مصريوم) وإثيوبيا (Ethiopia) جاءوا
من إسم يونان (Greek) حبشة أو (Keesh) عربية (Arabic)،
كوشي (Cush Hebrew Name) جاء من إسم اليهودي كل هذه أسماء مدونة
في أخبار الدول في التوراة في كتاب مقدس
سودانيين وتونسيين وليبيين من فوت (phut) إبن حام
فوت، وجزائر والمغرب خليط من حاميين (phut son of Ham)
(حام والقبائل أمازيغية الأفريقية وعند فتوحات عربية الإسلامية
قد خلطوا بهم.

٢٩- الكنعانيين: (كنعان Canaan: من هم كنعانيين؟ كنعانيين
جاءوا من كنعان canaan إبن حام Ham واحد من أبنائه
الأربعة هم: ١- كوش (cush). ٢- مصريوم (Mesrwiam).
٣- فوط (phut). ٤- كنعان (Canaan). كوش: حبشة. مصريوم: مصر
فوط: ليبيا.
كنعانيين (Canaanite): كنعان (canaan): هم (11) ~~عشر~~ حادية عشر أبناء: ١-
١- جرجيون (Gergesite). ٢- أموريين (Amorhite) ٣- زماريون
(Zamarite). ٤- يبوسيين سطوطنوا أورشليم قدس قديمة قبل إسم
أورشليم: معنى أرض السلام. في يهودية إرامية أورشليم وفي عربية
أرض سلام. وفي التورية ارامية أرث شلاما، والخ.
٥- حيثيين (Hittite). ٦- سيدونيين (Sidonite). ٧- سينيون (Sinite)
٨- (Aracite). ٩- أرقيين. 10- Aradiom صيدون (sidon)
11- Hamathite. حماتية. هذه أسماء كلها أسماء كنعانية جاءوا من أبناء كنعان
وصائق مدونة في عهد قديم التوراة في أخبار الأيام الأول.
إميني. الحقه

هل تعلم

30-١- السامية: (Samatic)

السامية تنقسم الى قسمين هي :-

السامية الارامية. هي السامية السريانية سوريا

٢-١- السامية الاشورية. ٣- السامية الكلدانية. ٤- السامية

الصابئة. ٥. السامية اليهودية

السامية سامية فقط ليست أرامية تشابه كلها لأنها مع

الأرامية لأنها سامية أختلاف مع بعضها في لفظها اي

مثلا حرف سين (س) في عربية في ارامية تتحول الى شين

(ش). او كلمة أو حرف أخر من كلمة تنقل كما هيه

وحرف حاء تتحول الى خاء خ عوضا ح مثلا في كلمة

مسيح في سامية عربية وسامية ارامية تتحول

مشيخا لفظها في أرامية حولنا حرف (ش) الى (س) و(ح) الى

(خ) وأخر كلمة. كما في كلمة بيت في عربي سامية وفي أرامية

سامية بيثا وأيضا توجد أختلاف في أرامية ما في بينهم

في اللفظ الكلمة أراميين مثلا بيثا تاء تحوله ث أما كلمات

أرامية أخرى تختلف ما في بينهم مثلا تعال في ارامية

تاه وفي أرامية الاثورية هيا جيلو وفي عامة تاه

لفه او كلمة من لفظها تختلف تنقسم الى قسمين

أختلاف من ناحيث لفظها:

اللغتين. او لفظهم :-

أ-١- القديمة: مثل في أثورية تيارى (بيثا) وكلمات أخرى

ب-٢- والحديثة: مثل بيثا في أثورية جيلو: بيعا والاثوريين

أخرين بيثا والى اخره.

في أراميين تشابه الكلمة في لفظها قليل من لفظها مثلا :- البيت

في بعض أثوريين قبيلة تيارى مثل بيثا أو بيثا وقبائل أثورية

أخرى بيثا في أثورية جيلو: بيعا. واليهودية بيت. والخ

سامية عربية: بيت

هل تعلم

٣١ - 31 نهاية العالم ومجيء مخلصنا يسوع المسيح

عدد من عدد من أديان يدرسون ويحللون سنين ويتنبئون
بنهاية العالم ومجيء مخلصنا يسوع المسيح، لا أحد يعرف
متى ستكون نهاية عالم ومجيئه لا أحد يعلم، كما يعلمون
حتى سيدنا ومخلصنا لا يعرف متى ستكون نهاية عالم ومجيئه
عندما سألوا سيدنا ومخلصنا يسوع المسيح متى ستكون
نهاية العالم؟ فجاوبهم حتى أنا لا أعرف متى ستكون نهاية
عالم إلا أبي يعرف.
وسألوا سؤال آخر متى أنت يا سيدنا (مسيح) ستأتي
فأجابهم سآتي كاللص لا أحد يعرف يجب أن تكونون حاضرين
ومتهيئين لديونه والآخرة. إذا قال لهم متى ستكون نهاية
معناه سيعرف نهاية العالم حتى مخلصنا سيعرف نهاية العالم
مع خالقنا وأبونا السماء الله جل جلاله
فلذلك فقط ربنا الله يعرف بنهاية عالم فقط
كل البشر من كل أطياف وأديان من تحليلاتهم وحساباتهم
استنتاجهم وأفكارهم ونظرياتهم ودراساتهم لم تقدر إلى توصل
من الشك من بحثهم لمعرفة أخر الدنيا نهاية العالم
فقط ربنا وأبونا وخالقنا (خالق كل شيء يُرى وما لا يُرى
في الكون وفي الأرض الله جل جلاله (GOD).
مدون وكاتب المذكور المقالة،
جوزيف إيشو يحيى
Sep. 15 - 2021 Wed.

٣٢ - 32 حذف أو أضافة كلمة في كتاب المقدس وتحويلها لـ أفكاره
وفلسفته الباطلة عن عقلانيه سوف يدين ويحاسب
ويعاقب في آخرة، كما قال الرب الله ومخلصنا يسوع
في كتاب مقدس آمين، الحق.

هل تعلم

٣٢- 33- تركيا جاء اسم تركيا من اسم علماني تركي اسمه أتاتورك فلذلك سميه باسم اسمه تركيا.
فالاسما قديمة كما مدونه في أخبار الأول في عهد قديم كلقصى ١- كومر comer ابن يافث (Japheth) أبن نوح (Noah) واسمها الآن منطقه أناتوليا (AnatoLia)
٢- موسوح (Mosoch) ابن يافث (Japeth) أبن نوح (Noah)
سكنوا القبائل (قبيلة) تركيا حديثة من قبله حيثي (Hittite) لحيثيين (Hittite) حيثي ابن كنعان وآخر من ابناء أحداث (١٧) (13) لـ كنعان (Canaan) ابن حام (Ham) إبن نوح (Noah) ابن (Lamch) كما مكتوبه في عهد القديم أصحاح أخبار أيام الأول (1.chronicLes) في كتاب مقدس التوراة Torah) : حيثي سكنوا تركيا من قبل

٣٤- 34- سعوديه عربيه سميه سعوديه العربيه الى جد الاول آل سعود نسبتا الى اسمه سعود.

٣٥- 35- نمرود: كان أول صياد ناس من بعد الله (أي أنه ليس كان يصيد الناس وانما كان كان قوي لا أحد أن يتحداه أو بأحرى لا أحد يقدر أمقاومه فكان قويا لغايته. نمرود ابن كوش cush ابن حام Ham (مكتوبه في توراة)

٣٦- 36- أسماء البشر وما معناها:- (بعض أسماء)
١- دان (Dan): قاضي، ٢- دانيال: الله هو القاضي، ٣- دليله DeLiLah God has Drawvin Up in pdwerance
٤- أيزرا Ezrah: مساعده. ٥- إسرائيل (IsraeL): تصارع مع الله.
٦- أذريكم Azrikam: الله ساعدني وأقامني. ٧- إيليا (Elijah): ربي هو الله. ٨- كنعان canaan: في آثورية أرامية خضري قينوتا (حصراء). ٩- يعقوب Jacb: كعب. ١٠- أليازار ELizur: ربي هو حجر. ١١- اسماعيل Ishmael ربي (الله) سمع. والخ:

هل تعلم

٣٧ - 37 آثورايا (Atoraia) أثوري: آثورايا كلمة أثوريه
يستعملونها أثوريين معناها في عربيا هل أنت أثوري هذه كلمة
جاءت في كلمه لغه أو لفظ حديثا. مثلا الديفريون يقولون
أثورايا لأن لا تليق وليس لا عقه في لفظها أو نطقها
فلذلك طوروا كلمة أثورايا إلى آتورايا كي تكون
سهله ولا عقه في نطقها لذلك ينطقونها آتورايا

٣٨ - 38 هل تتكلم أثوريه؟ فيقولون في آراميه ساميه
أثوريه و الكلدانيه و أثوريه جيلو وإلخ
كما في ما يلي:
١- في أثوريه عامة: يطيط أو يطّط سورث،
٢- في أثوريه جيلو: إهمزمت أو إيهمزمت سورث،
٣- وفي كلدانيه: مكيخ، مككه سورث
معنى مككه أو يطيط أو همزمت. أختلاف كلمه آراميه فيما
بعضهم. وكلمه سورث تتشابه مع بعضها بعض كلمه سورث
آراميه: هي مأخوذة من كلمه آرام (آراميه)
سورايا السريانيه كما في كلمه سوريا (دوله) سوريا
معناها سرياني أي آرام الآراميه السرياني سورايا
أو سورث أو سريانيه أو آرام Aram ابن سام
وأيضا كلمه سورث مأخوذة من آرامين أخرين
كلمه أثوريين و الكلدانيه ولكن الآراميين جاءت من
كلمه آرام (Aram) ابن سام Sam السامي
كما مدونه في كتاب المقدس القرآن.

٣٩ - 39 أسماء سياسه وأسماء أديان الذي تفرعه أديان أخرى
وعقائد في ما قبل لم يكن أي اسم سياسي فقط الملكه نسبه
إلى الملك معناه يملك كل شيء في كلمه ساميه الملك فوق
كل شيء في مملكه (مملكه). ملكان أي اسم من أسماء سياسات

هل تعلم

تكملت من صفحه (٢١) سياسات والدين اللأديان رقم (٢٩)
في عهد القديم في كتاب المقدس لا آرى أي تدوين أو كتابه
في كتاب المقدس التورات.
الدين وديانات وعقائد
ليست مدونه عقائد وفروعها في كتا مقدس عهد القديم وعهد
الجديد لم يكون أي فروع عقائدية دينيه حينا حين
قال سيدنا عيسى حين قال كل واحد من تلاميذه أتبعني
حين قال لكل واحد منهم لم يقول لهم كاثوليك
أو أورثودكس أو بروتستانت والخ، هذا بني آدم وضعوا
هذه عقائد كي ينفصلون مع دين رئيسي في سبيل مصلحته
وفكرته أنفصالي شيطاني الذي شيطان لا يريد أن يتحدوا مع
بعضهم (بني آدم) لم يكن أي عقيد أنفصال كرسي لشيطان
عند كان تلاميذ السيدنا المسيح في عهد جديد سابقا
لم يكن أسماء عقائد كثيرة في عهد قديم وعهد جديد مدونة
أما كما قلت لم يكن أو يوجد أسماء السياسيه حاكمونها
بأنفسهم وانما كانوا الملوك والحكام الى الممالك في
الدول سابقه، واول بدأ أول أسمين سياسيين هما
الفيلسوف يوناني ديمكراتس دعى في ديمقراطيه
والفيلسوف أيطالي رمسالك دعى الجمهوريين.
صدقوني لم يكون أي تدوين من هذين اسمين واسماء اخرى
من أسماء السياسي، منذ بدأ ظهور سياسه من بعد الديمقراطيه
والجمهوريين منذ ظهورهما بدأ بني آدم يبدأ يتسلح
السياسات من أسمائها وتفنن من رموزها وقائدها
(وقادتها) كل هذه أسماء دينه وتفرع عقائدها. وأسماء
السياسيه التي وأفكارها التي لنسج المصلحه المنفعيه
لكي سهم كرسي شيطان دائما يريد يفرق أتحاد وأنسجام.

هل تعلم

٤٠- 40- يقولون أثوريين أن
Arphachsad
كلدانيين (Chaldia) كلدانيين أصلهم من أرفكشاد واحد من
أبناء سام (Sam) الخمسة. مدونة في أخبار أيام الأول
لأثوريين (Assyrian) في اسم جديد (آثورايا) آثورنه
(Atornah) لفظ في لهجة أو كلمة حديثة.
إذا كانوا الكلدانيين وعروقهم البابليين لماذا؟ مملكة بابل اتحدت
مع علام (Elam) في ايران ومع مدنايين (Madai) الايرانيين والخ
وسقط واطاحوا في مملكة أثورية (Assyria) عاصمتها نينوى
أن لم يتحدوا مع حلفائها (Neobabial) لم يقدروا بإسقاطها
كما في تحليلي يخلطون مع واحد مدنها أو ضواحيها كالأكد (Akkd)
وملكها سركون الأكدي قد يجوز يكونوا أثوريين من اسم ملك
سركون أكدي: ملاحظة لم يسمون أسماء أبنائهم سركون وانما
أثوريين يسمون أبنائهم باسم سركون لذلك يعتقدون ان
كلدانيين أثوريين. ولماذا أسقطوا عاصمتها نينوى (Niavahs)
كما قلت كلدانيين جاءوا من أرفكشاد (Arphachsad)
وأثوريين جاءوا من (Asshur) ابن سام (Sam)
كما سابقا أثوريين لماذا؟ احتلوا بابل!

٤١ 41 حشائش (Weeds)

تنقسم من استعمالها الى قسمين: حشائش مفيدة
١- استعمالها كالدواء (طب شعبي) أو يخرجون منها الدواء
مثلاً عند الهنود كالعشب (ميتي Methi) أو (Fenugreeck)
يستعملونه كالطب شعبي والى طبخ إيضا كحبة حلوة (Fennal)
٢- استعماله في الطبخ. وايضا يستعمل بعض حشائش في زلاطة
في يونان (Greece) وبعض بلدان كالحشائش Aramanth
للطبخ وزلاطة. وأيضاً (Alfalfa فصه) يستعملون
هنود (جنوب India) الجنوبيين في مائدة المطاعم.

هل تعلم

٤١- تكملة من صفحة ٢٤ ورقم ٤١ 41

٢- يستعمل في زراعة في الحدائق والحدائق العامة كالذيل ثعلب (FoxTail) و (Mous Ear) وأذن الجن

وقديس ماتريك استعمله كلثالوث الاقدس رمز (ثالوث الاقدس) كالريز أو ريش على هذا الشكل ←

الله. مسيح وروح القدس

٤- الحشائش الضارة: الحشائش Weeds هي (Wild Carrot) جيذر وحشي سامه Poisonous وحشائش poison Helock و poison oak للبلاب سام poison Ivy

والحشائش تنمو بدون زراعتها أو نموها هي تنمو من خالقها كلغطاء أخضر كلسطانية (بلنكت) من خضرا وبعاطفة تطاير حبوبها في الاراضي كما ربنا ما يشاء. انهم حقا " جميله جميل منظر الذي تغطي اراضي جرداء خاليه من خضار هو عمل خالقها سبحان عظمته من كساها وأخضرها في الخضار. أنه يكسو الاراضي الجرداء والبراري الواسعه في أنواع وأنواع من الحشائش كلحشيش (ثيل وحشيش الوحشي) وحشائش تشبه النباتات الوحشية البريه

42 ٤٢- أسماء ولفضها وتحويل حرف الى حرف آخر (الحروف) في بعض اللغات الدول العالم من أسماء والأحرف. كما هيه الأسماء وتتحول حرفها الى حرف الاخر. مثل في اسبانيه بلفظ مثل كلمه إسم آرامي (ايليا) تلفظ في أسبانيه كما هي في آراميه (ايليا) وأسماء أخرى الخ. وأما أسماء في اسبانيه تلفظ مختلف لسبب تحويل حرف الى أخر مثل إسم في انكليزي Joseph أو (Joe) يوسف معناه (زيد أو كثر أو أضاف) Joe في اسبانيه (هوزه) حرف (J.ج) تتحول في أسبانيه

هل تعلم

تكمله صفحه ٢٥.٤٠ رقم ٤٢.٤٢ لفظ كلمه خوزيه أو هوزيه (حوزيه) وتلفظ في (هـ. H) كلاسم (Joe هوزه) وليست (جوزيه) وال (Joe خوزيه)

كما في الكلمه الساميه عربيه وساميه الآراميه اسم كلمه قدس في العربيه وفي كلمة آراميه أورشليم معناه في الساميه وساميه آراميه معنى أرض السلام كما في كل ساميين

ارض سلام — في عربيه أرض: الارض. سلام: السلام

أر شلاما — في اثوريه: أر: الارض. شلاما: سلام

أر شلوم — في يهوديه: أر: الارض. شلوم: سلام

وايضاً اسماء أخرى كالاسم سيدنا المسيح في ساميه وساميه الآراميه (اسم) تختلف في لفظها بسبب تحويل حرف مثلاً: (س S) في عربيه مثل مسيح تتحول في آراميه ساميه حرف (س) الى حرف (ش. Sh) مثل مشيحا في أثوريه في يهوديه مشيحا

كذلك في عربيه ساميه حرف (ح) تبقى كما هي مثل مسيح في آراميه ساميه ح تتحول الى (خ) مثل اسم مشيخا في أثوريه، مشيخا في يهوديه ويضاف كمثلاً حال الشين حرف (خ) يضاف أليها حرف (ا) فتصبح مشيخا ومشيخا (خا) كي تصبح كلمه أو اسم آرامي في لفظ

في الكلدانيه آراميه اسم مسيح يبقى كما هي ما عدا حرف (ح) تبقى ولا تتحول الى (خ) مثل مشيحا كي تصبح آراميه (ا) مثل (حا) يضاف الى حرف (ح) حرف (ا) فتصبح وتلفظ آراميه مثل مشيحا

وفي فلسطين الفلسطينيه حرف (ف F) الى حرفه (ب P) يلفظونها حرف (ف. F) في (P) كما في فارسي پ.

في عربيا ساميين لا يقدرون يلفظوا حرف (پ. P) في ب (B).

في اثوريه ساميه آراميه يقدرون يلفظون حرف (پ. P).

هل تعلم

٤٢ - الروح 43

الروح هي روح الله الذي نفخها في الإنسان لا أحد
أن يخلق أو يرجع الروح إلى جسد الإنسان فقط
الله عز وجل سبحانه وعمله وخلقه إلى صاحبها
وسيدنا يسوع المسيح أن يقدر يرجعها صاحبها
كما إلى جسدها لبنت التي كانت ميتة والذي
أيضا أقامه الميت من قبره كالعازر (إلعازر)
لأن سيدنا المسيح يملك نفس الصفات الإلهية
للأبيه الله كما نقول في البسملة (الأب والابن
والروح القدس إله الواحد آمين) الأب هو الله
الابن هو المسيح والروح القدس الروح القدس
نزل في مريم العذراء التي اختارها الله البنت
عذراء نظيفة جدا وعقليا لأنها لا تملك أفكار
نجسة وردية في عقلها لذلك أختارها الله
الله يعرف ما في عقلها لذلك اختارها نظيفة كي
يرسل ابنه الوحيد في بطنها الطاهر لأن الروح
الذي أرسلها نظيفة (روح القدس) الله يعرف أفكارها
وأعمالها. الله يعلم وسيدنا المسيح يعلم ما في أفكارنا
وأعمالنا حتى من باطن قلبنا كما قال في كتابه المقدس أنا
أعلم وأعرف قبل نطق كلمة أو صلاتك نطقها من عقلك
ومن داخل قلبك كي تخرج كلمة عن فمك أو من فمك.
فلذلك تقدرو تعملون لشفاء المرضى (مريض) وتفتح عيون
عميان وأعرج والخ إذا كان عندكم إيمان كحبة
من خردل كما قلت لكم تقدرون تبصرون عيون عميان
تشفي المريض الأعرج والى الخ ولكن لا تقدرون أو
تحيون الأموات وترجيع ترجيع أرواحهم إلى جسدهم إجسادهم
آمين.

هل تعلم

٤٤ - 44 - تحريف أو تزييف حقائق (الحقائق التاريخية)

بعض ناس أو مؤرخين يحرفون أو يزيفون الحقائق تاريخية
ليس المدونة في كتاب المقدس من عهد القديم
(Old Testament) في التوراة (Torah) هي حقائق
حقيقة وليس معروفة أنها صحيحة كما يحرفون حقائق في
الحاضر في سبيل تاريخهم ومصالحهم الشخصية لأن
الآن أنه لا لها من صحة مصادرهم غير موثوقة. كما
تاريخ بعض المؤرخين وفلاسفة بعض بني آدم يزورن
ويحرفون الحقائق التاريخية للأسماء ومدن وتاريخ المزعوم
المزيفة مزيفة ليس لها من صحة تغييرها وتحويل أسماء
في تاريخ إلى تاريخهم وأسمائهم ليس لها في تاريخ وسجل التكوين
أي في عهد قديم التوراة. التزوير وتحريف وتحويل أبداً
ليست سهلة التاريخ سيكشف حقائقهم المزعومة
في كذب وتحويرهم التزييف. عندما تقرأ في كتاب المقدس
ستعرف الحقيقة صحيحة في كتاب المقدس تحتوي على حقيقة
تاريخ وحقائق ثابتة وصحيحة والمعلومات موثوقة لا تقدر
تزييفها أو تغيرها أو تضاف لها أي معلومات أو أسماء من عندك
كما قال ربنا خالقنا ومخلصنا الله وسيدنا المسيح لا تقدر
أن تضاف كلمة أو حرف أو تحذفها لمصلحتك الشخصية.
يقلبون الحقائق أمين الحق.

Joseph E. BahriBek — جوزيف إيشو بحري بك.
Sat. Sep. 19 - 2021 — السبت المصادف ٢٠٢١/٩/١٩

٤٥ - 45 - كتابة ألوان والرسومات

لها عوامل بسبب تقصيرها أسبابها هي :-
١- الهواء. ٢- الضوء أو الشمس. ٣- ما فوق البنفسجية.

هل تعلم

تكمله من صفحه ٢٧. p37. رقم ٥٠. 50 ※

٥- الجرجاسين (Girgashites). ٦- الحويون (Hivites). ٧- والعرقيون Arkites
٨- السينيون (Sinites). ٩- الأرواديون (Arvadites). ١٠- الصماريون Zemarite
١١- الحماثيون (Hamathites). ملاحظة: الحثيون (Hitties)
هجروا الى تركيا.

٢- اليافثيون (Japhethites) يافث (Japheth) أبن نوح (Noah)
اليافثيين هم أوربين، والأتراك، والايرانيين.
يافث أبناء:-
١- جومر (Comer) تركيا. ٢- ماجوج (Magog).
٣- ماداي (Madi). ايران. ٤- توبال (Tuba).
٥- ماشك (Misheeh) تركيا. ٦- تيراس (Tiras).
كلهم (أولاد) أبناء والأحفاد نوح (Noah)
هذه المعلومات ماخوذه من كتاب المقدس التوراه (Torah) (عهد قديم) (OLd Testament) ودونتها وكتبتها
من كتاب أخبار الأيام الأول ١-٣٥.

From 1. Chronicles. Ch. 1:1-35
Tue. Sep. 21-2021
الثلاثاء المصادف ٢١/٩/٢٠٢١

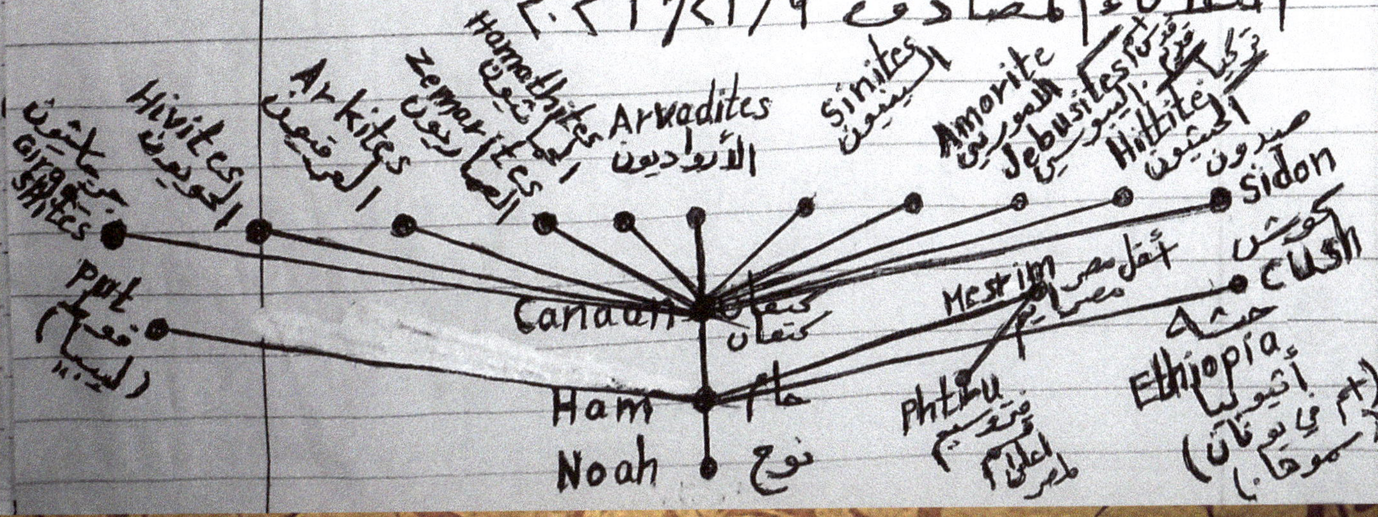

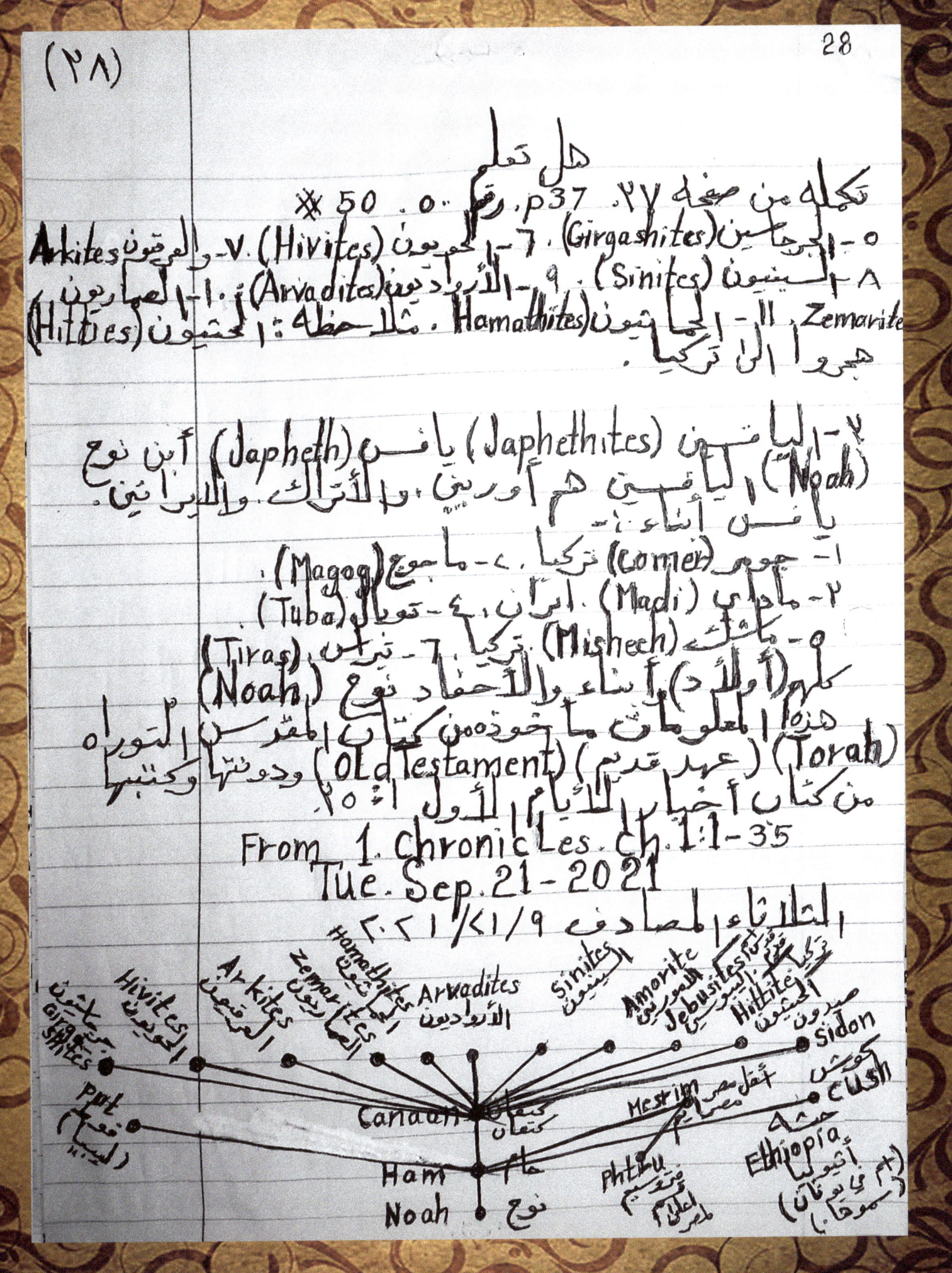

هل تعلم

٤٧-٤٦- تكملة أسماء قبائل البشرية وفصائلها.

٢- مصريوم أب فيتروسم Mizraim was father pherus مصر
سميت بهذا الاسم مصرايم كانت مصر تنقسم الى قسمين
١- phetrus القسم الاعلى (Upper) من مصر. ٢- مصرايم
(Mizraim) القسم السفلي (Lower) من مصر لذلك
سميت بالمصر نسبة أسم حام. أفريقي مصرايم ابن حام (Ham)
ابن نوح (Noah)

٢- سام (Sam) الساميين (Semites) في آسيا أولاد
سام (Sam) ابن نوح Noah هم.
١- عيلام (Elam). ٢- أشور الأشوريين (Asshur). ٣- أرفكشاد
(Arphaxd). ٤- لود (Lud). ٥- أرام (Aram). كلهم ساميين
في قارة آسيا

١- عيلام: عيلاميين في ايران. ٢- أشور (Asshur) (Assyrian) في
شمال عراق. ٣- أرفكشاد (Arphaxd) (Chaldanian)
٤- لود Lud. ٥- أرام (Aram) نسبة الى أرامية (الأراميين)
السريانيين في سوريا لذلك سميت سوريا نسبتا
الى سوريا سوريايا (سوريت).

أما الساميين آخرين (الاثنين) ١- العرب واليهود
(أولاد عم) (Cousin) ١- اسحاق (Isaac) ٢- اسماعيل
(Ishmel). أبو اسماعيل من مدينة أور (Ur) عراقية (ابراهيم) (Ur)
(Abraham) وأمه مصرية (هاجر Hagar). ٢- اسحاق (Isaac)
أبوه من مدينة عراقية أور (Ur) وأمه سارة (Sarah) اليهودية

١- العرب السامية جاءوا من عدد أجيال الأحفاد من يقطان
(Jactan) من أولاد يقطان هما: ١- أوزال (Usal) صنعاء
٢- حضرموت (Hzaragmaveth) من سام الى يقطان ... أحفاد
أحفاد وأجيال (أحفاد) لذلك بداة ظهور قبائل عربية منها
يقطان (Jactan) سعودية عربية في سعودية عربية

أقلب ←

هل تعلم

٤٦- تكملت رقم ٤٦. 46 من صفحه ٢٩. 29

أما من أسماعيل (Ishmael) لقد ظهرت قبائل عربيه من أبناء أسماعيل Ismael هم ١- يطور (Jeater) الأردن ٢- قيدار (Cedar)

لقد ظهر قبائل عربيه ٣- بتراء (Nabaioth) الأردن. من سام Sam الى أسماعيل (Ishmel)* ١٠،١. أجيال أحفاد. وقد ظهرت قبائل عربيه من أبراهيم (Aprahm) من زوجته ثالثه قطوره (katora) من حفيد يقشان أبن أبراهيم والد (أب، Father)

ددان (Dadan) ابن أشوريم (Asshuriam) من سام الى أبن أبراهيم من زوجته ثالثه يقشان (Jokshon) ١١ أجيال أحفاد أحفاد من سام الى يقشان (Jokshan) حيث ظهرت القبائل عربيه

٢- اليهود السامية حيث ظهروا يهود من أسحاق (Isaac) أبن أبراهيم وأسحاق أبنه يعقوب (Jacb) أسرائيل (Israiel) أسرائيل عنده ١٢ أولاد. واحد من أبنائه يهودا (Juda) سميه اليهوديه نسبة الى أسم يهودا واحد من أثنا عشر (١٢) أولاد. من سام (Sam) الى أسحاق (١١) أجيال أحفاد.

وأيضا يوجد قبائل اليهوديه (Jews) الذين فروا من عراق و أيضا حين عبورهم البحر (بني أ) و قبائل يهوديه هم: قبائل كثيره كما أقدر ذكرهم وتدوينهم في السعوديه العربيه ودولة يمن (سبأ)

في السعوديه العربيه ١- بني قينقاع ٢- بني قريضه ٣- بني الخزرج ٤- بني خيبر ٥- بني نضير

أما في يمن:

أسماعيل Ishmael

*ملاحظة: كلمه أسم هي ساميه آراميه اليهوديه متكونه من أسماعيل من قسمين أي أسمع السميع وإيل EL الله في اليهوديه.

أقلب خلف صفحه ٣١ - 31 ←
الأسماء التي جاءت القبائل منهم

مصادف ٩-١٩-٢٠٢١
جوزيف إيشو بحري بك
هل تعلم
تكمله من صفحة ٢٠ . p 31.
٤٧ - رسم أو خريطة توضيحية كما يلي:-

OldTestament
عهد القديم
أخبار الأيام الأول
الأصحاح 1: ٤-٣٤
1. chornicles
1: 4-34

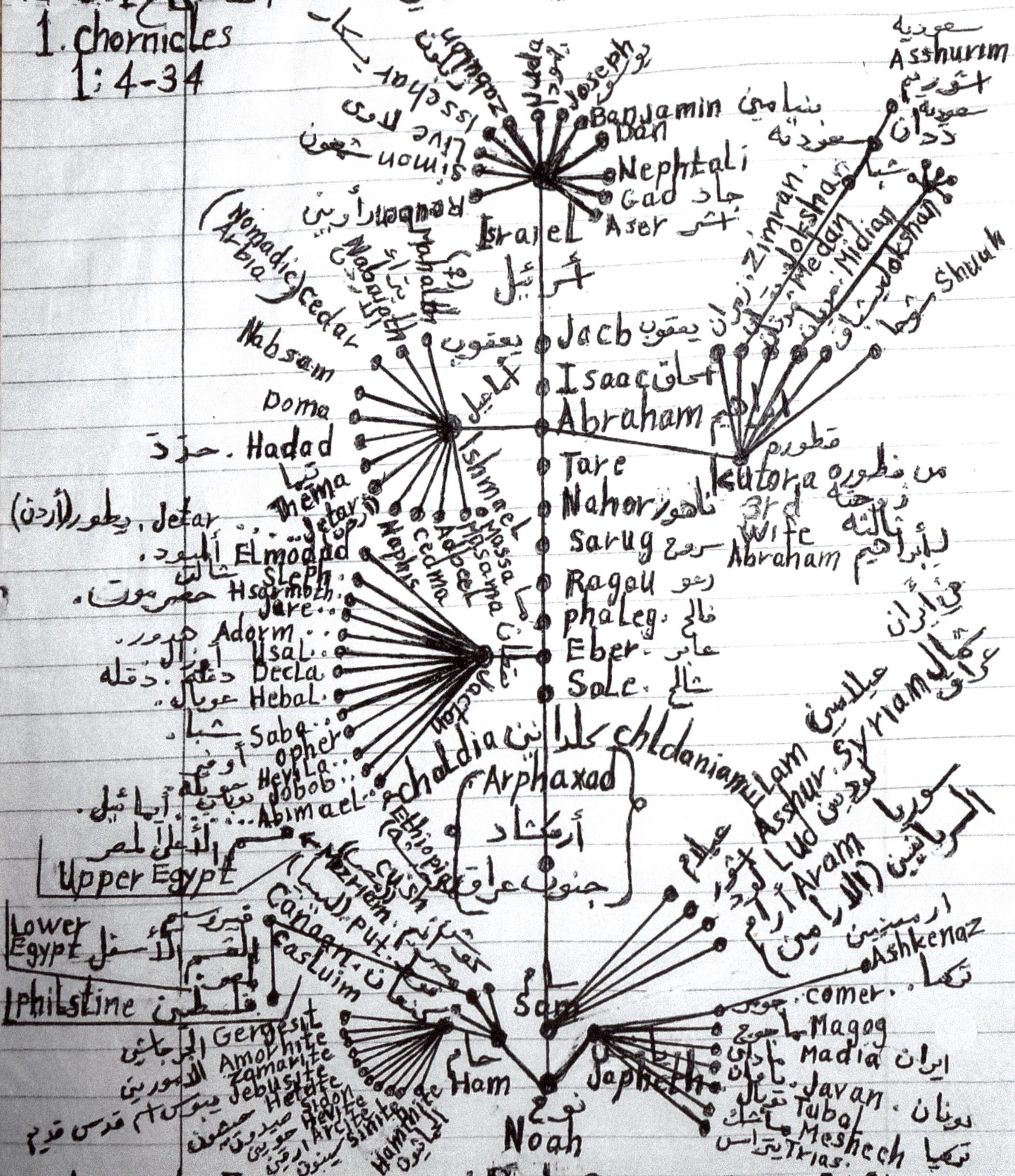

Joseph. Eshoo. Bahri Bel- Sun. Sep. 19-2021

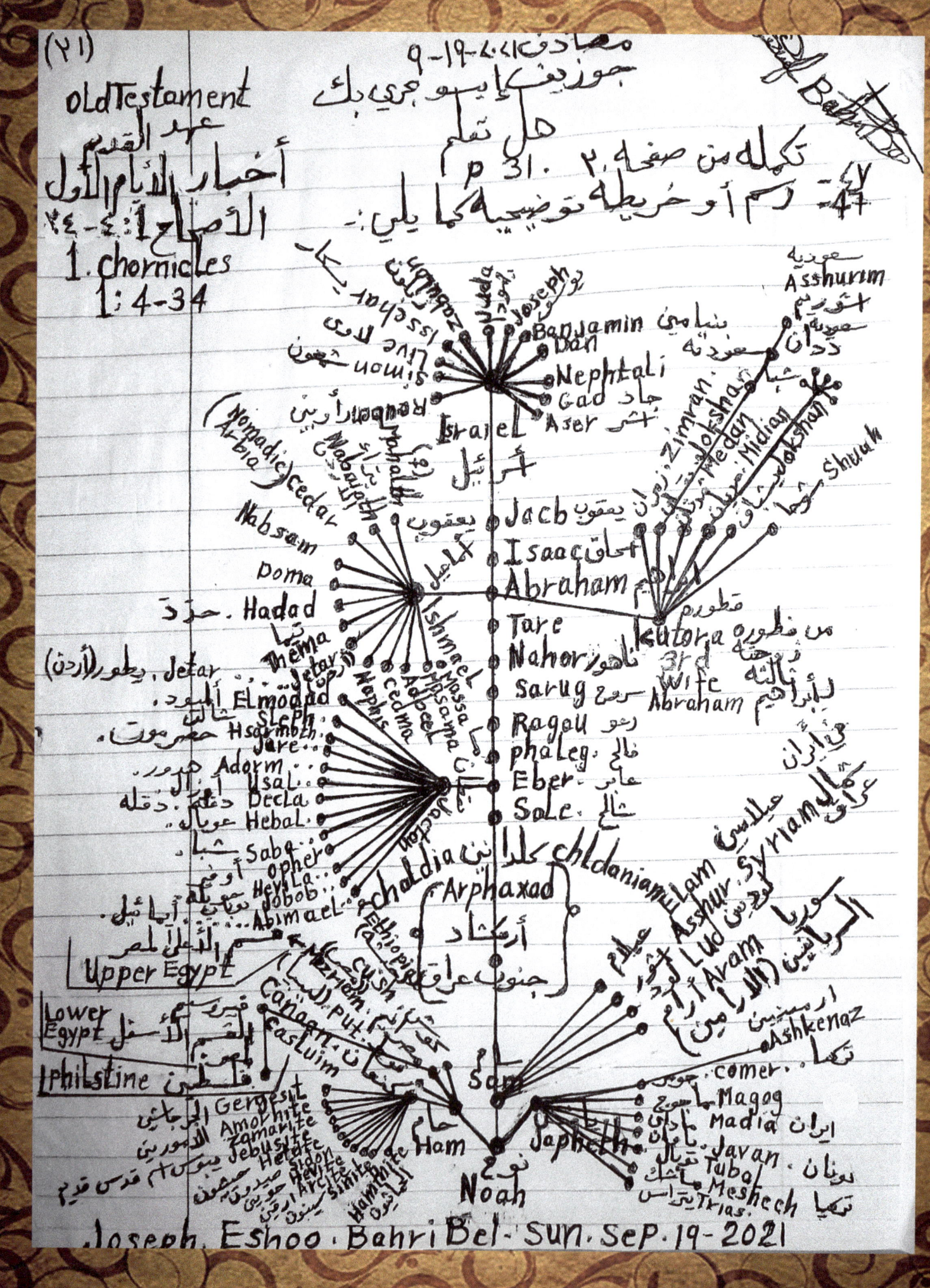

عهد القديم
الأصحاح ١: ١-٣٤
أخبار الأيام الأول
Old Testament
1.chronicles
ch:1:1-34

هل تعلم
تكمله من صفحه ٣١. ٢. p 31.
رسم أو خريطه توضيحية كما يلي:-
٤٨- 48-

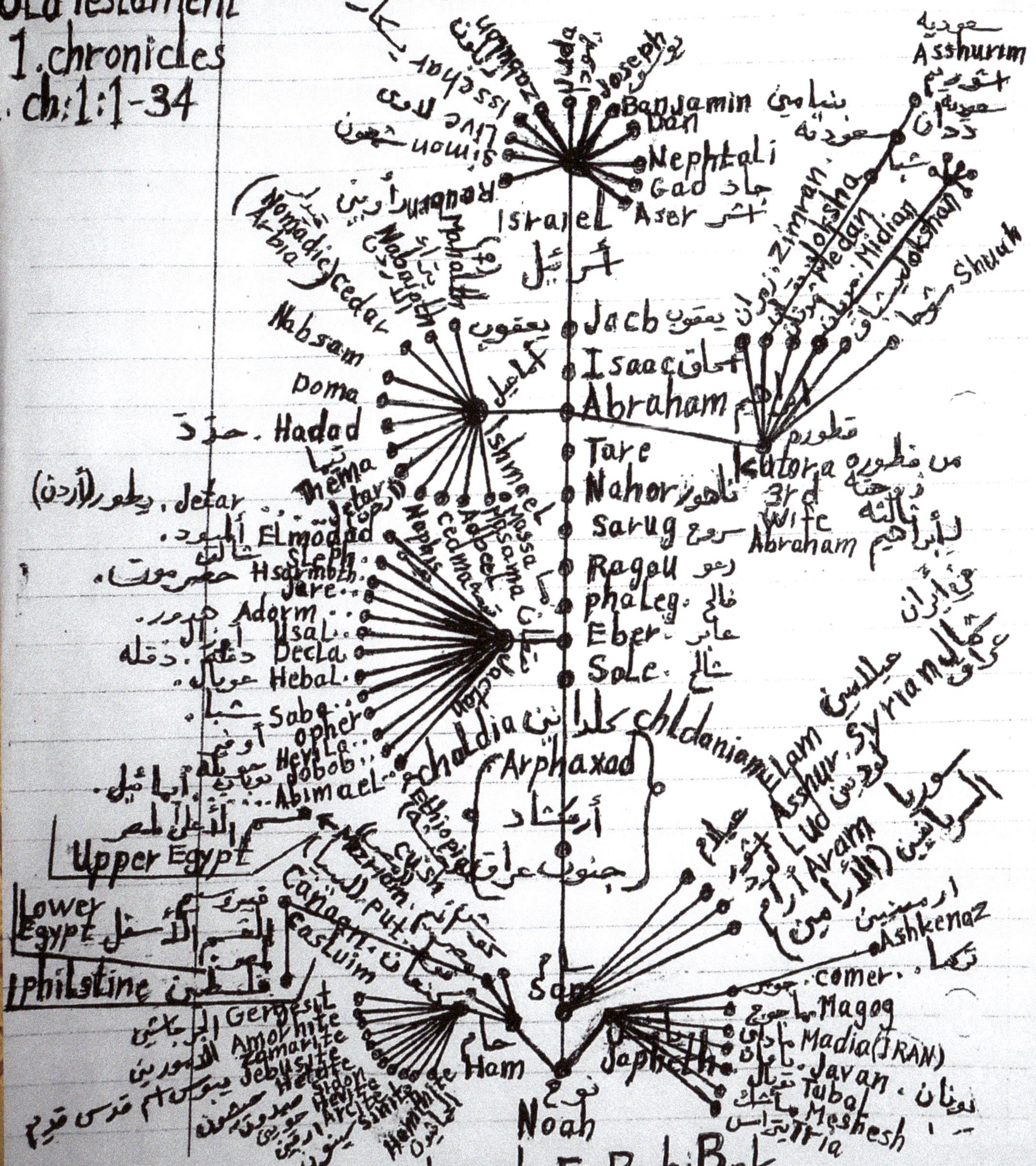

Joseph. E. BahiBek
Sun Sep 19-2021

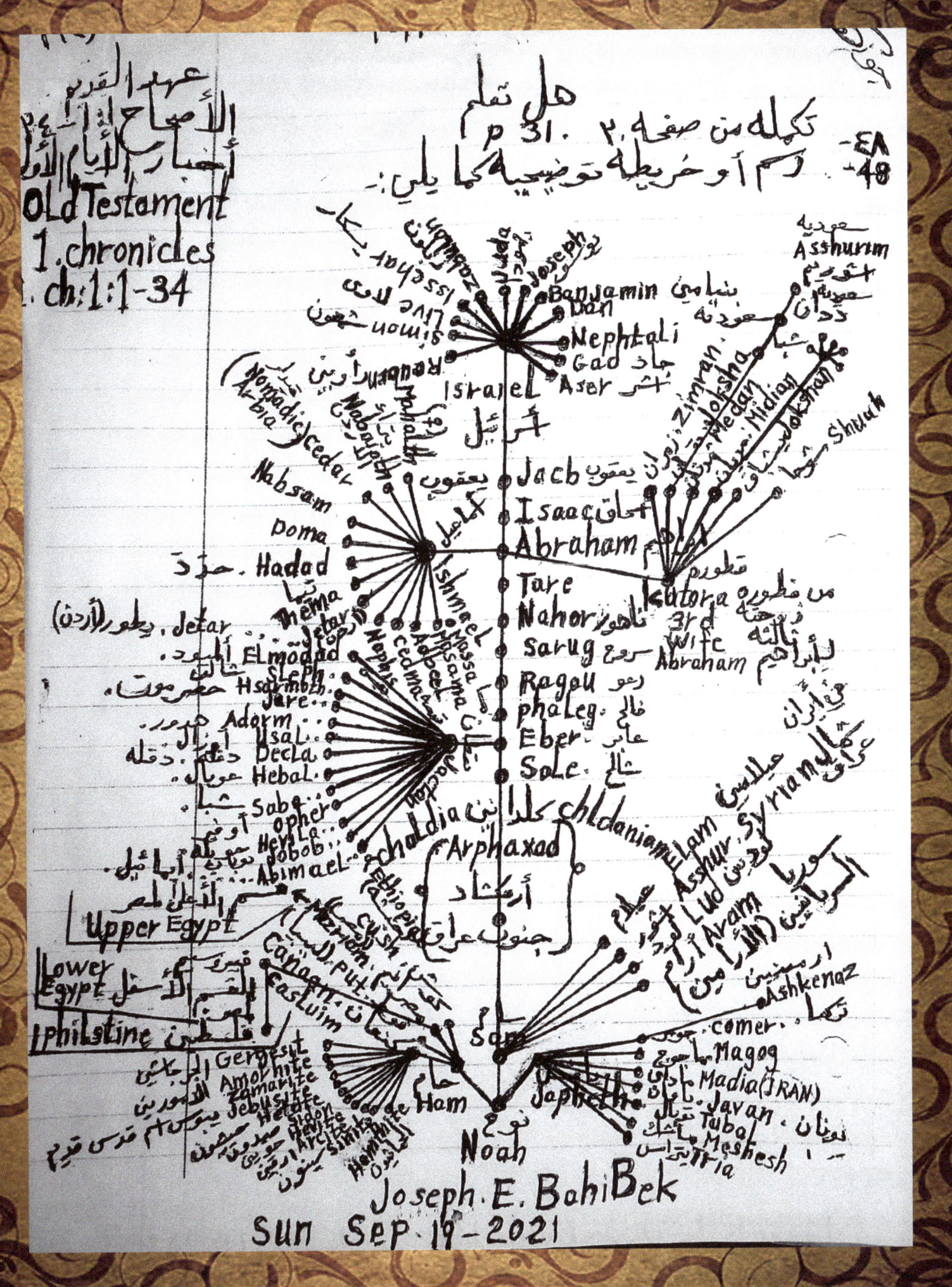

هل تعلم

٤٩- من هم الدروز
49-

ينتسب أسم الدروز إلى محمد بن أسماعيل نشتكين
الدرزي الموحدين لذلك يوحدون عندهم كتب دينية
كتاب الحكمة)
وهناك أسم آخر لدروز بني المعرف والأحساس
(يوحدون الله لكونهم يوحدون ولا يشركون به)
أول من أسس ديانة الدرزية ودعا لها هو
الخليفة الحاكم بأمر الله في بداية القرن عاشر
الميلادي في المصر وأستمر بدعوة وحد وعشرين عاماً
أول من أسس ديانة الدرزية ودعا لها هو الخليفة
الفاطمي هو الخليفة الحاكم بأمر الله.

من هم؟

٥٠- وما هم (هويتهم) ومن أين جاءوا؟ وما لغتهم
50-

كلهم مدونة ومكتوبة في كتاب المقدس التوراة (Torah)
في عهد القديم oldTestament. في الأصحاح كتاب
أخبار الأيام الأول 1:1:٣٦ 1Ch:1.1-36.
كلهم ساميين وساميين الارامي (Semites Aramic)
وحاميين (Hamites). ويافثيين (Japhethites)
١-١- الساميين Semites. كل سامي جاءو من سام
ابن سام (Sam Sons) سام أبن نوح (Noah)
Noah Son's (Sam) لذلك سميه في سامية (Semites)
لانهم في بعض كلمات (Word) متشابه كلمة
مثلاً البيت في عربي بيتاً الأرامية آشورية
Assyrian. بيث لأرامية اليهودية وفي بعض الاحيان
تلفظ في آشورية الأرامية في قبيلة تياري مثل بيثا او ← اقلب

هل تعلم

تكمله من صفحه ٣٣ : p. 33 رقم ٥٠ #50

٥٠ : بيتـا (تياري بعضهم (بيدشتا) (Bedshta) قبيله.
في الآراميه اليهوديه بيث والى الكما في أم الساميه
الآراميه الأخرى الساميه في آراميه
الأشوريه (مشيحا) الآراميه كلدانيه (مشيحا)
في تعريبا في منتصف كلمه يضع حرف (ح) يضعون عليها
كلمه (خ) ألف (ا) لكي تصبح آراميه (حا) حروف
ح حرف سامي عربي بدلا من لفظ حرفا (ح) في
آراميه كالأشوريه والآراميه اليهوديه و الع
يضعون نقطه على حرف (ح) لكي تصبح (خ)
مثل في عربي مسيح وفي كلمه آراميه تصبح (خ) مثل
مشيحا في أشوريه ويهوديه مشيحا وحرف (س)
تنقلب الى حرف (ش) مثل (سليمان) في عربي ساميه
وفي ساميه آراميه (شليمون) والى آخره (الخ)
أما في عربيه ساميه فتبقى كما تلفظ في عربيه
ساميه مثل كلمه المسيح ليست الخ ولا بياقي
الساميه الباقيه كلها من في أيران ولودين صابئه
(الآراميه) و السريانية الآراميه (Aramic)
في سوريا.

يتكون الساميين من خمسه الأولاد كلهم أبناء
سام لذلك يطلق عليهم الساميين نسبه إلى
أبوهم سام (Sam) الساميين (Samites)

١- عيلام (ELam) في أيران (Iran)

٢- Asshur (أشور) (Assyrian) في شمال عراق

Asshur(Asiria) North of Iraq هم آراميه
الساميه وليس عربيه ساميه في كتاباتها

هل تعلم

تكمله ٢٤. p34 رقم ٥٠. 50*

٥٠.-50 الأبجديه الآراميه الآشوريه والكلدانيه
من ناحيه لفظها وكتابتها ولكن تتشابه مع بعضها
أسم كلماتها الآراميه بحته أختلاف مع بعضها
في كتابتها مثل هذا. قبلها كانت مساريه
تكتب وتلفظ هكذا
من اين أقتبسوها ((الحروف)) من أين جاءت؟
ألب الى د (أ) بت د (ب) دلت د (د) وأخ
أما في ارامية قديمه هكذا
المسمارية Cuneiform (القديمة)

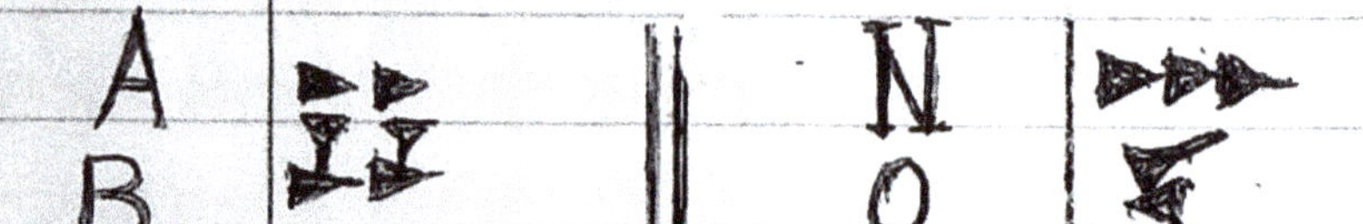

A
B
C
D
E
F
G
H
I
J
K
L
M
N
O
P
Q
R
S
T
U
V
W
X
Y
Z

مثلاً كتابه
أسمي في كتابه في المساريه هكذا
عربي. جوزيف (Arbic)

هل تعلم

تكمله صفحه ٢٥ -p. 35 رقم ٥٠ . 50*

٥٠ = 50

٣- الكلدانيه (Chaldea) (Arphaxad) جنوب عراق
وهم أراميين ساميه لهم لغتهم وكتابتهم الأرامية
ألف إلى د (أ) انت دهـ (ب) . دلت د (د) . أيضاً
ولكن الحرف عربي كلداني يعود إلى البابلية .
تكشف هم كلدانيين الذين هاجروا من جنوب عراق .
إلى شمال عراق تل كيبه معنى تل أو جبل صخور
(تل تل كيبه معنى في آراميه صخور) . عند سقوط
مملكه بابل

٤- لود : اللوديين : هم أيضاً ساميين (Lud) .

٥- السريان جاءوا من (Aram) وهم الأراميين من
أسم في سوريا معنى كلمه اسم السريان (Aram)
سوريا مشتق من اسم السريان . لهم لهجه وكتابه
آراميه كالأشوريين وكلدانيين

٦- الصابئه أصلهم من يوحنا المعمدان أصلهم من
قدس وجنوب عراق معنى الصبا : المعموديه
معنى الصبا : المعموديه هم أيضاً أراميين ولهم
كتاب مقدس (كنز ربه) أو سابقاً يقال الصبا
الصبا معنى المعموديه الصبي أو الصبيون ولهم
لهم ألفاظ وكلمات آراميه . ((الصابئه))

٧- العرب : هم ساميون وليسوا الأراميون . عرب
(عرب) يوجد اختلاف في كتابه الأبجديه العربيه
والأبجديه الأراميه كـ أ ، ب ، ج ، د ، والخ
وجاء اسم العرب من يعرب بن قحطان .

أقلب ←

هل تعلم

تكملت صفحه ٣٦. p 36 رقم ٥٠. 50 #

٥٠ - 50 - عمالقه Amalec جاءوا من أبن عيسو (Easu) أبنه
إليفاس (Eliphaz) من تيمنا (Thamna). وأنجبت عمالقه
(Amalec)

عيسو (Easu) قد دخله في الشخصيه من بنتهم تزوجها
من بنت الشيخ (Shakh) وأنجبت عمالقه بواسطه أبنه
إليفاز Eliphaz عمالقه نصفهم من عيسو (Easu) يهودي
ونصفه من الشيخ (Shakh) عربي.

٢- الحاميين. (حام (Ham). أبنائه هم (Hamites):-
١- كوش (cush). حبشه. أثيوبيا (Ethiopia) في يونان.
أنجب (أ ب) (Mesraim) مصرايم (appiled by ancent Greek)
فتروسيم (Phetus) أعلى مصر (Upper Egpt). ومصرايم جاءتهم
(Mesraim) لأ لأب لفتروسيم (phetrus) مصر Lower Egpt.
مصر كانت تتكون من جزئين الجزء الاعلى يسمى (phetrus)
والجزء الاسفل مصرايم (Mesrim) + مصرايم معنى مصر
+ الحاميين (Hamites) (من حام (Ham). أبن نوح (Noah)
+ مصرايم هو + من حام (Ham) أفريقي وليس
سامي (Sam) السامين (Samite) كما مدونه في كتاب
مقدس التوراه (Torah) في عهد القديم. كتاب أخبار أيام (
الاول 1. Chronicles 1:..33 أصحاح ١:١-٣٢.
٣- فوط (put). أبن حام (Ham) فوط (put) أ ليبيا.
٤- كنعان (Canaan) الكنعانيين هم من أفريقيا هم (١١) أبناء
١- صيدون (Sidon) ٢- الحيثيون (Hittite)
٣- اليبوسيين (Jebusites) أم قديم القدس أول من سكنوها.
٤- الأموريين (Amorites). ٥- جرجاشيون (Girgashites). أقلب ←

هل تعلم

٥- اليافثين Japheth (الكنعانين Canaanite)

٢- اليافثين (Japhethites) يافث (Japheth) ابن نوح (Noah) اليافثين هم أوربين، والأتراك. والإيرانيين.

يافث أبناء:-

١- جومر (Comer) تركيا. ٢- ماجوج (Magog).
٣- مادي (Madi). ايران. ٤- توبال (Tuba)
٥- ماشك (Misheeh) تركيا. ٦- تيراس (Tiras).

كلهم (أولاد) أبناء والأحفاد نوح (Noah)

هذه المعلومات ماخوذة من كتاب المقدس التوراة (Torah) (عهد قديم) (Old Testament) ودونتها وكتبتها

من كتاب أخبار الأيام الأول ١: ١-٣٥

From 1. Chronicles. Ch. 1:1-35

Tue. Sep. 21-2021

الثلاثاء المصادف ٢١/٩/٢٠٢١

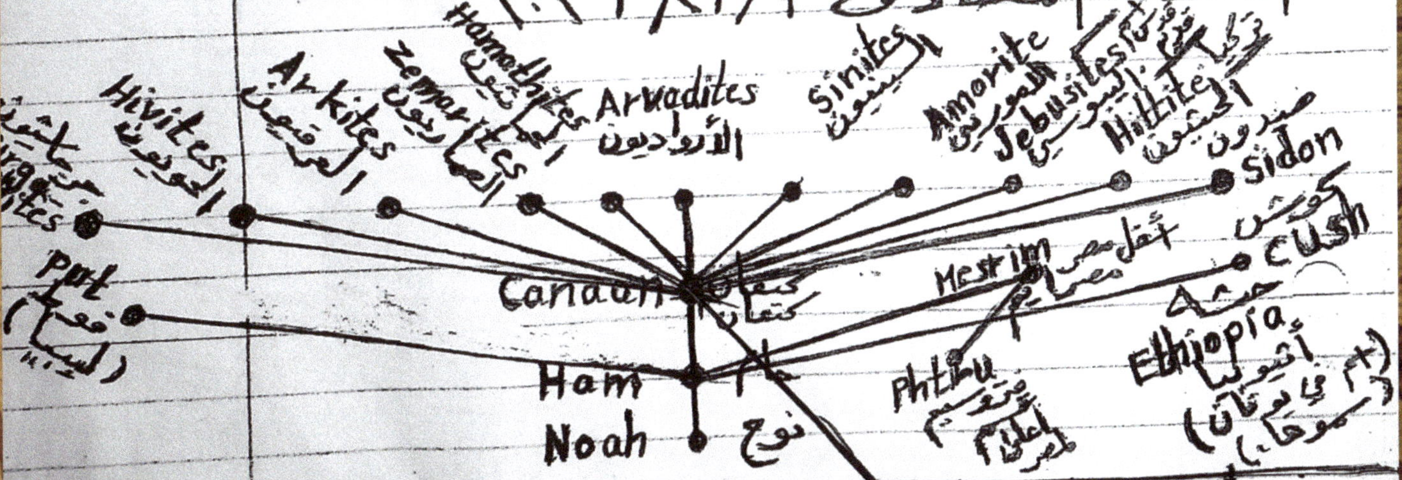

٤- كنعان (Canaan) الكنعانيين هم من أفريقيا هم (11) أبناء

١- صيدون (Sidon) ٢- الحيثيون (Hittite)

٣- اليبوسيين (Jebusites) أم مدينة القدس أهل من سكنوها

٤- الأموريين (Amorite) ٥- السينيون Sinites

٦- الأرواديين (Arvadites) ٧- الحماثيون (Hamatites).

٨- الصماريين (Zemarites) ٩- العرقيين (Arkites)

١٠- الحويين (Hivtes) ١١- الجرجاشيون (Girgashites)

هل تعلم

(الكنعانين canaanite) Japheth اليافس إ-٥

٣- اليافسين (Japhethites) يافس (Japheth) أبن نوح (Noah) اليافسين هم أوربين، والأتراك. والإيرانيين.

يافس أبناء :-

١- جومر (Comer) تركيا. ٢- ماجوج (Magog).

٣- ماداي (Madi) ايران. ٤- توبال (Tuba)

٥- ماشك (Mishech) تركيا. ٦- تيراس (Tiras).

كلهم (أولاد) أبناء والأحفاد نوح (Noah)

هذه المعلومات ماخوذه من كتاب المقدس التوراه (Torah) (عهد قديم) (Old Testament) ودونتها وكتبتها

من كتاب أخبار الأيام الأول ١-٣٥.

From 1. Chronicles. Ch. 1:1-35

Tue. Sep. 21-2021

الثلاثاء المصادف ٢٠٢١/٢١/٩

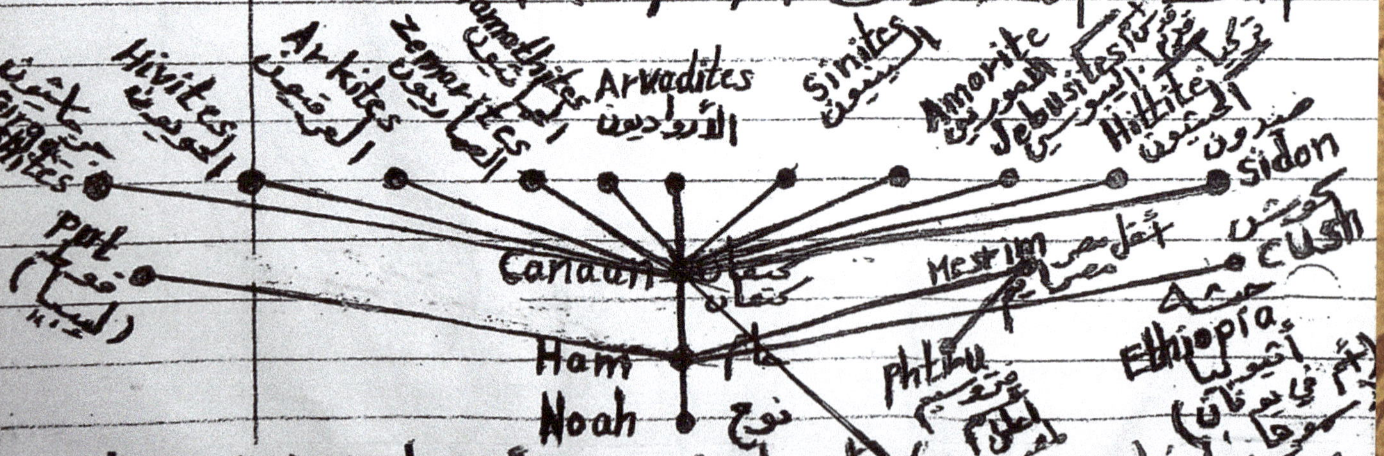

٤- كنعان (Canaan) الكنعانين هم من أفريقيا هم (11) أبناء

١- صيدون (Sidon) ٢- الحيثيون (Hittite)

٣- اليبوسيين (Jebusites) أم قديم القدس أول من سكنوها

٤- الموريين (Amorite) ٥- السينيون Sinites

٦- الأرواديين (Arvadites) ٧- الحماثيون (Hamatites).

٨- الصماريون (Zemarites) ٩- العرقيون (Arkites)

١٠- الحويون (Hivtes) ١١- الجرجاسيون (Girgashites)

هل تعلم

٥٢- 52 سياسه أو سياسات ؛
لم يذكر أو تدوين في تاريخ أو في كتاب المقدس
التوراة (Torah) و أنبياء الملك أو الملكه (kink)
لم يدون اسم أي سياسه أو سياسات.

٥٣- 53 ظهور السياسات
حيث بدأ ظهور سياسات في تاريخ
أول ظهرت الديمقراطيه و الجمهوريه مؤسسها
الفيلسوف ديمقراطس و أفلاطون جمهوريه،
فيلسوف يونان ديمقراطس و فيلسوف أيطالي
جمهوريه؛
حيث بدأت ظهور سياسات من ذلك حين.
لمصلحتهم الشخصيه و لمقاعدهم أنفصاليه.

٥٤- 54 الديانه و العقيده و فروعها (و مذاهبها) (مذهب)
لم يكن عدده عقيدات (فروعها) في كتاب المقدس
التوراه و في كتاب مقدس أنجيل (عهد قديم و عهد
الجديد) لم تدون فيها مثلاً في أنجيل (عهد الجديد)
عندما قال يسوع المسيح (عليه السلام) إلى تلاميذه قال لهم
واحد بعد الآخر تبعني أي لتلاميذه و لم يقول
لهم فأسميكم كاثوليك (كونوا) (catholic) و الآخر أورثودكس
و الآخر بروتستانت (مصلحين) (protestan)
هذا كلها عقائد كي ينقسمون من دين واحد أفكارهم
خاطئه و أفكارهم أثناقيه وفلسفتهم خاطئه لمنصبهم
كاثوليك كون (catholic) و البروتستانت (المصلحين) protest
و الأورثودكس . معتقد . منفرد (orthodox) (لا مثيل له) (a) أقلب ←

هل تعلم

٥٤ - تكملة صفحة ٤١ P 41، رقم ٥٤، 54#
54 -

ديانة وعقيدتها

أيضاً تفرع من دين أو الأديان فروع كثيرة لسبب
فلسفتهم وتفسيرها كما تقول أفكارهم أنهم لا يتحلون
مع بعضهم لحل أفكارهم قبل أن انشقاقهم لمذهب أو عقيدة
أخرى مع بعضهم أي رجال الدين
أخر مثال كاثليك (catholic)

١- كاثوليك يجب يصومون مده ٢٤ ساعة عليه لم
يفطروا إلا في منتصف الليل. (٢٤) ساعة وليس
غروب الشمس كما مدونة في عهد القديم والجديد
٢- لا يعمدون كل جسم كما عُمد يسوع المسيح (جسد)
وأنما يعمدون الرأس ورش الماء فقط
في كاثوليك:

٣- عيد الولادة لسيدنا المسيح ليس ولم
يعيدون في شهر واحد سبعة فيه (7) (٧)
كما مدون في عهد الجديد الذي ظهر نجمه في
شهر واحد (٧) السابع فيه. وأنما يرجعون ١٢
يوماً الى وراء أي شهر (١٢). هذا غير صحيح
وليس مدونة في عهد الجديد. عندما أكون
أظهر نجمه في السماء معنى هذا دليل لميلاد سيدنا
المسيح وأشاره الدالة لظهور النجمة (يوجد شيء).
٤- وعندهم لتماثيل والصور في كنائس وبيوت
عبادة الله والمسيح وأمه.

لذلك أصبح انشقاق فيما بعضهم لأفكارهم مختلفة
كل فرع من دين أنشقوا عددت فروع وعقائد
ومذاهب. يجب نتحد ونحل أختلافاتنا مع بعض.

٥٤ 54 . تكمله صفحه ٤٢ . 42 رقم ٥٤ . 54 ✻
انقسام في دين (الديانات) مثل كل دين المسيح ع
عدد من فروع العقيده والمذاهب وأفكار مختلفه
فيما بينها كما يلي كالرسم توضيحي :

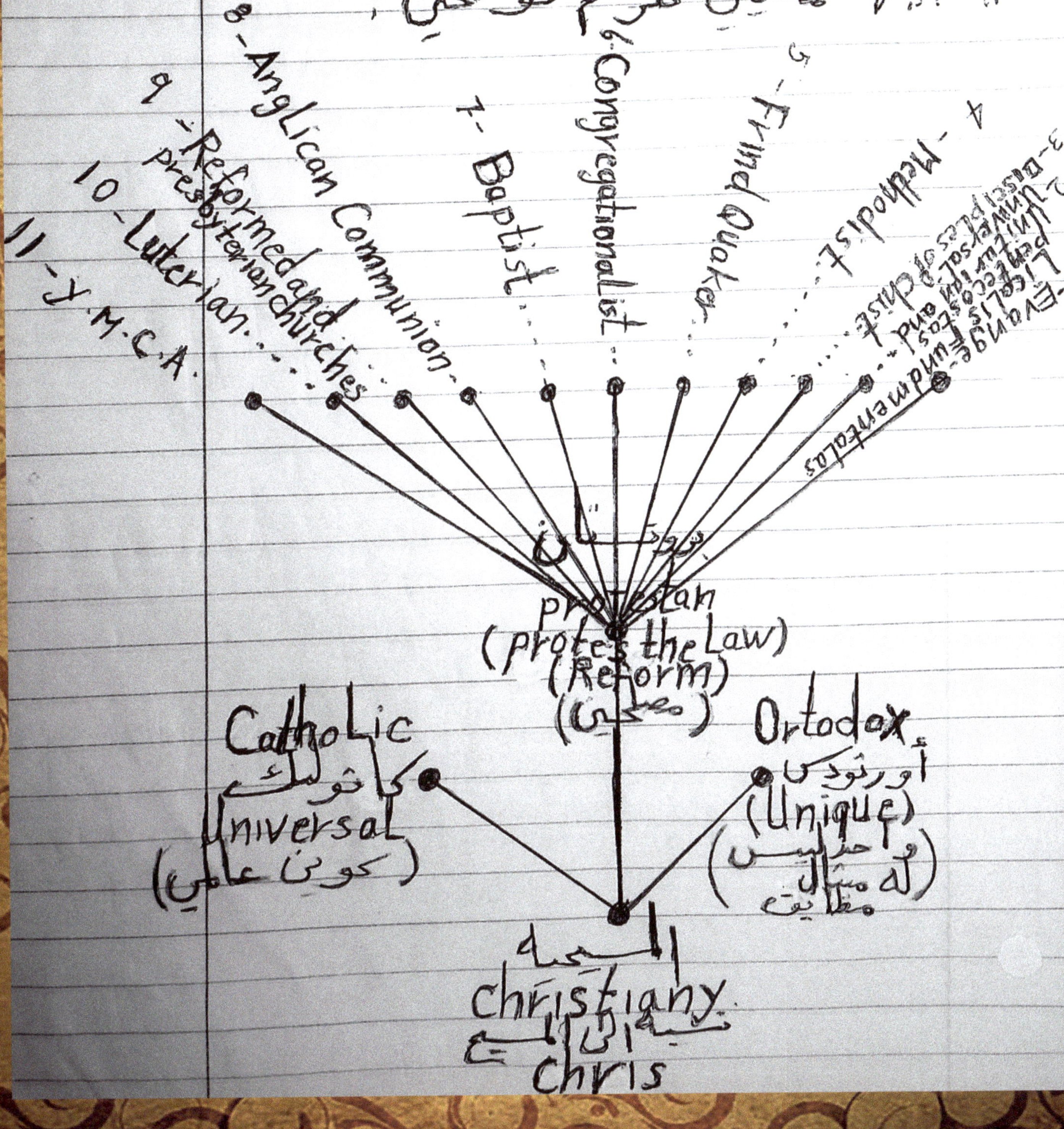

٥٤/54. تكمله صفحه ٤٢، 42 رقم ٥٤، 54 *
انقسام في دين (الأديان) مثلما كان دين المسيح
عدد من فروع العقيدة والمذاهب وأفكار مختلفة
فيما بينها كما يلي كما رسم توضيحي:

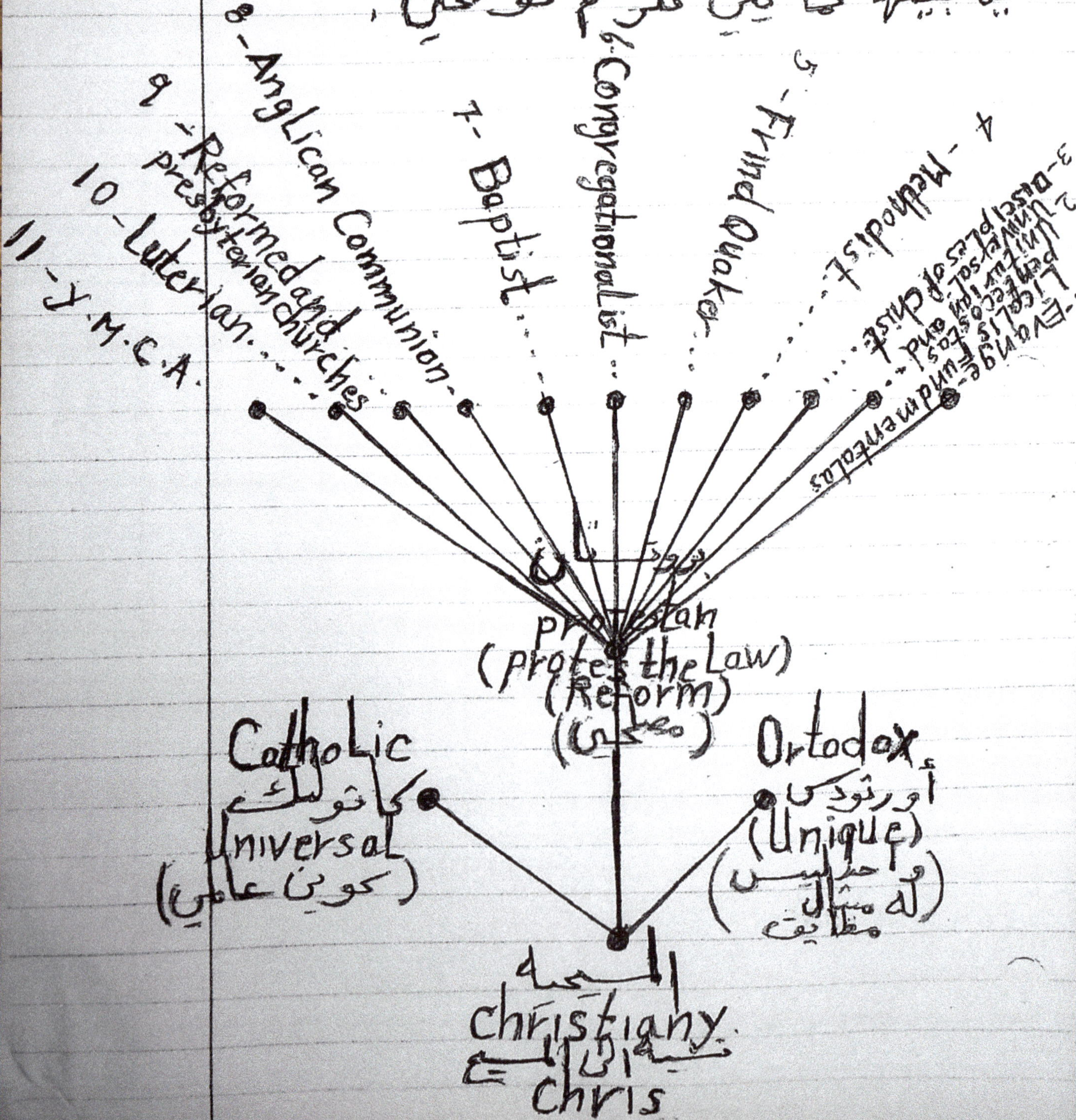

(45) أنقسامات اليهوديه فيما بينهم:
تكمله صفحه ٤٤. p. 44. رقم ٥٤. #54

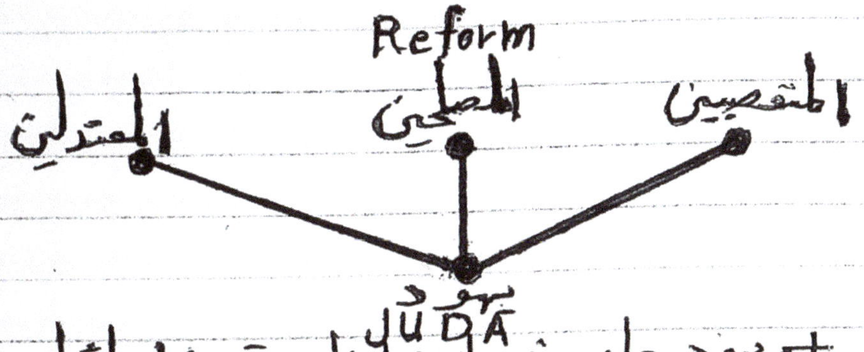

+ يهود جاء من واحد ابناء يعقوب اسرائيل

أنقسامات الأسلاميه فيما بينهم

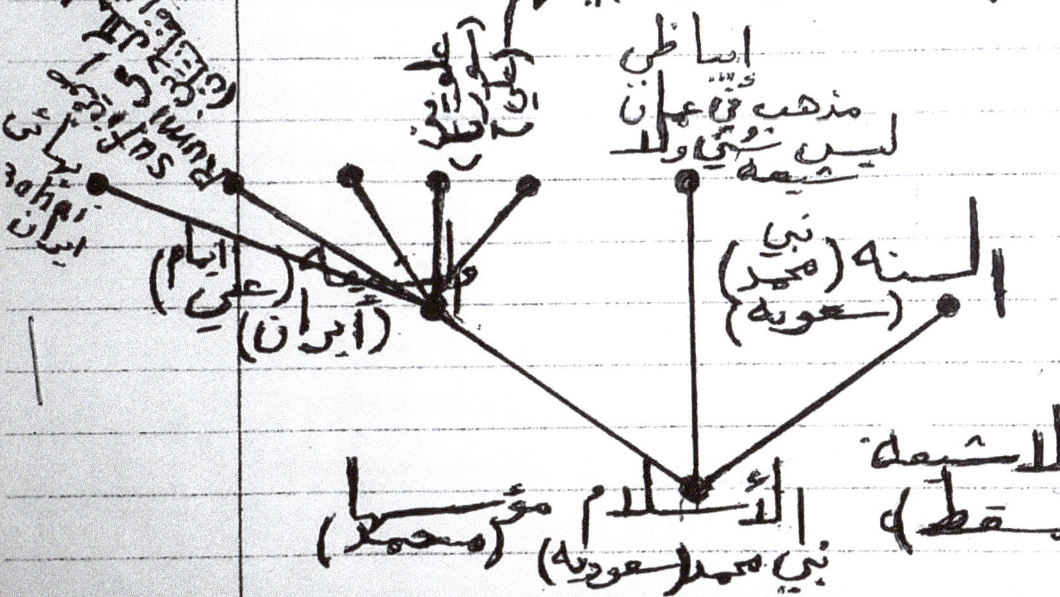

ملاحظه:
مذهب إباظي
(مسلم)
ليس سنه ولا شيعه
(في عمان مسقط)

وأنقسامات في أديان (الديانات الأخرى):-
البوذيه والهندوسيه وكنفوكس (فلسفه صين) ويابان
والهندوسيه وسيخ (سيك). وتاو. وجينزم. و
Hindonsim. Sikhism (Guru). Toai. Jainism
shuinto.

كل وبعض هذه الأديان منقسمه فيما بعضها.
معظم الأديان جاءت من هند. وصين ويابان.
ويوجد أيضاً مذهب دين (إباظي) في بلد عمان. مسقط
ليس سنه ولا شيعه. أخبار من تلفزيون

9:10 p.m
Wed. Sep. 29-2021 يوم الأربعاء ٢٩/٩/٢٠٢١

هل تعلم

٥٥- 55- كلمة لورد Lord في أنكليزي
معنى Lord : مالك الأرض. مالك الورديات: مولى
كلمة Lord فقط إلى الله وسيدنا مسيح لأنهم هم مالكين
وأصحاب كل شيء كما يطلقون لأنهم الأنكليز كلمة لورد
Lord. فقط أطلاق اسم لورد إلى الله وعلمنا في أنسان
أنهم عندما يعترفون لأحد أن يقدر يملك أي شيء من
أملاكهم وأماناتهم (الورد Lord) يستحق كل شيء يملكونه
من أرض ليس مالكين. مثل الله والمسيح هم
المالكين. لذلك نطلق ونسميهم لورد (Lord).

٥٦- 56- من هم العرب: يعرب بن قحطان
وما أقسامهم ١- عرب البائدة ٢- عرب مستعربة
٣- عرب عاربة

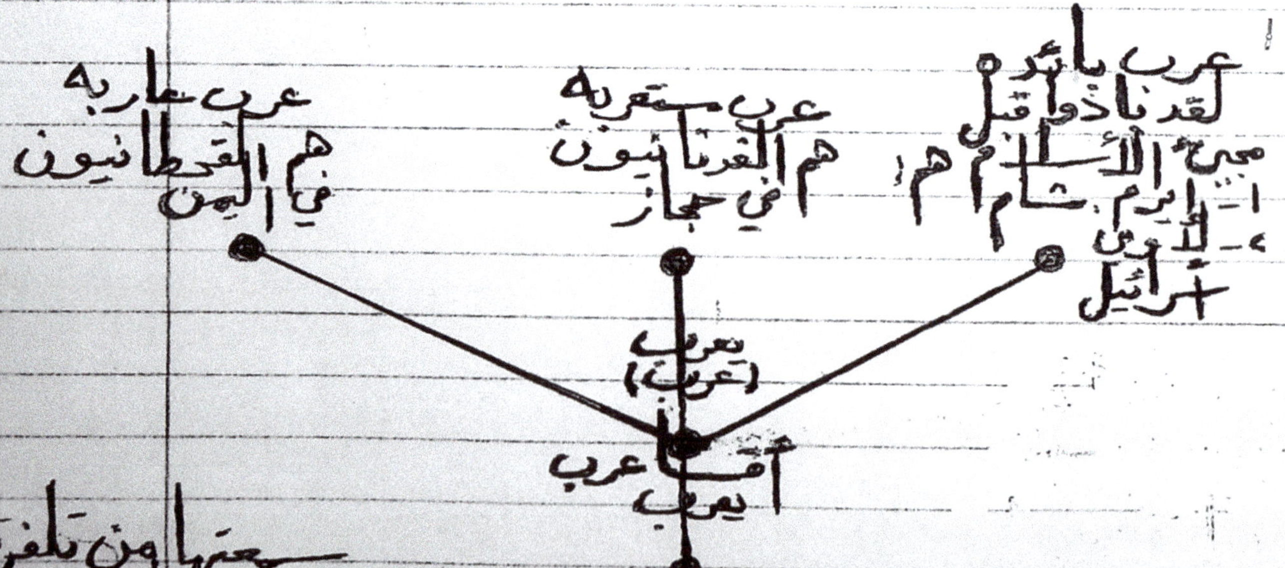

سمعتها من تلفزيون
في يوم الخميس
مصادف
٢٣-٩-٢٠٢١

جوزيف إيشو كيي بك

on Thu. Sep-23-2021

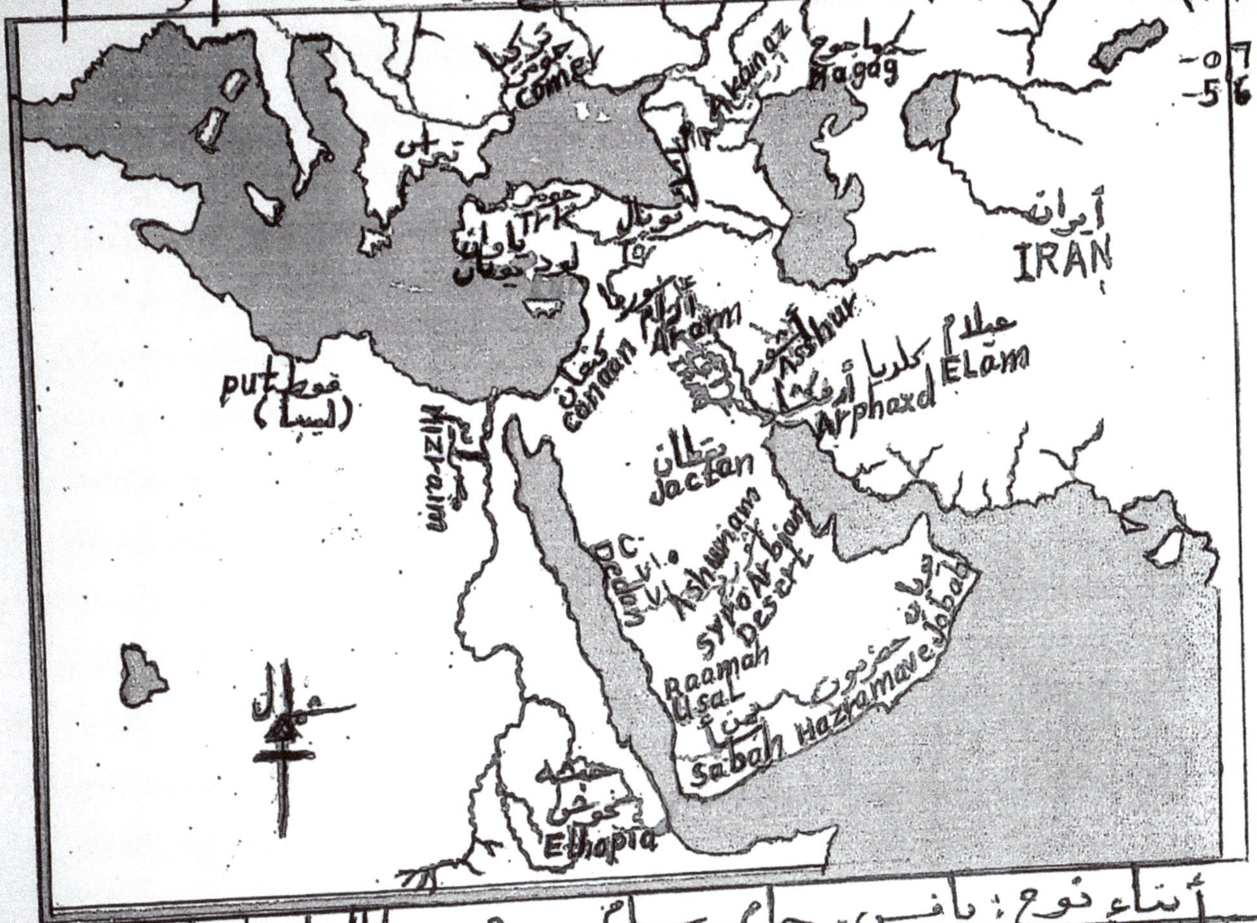

San of Noah: Jepheth ham - Sam:

1- Son of Japheth: -

1-Comer. 2-Meshech. 1-٤.2 (Turky)
3-Magog. 4-Madia (IRAN) 5-Tubal
6-(Javan) Greek. 7-Trias

Sons of Ham: Cush (Ethobia)
2-Mizraim Lower (Egypt) & Phetrus
Upper (Egypt) 3-Canaan. 4-put (Libia)

Sons of Sam: 1. Elam (IRAN). 2. Asshur
(Iraq) 3-Lud. 4-Aram (Syria) 5 Arphaxad.

Grand Grands of Sam: Jactan (Saudia)
Uzal (San aa). Hazramave. Jetar & Nabiath
(Jordn). petra From Nabiath & Jetra Son of
Ishmael & From Grand kid of Ibraham
Third Wif (katora): Dedan & Asshuriam Son
of kator. Dedan & Asshuriam (in Saudia).

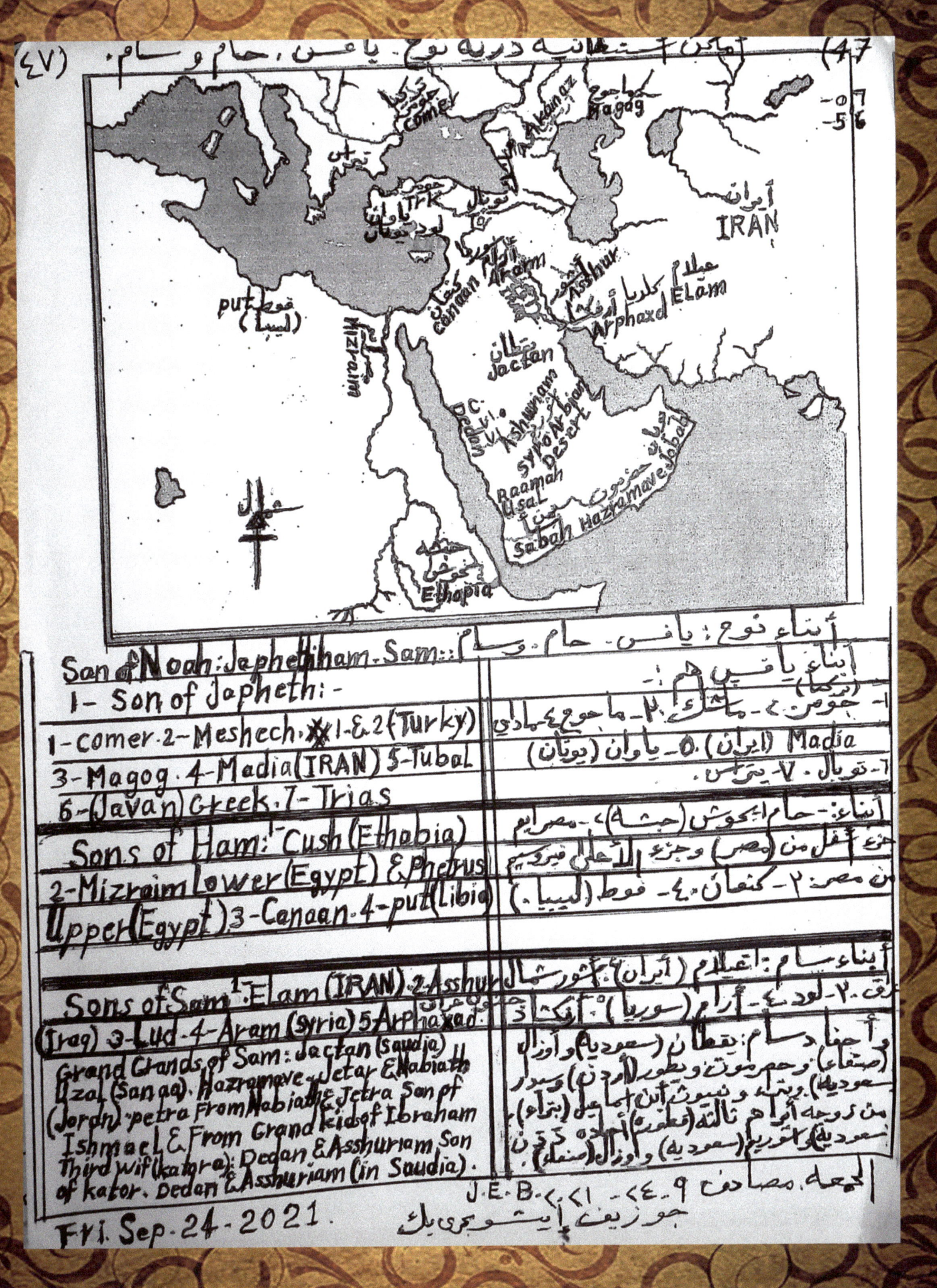

أبناء نوح : يافث - حام وسام

أبناء يافث هم :
١- جومر ٢- ماشك ١، ٢ (تركيا) ٣- ماجوج ٤- مادي
Madia (ايران) ٥- ياوان (يونان)
٦- توبال . ٧- تيراس .

أبناء : - حام ١- كوش (حبشه) ٢- مصرايم
جزء أسفل من (مصر) وجزء الأعلى فيروسيم
من مصر ٣- كنعان ٤- فوط (ليبيا).

أبناء سام : ١- عيلام (أيران) ٢- أشور شمال
عراق ٣- لود ٤- أرام (سوريا) ٥- أرفكشاد

أحفاد سام : يقطان (سعوديه) وأوزال
(صنعاء) وحضرموت ويطور (الأردن) ونبايوت
سعوديه) بيترا ونبيوث أبن أسماعيل (بتراء)
من زوجه أبراهيم ثالثة (قطوره) أحفاده ددان
سعوديه) والأشوريم (سعوديه) وأوزال (صنعاء).

الجمعة مصادف ٩ - ٢٤ - ٢٠٢١ J.E.B.

Fri. Sep - 24 - 2021.

جوزيف أيشو بري بك

هل تعلم

(48) تقسيم الأسباط

-٥٧
-57

Divide the Land
The Trib of Israeal

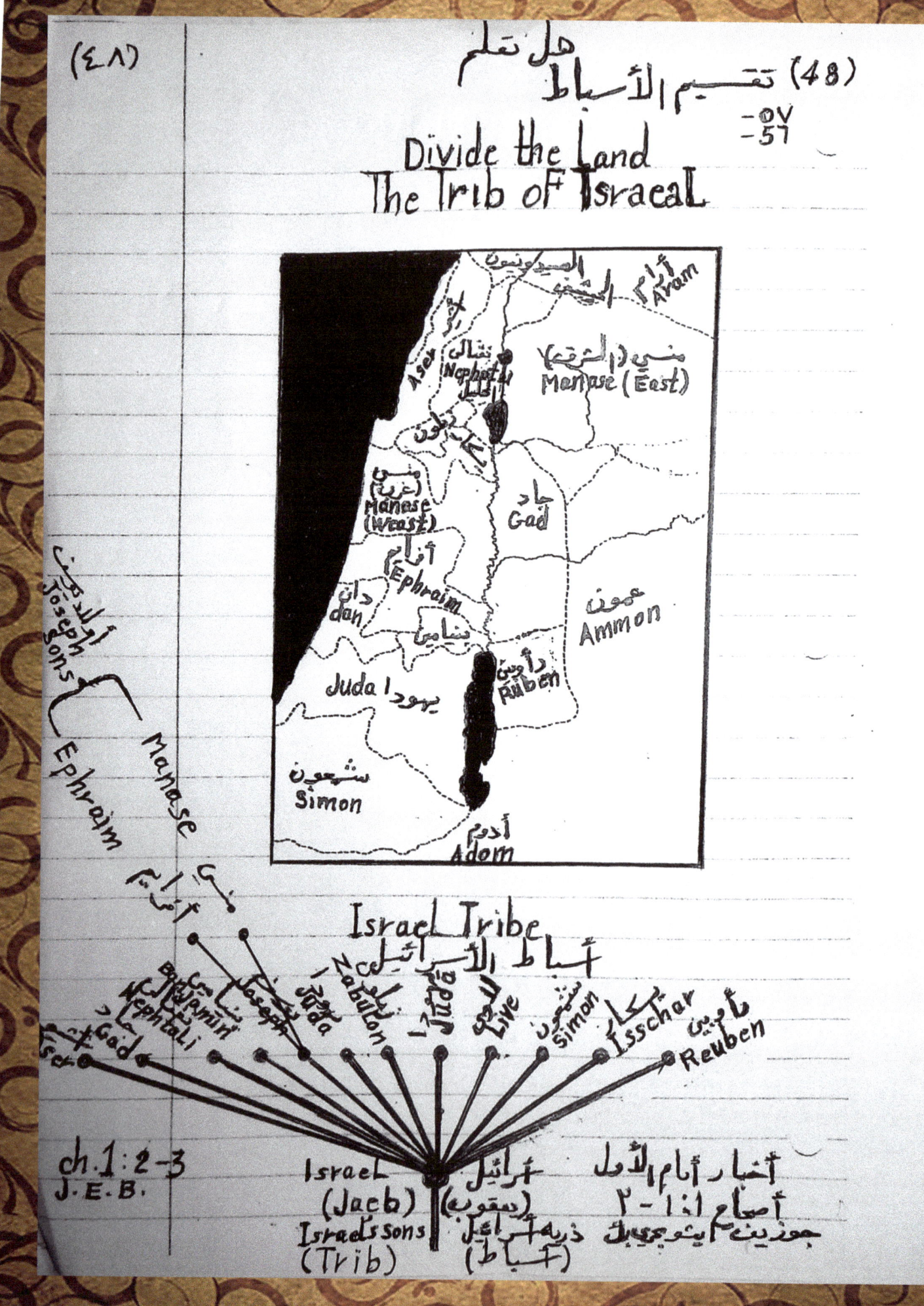

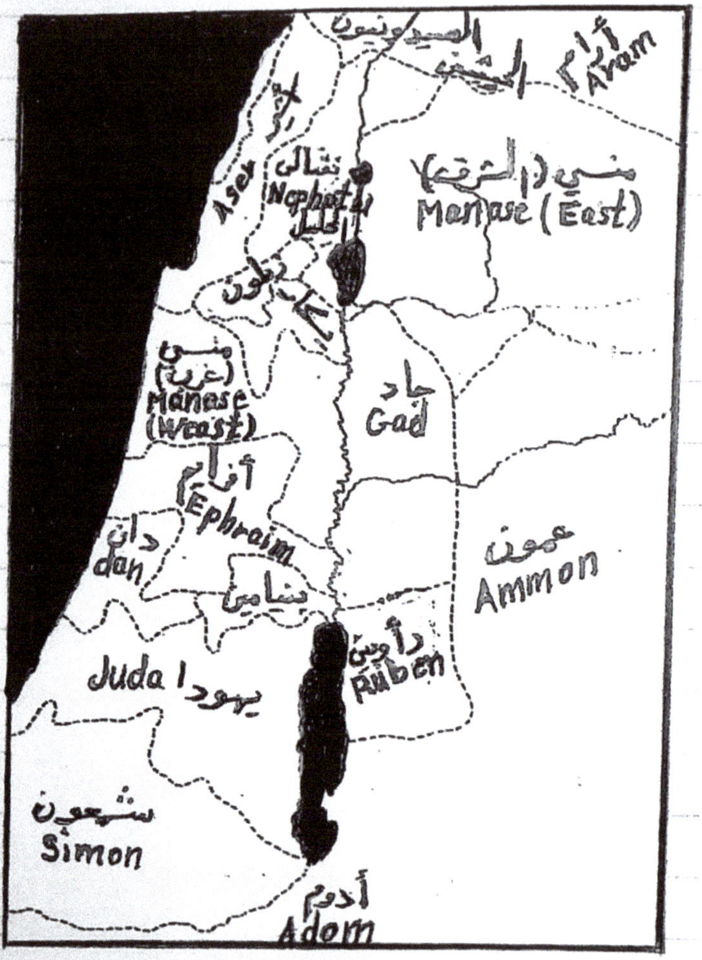

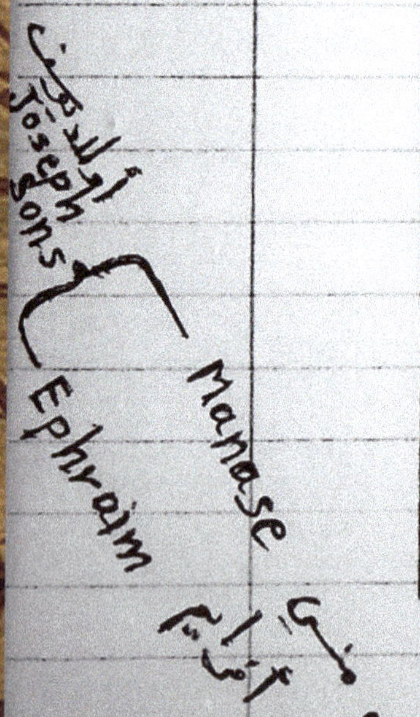

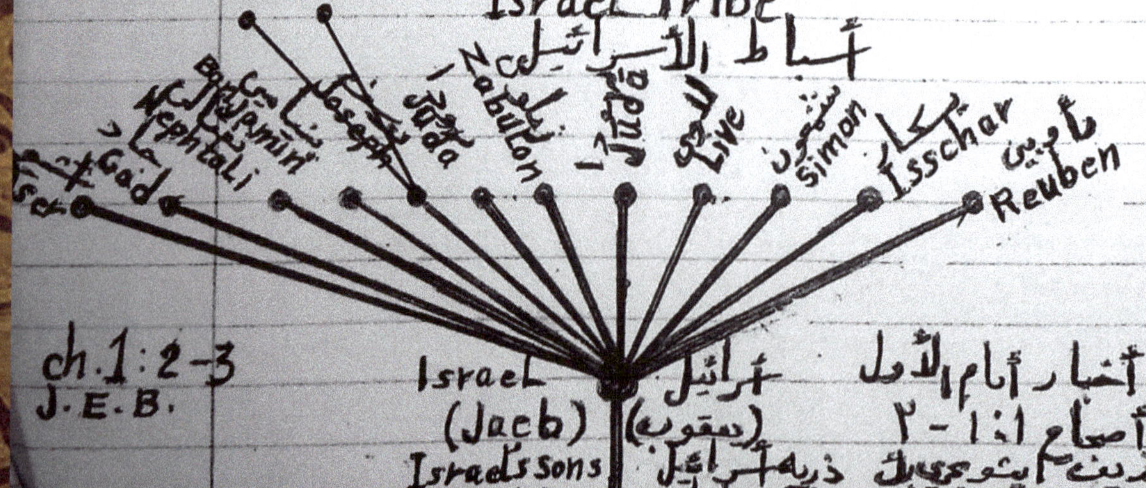

ch.1:2-3
J.E.B.

أخبار أيام الأول
أصحاح ١:١ - ٢
جوزيف أيتو عيبك

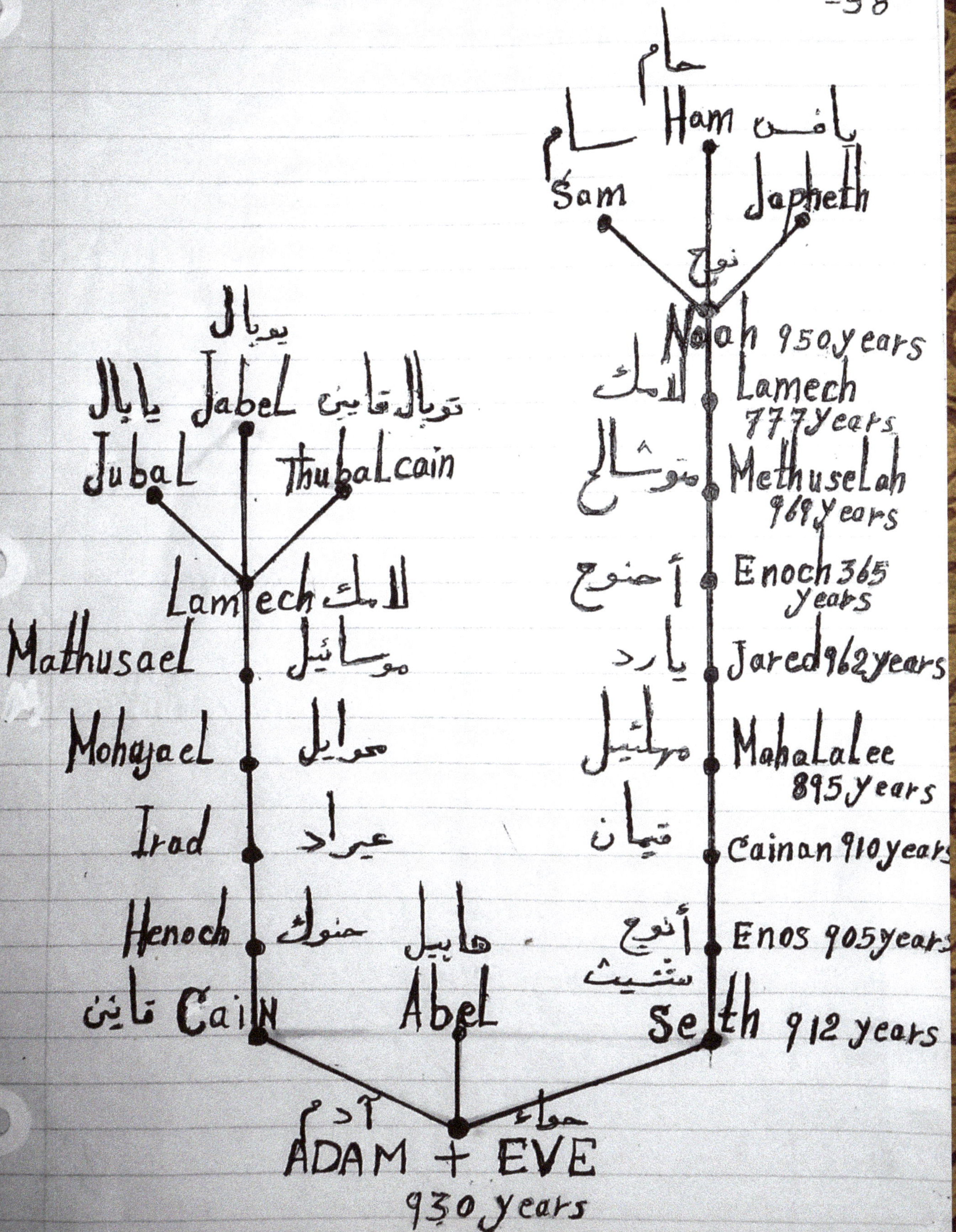
حام
Ham
سام
يافث
Sam
Japheth
نوح
Noah 950 years
لامك
Lamech
777 years
متوشالح
Methuselah
969 years
أخنوخ
Enoch 365 years
يارد
Jared 962 years
مهلئيل
Mahalalee
895 years
قينان
Cainan 910 years
أنوش
Enos 905 years
شيث
Seth 912 years
يوبال
Jabel
يابال
توبال قايين
Jubal
Thubalcain
Lamech لامك
Mathusael موسائيل
Mohajael محوايل
Irad عيراد
Henoch حنوك
هابيل
قايين Cain
Abel
آدم
حواء
ADAM + EVE
930 years

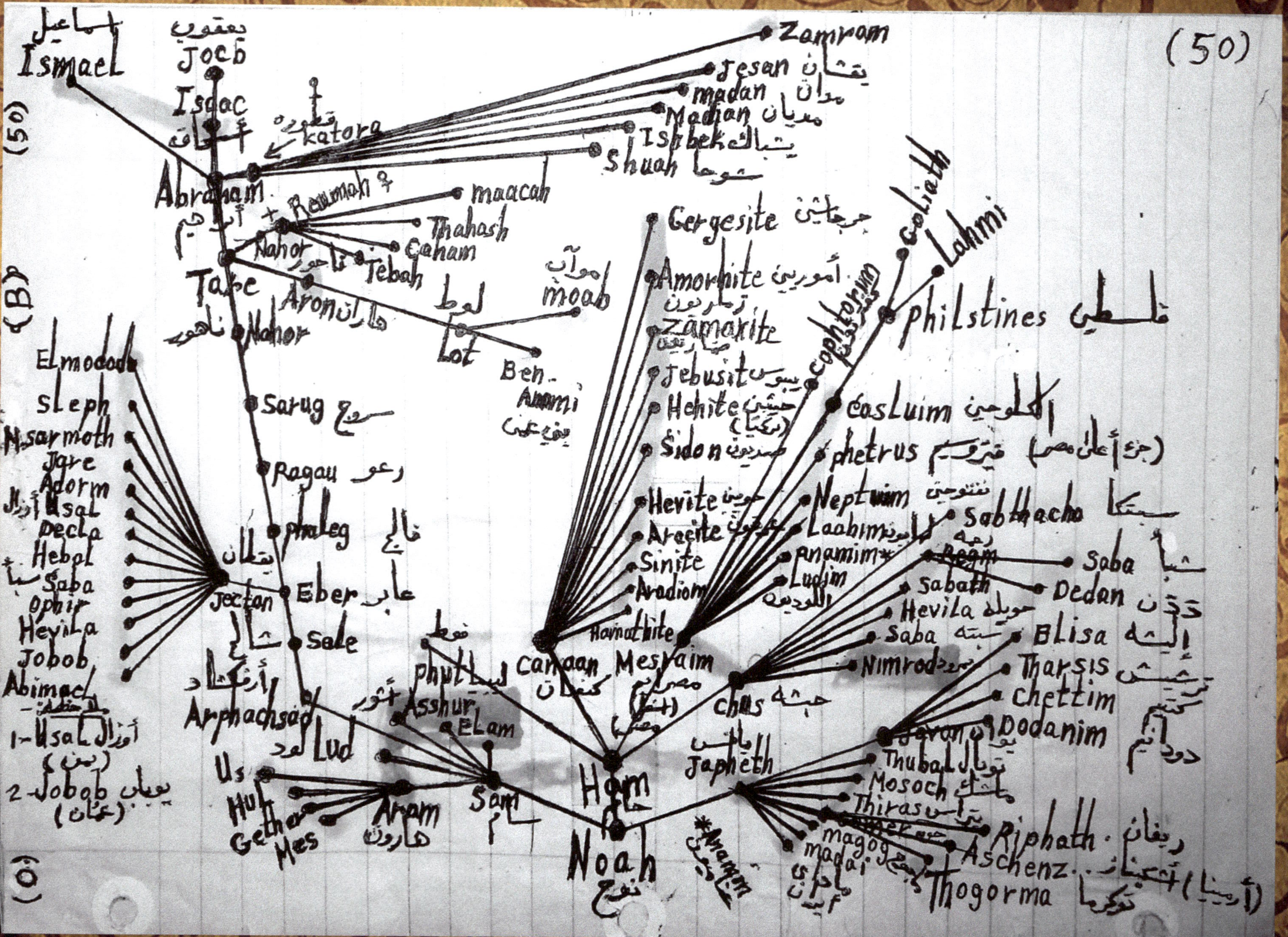

(50)
Ismael
Jocb
Isaac
katora
Abraham
Reumah
Nahor
Tare
Aron
Nahor
Zamram
Jesan
madan
Madian
Isbek
Shuah
maacah
Thahash
Gaham
Tebah
moab
Lot
Ben-Ammi
Sarug
Ragau
phaleg
Eber
Sale
Jectan
Elmodad
Sleph
Asarmoth
Jare
Adorm
Usal
Decla
Hebal
Saba
ophir
Hevila
Jobob
Abimael
1- Usal
2- Jobob
Arphachsad
Lud
Asshur
Elam
Us
Hul
Gether
Mes
Aram
Sam
Noah
Ham
Japheth
Phut
Canaan
Mesraim
Chus
Gergesite
Amorhite
Zamarite
Jebusite
Hehite
Sidon
Hevite
Arecite
Sinite
Aradiom
Hamathite
Caphtorim
Goliath
Lahmi
Philstines
Casluim
phetrus
Neptuim
Laabim
Anamim
Ludim
Sabthacha
Regma
Saba
Dedan
Sabath
Hevila
Saba
Nimrod
Blisa
Tharsis
Chettim
Dodanim
Javan
Thubal
Mosoch
Thiras
magog
madai
Riphath
Aschenz
Thogorma
(B)
(O)

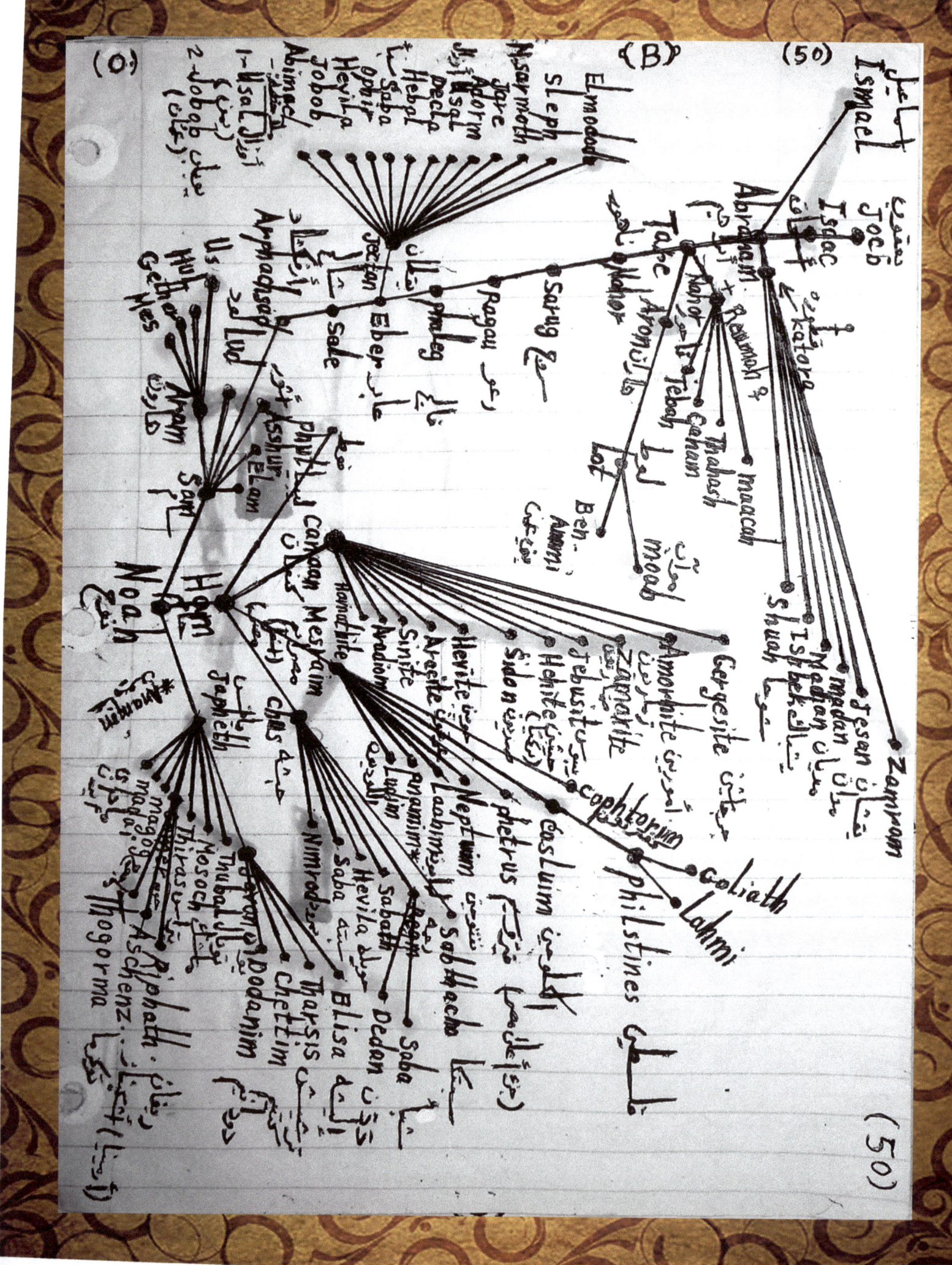

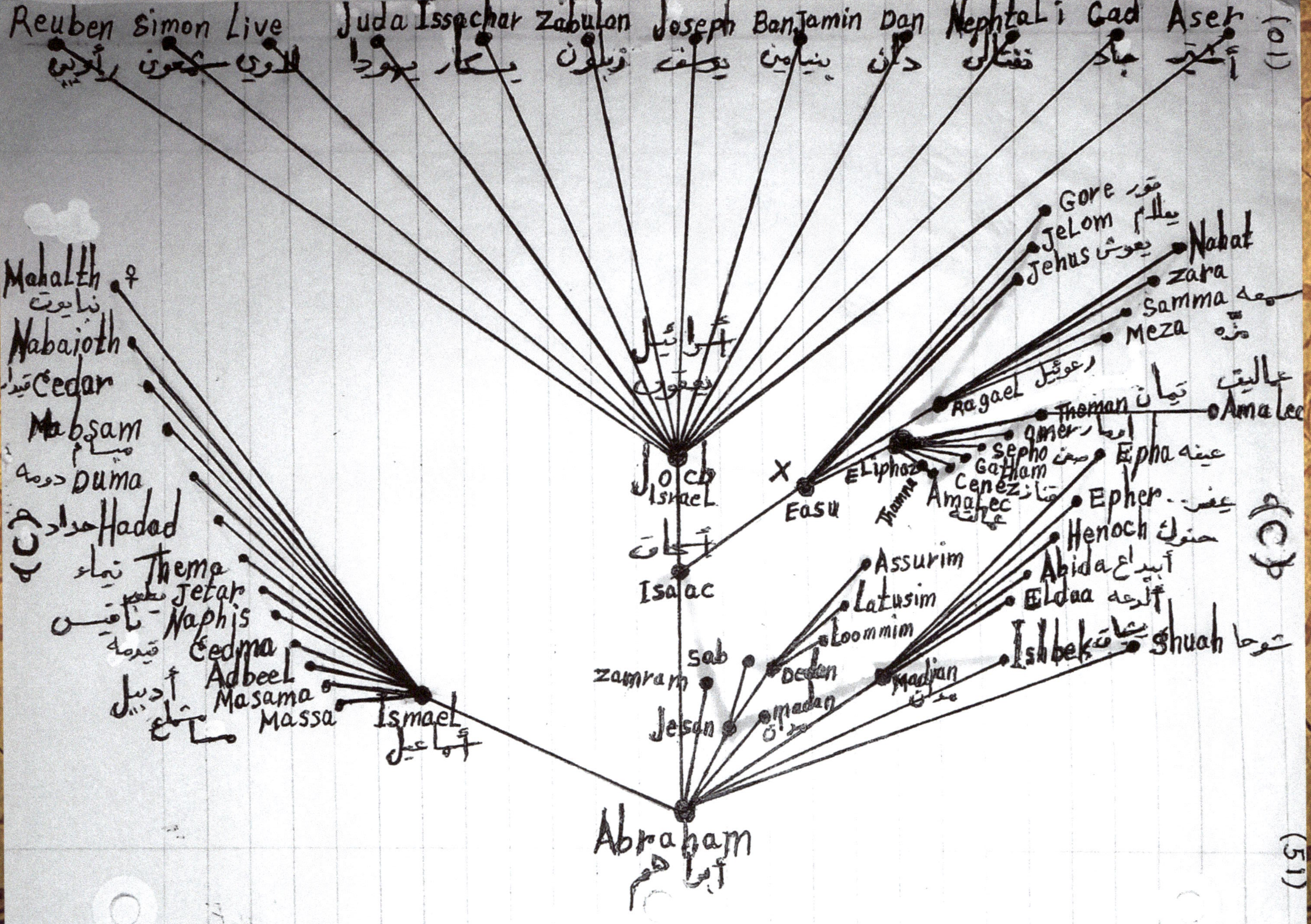

Reuben
Simon
Live
Juda
Issachar
Zabulon
Joseph
BanJamin
Dan
Nephtali
Gad
Aser
Jocob
Israel
Isaac
Easu
Abraham
Ismael
Mahalth
Nabaioth
Cedar
Mabsam
Duma
Hadad
Thema
Jetar
Naphis
Cedma
Adbeel
Masama
Massa
Gore
JeLom
Jehus
Nabat
Zara
Samma
Meza
Ragael
Thoman
Amalec
Omer
Sepho
Gatham
Cenez
Eliphaz
Thamna
Amalec
Epha
Epher
Henoch
Abida
Eldaa
Ishbek
Shuah
Madian
Madan
Jesan
Zamran
Sab
Dedan
Loommim
Latusim
Assurim

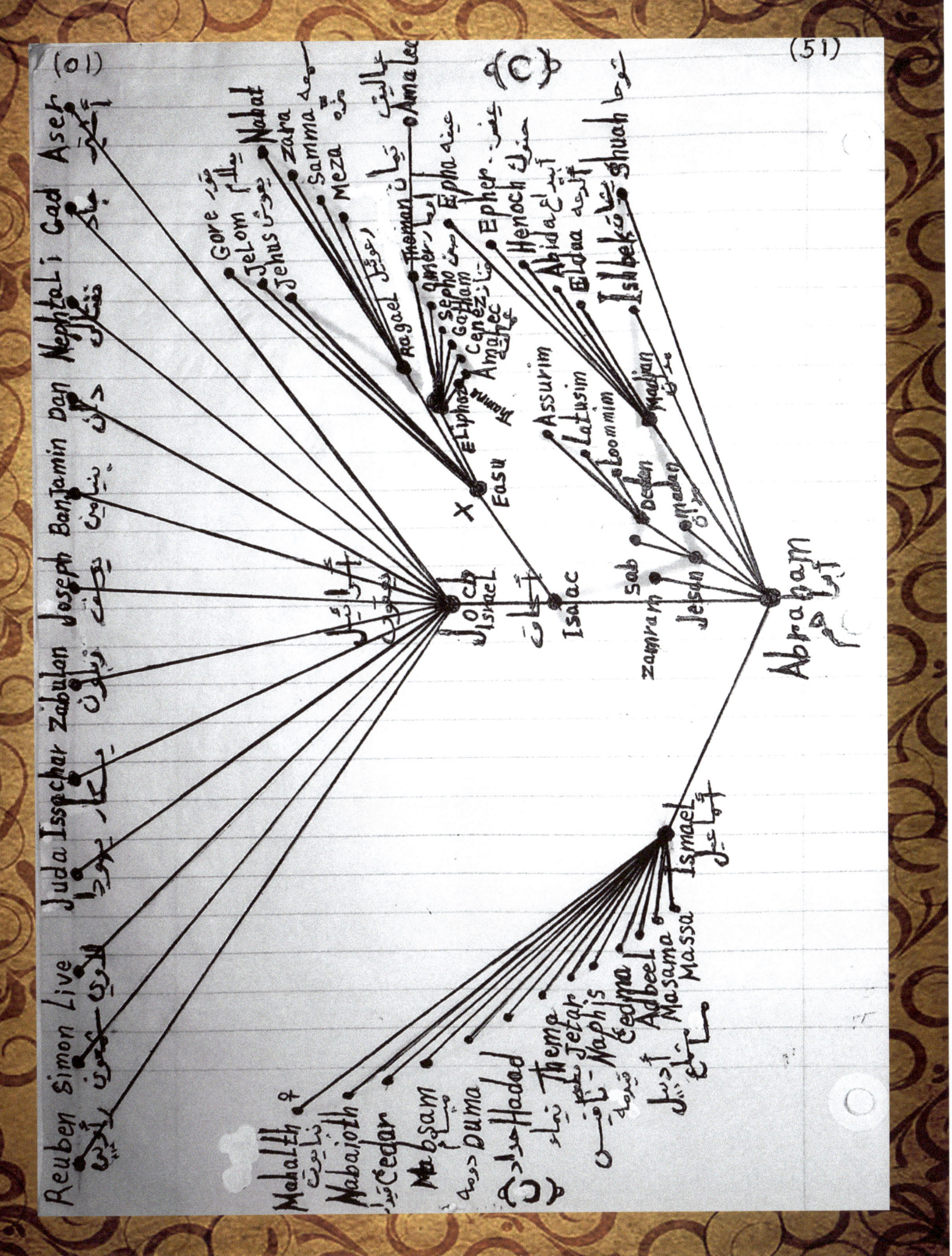

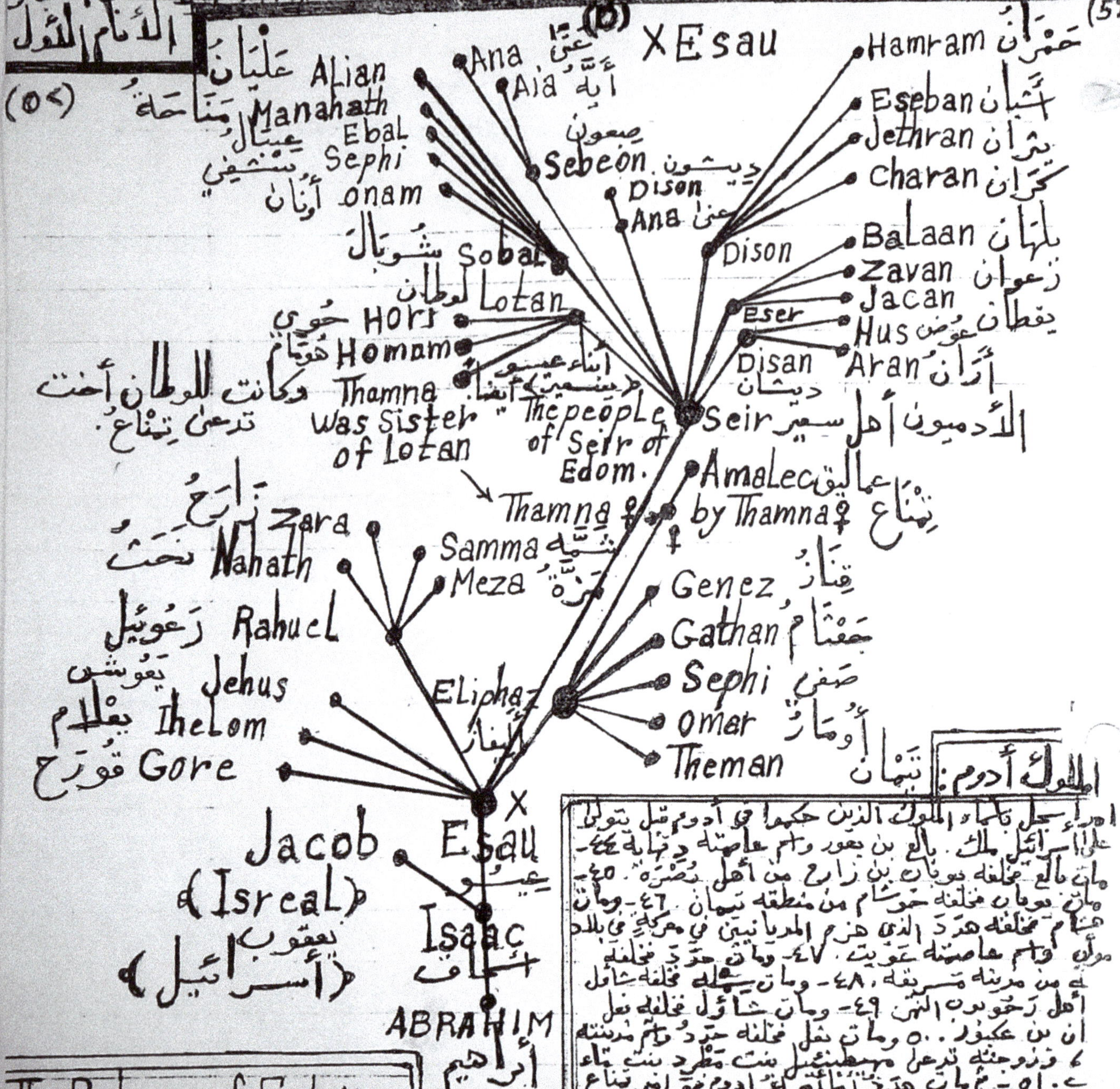

الملوك أدوم:

أمراء سجل بأسماء الملوك الذين حكموا في أدوم قبل يتولى على إسرائيل ملك. بالع بن بعور واسم عاصمته دنهابة ٤٤- مات بالع فخلفه يوباب بن زارح من أهل بصرة. ٤٥- ومات يوباب فخلفه حوشام من منطقة تيمان. ٤٦- ومات حشام فخلفه هدد الذي هزم المديانيين في معركة في بلاد موآب واسم عاصمته عويت. ٤٧- ومات هدد فخلفه سملة من مدينة مسريقة. ٤٨- ومات سملة فخلفه شاول من أهل رحوبوت النهر. ٤٩- ومات شاول فخلفه بعل حانان بن عكبور. ٥٠- ومات بعل فخلفه حدد واسم مدينته فاعي وزوجته تدعى مهيطبئيل بنت مطرد بنت ماء ذهب. ٥١- ثم مات هدد. أما أمراء أدوم فهم أمير تمناع أمير علوه أمير يتيت. أمير أهوليبامة أمير أيلة أمير فينون أمير قناز أمير تيمان أمير مبصار. أمير مجديئيل أمير عيرام وجميع هؤلاء أمراء قبائل الأدوميين.

The Rulers of Edom:

Now these are the kings that reigned in the Land of Edom before there was a king over the children of Israel: Bale the Son of Beor; & the name of his city was Denaba 44. And Bale died, & Jobab the Son of Zara of Bosar, reigned, in his stead; 45. & When Jobab also was died, Husm of the Land of the Themanites reigned stead. 46. And Husam also died and Adad the Son of Badad reigned in his stead; and he defeated the Madianites in the Land of Moab; And the name his city was Avith. 47- & When Adad also was died Semla also died, And Saul of Rohoboth. Wich is Near the river, reigned in his stead 50- He also died. & Adad reigned in his stead; & he name of his city was Phau. And his wife was called Meetabel the daughter of Matred, the doughter of Mezaab And after the death of Adad, the began to be dukes in Edom Ins of kings; duke Thamna, duke Al duke Jetheth, 52- Duke Oolibam duke Ela, duke phinon, 53- Duke Cenez, due Theman, duke Mabsar, 54- Duke Magdiel, duke Hiram. These are the dukes of Edom

(These were the Chiefs of Edom)

(D)

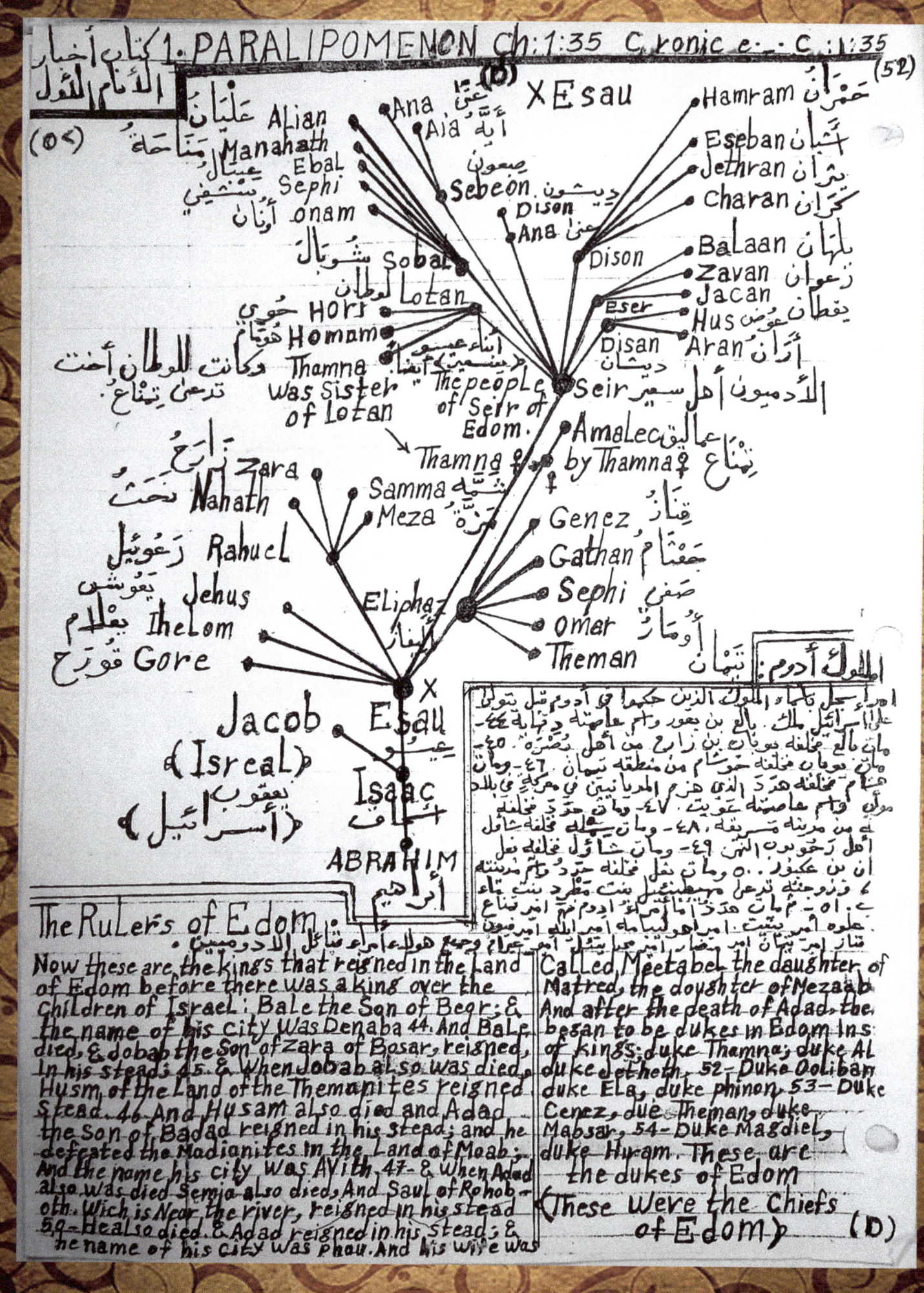

رأوبين

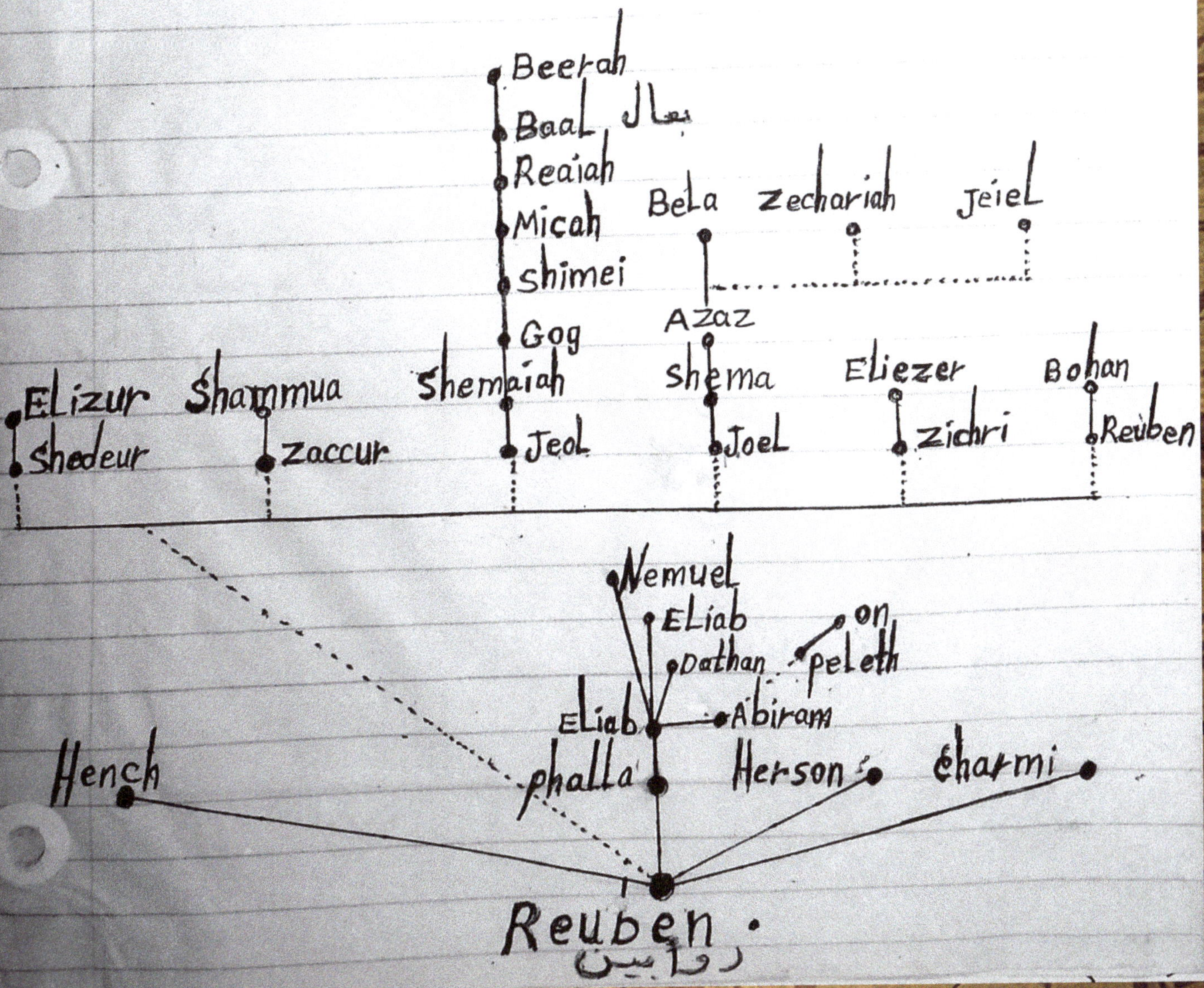
Beerah
Baal بعال
Reaiah
Micah
shimei
Gog
Shemaiah
Jeol
Bela
Zechariah
Jeiel
Azaz
shema
Joel
Eliezer
Zichri
Bohan
Reuben
Elizur
Shedeur
Shammua
Zaccur
Nemuel
Eliab
Dathan
Abiram
on
peleth
Eliab
phalla
Hench
Herson
Charmi
Reuben
رؤابين

شمعون

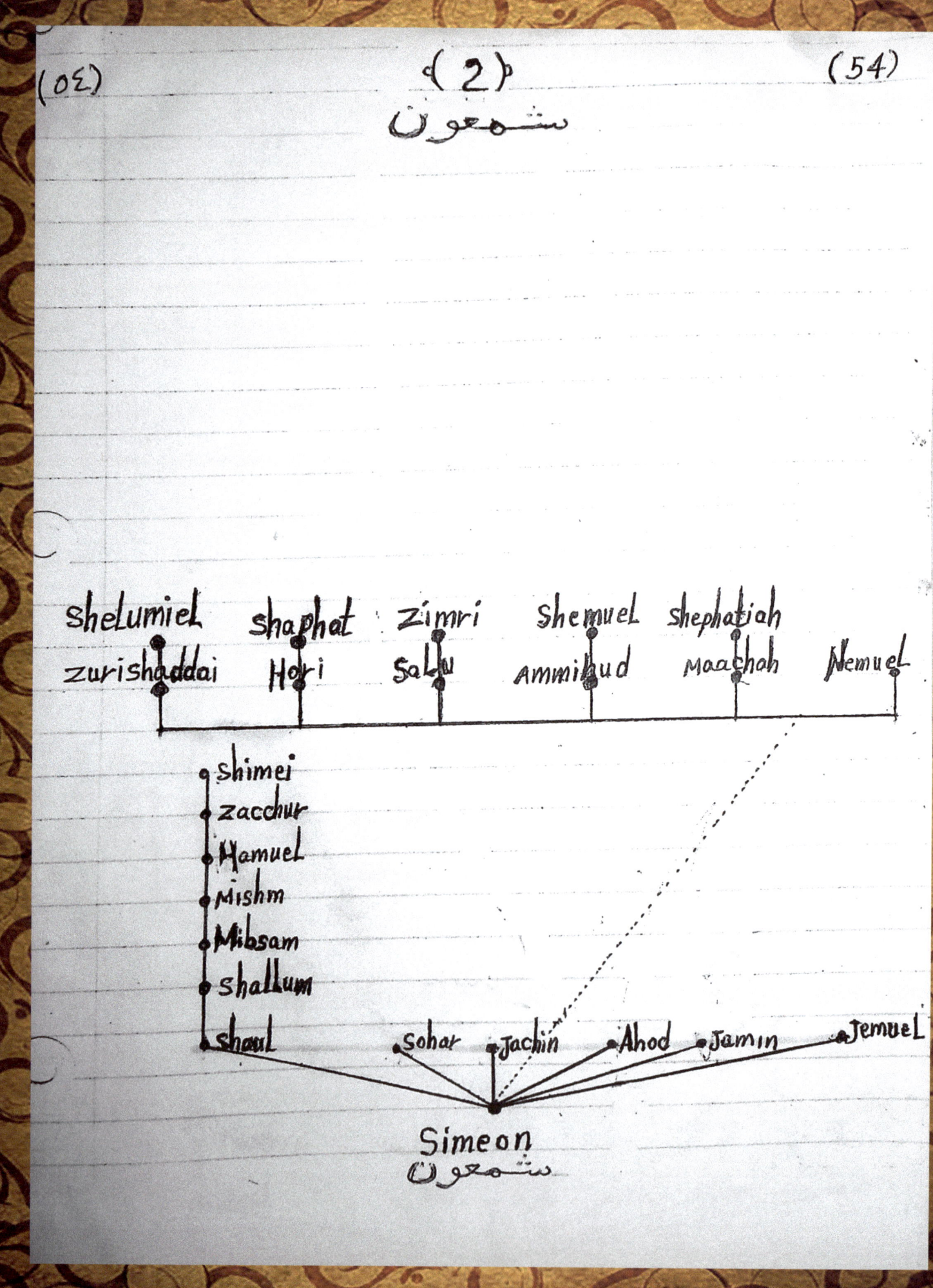

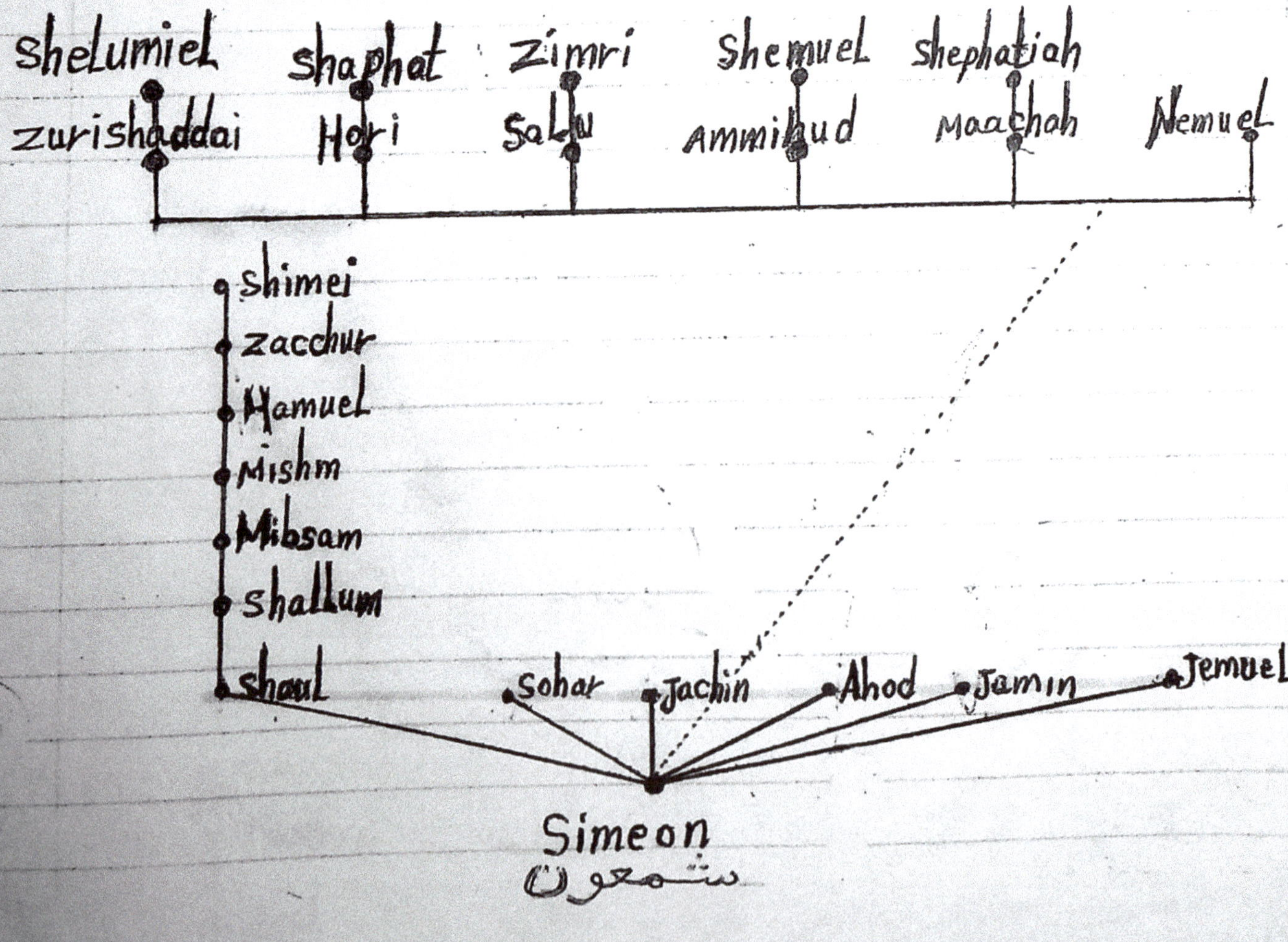
shelumiel
shaphat
zimri
shemuel
shephatiah
zurishaddai
Hori
Salu
Ammihud
Maachah
Nemuel
shimei
zacchur
Hamuel
Mishm
Mibsam
shallum
shaul
Sohar
Jachin
Ahod
Jamin
Jemuel
Simeon
شمعون

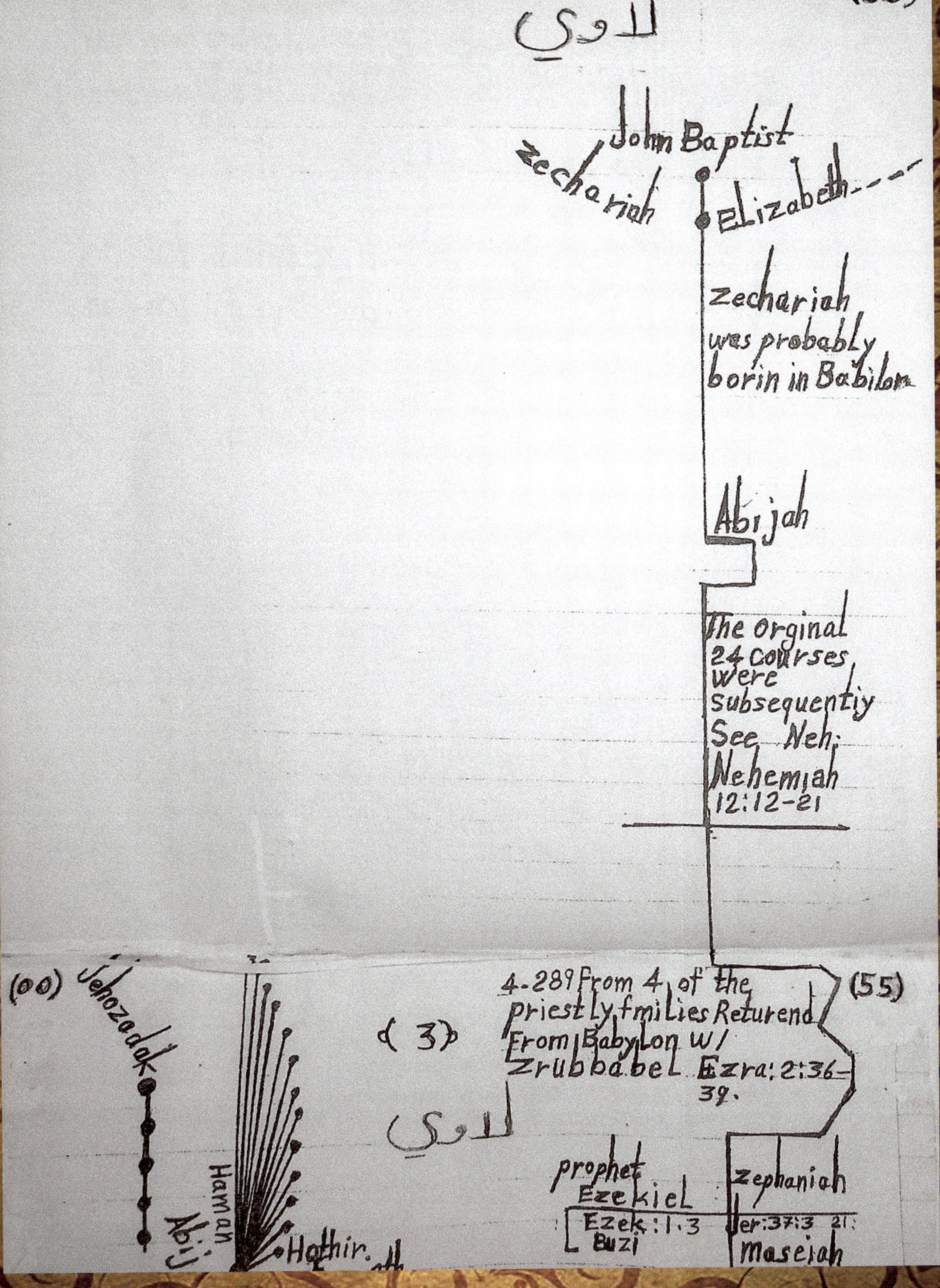
لاوي
John Baptist
zechariah
Elizabeth
zechariah was probably borin in Babilon
Abijah
The orginal 24 courses were subsequentiy See Neh; Nehemiah 12:12-21
(00)
Jehozadak
4-289 From 4 of the priestLy fmiLies Returend From BabyLon w/ ZrubbabeL Ezra: 2:36-39.
(55)
(3)
لاوي
Haman
Abij
Hathir.
prophet EzekieL
Ezek: 1.3
Buzi
zephaniah
Jer: 37:3 21:
maseiah

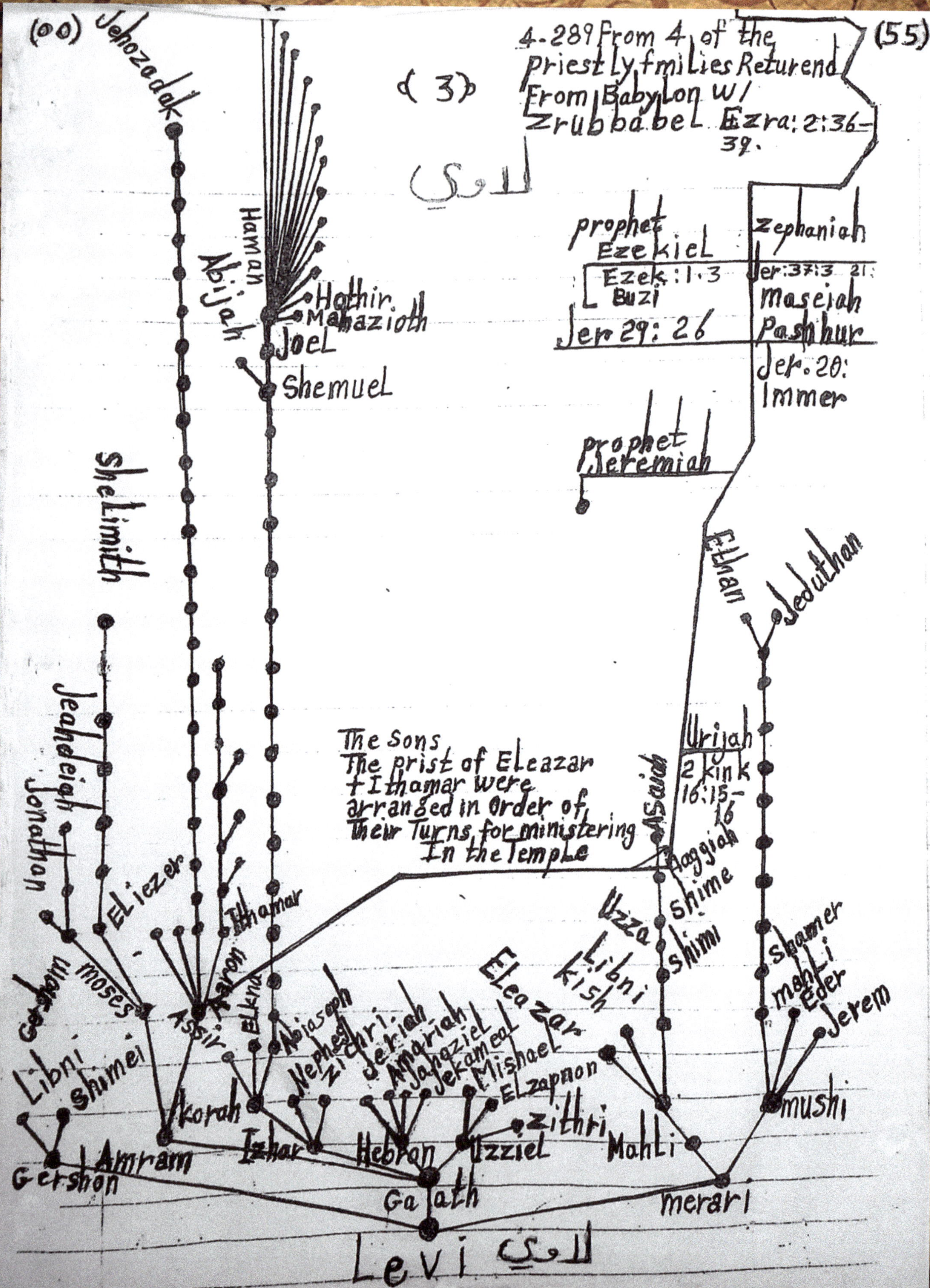

(00)
(55)
(3)
4-289 From 4 of the priestLy fmiLies Returend From BabyLon w/ ZrubbabeL Ezra: 2:36-39.
Jehozaddk
Haman
Abijah
Hathir
Mahazioth
JoeL
ShemueL
prophet EzekieL
Ezek: 1.3
Buzi
Jer 29: 26
Zephaniah
Jer: 37:3 21:
maseiah
Pashhur
Jer. 20:
Immer
prophet Jeremiah
ELthan
Jeduthan
SheLimith
Jeahdeiah
Jonathon
The Sons The prist of ELeazar + Ithamar were arranged in Order of Their Turns for ministering In the TempLe
Urijah
2 kink 16:15-16
Asaiah
Haggiah
Shime
Shimi
Uzza
Libni
kish
ELiezer
Ithamar
Aaron
moses
Gershom
Assir
ELkna
Abiasoph
Nepheg
Zichri
Jeriah
Amariah
Jahaziel
Jekameal
Mishael
ELzaphon
Zithri
ELeazar
Shamer
mahLi
Eder
Jerem
mushi
Libni
Shimei
korah
Gershon
Amram
Izhar
Hebron
Uzziel
MahLi
Gaath
merari
Levi

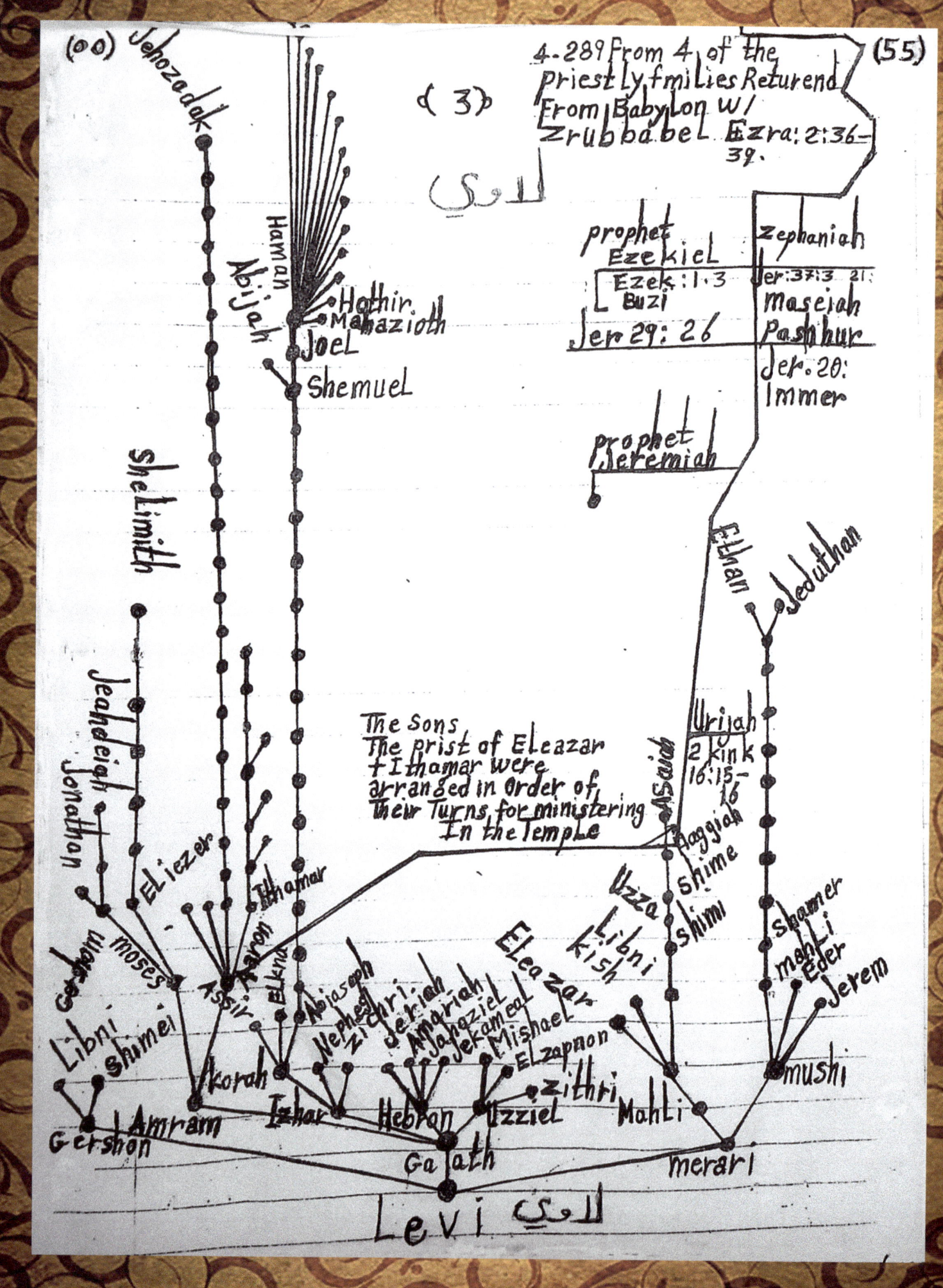

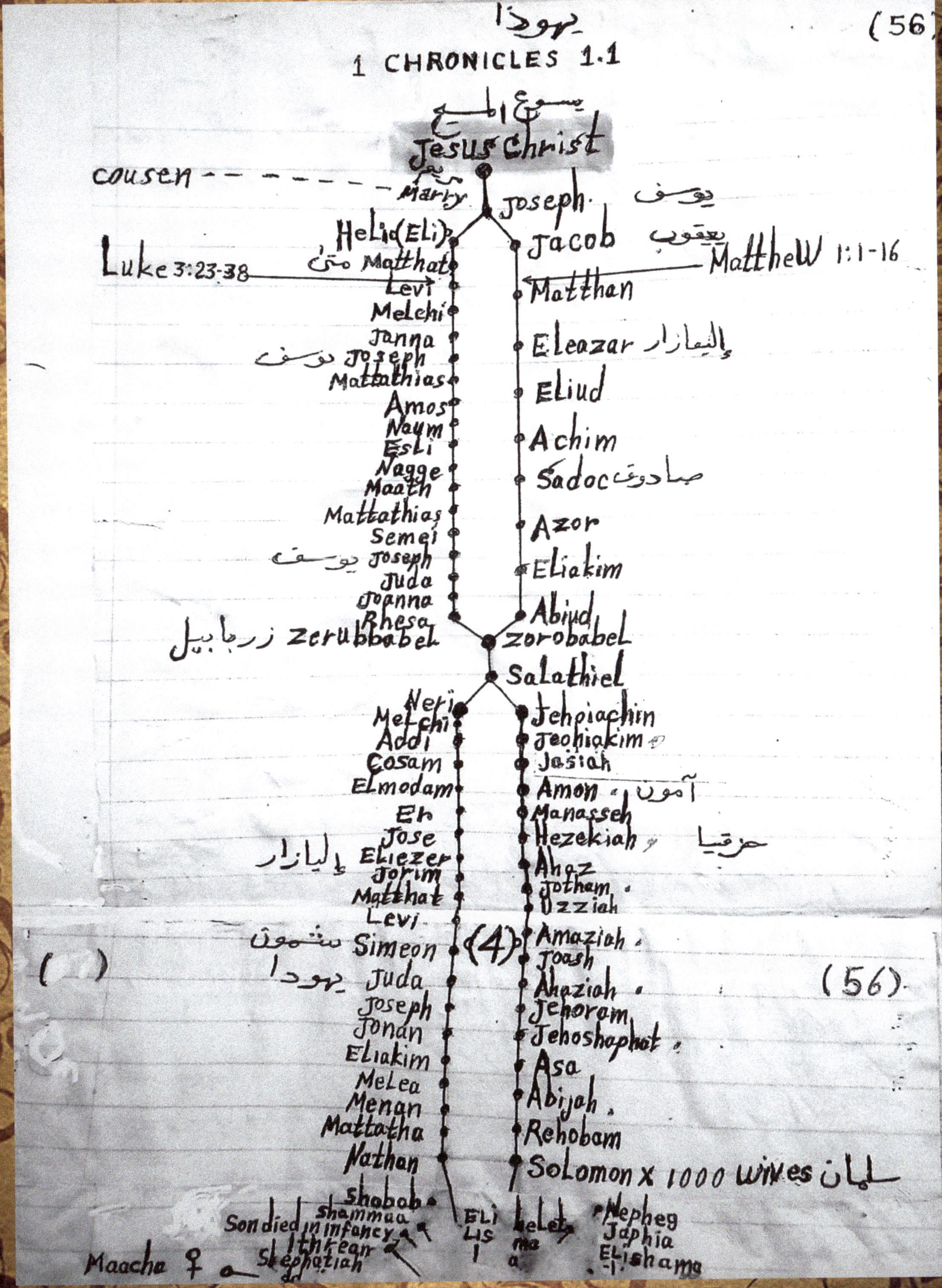

يهودا
(56)
1 CHRONICLES 1.1
يسوع المسيح
Jesus Christ
cousen
مريم
Mary
Joseph يوسف
Heli(Eli)
Jacob يعقوب
Luke 3:23-38
متى Matthat
Matthew 1:1-16
Levi
Matthan
Melchi
Janna
Eleazar اليعازار
يوسف Joseph
Mattathias
Eliud
Amos
Naum
Achim
Esli
Nagge
Sadoc صادوق
Maath
Mattathias
Azor
Semei
يوسف Joseph
Eliakim
Juda
Joanna
Abiud
Rhesa
زربابيل Zerubbabel
Zorobabel
Salathiel
Neri
Melchi
Jehoiachin
Addi
Jeohiakim
Cosam
Josiah
Elmodam
Amon آمون
Er
Manasseh
Jose
Hezekiah حزقيا
اليازار Eliezer
Jorim
Ahaz
Matthat
Jotham
Levi
Uzziah
شمعون Simeon
(4)
Amaziah
Joash
( )
يهودا Juda
Ahaziah
(56)
Joseph
Jehoram
Jonan
Jehoshaphat
Eliakim
Asa
Melea
Abijah
Menan
Mattatha
Rehobam
Nathan
Solomon x 1000 wives سليمان
Shobab
Shammua
Son died in infancy
Ithrean
Shephatiah
Maacha ♀
ELI LIS 1
Beleta ma a
Nepheg
Japhia
Elishama

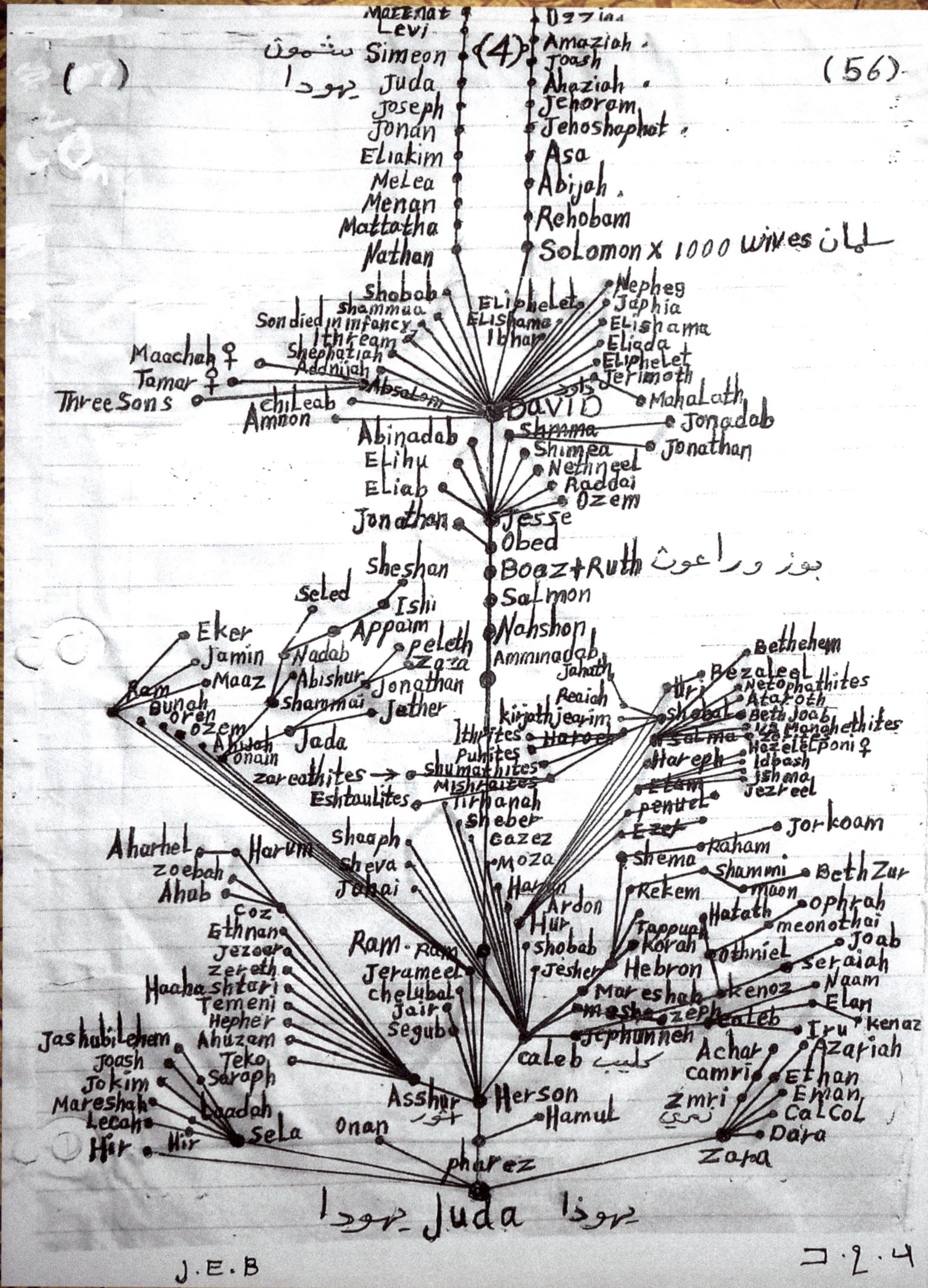

(56)
(4)
Levi
Simeon
Juda
Joseph
Jonan
Eliakim
Melea
Menan
Mattatha
Nathan
Amaziah
Joash
Ahaziah
Jehoram
Jehoshaphat
Asa
Abijah
Rehobam
Solomon x 1000 wives
Shobab
Shammua
Son died in infancy
Ithream
Shephatiah
Adonijah
Absalom
Chileab
Amnon
Maachah ♀
Tamar ♀
Three Sons
Eliphelet
Elishama
Ibhar
Nepheg
Japhia
Elishama
Eliada
Eliphelet
Jerimoth
Mahalath
DAVID
Shimma
Shimea
Jonadab
Jonathan
Abinadab
Elihu
Eliab
Nethneel
Raddai
Ozem
Jonathan
Jesse
Obed
Boaz + Ruth
Sheshan
Salmon
Nahshon
Amminadab
Seled
Ishi
Appaim
Eker
Jamin
Maaz
Ram
Bunah
Oren
Ozem
Ahijah
Onain
Nadab
Abishur
Shammai
Peleth
Zaza
Jonathan
Jether
Jada
Zareathites →
Eshtaulites
Jahath
Reaiah
Kirjathjearim
Ithrites
Puhites
Shumathites
Mishraites
Tirhanah
Sheber
Gazez
Moza
Bethlehem
Bezaleel
Netophathites
Ataroth
Beth Joab
Hur
Shobal
Salma
Haroeh
Hareph
Hazelelponi ♀
Idbash
Ishma
Jezreel
Etam
Penuel
Ezer
Jorkoam
Shema
Raham
Shammai
Maon
Beth Zur
Rekem
Tappuah
Korah
Hebron
Hatath
Othniel
Ophrah
Meonothai
Joab
Seraiah
Kenaz
Naam
Elah
Mareshah
Mesha
Ziph
Caleb
Jephunneh
Iru
Kenaz
Aharhel
Harum
Zobebah
Ahub
Coz
Ethnan
Jezoar
Zereth
Haahashtari
Temeni
Hepher
Ahuzam
Teko
Saraph
Jashubilehem
Joash
Jokim
Mareshah
Lecah
Laadah
Sela
Hir
Sheaph
Sheva
Jahai
Haran
Ardon
Hur
Shobab
Jesher
Ram
Jerameel
Chelubai
Jair
Segub
Caleb
Asshur
Herson
Hamul
Onan
Pharez
Achar
Camri
Zmri
Azariah
Ethan
Eman
Calcol
Dara
Zara
Juda
J.E.B

(5)

يسكار

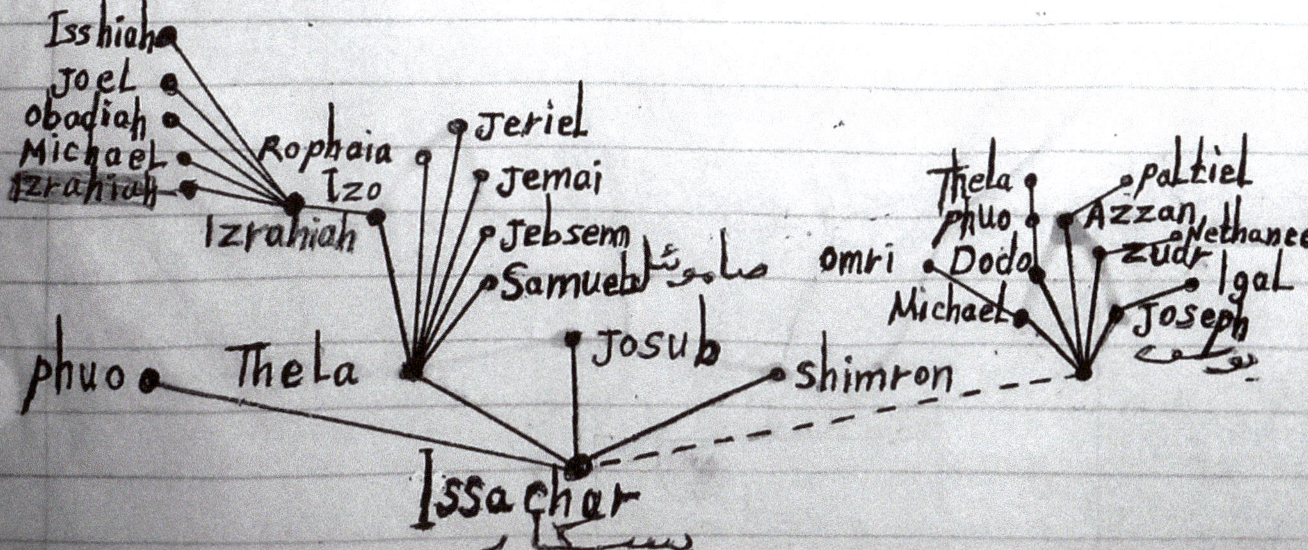
Isshiah
Joel
Obadiah
Michael
Izrahiah
Rophaia
Izo
Izrahiah
Jeriel
Jemai
Jebsenn
Samuel صاموئيل
Josub
Phuo
Thela
Shimron
Thela
Phuo
Omri
Dodo
Michael
Paltiel
Azzan
Nethaneel
Zudr
Igal
Joseph
يوسف
Issachar
يسكار

زبلون

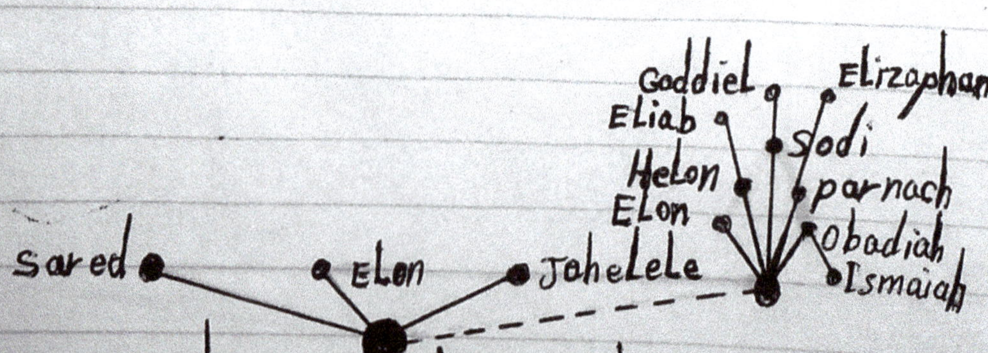

زبلون Zabulon زبلون

يوسف

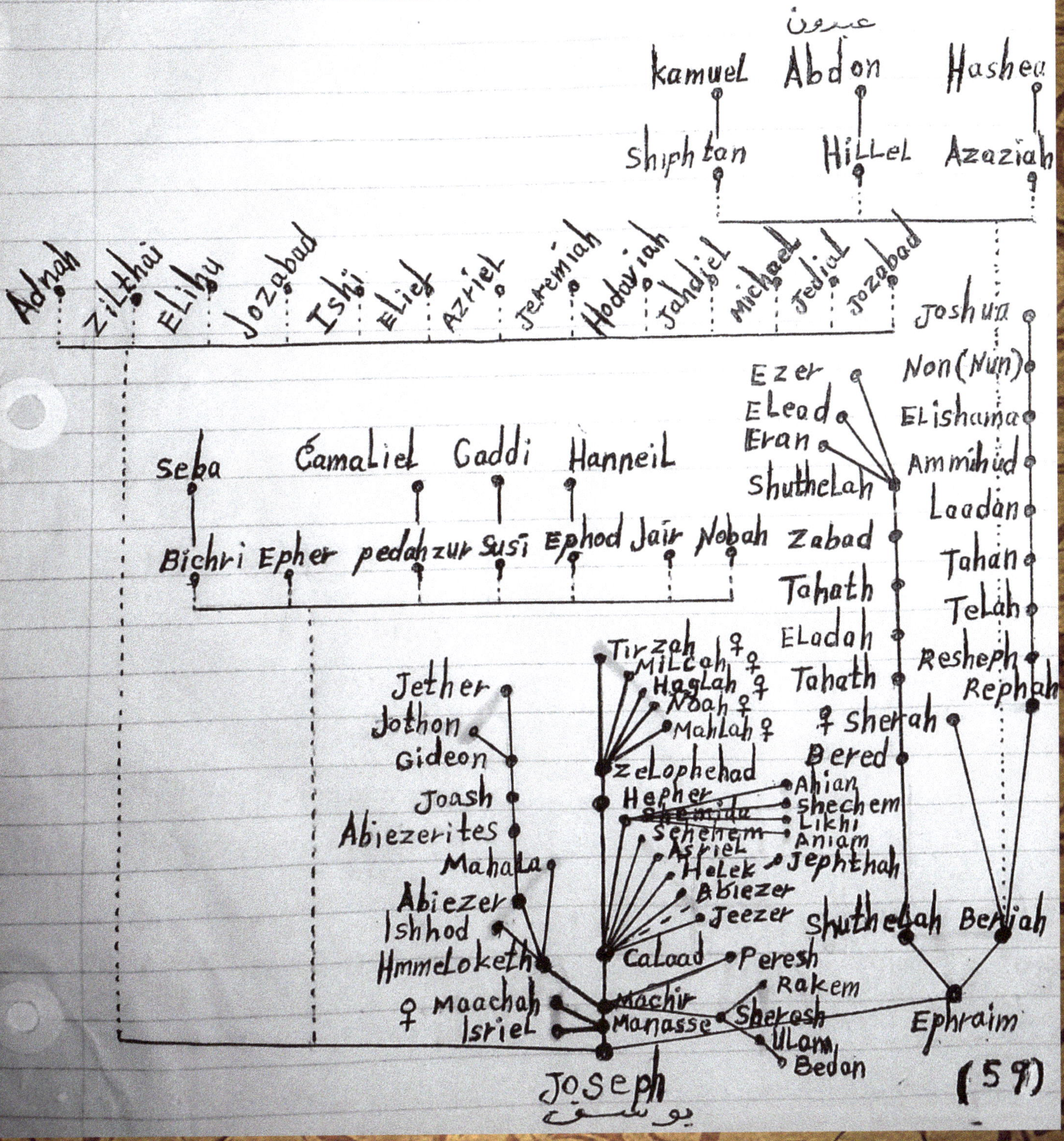
عبدون
kamuel
Abdon
Hashea
Shiphtan
Hillel
Azaziah
Adnah
Zilthai
Elihu
Jozabad
Ishi
Eliel
Azriel
Jeremiah
Hodaviah
Jahdiel
Michael
Jedial
Jozabad
Joshua
Non(Nun)
Elishama
Ammihud
Laadan
Tahan
Telah
Resheph
Rephah
Ezer
Elead
Eran
Shuthelah
Zabad
Tahath
Eladah
Tahath
Sherah
Bered
Seba
Camaliel
Gaddi
Hanneil
Bichri
Epher
pedahzur
Susi
Ephod
Jair
Nobah
Tirzah
Milcah
Hoglah
Noah
Mahlah
Zelophehad
Hepher
Shemida
Sechem
Asriel
Helek
Abiezer
Jeezer
Calaad
Peresh
Rakem
Sheresh
Ulam
Bedan
Ahian
Shechem
Likhi
Aniam
Jephthah
Jether
Jothon
Gideon
Joash
Abiezerites
Mahala
Abiezer
Ishhod
Hmmeloketh
Maachah
Isriel
Machir
Manasse
Shuthelah
Beriah
Ephraim
Joseph
يوسف

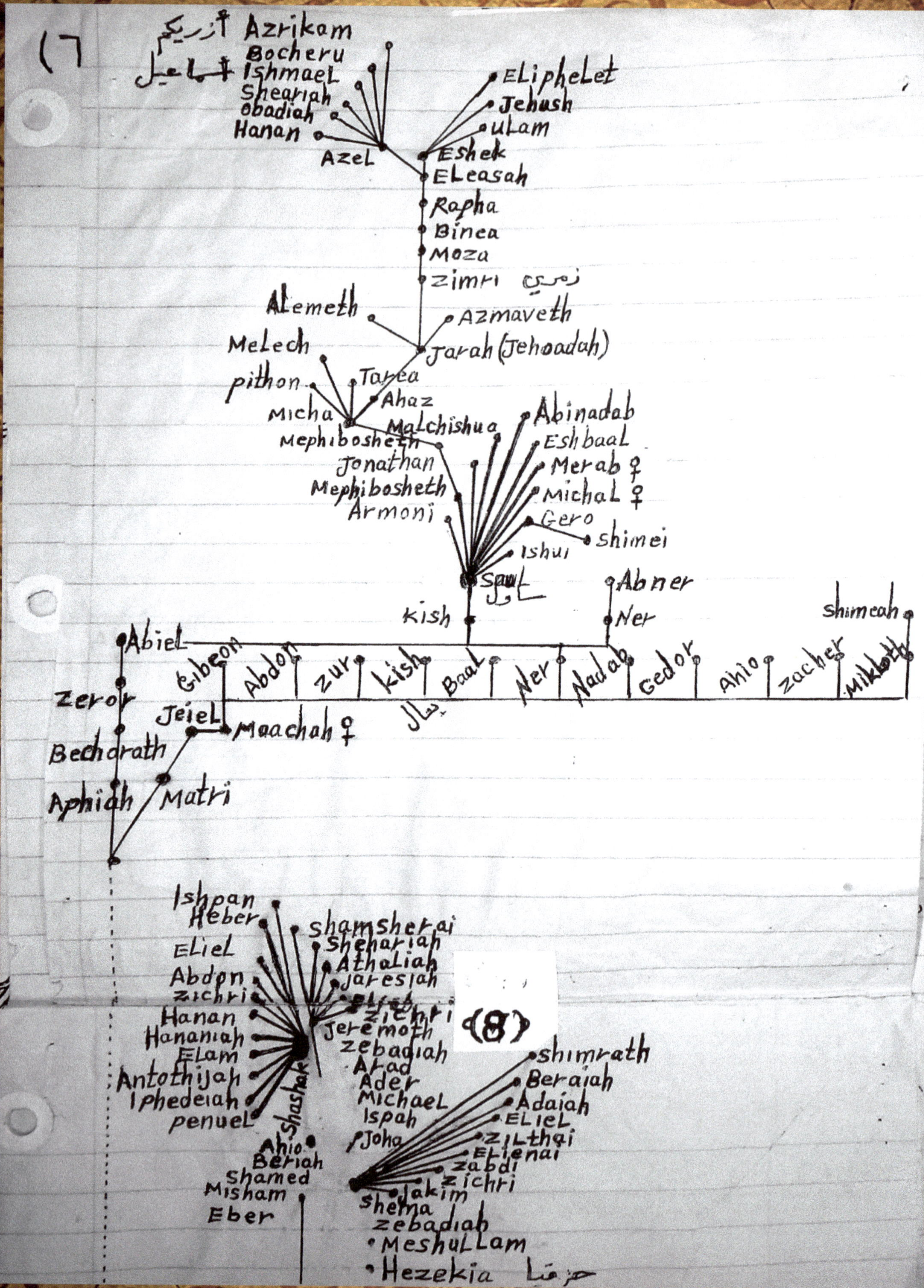

(6
أزريكم Azrikam
Bocheru
إسماعيل Ishmael
Sheariah
obadiah
Hanan
Azel
ELipheLet
Jehush
uLam
Eshek
ELeasah
Rapha
Binea
Moza
zimri زمري
Alemeth
Azmaveth
Jarah (Jehoadah)
Melech
pithon
Tarea
Ahaz
Micha
Malchishua
Mephibosheth
Abinadab
Eshbaal
Jonathan
Merab ♀
Mephibosheth
Michal ♀
Armoni
Gero
shimei
Ishui
Saul شاول
Abner
Kish
Ner
shimeah
Abiel
Gibeon
Abdon
zur
Kish
Baal بعل
Ner
Nadab
Gedor
Ahio
zacher
Mikloth
Zeror
Jeiel
Maachah ♀
Bechorath
Aphiah
Matri
Ishpan
Heber
Shamsherai
Sheariah
ELieL
Athaliah
Abdon
Jaresiah
zichri
Elijah
zichri
Hanan
Jeremoth
Hananiah
zebadiah
ELam
Arad
Antothijah
Ader
Iphedeiah
MichaeL
penueL
Ispah
Shashak
Joha
Ahio
Beriah
Shamed
Misham
Eber
(8)
shimrath
Beraiah
Adaiah
ELieL
ziLthai
ELienai
zabdi
zichri
Jakim
shema
zebadiah
MeshuLLam
Hezekia حزقيا

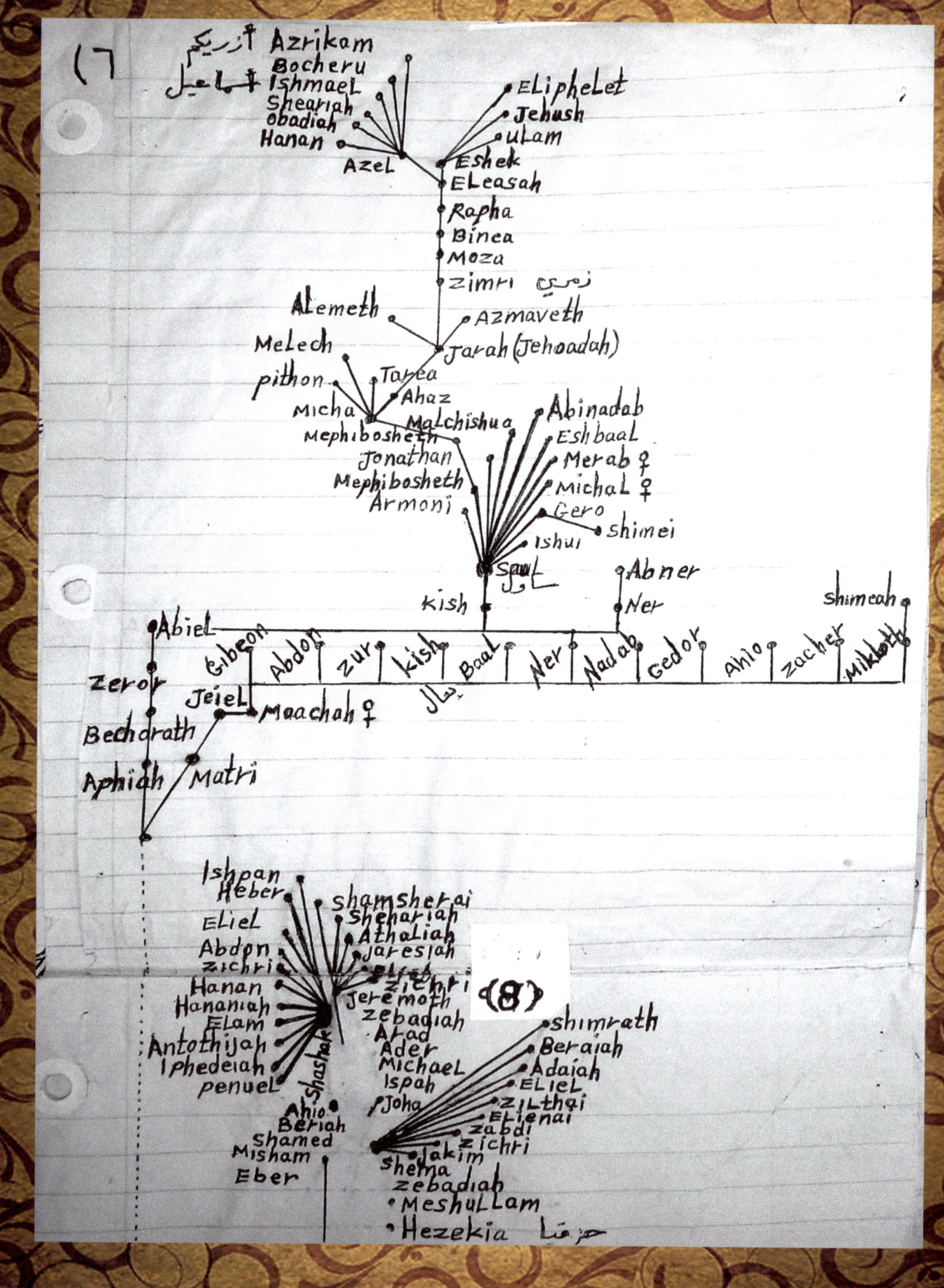

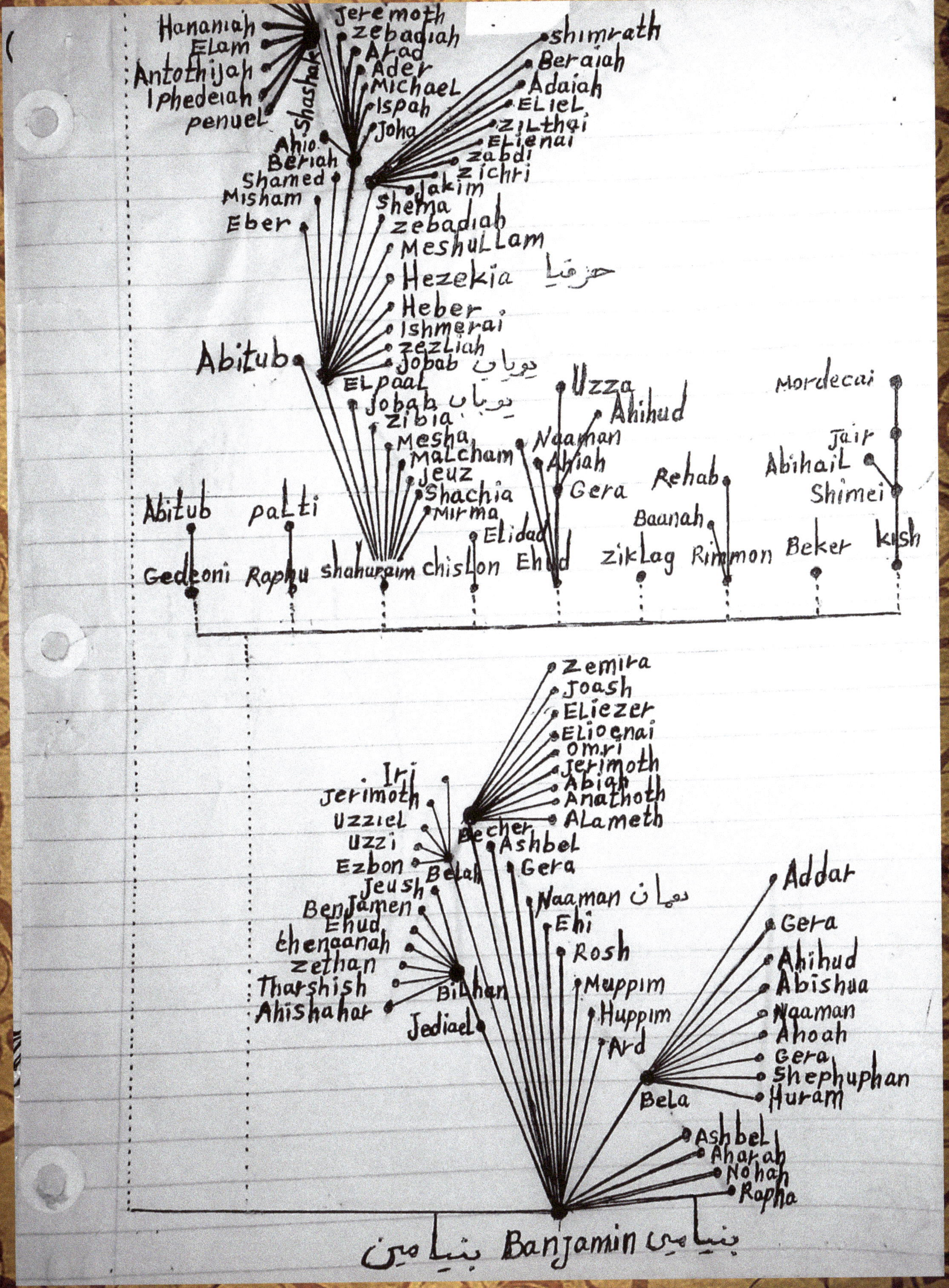

Hananiah
Elam
Antothijah
Iphedeiah
penuel
Shashak
Jeremoth
zebadiah
Arad
Ader
MICHAEL
Ispah
Joha
shimrath
Beraiah
Adaiah
ELieL
ZiLthai
ELienai
zabdi
zichri
Jakim
Ahio
Beriah
Shamed
Misham
Eber
Shema
zebadiah
MeshuLLam
Hezekia
حزقيا
Heber
Ishmerai
zezLiah
Jobab
يوباب
Abitub
ELpaaL
Jobab
يوباب
Zibia
Mesha
MaLcham
Jeuz
Shachia
Mirma
Uzza
Ahihud
Naaman
Ahiah
Gera
Rehab
Baanah
Mordecai
Jair
AbihaiL
Shimei
kish
Abitub
paLti
Gedeoni
Raphu
shahuraim
chisLon
Elidad
Ehud
zikLag
Rimmon
Beker
Zemira
Joash
ELiezer
ELioenai
omri
Jerimoth
Abiah
Anathoth
ALameth
Iri
Jerimoth
uzziel
uzzi
Ezbon
Becher
Ashbel
Belah
Gera
Jeush
Benjamen
Ehud
chenaanah
zethan
Tharshish
Ahishahar
Bilhan
Jediael
Naaman
نعمان
Ehi
Rosh
Muppim
Huppim
Ard
Addar
Gera
Ahihud
Abishua
Naaman
Ahoah
Gera
Shephuphan
Huram
Bela
Ashbel
Aharah
Nohah
Rapha
بنيامين Banjamin بنيامين

دان

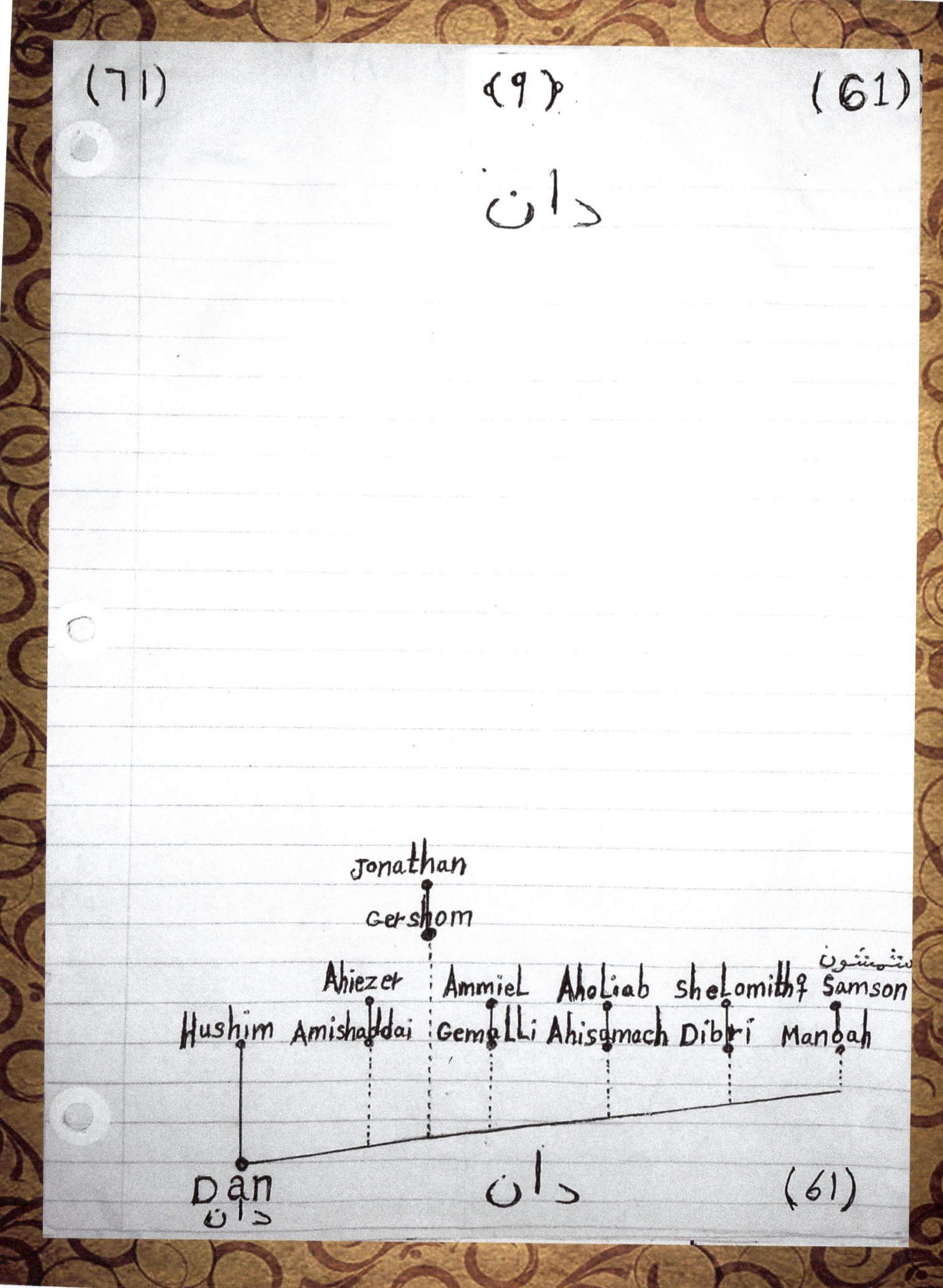

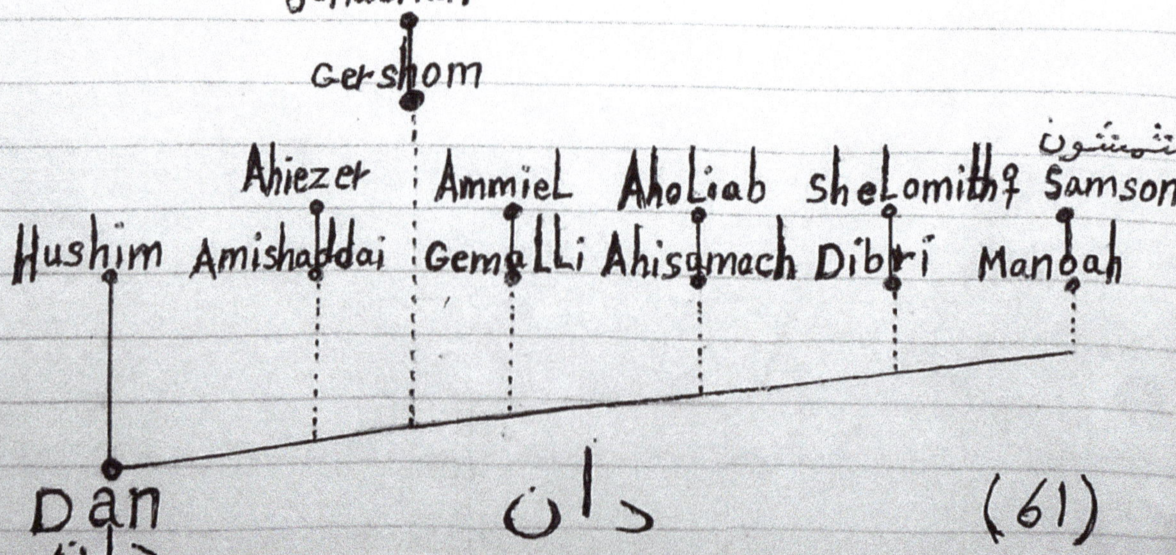
Jonathan
Gershom
Ahiezer
Ammiel
Aholiab
Shelomith♀
شمشون
Samson
Hushim
Amishaddai
Gemalli
Ahisamach
Dibri
Manoah
Dan
دان

نفتالي

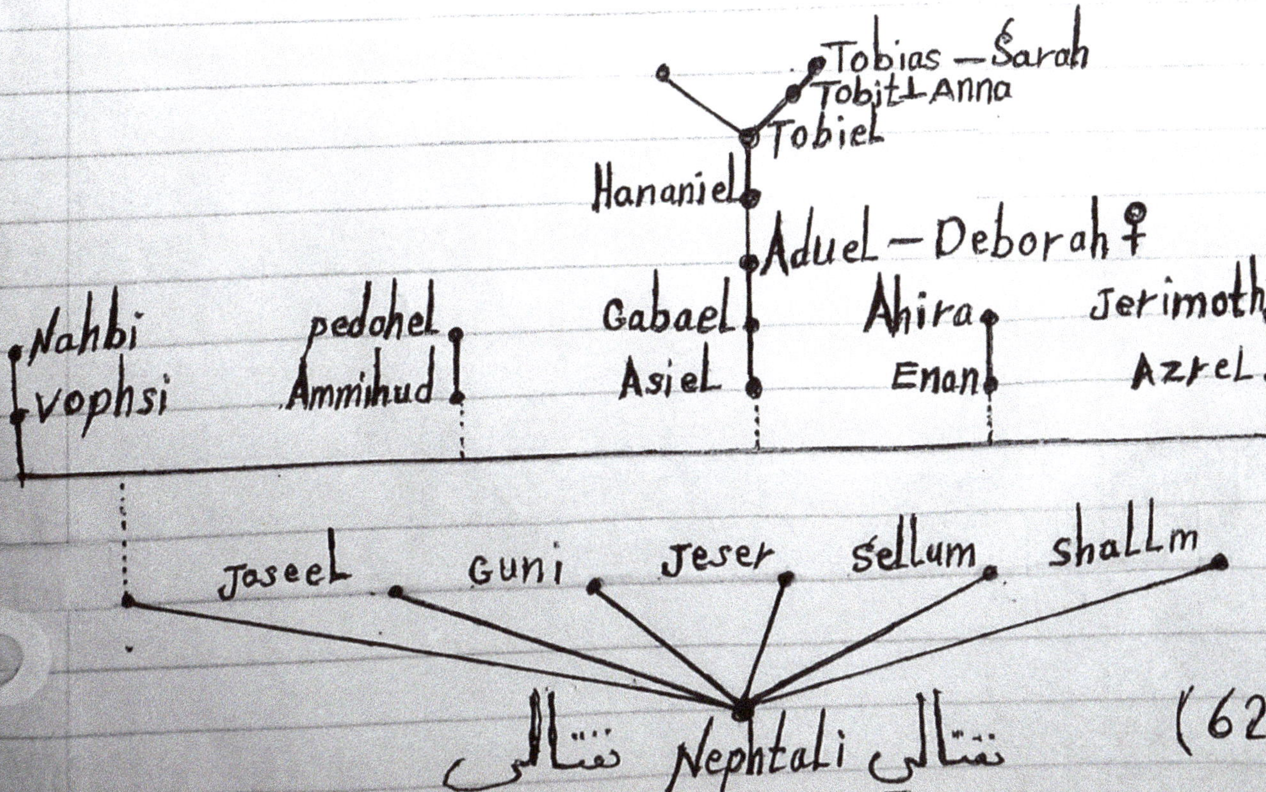
Tobias — Sarah
Tobit — Anna
Tobiel
Hananiel
Aduel — Deborah ♀
Nahbi
vophsi
pedahel
Ammihud
Gabael
Asiel
Ahira
Enan
Jerimoth
Azrel
Jaseel
Guni
Jeser
Sellum
shallm
نفتالي Nephtali نفتالي

جاد

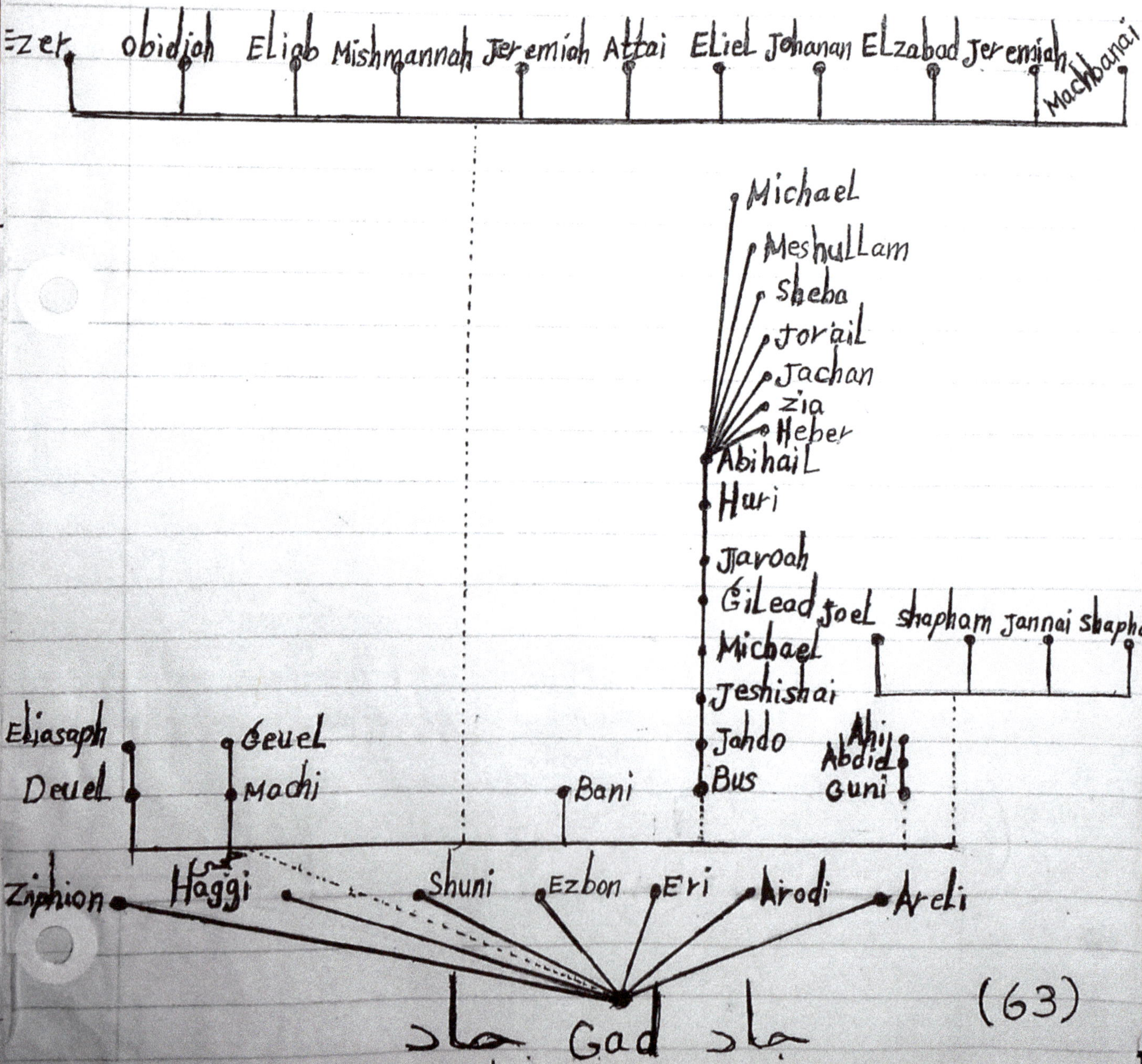
Ezer
obidjah
Eliab
Mishmannah
Jeremiah
Attai
Eliel
Johanan
Elzabad
Jeremiah
Machbanai
Michael
Meshullam
Sheba
Jorail
Jachan
Zia
Heber
Abihail
Huri
Jaroah
Gilead
Joel
shapham
Jannai
shaphat
Michael
Jeshishai
Jahdo
Bus
Ahi
Abdid
Guni
Eliasaph
Deuel
Geuel
Machi
Bani
Ziphion
Haggi
Shuni
Ezbon
Eri
Arodi
Areli
جاد Gad جاد

أشير

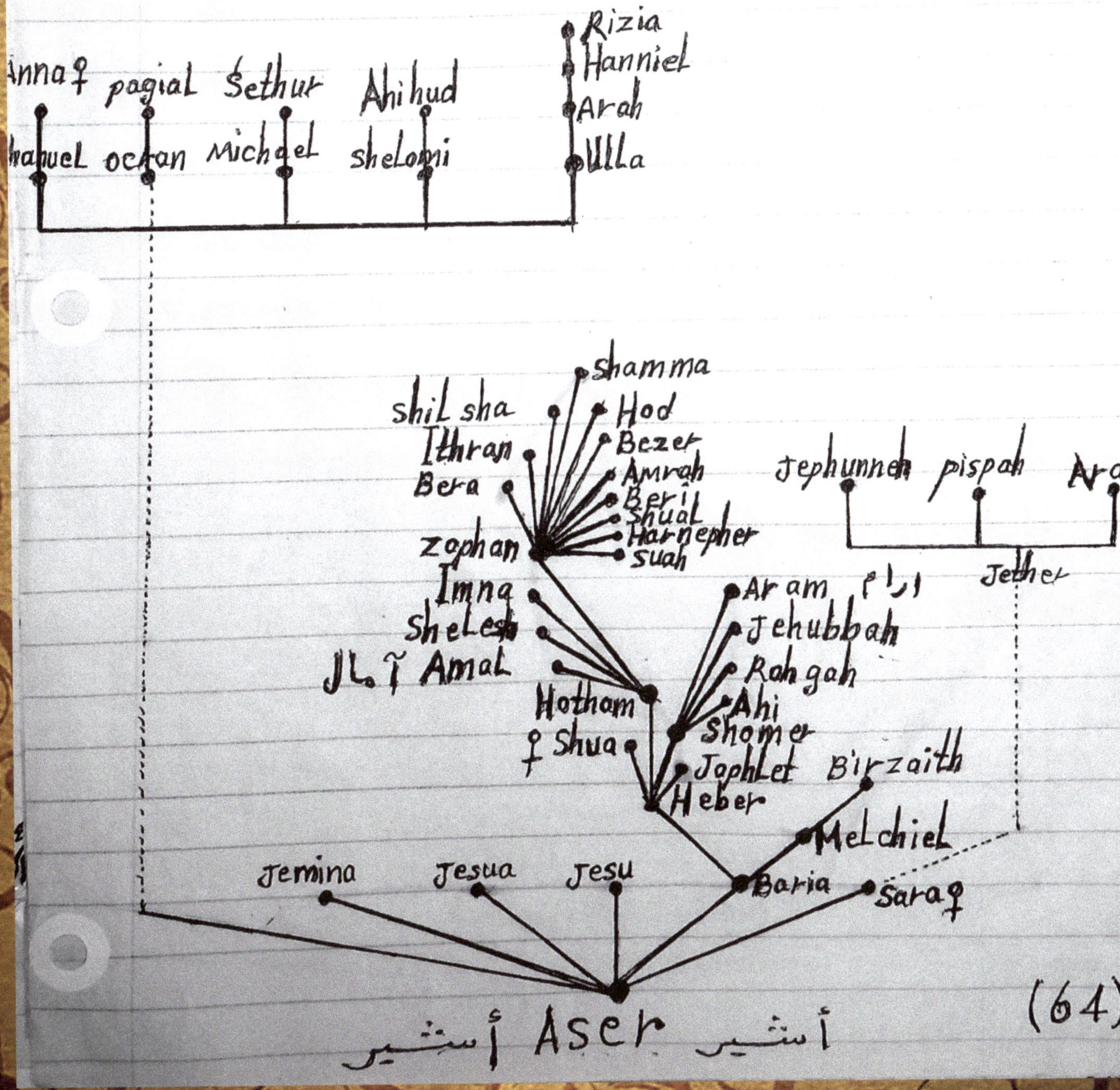
Rizia
Hanniel
Arah
Ulla
Anna♀
pagial
Sethur
Ahihud
hanuel
ochan
Michael
shelomi
shamma
shilsha
Hod
Ithran
Bezer
Bera
Amrah
Beri
Shual
Harnepher
Zophan
Suah
Jephunneh
pispah
Ara
Jether
Imna
Aram ارام
Shelesh
Jehubbah
آمال Amal
Rohgah
Hotham
Ahi
♀ Shua
Shomer
Japhlet
Birzaith
Heber
Melchiel
Jemina
Jesua
Jesu
Baria
Sara♀
أشير Aser أشير

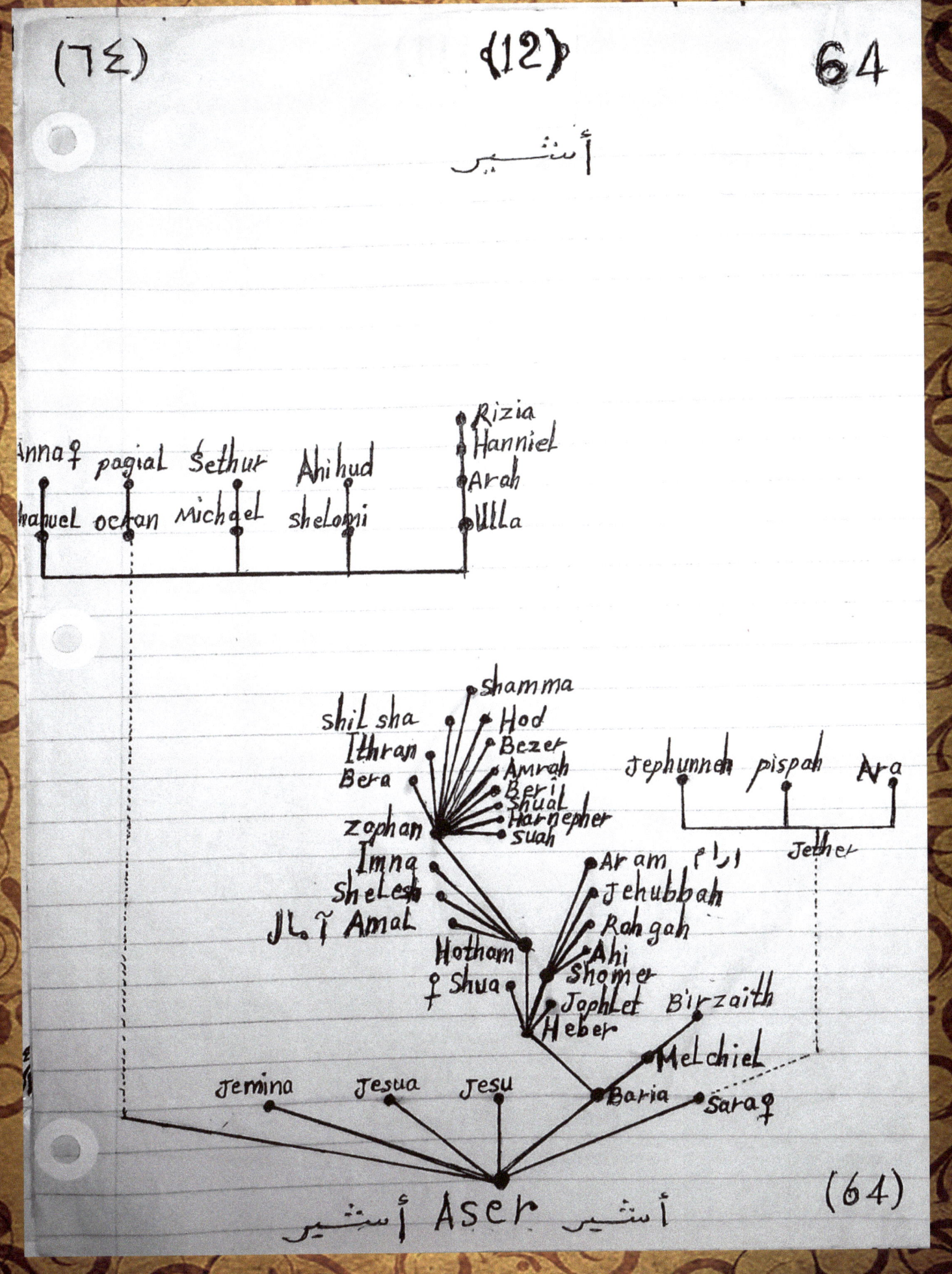

هل تعلم عفاريت الجبال

09 - 59 - عيد نهاية السنة ورأس السنة عند اليابانيين :-
يحتفلون اليابانيين بعيد نهاية السنة وبداية السنة
الجديد عندهم في ارتداء ملابس عفاريت (التقاليد الدينية
عند يابانيين) يلبسون ملابس عفاريت الجبال
وينزلون من الجبال الى بيوت الناس لابسي
ملابس عفاريت هذه عفاريت في تقاليدهم أن
تحمي بيوت الناس من الشر والمكروه لذلك يحتفلون
كل نهاية وبداية رأس السنة الجديدة عندهم هذه
التقاليد. حيث ذلك ينزلون بملابسهم العفاريت من جبال
الى البيوت الناس كي يحمي بيوت الناس والناس من
الشر حين نزولهم من الجبل الى البيوت حيث يقدمون الناس
وأطفال ويطعمونهم الاكل والمشروبات لهم لكل من
عفاريت الجبل، عندما عفاريت يزورون بيوتهم.
حيث شاهدتة ورئيته هذه الاحتفالات في تلفزيون
في قناة الجزيرة في أخبار العالم في قناة الجزيرة في
اليوم الاربعاء المصادف April - 9 - 2008

١- ملاحظه :! هذه التقاليد تشبه ملابس تنكرية كثيرة على شكل أقنعة
الرأس السنة التنكرية ملابس تنكرية عندما نلبسها.
أو عيد الصعوقي عيد الصليب.
لقد شاهدت هذه الاحتفالات مساءً في يوم الاربعاء
Wed-April-9-2008 . 7:35pm. ساعه تقريبا
كاتب ومدون الذكرى
جوزيف إيشو بحري بك

٢- ملاحظه: يلبسون ملابس مصنوعة من ألفا ألفا أو
عشب أو القش مع أقنعة مختلفة ومخيفة

على هذا شكل

Joseph. E. Bahri Bek
820 E. 19th. Ave. Apt. #6
San Mateo Ca. 94403

هل تعلم: الساعة 9:45pm يوم أربعاء المصادف (66)

(٦٦) (66) (66) المصادف

المصادف March-18-09.

Joseph E. BahriBek
820 E. 19th Ave. Apt. #6
San Mateo, Ca. 94403

-7
-60

١- لماذا عند اليهود عطلة يوم السبت؟

الجواب: لأن الله أشرع الاستراحة يوم السبت يوم السابع من الخليقة

٢- لماذا المسيحيون عندهم العطلة يوم الأحد؟ يوم الأحد يوم السيدنا المسيح صعد إلى السماء، من صلبه بعد ثلاثة أيام

لذلك حسب أعتقادي وأيماني

٣- يوم الأحد هو صعود السيدنا المسيح إلى السماء حياً. لذلك كل مسيحيين يحتفلون يوم الأحد هو يوم عطلة مسيحي

حسب نداء الرب يوقضني ويقول لي

هل هذه الحقيقة. آمين آمين آمين.

Joseph BahriBek

ملاحظة: خاطرة لله جاءة من عقلي وفكري

يوم الأحد هو يوم القيامة السيدنا المسيح لماذا المسيح من الخطيئة 61

إلى السماء بعد الصلب هو يوم الأحد (66)

(66)

(٦٧) في ارواح الكفار
(67) بئر برهوت،

هل تعلم

بئر البرهوت. في محافظة المهرة في اليمن الآن في 61
الحميريه فيا وسط الصحراء معناه في الحميريه أرض
الجن قطره ٣٠-٤٠ مترا عمقه 250 مترا ليس له
مقياس لأنه لم ينزل أحد في عمقه. وفي عمقه توجد
حيات كبيرة وطيور بيضاء. يأتي منه رائحة كريهة
وجريان ماء كالشهب صوت منه. وفي قعر البئر نباتات.
بئر برهوت موجود قبل تاريخ كما قيل بئر يحتوي على أنواع
شريره ونجسه الآن دونا
محبوس لحمايته. مملكة الحميرا أخر مملكه قبل الإسلام
جوزيف إيشو كريا ملك

Sep. 2- 2021

Pastor:- القس: راعي الأبرشيه

---

62 THU. April. 12-2012 في يوم الخميس
لقد مطرت كثيرا وكانت عواصف وبرق ورعد
كثيرا وبكثرة حيث بدأت في 8:30pm ليلا الى
حتى الآن ساعة 9:55pm ليلا وكانت Lillian
خائفة وكان عمرها ١٥ سنة حيث قالت لي
أنا أخاف من البرق حيث خابرت Andy
دامينا كي أطمئنه كي لا يخاف وتكلمة معه.

---

63 Rabbi yitzchak kaduri
Reveals the Secret Name of Messiah
Borin in 1898 in Baghdad & He moved
to Israel

---

64 Equinox الاعتدال الربيعي أو خريف الليل ونهار
مرتين في عام حوالي ٢١ مارس و ٢٢ سبتمبر.

GRAND ASSEMBLY OF THE ANUNNAKI

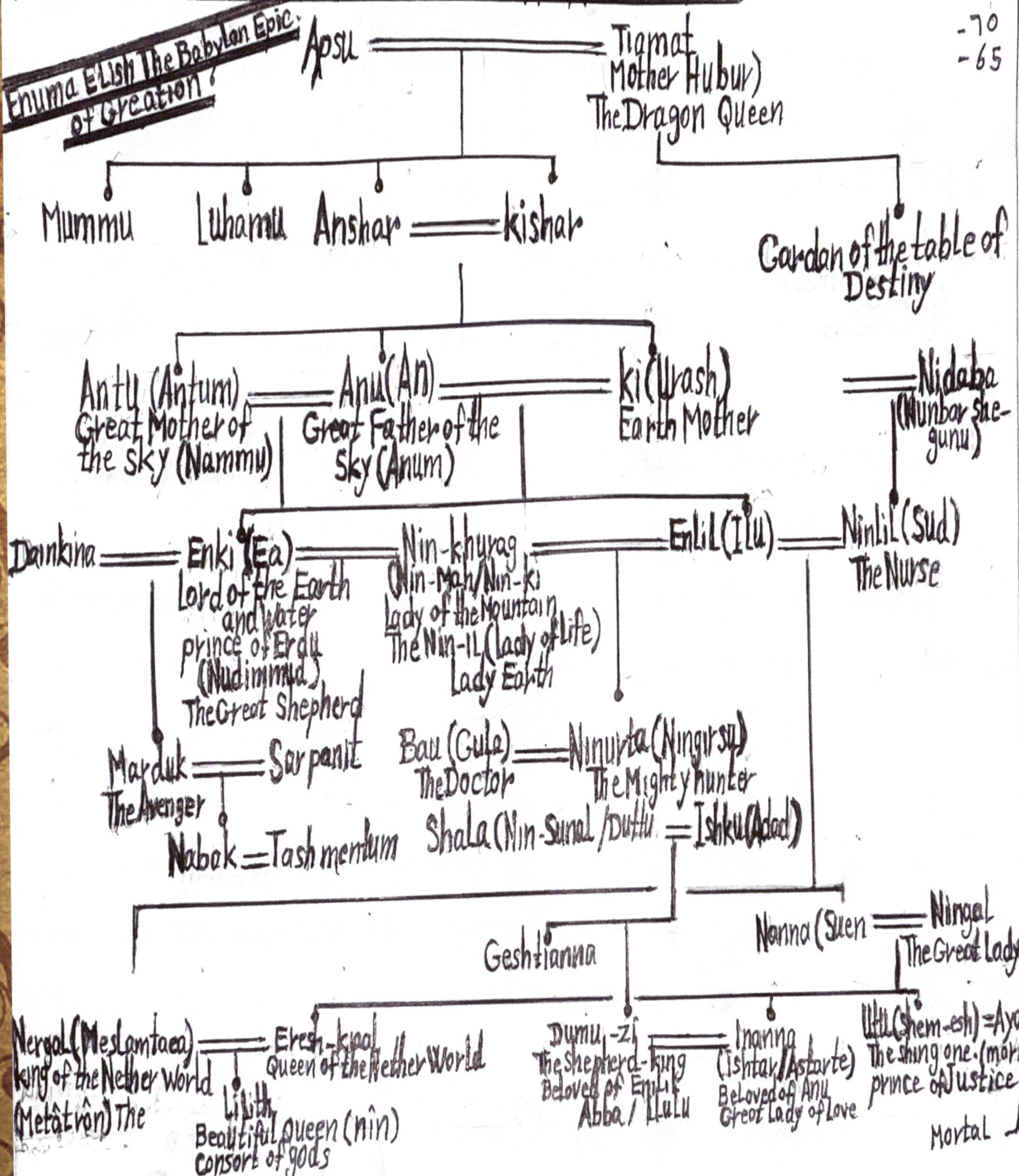

Enuma Elish The Babylan Epic of Creation
-70
-65
Apsu
Tiamat
Mother Hubur)
The Dragon Queen
Mummu
Luhamu
Anshar
kishar
Cardan of the table of Destiny
Antu (Antum)
Great Mother of the sky (Nammu)
Anu (An)
Great Father of the sky (Anum)
ki (Urash)
Earth Mother
Nidaba
(Nunbar She-gunu)
Dainkina
Enki (Ea)
Lord of the Earth and water
prince of Erdu
(Nudimmud)
The Great Shepherd
Nin-khurag
(Nin-Mah/Nin-ki
Lady of the Mountain
The Nin-IL (Lady of Life)
Lady Earth
EnLiL (ILu)
NinLiL (Sud)
The Nurse
Marduk
The Avenger
Sarpanit
Nabok
Tash mentum
Bau (Gula)
The Doctor
Ninurta (Ningirsu)
The Mighty hunter
ShaLa (Nin-Sunal /Duttu
Ishku (Adad)
Geshtianna
Nanna (Suen
Ningal
The Great Lady
Nergal (MesLamtaea)
king of the Nether World
(Metâtrôn) The
Eresh-kigal
Queen of the Nether World
Lilith
Beautiful queen (nîn)
consort of gods
Dumu-zi
The Shepherd-king
Beloved of EnLiL
Abba / ILuLu
Inanna
(Ishtar/Astarte)
Beloved of Anu
Great Lady of Love
Utu (Shem-esh) = Aya
The shing one (mortal)
prince of Justice
Mortal

هل تعلم

Sunday
1: Jan-25-2009 في
(66)- زياره خاصه في تلفزيون قناة الحزب في
(٦٦) مع الكاردينال بطريارك مار نصر الله بطرس صفير
حيث قال في مقابلة معه: أنه من مواليد لبنان من مواليد 1920
كما قال أسمه في العماد هو أنطون على أسم قديس أنطون
رئيس الرهبان (أنطونيوس).
كما قال أن موارنه تابعه لكاثوليك لروما وهم كاثوليكين
كما قال الموارنه أصلهم أتوا من سوريا من مدينه
الى وادي قلعين لبنان
مار مارون من مواليد سوريا (الفينيقين) قرب حلب.
والمارونين كما قال مار نصر الله بطرس صفير أتى الى
لبنان في وادي قلعين من سوريا قريه أو منطقه قرب
حلب.

May-13-09
10:45 pm
٦٧- ملاحظه كما سمعت في قناة نور
67- حيث سمعت من قناة كلمه بيت لحم كما شرحوا
معناه بيت لحم بيت خبز كما نقول أني أشوريه
لخمل في نهواد لخم وقد سمعت في قناة نور
قالت مذيعه أن معنى بيت لحم هي كلمه كنعانيه
معناها بيت خبز. حسب أعتقادي أن لغه
أراميه كانت في شمال العراق وسوريا.

Sunday
Jan. 25-2009
الأحد المصادف
كانون الثاني -25- 2009

1

-٦٨

دوله . عاصمتها	دوله . عاصمتها
١٢- الإمارات . أبوضبي	١- مغرب . الرباط
١٣- قطر . الدوحه	٢- الجزائر . الجزائر
١٤- البحرين . المنامه	٣- موريتانيا . نواكشط
١٥- السعوديه . الرياض	٤- تونس . تونس
١٦- الكويت . الكويت	٥- ليبيا . طرابلس
١٧- العراق . بغداد	٦- مصر . قاهره
١٨- السوريه . دمشق	٧- السودان . الخرطوم
١٩- لبنان . بيروت	٨- الصومال . مقديشو
٢٠- الأردن . عمان	٩- جزر القمر . موروني
٢١- فلسطين . قدس	١٠- اليمن . الصنعاء
٢٢- جيبوتي . جيبوتي	١١- عمان . مسقط

-٦٩ أبناء أبراهيم وأحفاده ، مدونه في كتاب مقدس التوراه
أخبار أيام الاول ١:١-٣١
(I. Ch. 1-31).

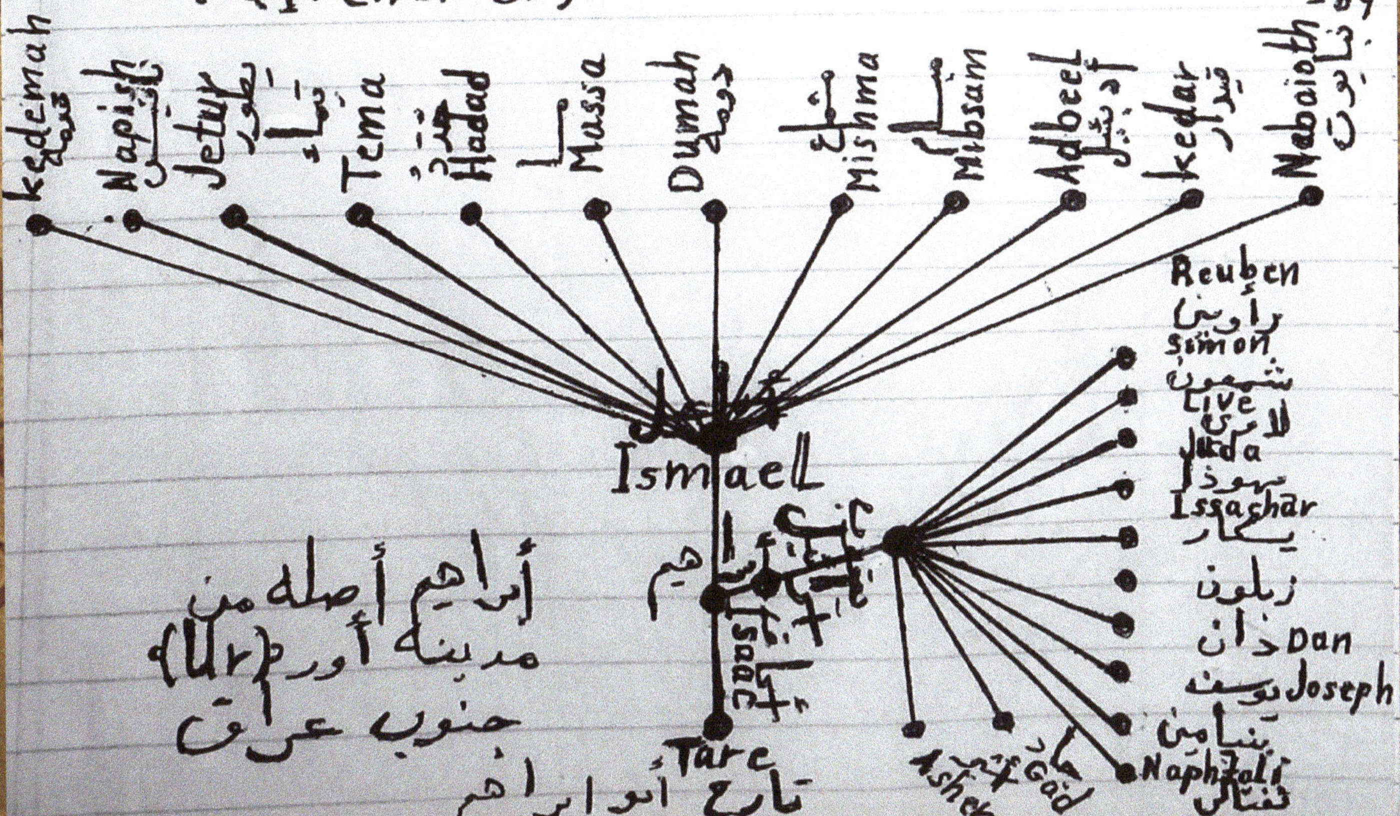

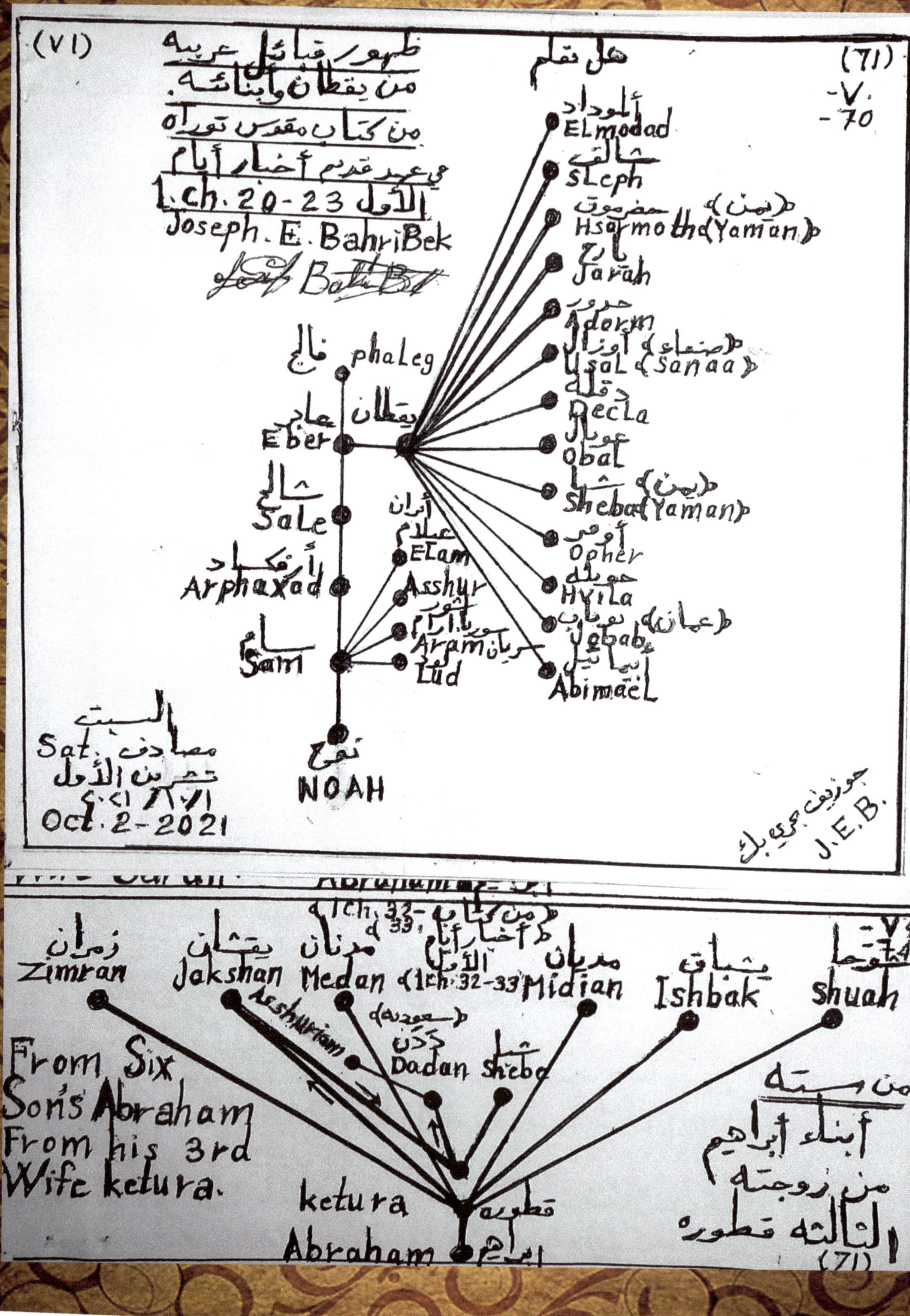

(٧١)
ظهور قبائل عربيه
من يقطان وابنائه.
من كتاب مقدس توراة
في عهد قديم أخبار أيام
1.Ch. 20-23 الأول
Joseph. E. BahriBek
هل تعلم
(71)
-V.
-70
ألموداد
ELmodad
شالف
SLeph
حضرموت (يمن)
Hsarmoth (Yaman)
يارح
Jarah
هدورام
Adoram
أوزال (صنعاء)
Usal (Sanaa)
دقلة
Decla
عوبال
Obal
شبا (يمن)
Sheba (Yaman)
أوفير
Opher
حويلة
HYiLa
يوباب (عمان)
Jebab
أبيمايل
Abimael
فالج
phaleg
يقطان
عابر
Eber
شالح
SaLe
أرفكشاد
Arphaxad
سام
Sam
أرام
عيلام
ELam
Asshur
آشور
أرام
Aram
سريان
Lud
نوح
NOAH
السبت
Sat. مصادف
تشرين الأول
٢٠٢١/١٠/٢
Oct. 2-2021
جوزيف بحري بك
J.E.B.
(من كتاب) 1Ch. 33-33
أخبار أيام الأول
-V.
-74
زمران
Zimran
يقشان
Jakshan
مدان
Medan
(1Ch 32-33)
مديان
Midian
يشباق
Ishbak
شوحا
Shuah
Asshuriam
(سعودية)
ددان
Dadan
شبا
Sheba
From Six
Sons Abraham
From his 3rd
Wife ketura.
من ستة
أبناء إبراهيم
من زوجته
الثالثه قطوره
ketura
قطوره
Abraham
ابراهيم
(71)

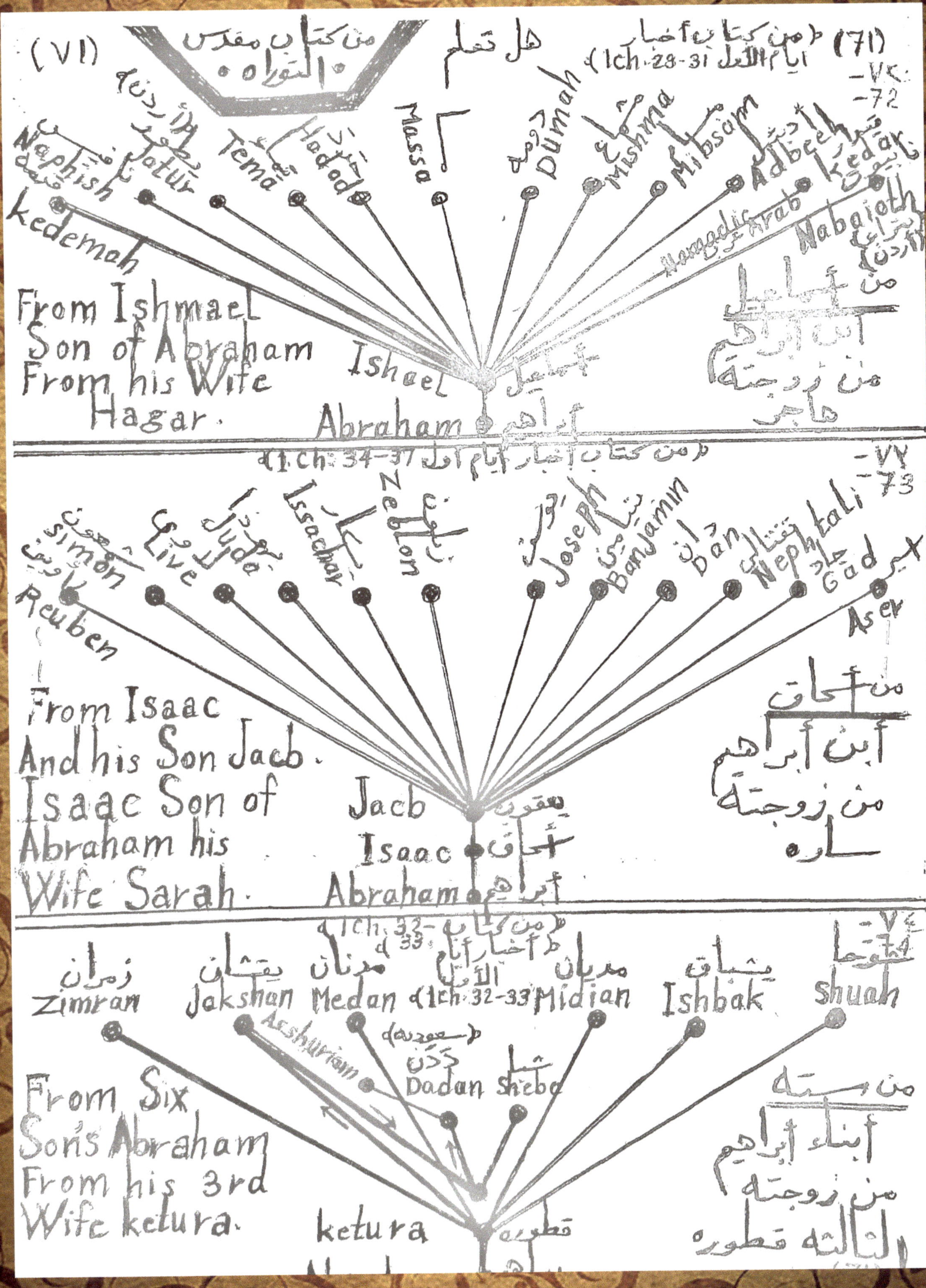

(VI)
من كتاب مقدس
التوراة
هل تعلم
(من كتاب أخبار
(1Ch. 28-31 أيام الأول
(71)
-72
Naphish
Jatur
Tema
Hadad
Massa
Dumah
Mishma
Mibsam
Adbeel
Kedar
Nabaioth
Kedemah
Nomadic Arab
From Ishmael
Son of Abraham
From his Wife
Hagar.
Ishael
Abraham
من إسماعيل
ابن ابراهيم
من زوجته
هاجر
(1Ch. 34-37
-73
Reuben
Simon
Live
Juda
Issachar
Zeblon
Joseph
Banjamin
Dan
Nephtali
Gad
Aser
From Isaac
And his Son Jacb.
Isaac Son of
Abraham his
Wife Sarah.
Jacb
Isaac
Abraham
من إسحاق
ابن ابراهيم
من زوجته
ساره
(1Ch. 32-33
-74
زمران
Zimran
يقشان
Jakshan
مدان
Medan
(1Ch. 32-33
مديان
Midian
يشباق
Ishbak
شوحا
Shuah
Asshurian
ددان
Dadan
شبا
Sheba
From Six
Sons Abraham
From his 3rd
Wife ketura.
ketura
من سته
ابناء ابراهيم
من زوجته
الثالثه قطوره

من تلفزيون

Fri يوم الجمعة

مصادف ٢٠٢١/١/٩

9-1-2021. 2021/1/9

-٧٥ 75

من أين أتت أسماء عواصم عربية:

١- لبنان: بيروت: أم إلى غابات الصنوبر، أم سامي أو تعني الصنوبر

٢- عراق: بغداد: تعني في فارسية تعني السلام، تعني مدينة السلام في فارسية

٣- القاهرة: مصر: قاهرة سمية من قبيل الفاطميين سميه عام ١٩٦٩ معناها المنتصر

٤- سوريا: دمشق: أم دمشقا العائد إلى قرن الرابع عشر قبل ميلاد بأم دمشقا أصل تسمية مشتق كلمة آرامية معناها حديقة مثمرة

٥- السعودية: الرياض جمع كلمة الروضة أو حديقة سمية بذلك بسبب طبعتها المنخفض التي تلتقي مياه السيول حيث تنبت أرض رياض خضراء. قامت مدينة الرياض على أنقاض مدينة حجر يمامة التاريخية

٦- اليمن: صنعاء: معناها حصينة. تعود إلى أم بانيها وهو صنعاء بن أزاد بن يقطن بن أوفه نخشب.

سودان: الخرطوم: أختلفه في أرجوحة كلمة الخرطوم أرجح هي كلمة عربية تعني لسان الممتد أرض داخل الماء كما أن موقع مدينة عند التقاء النيلين شبيه خرطوم الفيل

٧- الأردن: عمان: يعود أم عمان إلى عهد الأموريين تعود إلى من سلالة نبي لوط المذكورة في الانجيل وأمها يعود إلى إله عمون

٨- أمارات: أبو ظبي: يحكا أنه سنة حوالي ١٧٦١ لحق البدو في غزاله (لحق صيادون البدو) بالغزال حتى وصلوا في الماء في تلك البقعة أبو ظبي تعني الغزال

٩- ليبيا: طرابلس الغرب: طرابلس كلمة رومانية إغريقية وهي تعني مدن الثلاث المدينة المذكوره في عدت

- تكملة صفحة ٧١.٧١ رقم ٧٥ ، 75#

- عددت سبي وقد قيل أن أثار قيصر بناها

١٠- المغرب: الرباط: تأسيسه مدينة في عهد الرابطي الذي أنشأ رباطا محصن وقد أختاروا بقعة لأسباب أمنية وبالتالي كلمة رباط تعني معناها الحصن.

١١- الفلسطيني: قدس: هو بيت المقدس أو بيت الله

١٢- التونس: التونس: الأرجح أن كلمة تونس أم مشتق من الأنس وقد ذكر المؤرخ تونسي عبد الرحمن بن خلدون أن أصل كلمة تونس يعود الى أزدهار العمراني والاقتصادي وعمراني التي شهدها المدينة وظاهر أن سميه كذلك لمعرفه كرامة وضيافه وحسن معاشرة في مدينه.

١٣- مروتيانيا: نواقشطة: تعني مدينه الريح باللغه البربرية بسبب رياح الصحراء

١٤- عمان: مسقط: ذكر بعض المؤرخين أصل كلمة مسقط هو كلمة عربيه سكا ومعناها القبعه المنفوخه أما بعض الأخر فقال أصل كلمة مسك نسبه الى الطيب التي أشتهرت المدينه لكن الأرجح سميه لأنها تقع أنها بين تعاليم الجبال

١٥- الكويت: الكويت: جاءت من كلمة الكوت ومعناها البيت الذي يشبه قلعه حصن قريب من الماء، ومنها كلمة المايلنه وأنها وردم كلمة في أنجيل عهد القديم سفر ملوك الثاني وبعض يقول أنها أصل عربي معناها كلمة كوت في عربي المخزن.

١٦- الصومال: مقديشو: أصلها مقعد شاه وقد كانت مقر حاكم الفارسي في أوائل القرن السادس الهجري عندما حكم الفارسي الصومال.

١٧- البحرين: المنامه: كلمه عربيه مشتقه من كلمة النوم يعود من عديد من مسافرين وصيادين كانوا يلجئون ملك

هل تعلم

ن/ تكمله صفحه ٧٢. 72. رقم ٧٥. 75#

الى منطقه لنوم والراحه

١٨- الجزائر: الجزائر يعود كلمة الجزيرة وكانت تعرف بالجزائر وكانت تعرف بالجزائر مغربانية

١٩- القطر الدوحه: لم أنها بنيت على خليج دائري الشكل من بحر خليج دائري الشكل. لهجة الخليجية أم مشتق من لفظ الخليجية المودوح ومطوح أي مستدير ودوحان خزان المستديرة

٢٠- الجزر القمر المورونى: باللغة أصليه لسكان مورو نعني النار ونى مكان نار

٢١- جيبوتي: جيبوتي: ليس بالسهل حصول عليها أساس كلمة: جيبوتي وآراء تختلف
جيبوتي: بعوتي تعني الدبية وجاب أي هزيمة
جيبوتي تعني هزيمة الدبية

٧٦- 76 هل تعلم

١- الغاسنه والمناذره في أيران. هم أيرانين.
٢- (تبه) (أو تبعه) يهوديه في سعوديه أو يمن
٣- مدينه يثرب استقروا اليهود
٤- قبل مجيء أسلام أهل يمن كانوا يعبدون نار قبل ذلك.
٥- خيبر (خيبر) معنى خيبر ١- خيره أي طبيعه طين سهله. ٢- سميه باسم رجل من عمالقه.
(مذهب إيباظي)
٦- (مذهب إيباظي)
مذهب إيباظي مذهب مسلم ليس سُني ولا شيعا في دولة سلطنه عمان مسقط. ن/
٧- قبائل يهوديه كانوا يعيشون في مدن السعوديه واليمن قبل مجيء أسلام.

هل تعلم

٧٧-
77- مريم العذراء وولاده السيدنا المسيح

لقد أختار الله مريم عذراء من كل بنت عذره، مريم العذراء لأنها نضيفه عقليا وجسديا خالي من عشره الوصايا خصوصا ليس لها ملذات في عقلها وفكرها كما كان في عقل بعض مثل موسى وأنبياء آخر من زوج ومتعة زواج اللذات. لذلك أختار الله مريم العذراء كي يرسل بواسطه روح القدس (طاهره ونظيفه) أبنه الوحيد. الرب عالما ويعرف كل شيء في عقولنا وقلوبنا أنه يعلم بما في عقولنا ماذا يجري كما قال ربنا وخالقنا وأبونا الله سبحان أسمه وجلاله كما قال أنا أعرف في عقولكم قبل نطقها في السنتكم ماذا تريدون مني من صلاتكم قبل نطقها من أفواهكم أنا أعرف كل شيء ماذا تريدون مني في صلاتكم وفي عقولكم وقلوبكم
لذلك أنا أعرف وعارف فيكم. وفي مريم عذراء عرف الله أنها نضيفه عقليا وجسديا لذلك أختارها كي يرسل أبنه وروح القدس نظيفه في بطن مريم العذراء نضيفه. الله يعرف أن روح القدس نظيفه في بطن نضيفه مثل مريم العذراء. لذلك أرسل أبنه الوحيد في بطنها

J.E.B

الاثنين مصادف تشرين الاول ٤/ ١٠/ ٢٠٢١

Mon. Oct. 4- 2021

تدوين ج.إ.ب

جوزيف إيشو بحري بك

Josph. Eshoo BahriBek

٧٨ - 78 - لماذا نقول الى سيدنا المسيح الله ؟
سيدنا المسيح يحمل نفس الصفات الله سبحانه
له أنه من الأبدية ومن الروح القدس صار من
جسد في مريم العذراء وليس جاء من الله
من آدم وحواء وأنما من روح القدس الروح كما
الله هو من الروح العظيمة. لذلك تقول مسيح
الله. وسيدنا المسيح يحمل نفس الأعمال الله من
ناحية ترجيع الروح الى الجسد كما فعل لبنت ميتة
ولرجل ميت (مكفن) مثل العازار من مماته (قبره)
ومماتهم حيث أنهضهم من الموت وارجع الروح
الحلال رحله من جسدها حيث رجعها لهم. آمين
لذلك أقول أن سيدنا المسيح قادر كل شيء كما
يقدر الله عز وجل أنه يملكها نفس الصفات
الله يملكها المسيح، حيث قال سيدنا
المسيح من رآني رأى أنا وهو في نفس
ومن ناحية أخرى عندما كانوا (مريم عذراء
ويوسف) يبحثون عنه (المسيح) قال لهما
لا تعرفون أني في أعمال أبي
وكما قال الله (ربنا) أرسلت ابني الوحيد (يسوع
المسيح) (عزيز). كل هذه أقوال وكلمات مدونة
أنها حقيقة حقيقة المسيح يحمل
نفس الصفات أبيه الله لذلك نقول
مسيح (راعينا) الله.

Mon. Oct. 4 - 2021 ٧٩ - ومقال نقول البسملة.
79 - باسم الله الأب والابن المسيح والروح
القدس.
في هذه جملة نرى الله هو الأب والأبن هو
المسيح قد جاء من روح القدس في جسد مريم
العذراء بواسطة الروح القدس كما ذكرة في
رقم ٧٨. 78. الروح الطاهرة الى جسد مريم
عذراء الطاهرة الله هو الله الأب والابن هو
المسيح بواسطة الروح القدس آمين
جوزيف بحري بك الاثنين، تشرين الأول، ٤، ٢٠٢١

٨٠ 80- كل قلب أو القلوب ليست كقلب
السيدنا المسيح. ما عدا قلوب الطاهر:

أقول لكم هذه الجملة حقاً صحيحة عندما سمعة
قرأة واحد من بني آدم عملوا له زراعة
القلب احيث قالت له زوجته له بعد انهاضه
من عملية زراعة قلب أي قلب آخر من بني بشر
وليس قلبه حقيقي وأنما قلب آخر
حيث قالت له زوجته الحقيقية هل تحبني من قلبك
(أي ليس قلبه حقيقي وأنما زرع قلب أنسان اخر)
فأجابها أني أحبك من قلبي. انتم تعرفون عندما
قال إني أحبك من كل قلبي هذا قلبك ليس قلبه
وانما قلبه مستعار من قلب آخر (بني بشر)
أخواني وخواتي أقول لكم هذه مذكرة أو خاطرة
ليس كل قلوب البشر طاهرة وليس
كل قلوب بشر جاءت من روح قدس الطاهرة
مثل السيدنا يملك قلب من جسد روح القدس
وليس من نسل بني البشر آدم وحواء
لذلك كل شئ فقط جسد وحتى ملابسه الطاهرة (الروح)
تقدر تشفي بني البشر مثل امرأة من خلف السيدنا
مسح ملابسه (أي ملابس مسيح) من خلف حيث (نزف)
شفت. أو وكذلك قلبه وكل أعضاء جسده تقدر
أن تشفيك لأنه جاء من الروح القدس الطاهرة
لذلك أقول لكم حقاً عندما تطلبون وتصلون تقولون
يا قلب المسيح الطاهر استجيب مطالبنا فقد قلبه
وكل أعضاء جسده وحتى ملابسه من لمسها تشفي
لأن قلبه وأعضاء جسده كلها من روح القدس
الطاهرة كما قلت وذكرت في هذه خاطرة كما الانسان
ذو قلب المزروع أو ليس المزروع ليسوا من روح
القدس وأما قلبه وأعضاء جسده قد جاءوا من
ليس بني آدم وحواء. لذلك سيدنا المسيح يقدر يعمل
كل شئ مثل الله (أي هو الله والمسيح) من روح طاهرة
وليس من بني آدم وحواء.
Mon. oct. 4-2021, J.E.B.
جوزيف إيشو جري بك. الاثنين. تشرين أول ٤/١٠/٢٠٢١

٨١ - 81 - مثل يقال رجعت (رجعه) أصلك فرعون
يقولون هذا مثل كما قيل لمصريين
معناها:
أنتم مصريين رجعتم أصلكم فراعنة (أي فراعنة
قبل أن يسمى المصريين العرب الذين أصبحوا
من بعد أسم حام الأفريقي أبن نوح (مصرايم)
أي مصر قدماء الفرعونيين.

٨٢ - 82 - أسم مصر
أسم مصر جاء من أسم قديم مصرايم
Mizraim مكتوب ومدون في كتاب التوراة (في عهد
القديم (Old Testament) في كتاب أخبار الأيام الأول
1. Chronicles ١. الأصحاح 1 : ٨-٩ . 1.Ch.8-9.
أسم مصر لذلك جاء من مصرايم أبن حام
(Misraim Son a'Ham) وحام أبن نوح.
(Ham Son of Noah) حام (Ham) وليس
أسم سامي وأنما أسم حام (حامي) (Hamite)
أسم أفريقي جاء كما في رسم (توضيحي)
تحت:
أسم مصرايم أسم أفريقي وليس أسم سامي
في عهد القديم مصر كانت جزئين الجزء أعلى فتروسيم
pethrusite والجزء الأسفل مصرايم Mizraim. كما في الشكل:

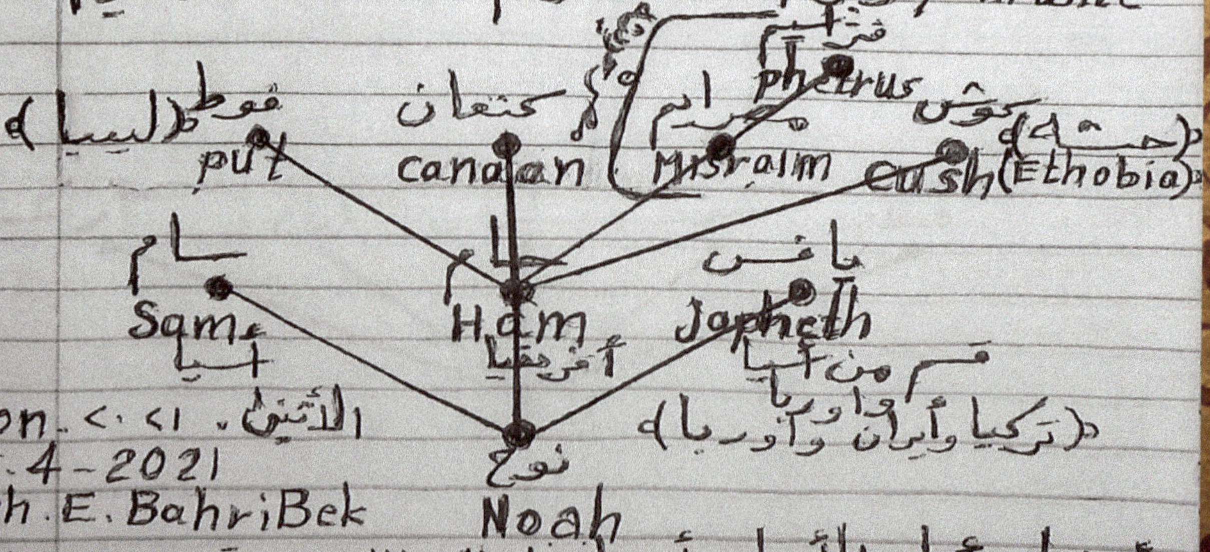

tic Mon. ٤-١٠-٢١ . الاثنين
Oct. 4-2021
Joseph E. BahriBek

1:ch.11-13 أخبار أيام الأول ١. أصحاح ١ : ١١-١٢ . عهد قديم

٨٣ - 83 - من أين جاءوا بني البشر وما نسبهم وما أقوامهم
وقبائلهم وأطيافهم ولغتهم وتقاليدهم وألخ! -

الجواب:

أقول لكم حقاً من قرائتي العهد القديم والجديد وكتب
في كتاب المقدس (HOLy BibLe) Old Testamen & New Testament
في كتاب مقدس يوجد حقائق تاريخية وتاريخ صحيح بعض
كتبت التاريخ لم يشهدوا أو يكتبوا أو يدونوا تاريخ
صحيح لا له علاقة في نشوءه وأنما أنه يوردون حقائق ويخفوها
وأسم والتسمية في منافعهم الشخصية. مثل أسم مكان وأسم
بشر وأسم تاريخ يأتي منها ويصفونها في تاريخهم غير لا
صحه من وثائقها وتعبير ولا مذكوره ولا مدونه في كتاب
المقدس التوراة والانجيل؛ أنا لا أنتمي الى المسيحيه
ولا الى اليهوديه أنا أؤمن في كتاب المقدس التوراة
وكتاب المقدس الانجيل أنهما مثلما أنهما مدونه صحيحه
وموثوقه بها صدقوني أنا لا أنتمي الى أي جانب أو جهه
كوني قرأة الكتاب المقدس عرفة الحقيقة والتاريخ
في كتابين المقدس: عهد قديم هو أقوال الله عز وأجل
وكتاب عهد الجديد أقوال سيدنا ومخلصنا يسوع المسيح
آمين. الحق والحقيقة

أن جميع البشر جاءوا من آدم وحواء ومن ثم من
أبناء نوح (Sons of Naah) ومن ثم تفرعة بني البشر
الى كما ذكرهم في مقال في عنوان وتكوين من أين جاءوا البشر
وما نسبهم وأقوامهم وقبائلهم وأطيافهم ولغتهم وتقاليدهم
وألخ. حقاً كل منهم جاء من الى ينتسب أليه من أسم جاء
منه مثل يافث (Japheth) وحام (Ham) وسام
(Sam) حتى في ما بينهم الاخوه الثلاثه يوجد أختلاف
في أخوه أخرين الذين جاءوا من أب وأم يوجد أختلاف
فيما بعضهم. مثلا أذا تأتي الى الحقيقه لو نأخذ سام واحد
من أبناء سام يوجد أختلاف في لغتهم حتى ولو جاءوا
من أن سام الذي يطلقون على أسم ساميين (Sametic)
سوف ستجدوا أختلاف في لفظ الكلمه وكتابتها
أخواني وأخواتي الأعزاء عندما تقرأ هذه التعارفين
مكتوبة على هذه الورقه ستعرف الحقيقه أنها مكتوبه

تكمله صفحه ٧٩ . p.79 . رقم ٨٢ . #83

ومدونه هي من كتاب مقدس وليست هذه المعلومات
مني ولا أقدر أن أزيد أو أكثر او أخذ من كلمات كتاب
المقدس سوف يعاقبني الله والمسيح والروح القدس. آمين
الحق. أخواني والأخواتي كما قرأة هذه معلومات صحيحه
سأدونها صحيحه كما هي مكتوبه في كتاب المقدس أمثلا
مثلا يقال أننا سامين نعم أننا سامين ولكن يوجد أختلاف
كلمه ولفظها حتى ولو جئنا من أب واحد كما قلت لكم
مثل أخوان يختلفون فيما بعضهم. حتى جئنا من أب واحد سام Sam
يقول السامين متشابهين لهذا خذ أبناء سام هم؛ عيلام ELam
وأشور Asshur ولود Lud وأرام Aram وأرفكشاد Arphaxad
يوجد أختلاف فيما بعضهم من ناحية كتابتها من أحرف في
ساميه عربيه يتفق شاكلته في أراميه: أشوريه، كلدانيه وصابئيه
واليهود وأرام لفظ كلمه كلمه مسيح في عربيه وفي
أراميه ذكره أسمائهم حرف س يتحول حرف ش وحرف
ح تتحول الى حرف خ اما في عربيه ساميه تنقل كلمه كما
هي مكتوبه (المسيح) لذلك أقول لكم ليسوا كل سامي
نفس لفظ وكتابه وليسوا نفس من ناحيه. ماذا أهم!
سأوضح لكم في هذا مخطط أو كيف يتقسمون السامي
الى قسمين الأراميين لساميين والعرب السامين
مثلا؛ سامين عيلام ولود

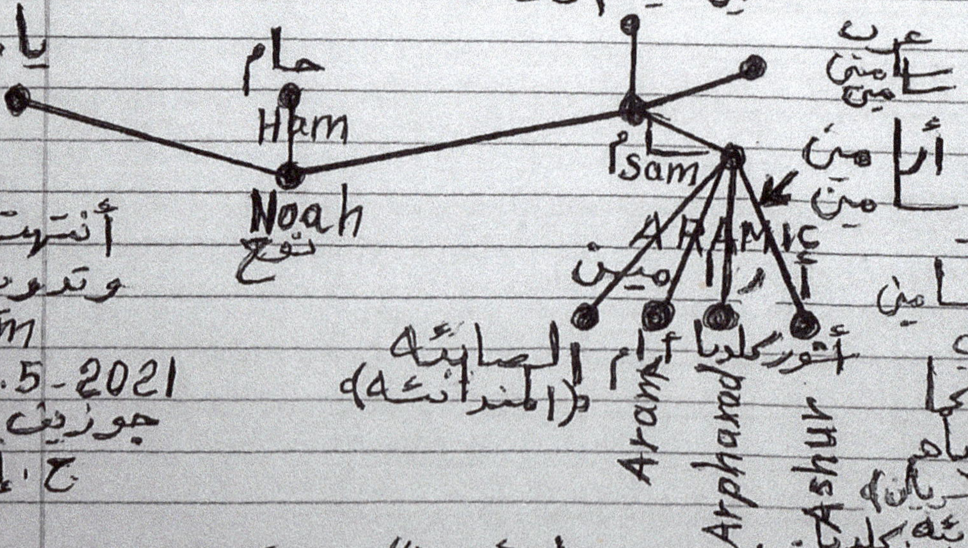

أنتهيت من كتابتها
وتدوينها ساعة
12:40 pm
Tue. Oct. 5-2021
جوزيف جري بك
ج. إ. ب
J.E.B

ملاحظة:
الاراميين السامين
ليسوا عرب
وانما هم اخوانهم
جاءوا من أباهم
أشور وأرام (سريان)
ويهود وصابئة وكلدنيا.

وكل أولاد نوح يافث وحام أيضاً" يوجد أختلاف فيما
بعضهم أيضاً" وشكراً". الله ومسيح يطول من عمركم. آمين. ج. إ. ب. J.E.B

هل تعلم

(٨١) من هم مجوس ؟ Zoroastriamism (8٢) ٨٣ = 83

Zoroaster

الزرادشتية

مؤسس الديانة الزرادشتية

تعد الديانة الزرادشتية (المجوسية) Magi Zoroaster

[1] من أديان الفرس القديمة، حيث يعتقد الزرادشتيون بوجود إله للخير يسمونه «أهورا مزدا» رب خيره ويقولون أنه إله النور وفي عقيدتهم أيضا يوجد مصدر للشر يسمونه «أهريمان» ومعناه الخبيث أو القوى الخبيثة، وهو إله الظلمة
تنسب الزرادشتية إلى زرادشت المولود قبل الميلاد 660 سنة بأذربيجان بفارس، ويروى عن مولده وعن الفترة.

[2] المكرمة للإله - تعالى الله عما يقولون علوا كبيرا - واهتم والد زرادشت بابنه، ورأى أن يعلمه أفضل تعليم في بلاده لذا أرسله في سن السابعة إلى الحكيم الشهير «بورزين كوروس» وظل الابن معه ثمانية أعوام، وظل الابن معه ثمانية أعوام، درس فيها عقيدة قومه ودرس الزراعة وتربية المواشي وعلاج المرضى، ثم عاد إلى موطنه بعد الأعوام الطوال.
ولم يجد يستقر بين أبويه حتى غزا الطورانيون

[3] أراد فتطوع زرادشت للذهاب إلى الميدان لا ليحارب القتال لا ليحارب وإنما ليعالج الجرحى والمصابين ولما وضعت الحرب أوزارها انتشرت المجاعة في البلاد وانتشر معها مرض فتطوع زرادشت ثانية، لفعل خيره وجهده في علاج المرضى، وأنفق خمس سنوات أخرى من عمره في هذا الأمر

يرى زرادشت أن تاريخ العالم يتمثل في الصراع بين الخير الذي يمثله الإله «أهورامزدا» لا يمكن أن يكون أن يكون مسؤولا عن الشر، لأن الشر جوهر مثله مثل الخير، وأن هاتين القوتين وجهان للوجود الأول الواحد! لذلك لابد أن يكون بعد الموت حياة أخرى، بعد ما ينتصر الإله على الشر، عندئذ يبعث الموتى، فيحيا الناس مرة أخرى، وتنطلق الأرواح الخيرة إلى الجنة، أما روح الشر وأتباعها من الخبثاء فتحترق في المعدن الملتهب، عندها يبدأ العالم السعيد الخير الذي لا شر فيه ويدوم سرمديا! وظل زرادشت على جبل سابلان يستوضح أفكاره، التي تختمر في بطء شديد كأنها ولادة، تزعم الأساطير أنه وقف على الجبل ورأى نورا يستطع، وإذا به «واهومانه» كبير الملائكة ينبئه بأمر النبوة، وقد كان الأول من آمن به واتبعه ابن عمه «منيوه»،

تكملة صفحة ٨١ ، 81 p ، رقم ٨٢ ، 83 #

ثم تبعه ملك فارس أنزاك وأهل بيته ، ثم سائر الرعية

والديانة الزرادشتية كتاب مقدس عند أتباعها أسمه ((الأفستاق))

أو الابستاق يحتوي على معتقاداتهم وتشريعاتهم ، وقد ضاع هذا كتاب

بعد غزو الاسكندر المقدوني لفارس سنة 330 ق م ، مع كل تفاسيره

وانتشرت الديانة المجوسية في إيران بعد ثمانية قرون من موت [4]

زرادشت وبعد أن أضيف إليها ((الماجي)) ((Magi)) المجوسية

التي أقتصرت حسبتها على الملوك والكهنة ، وقبلت زرادشت

بالقوة التي أشار فيه لفعل البناء وقدم مذهبا أخلاقيا يتألف القسط

فيه من العمل والصدق والأعمال الجيدة والنار والشمس هما

رمزا أهورامزدا ، ولذلك ترتبط هذه الديانة بما يسمونه عبدة النار

الزرادشتية Zoroaster : مجوس أصلهم عبدة النار Fire Worshipers

Magi or

Zoroaster Respect 4 Elements

يجب أحترام ٤ عناصر

1- نار Fire

2- التراب Soil

3- الهواء Air

4- الماء Water

أذا لوثت ٤ عناصر كما في عقائدهم.

عيد نوروز من عادات الزرادتشتيون

حتى الأسلام يحتفلون بعيد نوروز

تاريخ يربط تاريخ بعدد من شعوب أشباه الفرس

وهم الاخمنيون والفرسيون والساسانيون

× نبي زرداشتان ولده في أذربيجان دعوته تشبه بوذا

prophet Zoroaster born in AzerbaidZHAN

الصابئة Sabean Mandaean

-٨٤ -84

مندي: معنى مندي تعني معرفة المخلص. لهجة سريانية.

مراسيم زواج الصابئة في بغداد

WWW Mandaean Net Work. com

لقد تاريخ الصابئة المندائيون

Mandaean in History

كتاب. كتابهم المقدس ((الكنزا ربا))

الصابئه (أنواع)

تقسم الديانه الصابئيه الى 11 نوعاً

١- الصابئه الحرانيه نسبه حران في تركيا
٢- الصابئه الهند ٣- صابئة اليمن
٤- صابئه عمان ٥- الصابئه أثيوبيا
٧- الصابئه المندائيه: في عراق وإيران
8- المنقرضه
كل مناهنا ← ٩- ← ١٠- ← ١١-

يوجد عند الصابئه كتابين المقدس

لغه الصابئه هي آرامية

أسم كتاب مقدس كنزا ربا: معنى كنزا ربا كنز عظيم

يأمنون الصابئه في
آدم شيث سام ابن نوح يحيى
دنانوخت (أدريس او أخنوخ) نبيا ، بهارم (ابراهيم نبي)
نزل جبرائيل (هيبل زيوا)

(٨٤) (84) تكملة رقم ٨٤. 84# هل تعلم

الصابئة (التعريف) الصابئة المندائية (الأركان)

توحيدية غير تبشيرية

تؤمن إله واحد فقط

الشهادة . الصلاة . الصيام . الزكاة . الصباغة أو المعمودية أو مصبطا

الصلاة ٣ الصيام صوم كبير صوم صغير

عدد النفوس المندائيين 100,000 مائة ألف فقط في عراق وإيران

الختان الإسلامي الختان اليهودي التعميد المسيحي التعميد المندائي

تعميد طفل ثلاثين يوم ذكر

تعميد أنثى ٢١ يوم

ما هي الديانة صابئة المندائية

موجود في عراق

10:38

سافر إلى هذه الدول بدون تأشيرة

في You Tube من تلفزيون

الصابئة المندائية (يتبع)

الزواج في ديانة المندائية

فلسفة الموت والحساب

طريقة ذبح الحيوانات

طبقات رجال الدين

أعياد الديانة المندائية

الكتب المقدسة غير الكنز ربا

الأمور التي تجعل الفرد يخرج عن ديانة المندائية

بعض الميثولوجيا المندائية

معبد الصابئة

يسمى مندي الصابئة

يجب بناء المعبد على ضفاف نهر جهة اليمين بان واحد

Abram		أبرام: أب رفيع	85
Abraham :	Father of many nation	إبراهيم: أب لجمهور	
Sarai :		ساراي:	
Sarah :		سارة: أميرة	
Moab :	he is father the Moabites	موآب: من الأب	
Ben-Ammi :	father of Amonites	بن عمي: أبن قومي	
Ishmael	Lord has heard of yor misery	إسماعيل: الله يسمع	
Isaac :	Laugh	إسحاق: معناه يضحك	
Esau :	Hairy & Red	عيسو: أشعر أحمر	
Jacob .	his hand grasping Esau's heel ; So he was named Jacob	يعقوب: ومعناه متعقب كعب	

JACOB'S CHILDREN

1 Reuben :	It is because the LORD has seen misery	راوبين: معناه هوذا ابن حقا قد نظر الرب إلى مذلتي	١ 86
2 Simeon :	Because the LORD heard that I'm not Loved	شمعون: معناه يسمع. لان الرب سمع أنني كنت مكروهة رزقني ابن أيضا.	٢
3 Levi : 137 years	Now at Last my husband Will become attached to me	لاوي: معناه متحد: لان في هذه المرة يتحد بي زوجي.	٣
4 Judah ;	This time I will praise the LORD So she named him Judah.	يهوذا: معناه حمد فقالت في هذه المرة أحمد الرب لذلك دعته يهوذا	٤
5 Dan :	God has Vindicated me he has Listened to my Plea and given me a Son.	دان: دانا. معناه قاض. قد قضى الله لي وأصغى لصوتي ورزقني ابنا.	٥
6 Naphtali :	I have had a great Struggle With my Sister.	نفتالي: ومعناه مصارعتي. قد تصارعت مع أختي مصارعات عنيفة وغلبت.	٦
7 Gad :	What good fortune.	جاد: بالحسن الحظ.	٧
8 Asher :	The Women Will call my Happy.	أشير: معناه سعيدا أو مغبوط بالغبطة لان النساء سيدعونني المغبوطة	٨
9 Issachar :	God has reward me for giving my maid Servant to my husband.	يساكر: معناه يحمل بأجره. قد أعطاني الله أجرتي لانني وهبت جاريتي لزوجي.	٩

10-	Zebulun:	Then Leah said, God has presented me with precious gift. This time my husband will treat me with honor, because I have borne him six Sons.	زبلون: معناه (أقامة) وقالت ليئة: قد وهبني الله هبة ثمينة، والآن يقيم معي زوجي الذي أنجبت له ستة بنين. 86
11-	Joseph:	Then God remember Rachel; he listend to her & opened her womb. She becam pregnant & gave birth to a Son & Said God has taken away my disgrace. She named him Joseph & Said. May LORD add to me another Son.	يوسف: معناه يزيد قائلة ليزدني الرب ابناً آخر. وذكر الله راحيل واستجاب لها وفتح رحمها، فحملت وأنجبت ابناً وقالت: قد نزع الله عني عاري. ودعته يوسف، ومعناه (يزيد) قائلة: ليزيدني ابناً آخر. 11
	Israel:	Because you have (Struggl. with God).	أسرائيل: معناه (مجاهد مع الله)
	peniel:	Peniel: Genesis: 32:30 So Jacob called the place Peniel, Saying, "It is because I Saw God face to face, and yet my Life Was Spared.	فنئيل التكوين ٣٢: ٣٠ ودعا يعقوب اسم المكان فنئيل، ومعناه (وجه الله) إذ قال: «إني شاهدت الله وجهاً لوجه وبقيت حياً»
12-	Benjamin:	My Right Son.	بنيامين: معناه (ابن يميني) 12
	Perez:	Broken out	فارص: معناه (اقتحام)
	Zerah:	Then his brother, who had the scarlet thread on his Wrist, Come out & he was given his Name Zerah	زارح: معناه (احمرار أو إشراق)
	Manasseh:	It is becouse God has made me forget all my truble & all my father's houshold.	منسى: معناه (من ينسي أو المنسي) وقال: لأن الله أنساني كل مشقتي وكل بيت أبي.
	Ephraim:	It is because God has made me fruitful in the land of my suffering.	أفرايم: ومعناه: (مثمر أو مضاعفاً) (مضاعفاً)
	Mosse:	Saying (I drew him out of the Water.).	موسى: ومعناه (منتشل) قائلة: إني انتشلته من الماء.
	Gershom:	Saying (I have become an alian in foregin land.	جرشوم: معناه (الغريب) قال: كنت نزيلاً في أرض غريبة.

Eliezer:	(my father's God was my helper).	86 ٨٦ أليعازر: (معناه: إلهي عون لي).
Amminadab:	(my kinsman is generous)	عميناداب
obed:	(slave, Servant)	عوبيد
Solomon:	(The name is related to Shalom ((peace/welfare)).	سليمان:
Rehoboam:	(my the people be enlarged)	رحبعام:
Abijah:	(Yah is my father).	أبيا:
Jehoshaphat:	(Yah has Judged).	يهوشافاط:
Jehoram:	(Yah is high).	يهورام:
Ahaziah:	(Yah holds firm)	أخزيا:
Joash:	(God has bestowed donated)	يهوآش:
Amaziah:	(Yah is strong)	أمصيا:
Uzziah:	(Yah is my Strength).	عزيا:
Jotham:	(my Yah Complete).	يوثام:
Ahaz:	(he held fast.).	آحاز:
Hezekiah:	(Yah is my strength).	حزقيا:
Manasseh:	(to forget).	منسى:
Amon:		آمون
Jasiah:		يوشيا:
Jehoahaz:		يهوآحاز:
Jehoiakim:		يهوياقيم:
Jehoiachin:		يهوياكين:
Zedekiah:		صدقيا:
Salathiel:		شألتيئيل:
Zorobabel:	From Akkadian mean: Offspring of Babel	زربابل: من أكد معناها: ذرية نسل البابل
Eliakim:	(God raises Up).	أليقيم:
Azor:		عازور:
Sadoc:	(Righteous men)	صادوق:
Achim:		أخيم:
Eliud:	(God of Judah)	أليود:
Eleazar:	(God has helped)	أليعازر:
Matthan:	(present)	متان:
Jacob:	(Later also Called Israel)	يعقوب:
Joseph:	(my [God] increase)	يوسف: (معناه يزيد قائله)
Jesus:		يسوع:
Elizur:	God is a rack	إيليازور (الله صخرة)
Abiud:		أبيهود:

تكملة صفحة ٨٧ . 87 P
رقم ٨٦ . 86#

Seth:	God has granted me another child in place of. Abel	شيث: شيئا قد عوض الله نسلا آخر عوضا عن هابيل
Noah:	Rest.	نوح: ارتاح . مستريح
Eber:		عابر:
Peleg:	Becaus in his time the earth was divided	فالج: ومعناه انقسام: لان اهل الارض انقسموا في ايامه
Hazarmaveth:	(the court of the Lord of Death)	حضرموت:
Shinar:	A place name designating BabyLonia: Summer	شنعار: بابل او سومر
Babel:	Come let us go down and Confus their Language	بابل: معناه (بلبل) هيا ننزل ونبلبل لسانهم
Babel	becaus there the LORD Confused the language of the Whole World.	بابل: لان رب بلبل لسانهم لذلك سميت بابل لان الرب بلبل لسان اهل الارض.
Amram 137 Years		
Bethel	معناه بيت إيل (بيت الله)	EL
Mosse	معنى قائلا أنتشلته من ماء I drew him out Water	موسى: معناه منتشل منتشل

The Desendant of Jacob — ذريه يعقوب
Genesis 46: 8-26. — تكوين . أصحاح ٤٦:٨-٢٦
Cubit = Lenth of man's Arm.

هل تعلم

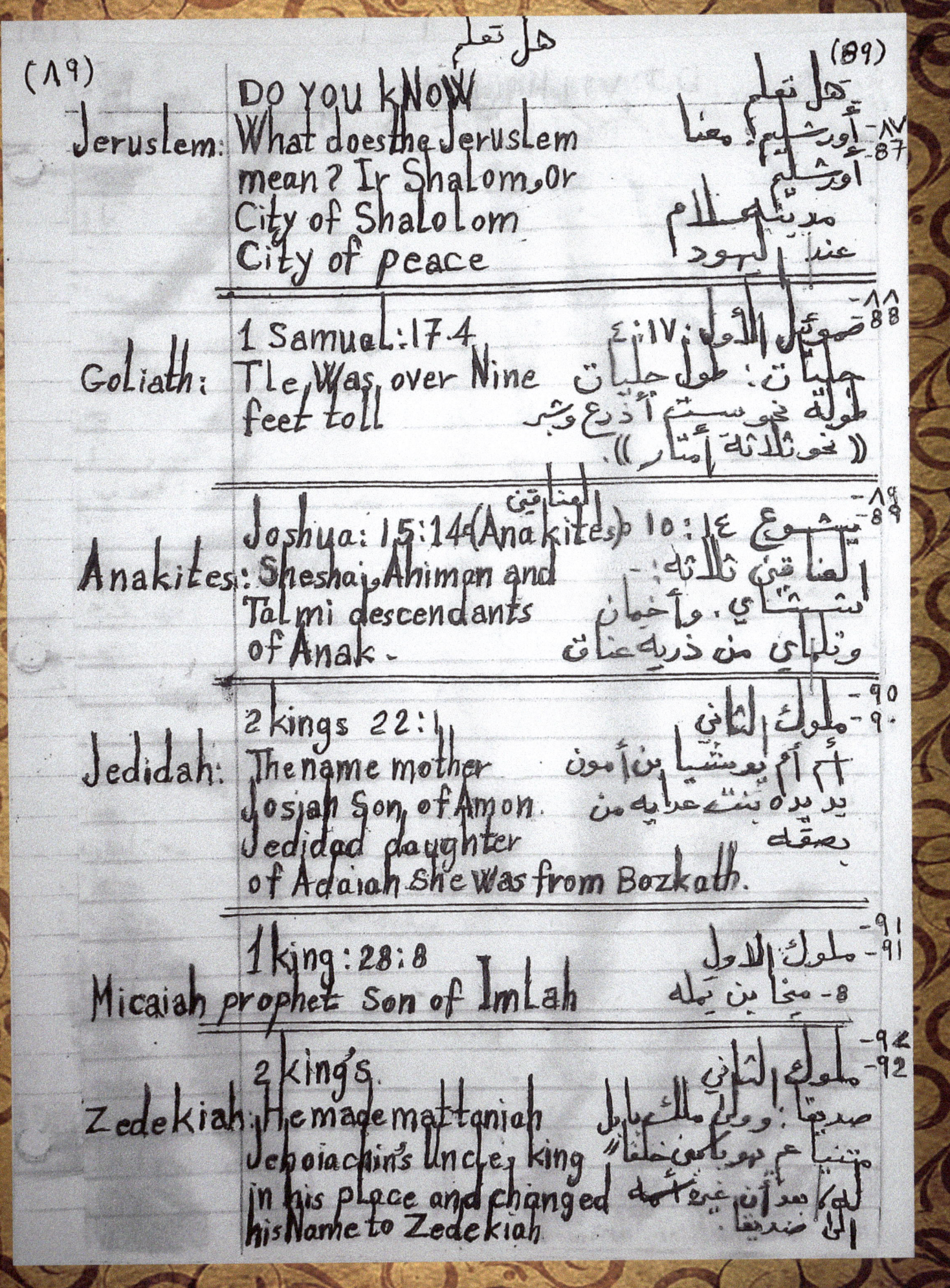

DO YOU kNOW — هل تعلم

Jeruslem:	What does the Jeruslem mean? Ir Shalom, or City of Shalolom City of peace	أورشليم: معنا أورشليم مدينة السلام عند اليهود	-٨٧ -87
Goliath:	1 Samual: 17:4 Tle Was over Nine feet toll	صموئيل الأول ١٧:٤ جليات: طول جليات طوله نحو ستة أذرع وشبر ((نحو ثلاثة أمتار)).	-٨٨ -88
Anakites:	Joshua: 15:14 (Anakites) Sheshai, Ahiman and Talmi descendants of Anak.	يشوع ١٥:١٤ (العناقين) العناقين ثلاثة: شيشاي، وأخيمان وتلماي من ذرية عناق	-٨٩ -89
Jedidah:	2 kings 22:1 The name mother Josiah Son of Amon. Jedidad daughter of Adaiah She Was from Bozkath.	ملوك الثاني أم يوشيا بن آمون يديده بنت عدايه من بصقة	-٩٠ -90
Micaiah	1 king: 28:8 prophet Son of ImLah	ملوك الأول 8- ميخا بن يمله	-٩١ -91
Zedekiah:	2 kings He made mattaniah Jehoiachin's Uncle, king in his place and changed his Name to Zedekiah	ملوك الثاني صدقيا: وولى ملك بابل متنيا عم يهوياكين خلفاً له بعد أن غير أسمه الى صدقيا	-٩٢ -92

Do you know? هل تعلم؟ -٩٢ -93

Hannah: 1 Samuel:1: 5 (Hannah) حنة — كتاب صموئيل الأول ١: ٥
the name wife of ELkanh — حنة: أم أمرأه
& mother of Samuel. — ألقانه وأم صموئيل.

Mica: 2 Samuel:9:12 (Mica) (ميخا) — صموئيل الثاني ٩: ١٢. -٩٤ -94
Mephibosheth had a young — ميخا: وكان لمفيبوشث
Son named Mica. Mica — أبن صغير يدعى ميخا
Son Mephibosheth Son — ميخا أبن مفيبوشث أبن
Jonathan Son Saaul. — يوناثان أبن شاول،
1 Samuel.9:1-2. Saaul Son kish. — شاول أبن قيس، سبط بنيامين

Micah: Judges.17:1 (Micah) — قضاة ١٧: ١. (ميخا) -٩٥ -95
Now a man neme — "وكان رجل أسمه ميخا مقيما
Micah from HiLL — في جبل أفرايم.
Country of Ephraim

Samuel Samuel:1:19-20 — صموئيل ١: ١٩.-٢٠ -٩٧ -96
The Birth of Samuel — مولد صموئيل (معنا صموئيل)
mineinth Samuel — معنا صموئيل: واستجاب الرب
Becace I asked the — دعائها ٢٠- وفي غضون
Lord for him. — سنة وحبلت حنا وأنجبت
أبنا" ودعته صموئيل قائله
"لأني سألته من الرب.

---

2 Samuel:12:24 (Jedidiah) (يديديا) — صموئيل ٢: ١٢: 24 -٩٧
Birth of Solomon: Then David conforted — مولد سليمان: ثم توجه إلى -97
his Wife Bathsheba, & he Went to her & — بثشبع وعزاها وضاجعها، فولدت
Lay With her she gave birth to Son — له أبنا دعاه سليمان وأحب
& they named him SoLomon. The Lord — الرب الولد ٢٥- وأمر النبي ناثان
Loved him. 25- & becaus the Lord loved — بأن يسمي الولد يديديا ((ومعناه محبوب الرب))
him, he sent word through — لأن الرب أحبه.
Nathan the prophet to name him Jedidiah.

DO YUO KNOW? هل تعلم

هل تعلم ٩٨-

1 cronicles: 2:51 أخبار الأول

BETHLEHEM: 51. SALMA the father of Bethlehem. بيت لحم: ٥١ وسلما مؤسس بيت لحم.

---

2 Chronical: 17:8 أخبار الثاني ١٧ : ٨

Tobijah طوبيا ٩٩-

٨- بالتنافين مع اللاويين With them were certain Levites - Shemaiah..... شمعيا......

..... Tobjah ..... طوبيا.

---

psalm 27:1 المزامير ١ : ٢٧

١٠٠- Unless the Lord builds the house its builders Labor in Vain Unless the Lord Watches over the City the Watchmen stand gurd in Vain

أن لم يبن الرب البيت فباطلاً يتعب البناؤون. إن لم يحرس الرب المدينة فباطلا يسهر الحارس

Alshaia 1:8 أشعيا ١ : ٨ ١٠١-

Maher - shalal - Hash Baz ٨- مهير شلال حاش بز معناه طريعن يسرع الى الغنيمة

Name of Babylon & Chaldanian ((39:3 أرميا)) أسماء بابليين والكلدانيين ١٠٤-

1- Nergal - Sharezr ((a high Official and All the other Official of king of Babylon.)) ١- نرجل شراصر ((رئيس المجوس وسائر قواد ملك بابل))

2- Samgar, Nebo - ٢- سمجر نبو

3- Sarskim ((a chief officer)) ٣- وسرسخيم ((رئيس الخصيان))

4- Nebuchad-Nezzar ((king of Babylon)) ٤- نبوخذ ناصر ((ملك بابل))

5- Nebuzardan ((commander of the Imperil ٥- نبوزرادان ((رئيس الشرطة))

6- Nebushazadn ((a chief Officer)) ٦- نبوشزبان رئيس الخصيان

7- Marduk ٧- مردوخ

8- Evil - Merodach ((Became king of Babylon)) ٨- أويل مرودخ ((ملك بابل في سنة أعلانه))

9- Ashpenaz chief COURT officials. ٩- أشفنز: رئيس خصيانه.

10- Belteshazzr. ١٠- بلطشاصر

11- Shadrack. ١١- شدرخ

12- Meshach. ١٢- ميشخ

13- Abednego. ١٣- عبد نغو

14- Arloch, the commander of the king gurd. ١٤- أريوخ: قائد حرس الملك.

١٠٢ - 103

Revelation: 11: 2-5. The two Witnesse
Two Oliv tree

2- But exclude the outer court; do not measur it, becaus it has been givin to the gentiles. They will trample on holy City fo 42 month. 3- And I will give power to my two witnesses, and the will prophesy for 1,260 days, clothed in sackcloth." 4- These are the two olive trees and lampstands that stand before the Lord of the earth. If anyone tries to harm them, fire comes from their mouth & devours their enemies. This is how anyone who wants to harm them must die.

الرؤيا: ١١: ٢-٥ الشاهدان
شجرتا الزيتون

٢- وقيل لي: «لا تقيس الساحة الخارجية لأنها خصصت للأمم وسيدوسون المدينة المقدسة مدة اثنين وأربعين شهراً ٣- ولكني سأمنح شاهدي أن يتنبأ مدة ألف ومئتين وستين يوماً، وهما يلبسان ثوبين من الخيش» ٤- هذان الشاهدان هما شجرتا الزيتون والمنارتان القائمتان أمام رب الأرض ٥- فإذا حاول أحد يمسهما بسوء تخرج نار من فمهما أعداءهما ذلك يجب أن يكون مصير من يحاول أن يؤذيهما.

Brithright - أمتيازات البكورية ١٠٤

1- Chronicles 2: 51
Salma the father of Bethlehem

أخبار أيام الأول ٢: ٥١ ١٠٥ 105
٥١- وسلما (سلماه) مؤسس بيت لحم"

1 king: 17-
Elijah Fed Ravens

2- Then the word of the Lord came to Elijah: 3- Leave here, turn eastward & hide in the Kerith Ravine east Jordan. 4- You will drink from the brook, & I have orderd the raven to feed you there." 5- So he did what the LORD had told him, he want to the Kerith Ravine east of the Jordan, & stayd there 6- The Ravens brought him bread & meat in the morning & bread & meat in the evening, & he drank from the Brook. 7- Some time later the brook dried up becaus there had been no rain in the land.

ملوك الأول ١٧: ٢-٦
١٠٦ 106 غربان تقوت إيليا وانحباس المطر

وأمر الرب إيليا: ٢- أمض من هنا واتجه نحو الشرق واختبئ عند نهر كريث المقابل لنهر الأردن ٤- تشرب من مياهه وتقتات مما تحضره لك الغربان التي أمرتها أن تعولك هناك." ٥- فانطلق وتعد أمر الرب، وأقام عند نهر كريث مقابل نهر الأردن ٦- فكانت الغربان تحضر إليه الخبز صباحاً ومساءً وكان يشرب من ماء النهر ٧- وما لبث أن جف النهر بعد زمن لأنه لم يهطل مطر على الأرض.

Ethanim
ZIV
BUL

١٠٨ شهر إيثانيم (تشرين الأول - أكتوبر)
شهر زيو { أيار - مايو
شهر بول { تشرين ثاني - نوفمبر

Easter
الملاحظة: أول عيد قيامة يقع في May - 5 - 2013 حيث الثلث شمعة السيد المسيح وشمعة الله والمسيح وروح القدس وتجرة قيامه.

عيد ثار: عند إيمان قبل عيد نوروس بيوم واحد March - 13
- ١٠٨

-١٠٩
-109

GOD NAMES أسماء الله

1- God ١- الله
2- Lord ٢- الرب. السيد. نبيل. المولى
3- Yahweh ٣-
4- Alpha and Omega. A - Ω ٤- أنا بوايه والنهايه
5- Salvation ٥- منقذ. المخلص. خلاص
6- Father ٦- الأب
7- Mercy ٧- الرحيم. الرحمان. الرحمن
8- Yah or Yahu ٨-
9- El-Shaddai (strength) ٩-
10- elyon (majesty) ١٠-
11- alam (eternity) ١١-
12- elohe yisrae (patronge) ١٢-
13- Redeemer ١٣- المفتدي. المسترد. المخلص.
14- The Living GOD ١٤- الله الحي
15- Rider of Cloud. ١٥-
16- Tzelem (Image) ١٦-
17- Creator ١٧- الخالق
18- Ili ١٨- علي
19- ALLAH ALLAH (ARBIC) ١٩ الله في العربيه
20- AHLLAH (Assyrian) AHLLAH ٢٠- الله في الأشوريه
21- king ٢١- الملك
22- Dios spanish ٢٢- ديوس (الله) في أسبانيه
23- Gott Germany ٢٣- كوتت (الله) في المانيه
24- Eloheem (Hebrew) ٢٤ إلوهيم. إيلوهيم
25- AhLLA. AhLLA (Assyrian ٢٥ اه لاه
26- EL (إل) الله في العربيه ٢٦ ايلا هيم
٢٧- ياهو: اسم آلهه كنعانيه. آيلاه من جزء الله عواصف.
٢٨- يهوا مشتق من ياهو إله صغير كنعاني من الجن في بتراء

-١١٠
-١١٥

THE NAMES OF JESUS CHRIST

((ESHOO AMSHERH - ASSYRIAN.))

أسماء السيد المسيح

1- Jesus christ	١- يسوع المسيح
2- Messiah. Anointed	٢- المسيح، الممسوح من الخطيئه
3- Savior	٣- المخلص
4- Lord	٤- الرب. السيد، المولى. نبيل
5- Lam of God	٥-
6- Shepherd	٦- الراعي
7- Redeemer	٧- المفتدي، المسترد. المخلص
8- Salvation	٨- المنقذ. مخلص، خلاص
9- Father	٩- الأب
10- king	١٠- الملك
11- Son of man	١١- أبن أنسان
12- Son of God	١٢- ابن الله
13- Sacrifice for Sin	١٣- تضحيه من أجل خطيئه
14- fulfilment	١٤- يحقق.
15- techer	١٥- المعلم
16- Grace	١٦-
17- Savior	١٧- المخلص
18- Christos (Greek)	١٨- المسيح في يونان كرستوس
19- Al Masih (ARABE)	١٩- المسيح
20- the Lord anointed	٢٠-
21- Chosen by God. (Chosen)	٢١- مختار
22- the Son of David.	٢٢- ابن داود
23- Divine	٢٣- مقدس. بنبا،
24- Mercy	٢٤- الرحيم، الرحمان
25- SABBTH	٢٥- السبت
26- Iesa (ARBIC)	٢٦- عيسى
27- Yassoah (ARBIC) Anointed	٢٧- يسوع
28- MAHMsoh. (ARBIC)	٢٨- ممسوع.

YESU

29 -

Jesus Apoints the Twelve	الإثنا عشر رسولا	111
Matthew 10:2-4	متى 10:2-4	
²Thes are the name of the twelve apostles: first, Simon (Who is called peter) and his Brother Andrew; James son of Zebedee, and his brother John; ³Philip & Bartholomew; Thomas and Matthew the Tax collector; James son of Al-phaesus and Thaddaeus; Simon the Zealot and Judas Iscariot, Who betayed him	²وهذه أسماء الأثني عشر رسولاً: سمعان الذي دعي بطرس، وأندراوس أخوه، ويعقوب ابن زبدي، ويوحنا أخوه؛ ³فيلبس، وبرثلماوس؛ توما، ومتى جابي الضرائب؛ يعقوب بن حلفى؛ وتداوس؛ سمعان القانوني، ويهوذا الاسخريوطي الذي خانه	
ACTS. 23: 6-10	أعمال الرسل ٢٣: ٦-١٠ «المرحلة: عقيدة عند الفريسيين والصديقيين»	112
Paul Before Sanhedrin	بولس أمام المجلس اليهودي	
Then Paul, knowing that Some of them were Sadducees and the others Pharisees, called out in Sanhedrin, "My Brother, I am a Pharisees, the Son of a Pharisees. I stand on trial because of my hope in the resurrection of the dead." ⁷When he Said this, a dispute broke out between the Pharisees and the Sadducees, assembly was divided. ⁸(The Sadducees Say that there is no resurrection, and that there are neither angels nor spirits, but the Pharisees acknowledge them all.) ⁹There was a great uproar, and Som of the teachers of the Law who were Pharisees stood up and argued Vigorously. "We find nothing wrong with this man," they Said. "What if a spirit or an angel has spoken to him	وإذ كان بولس يعلم أن بعض أعضاء من مذهب الصديقيين، وبعضهم من مذهب الفريسيين، نادى في المجلس: «أيها الإخوة، أنا فريسي ابن فريسي وإني أحاكم الآن لأنني أعتقد أن الموتى رجاء بالقيامة!» ⁷وهنا دب الخلاف بين الفريسيين والصديقيين من أعضاء المجلس فانقسم الحاضرون. ⁸فإن الصديقيين ينكرون القيامة والملائكة والروح، أما الفريسيون فيعترفون بها كلها. ⁹وعلا الصياح، فوقف بعض علماء الشريعة الذين للفريسيين يحتجون بحماسة فقالوا: «لا نجد على هذا الرجل ذنباً، فلربما كلمه روح أو ملاك!»	

أما العمونيون فيدعونهم زمزميين. ٢١ وهم شعب كثير فاضح العناقيين	113
Amnionites call them Zamzmmites. 21. The were and Tall as Anakites.	

هل تعلم

Jesus Apoints the Twelve الإثنا عشر رسولاً -111

Matthew 10:2-4	متى ١٠:2-4
[2]Thes are the name of the twelve apostles: first, Simon (who is called peter) and his Brother Andrew, James son of Zebedee, and his brother John, [3]Philip & Bartholomew; Thomas and Matthew the Tax collector; James son of Al-phaesus and Thaddaeus; Simon the Zealot and Judas Iscariot, Who betayed him	٢ وهذه أسماء الأثني عشر رسولاً: سمعان الذي دعي بطرس، وأندراوس أخوه، ويعقوب ابن زبدي، ويوحنا أخوه؛ ٣ فيلبس، وبرثلماوس، توما، ومتى جابي الضرائب، يعقوب بن حلفى، وتداوس، سمعان القانوني، ويهوذا الاسخريوطي الذي خانه

ACTS. 23:6-10	أعمال الرسل ٢٣:٦-١٠ «المرحلة: عقيدة عند الفريسيين والصدوقيين» -112
Paul Before Sanhedrin Then Paul, knowing that some of them were Sadducees and the others Pharisees, called out in Sanhedrin, "My Brother, I am a Pharisees, the son of a Pharisees. I stand on trial because of my hope in the resurrection of the dead." [7]When he said this, a dispute brok out between the Pharisees and the Sadducees, assembly was divided. [8](The Sadducees say that there is no resurrection, and that there are neither angels nor spirits, but the Pharisees acknowledge them all.) [9]There was a great uproar, and som of the teachers of the law who were Pharisees stood up and argued vigorously. "We find nothing wrong with this man," they said. "What if a spirit or an angel has spoken to him	بولس أمام المجلس اليهودي وإذ كان بولس يعلم أن بعض أعضاء من مذهب الصدوقيين، وبعضهم من مذهب الفريسيين، نادى في المجلس: «أيها الإخوة، أنا فريسي ابن فريسي، وإني أحاكم الآن لأنني أعتقد أن الموتى رجاء بالقيامة!» ٧ وهنا دب الخلاف بين الفريسيين والصدوقيين من أعضاء المجلس فانقسم الحاضرون. ٨ فإن الصدوقيين ينكرون القيامة والملائكة والأرواح، أما الفريسيون فيعترفون بها كلها. ٩ وعلا الصياح، فوقف بعض علماء الشريعة المنتمين إلى الفريسيين يحتجون بحماسة، فقالوا: «لا نجد على هذا الرجل ذنباً، فلربما كلمه روح أو ملاك!».

أما العمونيون فيدعونهم زمزميين. ٢١ وهم شعب كثير فاتجه العناء -113

114- **DO YOU KNOW**
114- **Act 8:36-40**
Philip and the Ethiopian

[36] As they traveld along the road, they came to Some Water and the eunuch Said, "Look, here is Water. Why Shouldn't I be baptized? [37] Philip said, "If you believe With all your heart, you my." The eunuch answered, "I believe that Jesus Christ is the Son of God." [38] And he gave orders to Stop the chariot. Then both philip and the eunuch Went down into Water and Philip baptized him. [39] When they came up out of the water, the Spirit of the Lord suddenly took philip away, and the eunuch did not See him agin, but went on his way rejoicing. [40] Philip however, appeared at Azouts and traveled about, Preching the gospel in all the towns Until he reached Caesarea.

هل تعلم -114
أعمال الرسل ٨:36-40 -114
فيلبس يعمد وزير ملكة الحبشة

٣٦ وبينما كانت العربة تسير بهما، وصلا
إلى مكان فيه ماء، فقال الخصي:
«ها هو الماء، فماذا يمنع أن أتعمد؟
٣٧ فأجابه فيلبس: هذا جائز إن كنت
تؤمن من كل قلبك» فقال الخصي: إني
أؤمن بأن يسوع المسيح هو ابن
الله. ٣٨ وأمر أن تقف العربة، فنزلا
إلى الماء معا، وعمده فيلبس الخصي.
٣٩ ولما أن طلعا من الماء حتى خطف
روح الرب فيلبس، فلم يره
فتابع سفره بفرح. ٤٠ أما فيلبس
فقد شوهد في أشدود، ثم سار
يبشر كل مدينة حتى وصل إلى
قيصرية.

110- Luke: 2:14
115- [14] "Glory to God in the highest, and on the earth peace to men on Whom his favor rests."

لوقا ٢:١٤ -110 -115
١٤ «المجد لله في الأعالي، وعلى
الأرض السلام، وبالناس
المسرة!»

117- Number 26:5-64
116-

العدد -117 -116
تعداد أسباط إسرائيل وعشائرهم

-١١٧ / -117

THE APostLes & DISCIPLE OF JESUS CHIST

تلاميذ السيد المسيح

1- Peter: Peter. Simon Son of Jonah. Simon Brother Andrew. Peter Was a fisherman From town Bethsaida.

١- بطرس. سمعان بن يونا من بيت صيدا. سمعان أخا أندراوس. وكان صياداً.

2- Matthew, Call Levi Son of Alpaeus. He lived Cahpharnaumon, Lake Geneshreh & he was Roman Tax Collector.

٢- متى. يسمى لبوي ابن آلنايوس من بيت كافرناحوم وكان جابي ضرائب عند الرومان

3- Mark. — ٣- مرقس

4- Luke. — ٤- لوقا

5- Andrew — ٥- أندراوس من بيت صيدا

6- James. Son of Zebed and — ٦- يعقوب بن زبدي

7- John. — ٧- يوحنا.

8- Judas Iscariot — 8- يهوذا الأسخريوطي

9- Philp From town Bethsaida. — 9- فليبس من بيت صيدا.

10- Thomas — ١٠- توما

11- Paul. (Saul) Was a Jew who Hated the Christian. — 11- بولس (شاول) كان يهودي الذي يكره المسيحيين

12- Bartholomew (Nathaniel) frend of philip — ١٢- برتلماوس (ناثنيل) صديق فيلبس.

13- Matthias to become the twelfth apostle, replacing Juda Iscariot. — ١٣- متياس

١٣- متياس أختاروه الثاني عشر تلميذ عوضاً عن يهوذا الأسخريوطي.

-١١٨
-118

THE DEVIL NAMES:- -: أسماء الشيطان

1-fallen Angel -١ ملاك الساقط
2-fallen Lucifer -٢ شيطان الساقط
3. Lucifer -٣
4-Serpent . Serpent Which symbolize Life and death -٤
5-Devil -٥ شيطان
6-Evil -٦ شيطان
7-Demon -٧ شيطان
8-Dragon -٨ تنين
9-Satan (ARBIC) -٩ شيطان
10-Shitan(ARBIC) -١٠ شيطان
11-Iblis (ARBIC) -١١ إبليس
12-Ahriman (perian Devil) -١٢ شيطان في الفارسية
13-Wicked -١٣ شرير
14-Snake -١٤ حية ، أفعى
15-Son of Vipers -١٥ أولاد الأفاعي
16-Viper -١٦ الأفعى
17-Beelzebub: the prince of demons. -١٧ بعلزبول: رئيس الشياطين

DO YOU KNOW
هل تعلم

-١١٩
-١١٩

Psalm. 78:25 ((Manna)) | المزامير ٧٨ : ٢٥ ((المن))

25- Men ate the bread of Angels
he sent them all food they
Could eat.

٢٥- فأكل الإنسان خبز الملائكة
أرسل زاد حتى شبعوا .

THE GOOD KINGS OF THE KINGS Tribe of JUDA
أحسن الملوك في الملوك في قبيلة يهوذا

((Good ✓)) ((Bad X))

No.	King			No.	King		
1-	DAVID.	داود	✓	14-	Hezekiah.	حزقيا	✓
2-	Solomon.	سليمان	✓	15-	Manasseh.	منسي	X
3-	Rehoboam.	رحبعام	X	16-	Amon.	آمون	X
4	Abijah.	أبيام	✓	17-	Jasiah.	يوشيا	✓
5-	Asa.	آسا	✓	18-	Jehoahaz.	يهوآحاز	?
6-	Jehoshaphat	يهوشافاط	✓	19-	Jehoiakim	يهوياقيم	X
7-	Jehoram.	يهورام	X	20-	Jehoiachin	يهوياكين	X
8-	Ahaziah.	أخزيا	X	21-	Zedekiah.	صدقيا	X
9-	Joash.	يوآش	✓	22-			
10	Amaziah.	أمصيا	✓	23-			
11-	Uzziah.	عزيا	✓	24-			
12-	Jotham.	يوثام	✓	25-			
13-	Ahaz	أحاز	X	26-			

-٢٠
-20

2 Chronicles. 34:29-33 | أخبار أيام ثاني ٣٤ : ٢٩ - ٣٣

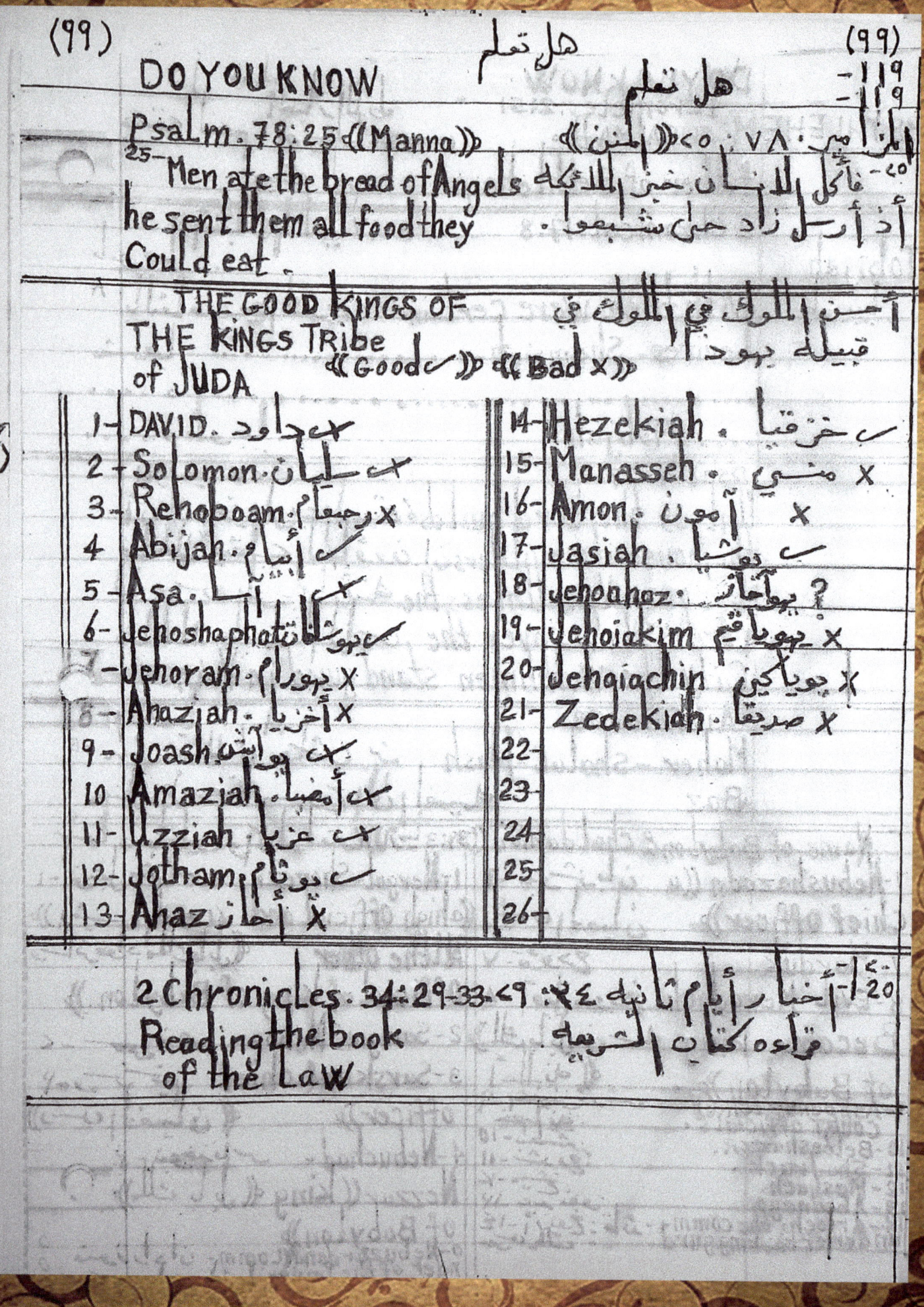

Reading the book of the Law
قراءة كتاب الشريعة

هل نعلم

عزرا EZR. 7:1-5

-١٢١
-121

عزرا	EZRA
سرايا	SERAIAH
عزريا	AZARIAH
حلقيا	HILKIAH
شلوم	SHALLUM
صادوق	ZADOK
أخيطوب	AHITUB
أمريا	AMARIAH
عزريا	AZARIAH
مرايوث	MERAIOTH
زرحيا	ZERAHIAH
عزي	UZZI
بقي	BUKKI
أبيشوع	ABISHUA
فنحاس	PHINEHAS
ألعازار	ELEAZAR
هرون	AARON

EZRA'S LNEGE

نسب عزرا

-١٢٢ التثنية: ٢: ٩-١١ ((الايميون والعناقيين ورفائيين)) -122

٩- فقال لي الرب: لا تعاد الموآبيين ولا تثر عليهم حرباً لأني لا
أعطيك من أرضهم ميراثاً، إذ وهبت عار لذرية لوط ملكاً.
١٠- فقد سكن فيها الإيميون قبلاً، وهم شعب كثير وطول
القامة كالعناقيين، ١١- وهم يعتبرون رفائيين كالعناقيين
غير الموآبيين يدعونهم الإيميين. ١٢- كذلك أستوطن
أرض سعير من قبل، فطردهم بنو عيسو وأبادهم وحلم
وحلوا مكانهم، تماماً كما فعل الإسرائيليون بالأرض التي وهبها
لهم الرب.

٢٠ التثنية Deut. 2:20 (zamzummite).

X Deuteronomy: 2:9-11 ((Emites . Anakites. Rephaites)) X -١٢٣ -123

9- Then the Lord said to me, "Do not harass the Moabite or provoke them to war, for I will not give you any part of their Land. I have given Ar to the Descendants of Lot as a possessio." 10-(The Emites Use to Live there - a people Strong, and numerous, and as tall as the Anakites.
11- Like the Anakites, they too were considered Rephaites, but the Moabites Called them Emites, 12- Horites Used to Live in Seier, but the Descendan of Esau drove them out. They destroyed the Horites from before them and Settled in their place, Just as Israel did in the Land the Lord gave them as their Possession.)

X

-١٢٤ التثنية ٢:١١ ((سرير آخر الجبابرة الرفائيين الملك عوج)) -124

١١- وكان عوج آخر الجبابرة الرفائيين، وكان سريره مصنوع من الحديد ولا
يزال محفوظاً في (متحف) ربة بني عمون، طوله نحو أربعة أمتار ونصف
متر، وعرضه أربعة أذرع (نحو مترين).

Deuteronomy: 3:11. ((The bed kink Og of Rephaites)) -

11- (Only Og king of Bashan was Left of the remnat of the Rephaites. الرفائيين. His bed was made of Iron and was more than thirteen feet Long and Six feet Wide. It is stil in Rabbah of the Ammonites) بني عمون

Matthew 17:1 | متى ١٧ : ١ التجلي

The Transfiguration | التجلي

1-After six days Jesus took with him peter, James & John the brother of James & Led them Up a high mountain by themselves:-
2-There he transfiguration befor them. His face shon Lik the Sun. & his clothes became as whit as Light. 3- Just then there appeard befor them Moses & Elijah, tak-ing withe Jesus. peter Said to Jesus «Lord it is good for Us to be here! If you wish, I will put Up three Shelter - on for you, one for Moses and one for Elijah.» While he Was stil speaking, a bright Cloud enveloped them, and a Voice from the Cloud Said "This is my Son, Whow I Love; With him I am Well pLeased. Listen to him!" When the disciples heard this, they fell face-down to ground, terrified. But Jeuse came & touched them. "Get Up" he Said "Dont be affraid" 8-When they Looked Up, they Saw no one except Jeuse.

١- وبعد ستة أيام أخذ
يسوع بطرس ويعقوب
ويوحنا أخاه وصعد بهم على
انفراد إلى جبل عال. ٢-
وتجلى أمامهم، فشع وجهه
كالشمس، وصارت
ثيابه بيضاء كالنور. ٣- وإذا
موسى وإيليا قد ظهرا
لهم يتحدثان معه. ٤- فبدأ
بطرس يقول ليسوع
ما أحسن أن نبقى هنا
فإذا شئت أنصب هنا
ثلاثة خيام واحدة لك
وواحدة لموسى، وواحدة
لإيليا. ٥- بينما كان يتكلم
إذا سحابة منيرة قد
خيمت عليهم، وصوت من
السحابة يهتف: «هذا
هو إبني الحبيب الذي
سررت. له إسمعوا»
فلما سمع التلاميذ الصوت،
وقعوا على وجوههم مرتعبين
جدا. ٧- فاقترب منهم يسوع ولمسهم
وقال: «انهضوا ولا ترتعبوا»
٨- فرفعوا أنظارهم، فلم يروا
إلا يسوع وحده.

-The people of Seir (7) أهل سعير: الأدميون
The Sons of Seir:1-Lotan لوطان. 2-Sobal (Shobal) شوبال. 3-Sebeon (Zibeon) صبعون 4-Ana (Anah) عنى. 5-Dison (Dishon) ديشون. 6-Eser (Ezer) إيصر. 7-Disan (Dishan) ديشان.
The Sons of Lotan لوطان: (2) two:-
1-Hori حوري 2-Homam. هومام. And the Sister of Lotan was Thamana (Timna) تمناع
The Sons of Sobal (Shobal) شوبال: five (5):-
1-Alian (Alvan) عليان. 2-Manahath مناحة
3-Ebal عيبال. 4-Sephi (Shepo) شفي 5-Onam أونام.
The Sons of Sebeon (Zibeon) صبعون two (2):-
1-Aia (Aiah) أية 2-Ana (Anah) عنى
The Sons of Ana (Anah) Dison (Dishon) ديشون
The Sons of Dison (Dishon) ديشون four (4):-
1-Hamram (Hemdan) حمران 2-Eseban (Eshban) أشبان 3-Jethran (Ithran) يثران 4-Charan (Keran) كران.
The Sons of Eser (Ezer) إيصر Three (3):-
1-Balaan (Bilhan) بلهان. 2-Zavan (Zaavan) زعوان 3-Jacan (Akan) يعقان
The Sons of Disan (Dishan) ديشان two (2):-
1-Hus (Uz) عوص. 2-Aran أران

-1-Lotan لوطان
The eldest Son of Seir سعير and chief of the Horites حوري (Gen. 36:20, 22, 29. 1chro. 1:3:39).
Lotan لوطان had (2) two Son.
1-Hori حوري 2-Homan هومان

Thamna (Timna) تمناع P.103 ١٠٢٩ تكملة صفحة -127 -126

1- Sister of Lotan لوطان, the Horite حوري Chief in the Land of Edom أدوم (Gen. 36:22) She was the Concubine سرية of Eliphas أليفاز (the first Born Son of Easu (Esau) عيسو) and the mother of his Son Amalec (Amalek (Gen. 36:12) Gen. 36:12. I chr. 1:39.

2- A son of Eliphaz أليفاز the son of Easu (Esau); the name is Sometimes spelt Teman thought the Hebrew Speling is identical to that of Timna. May be identical with Timnah No 3. 1 chr. 1:36.

3- An alternative Speling for Timnah No. 3 in Some translation. Gen. 36-40. 1 Chr. 1:51

2- Ragael (Reuel) رعوئيل had four (4) Sons

1- Nahat (Nahth) نحث

An Edomite, clan chief, the first son of Ragal (Reuel) رعوئيل Gen. 36:13, 17. 1 chr. 1:37.

2- Zara (Zerah) زارح ("Shining")

Zera ("Shining"). Second Son of Ragael (Reuel) رعوئيل, the son of Easu (Esau) عيسو by his Wife Basemath, the daughter of Ismael Ishmael إسماعيل (Gen. 36:3, 13) and a chief in Edom أدوم Gen. 36:17).

3- Samma (Shammah شمة

The Third Son of Ragael Reuel رعوئيل the Son of Easu (Esau) عيسو by his wife Basemath Gen. 36:13, 17 1 Chr. 1:37.

4- Meza (Mizzah) مزة

Fourth son of Ragal (Reuel), Son of Easu by his wife Basemath; a chief of Edomite Clan. Gen. 36:13, 17. 1 Chr. 1:37.

تكملة صفحة ١٠٤ هل تعلم -١٢٦
P.104 -126

4-Sephi (Shepho) Sephi شفي
Fourth Son of Sobal (Shobal) شوبال the Second Son of Seir سعير the Horite
Gen. 36:23, 1chr. 1:40

5- Onam أونام
1-Fifth and Last son of Sobal (Shobal), وشوبال, Second Son of Seir the Horite, he was a chief of the Horites in the Land of Edom
(Gen. 36:23) Gen. 36:23, 1chr. 1:40.
2- Son of Jerahmeel by his Wife Atrah (I chr. 2:26) he was the father of Shammai and Jada (1 chr. 2:28)
Some belive he was related to No 1 Ichr. 2:26, 28)

3- Sebeon (Zibeon) صبعون
Sebeon; Zibeon ("hyena الضبع"). On of Horite Chiefs; the third Son of Seir سعير (Gen 36:20, 29).
The father of Aia (Aiah) and (Anah) آية وعنى
and grandfathe of Oholibamah, أهوليبامة One of Easus (Esau) عيسو wives (Gen. 36:2-14)
Gen. 36:2, 14, 20, 24, 29. 1 chr. 1:38, 40,
Sebeon (Zibeon) had two (2) Sons:-
1- Aia (Aiah) آية and Ana 2- (Anah) عنى
1- Aia (Aiah) or آية Ajah
Aia or Aiah, Ajah (another form of the name Aiah).
The first Son of Sebeon (Zibeon) صبعون of the family of Seir سعير the Horite, a Chief in Edom (Gen. 36:20, 24, 29; Ichr. 1:38, 40) Gen 36:24
Ichr. 1:38.

-147
-126

Lotan لوطان had (2) Sons

1-Hori حوري P. 105 تكمله صفحه ١٠٥

First born Son of Lotan, a descendant of Easu (Esau). Gen 36:22. 1chr. 1:39)

2-Homan هومام

Second Son of Lotan لوطان, firstborn Son of Seir سعير the Horite (1chr. 1:39) the name is Sometimes Sepelled Heman (Gen. 36:22.

2- Sobal (Shobal) شوبال had five Sons:-

The Second Son of Seir سعير the Horite who Lived in Edom; أدوم he had five Sons.

1-Alian (Alvan) عليان. 2-Manahath مناحة 3-Ebal عيبال
4-Sephi (Shepo) شفي 5-Onam أونان

1-Alian (Alvan) علان.

Alvan Same As Alian. The first Son of Sobal (Shobal), شوبال a descendant of Seir شعير the Horite حوري (1chr. 1:40), given as Alva in Genesis 36:40) Gen. 36:23. في تكوين ٣٦:٤٠

2-Manahath مناحة

1-Second Son of Sephi (Shepho) the Second of Seir شعير the Horite; the ancester of the family or Clan of the Manahathites Gen. 36:23. 1chr. 1:40

2-A place where people of Geb were exiled. Identified with Village Malha to the South west of Jerusalem. 1chr. 8:6.

3-Ebal عيبال (Mount)

The Son of Sobal (Shobal) شوبال

Ebal (Mount) A mountain rising 2,900 feet. (882m) above sea level, North of Shechem and Opposite Mount Gerizim (Josh. 8:30-32).

٤-
4-2-Ana (Anah) عَنَى F.P.106 تكملة صفحة ١٠٦ -127 -126

A Horite clan chife; the fourth Son of Seir سعير "who found the water in the Wilderness برية as he*pastured the donkeys of his father Sebeon (Zibeon)" (Gen: 36:20,24,-25,29).
Gen: 36:20,24-25,29. 1chr. 1:38,40-41

*Pasture: ١-كلأ ؛ عشب. ٢-مرعى؛ منتجع. ٣-راعي الماشية ٤-ترعى (الماشية). ٥-رعى (الماشية). ٦-يتخذه مرعى
Ana:- [rendered as "راعي الماشية"]

٥- Ana (Ana or Anah) عَنَى had one (1) Son:-
5- Dison (Dishon) ديشون:
1-Dison (Dishon) ديشون (Dishan See DiShon No1
1-Some Confusion exists with the names Dishon and Dishan ديشون which possibly represent two Separate individuals, but are probaly indentical. The name designates a Hurrian (Horite) tribe whose*eponym is the fifth (Gen. 36:21)-or alternately the Seventh (1chr. 1:38)-Son of Seir سعير a native Horite clan chief in Edom أدوم (Gen. 36:26, 30; 1chr. 1:41) Gen. 36:21,30. 1ch. 38:41
2-The son Ana (Anah) عَنَى a Horite clan Chief, or a grandson of Seir سعير Gen. 36:25. 1chr 1:4

*Eponym: ١-الشخص الذي تسمى باسمه القبيلة أو المؤسسة أو البلد، من كان اسمه وثيق الصلة بشيء ما بحيث يصبح رمزاً على ذلك الشيء

Dison (Dishon) ديشون had four (4) Sons:-
1-Hamram (Hemdan) حمران 2-Eseban (Eshban) أشبان 3-Jethran (Ithran) يثران 4-Charan (keran) كران.

تكملة صفحة ١٠٧ F.P.107 =127/126

1-Hamram (Hemdan) حمران
Firstborn Son of Dison (Dishon) ديشون the Horite chief who dwelled in the Land of Seir سعير (Gen.36:26,30) The name is spelled Hamram in the parallel text (I chr. 1:41) Gen.36:26.

2=Eseban (Eshban) أشبان
The Second Son of Dison (Dishbon) ديشون and a Horite الحوري chief in the Land of E Edom أدوم (Gen. 36:26). Gen. 36:26. 1chr.1:4

3-Jethran (Ithran) يثران (Jithran)
One of the Sons of Dison (Dishon) of the family of Seir سعير, and ancestor of a Horite الحوري family. Gen. 36:26. 1chr.1:40

4-Charan (keran) كران or (Cheran)
The fourt Son of Dison (Dishon) ديشون Son of Seir سعير the Horite, حوري one of the chief of Edom in the genealogy of Easu (Esau) Gen. 36:26. 1chr.1:41

7-
6-Eser (Ezer) إيصر
Eser (Ezer) Son of Seir سعير the Horite الحوري and chief of Edom; أدوم father of Balaan (Bilhan) بلهان Zavan (Zaavan) زعوان Jadan (Akan) يعقان *

1- Balaan (Bilhan) بلهان (Modest)
One of the children of Eser (Ezer), إيصر Leader of the Horite الحوري clan at the time of Easu (Esau) (Gen.36:27 Ichr.1:42.)

* Modest: ١-أ-متواضع؛ غير مغرور. ب-خجول. ج-محتشم (في الملبس أو السلوك). ٢-معتدل؛ بسيط.

F.P.108 -127 -126

2- Zavan (Zaavan) زعوان

The Son of Esen (Ezer) إيصر, of the chief of the Horites الحوريين, descendant of Seir سعير (Gen. 36:27, Ichr. 1:42

3- Jacan (Akan). يعقان

The Son of Esen (Ezer) إيصر, of the family of Seir سعير the Horite الحوري, a chief in Edom أدوم (Gen. 36:27,29). The name Akan is also given as Jaakan (Ichr. 1:42). Gen. 36:27.

V-
7- Disan (Dishan) ديشان

1- Some Confusion exist with the names Dishon and Dishan which possibly represent two Separat Individuals, but are probably identical. The name designates a Hurrian (Horite) tribe whose eponym is the fifth (Gen. 36:21) - or alternately Sevent (Ichr. 1:38) - Son of Seir سعير a native Horite الحوري clan chief in Edom أدوم (Gen. 36:26, 30; Ichr. 1:41) Gen. 36:21,26,30 Ichr. 1:38,41

2- The Son of Ana (Anah), a Horite الحوري clan chief or a grandson of Seir. سعير Gen 36:25. 1chr. 1:41

Disan (Dishan) had two (2) Sons:-

1- Hus (Uz) عوص 2- Aran أران

1- Hus (Uz) عوص

The First Son of Disan (Dishan) ديشان the Horite الحوري Chief in the Land of Edom أدوم. Gen. 36:28. 1chr. 1:42

The Land of Us (Uz) عوص Where Job أيوب Lived (Job. 1:1). It is also mentioned by Jeremiah in his "Judgment on the nation" (Jer. 25:20) and in Lamentations 4:21, which states that the daughter of

From page.109

Hus(Hus Uz) عوص Continue تكملة ١٤٦(٤)
daughter of Edom أدوم Lived in Hus(Uz)
عوص. Scholars are divided as to Whether
the Land of Hus(Uz) عوص in Job أيوب refer to
Aramean or Edomite الأدميون territory
Job.1:1. Jer.25:20. Lam.4:21.
2-Aran أران
The Second Son of Horite الحوري Chief
Disan(Dishan) ديشان Gen.36:28; 1chr.1:42.

-١٤٧
-127

2 - Jacb (Later God call him Israel) يعقوب إسرائيل
Jacb. The third pattriach of Israel, Son of Isaac
إسحاق and Rebekah رفقة, & twin Brother Easu
(Esau) عيسو (Gen.25:23-26). in Hebrew call him
Yaakov. Jacb had twlve(12) Sons from his
Wives: 1-Rachel راحيل, 2-Leah ليئة 3-Bilhad بلهة 4-Zilpah
5-Robeka
from: Leah ليئة. 1-Reuben رأوبين, 2-Simon
(Simeon) شمعون. 3-Levi لاوي. 4-Juda(Judah)
يهوذى (Gen.29:30-35)
from: Bilhah بلهة (maidservant جارية)
1-Dan دانا 2-Nephtali (Naphtali)
Naphtali (struggle معناه مصارعتي) Gen.30:1-8)
from: Zilpah (maidservan جاره) زلفة
1-Gad جاد 2-Asen (Asher) أشير
(Gen.30:9-12)
Afterwards Leah ليئة gave birth to two
more Sons for Jacob
1-Issacha يساكر 2-Zebulon زبلون
and Jacob had one(1) daughter Dinah دينة

(111) (111)

هل تقلم

من تلفزيون
سوالف أسيا

-١٢٨
-128

ملاحظه: (1) سوالف أسيا: أخراج: أعراد: مهدي ناهي (عراقي)
عيد الصابئه المندائيين عراقيين يحتفلون خمسه أيام.
أيام البرونايي عيد البروناويه طائفه منوفانيه
كلت أو كتبه ملاحظه في

-١٢٩
129

من تلفزيون في
من مهدي ناهي.
TUE. DEC-9-2014 J.E.B.

ملاحظه (2) أعمال الرسل ٢٣:٨ ((بولس - paul)
بولس (شاول) أمام المجلس اليهودي
٨ - فان الصدوقيين يقولون القيامه والملائكة وأرواح أما الفريسيين
فيقرون بها كلها . بولس من سبط (بنيامين) وابن الفريسي

Acts 23:8

Paul Befor the Sanhedrin
8- (The Sadducees Say there is no Resurrection, and that thers are nether are nether Angels nor Spirit, But Pharisises Acknowledge them All.
paul (Saul) From Tribe Banjamin. and son of pharisises.

-١٣٠
130

ملاحظه (3)
الرسالة الى مومنيا كولوسي ٤:١١:١٤
١١- ويسوع معروف باسم يسطس

COLOSSINS:14:11:12
11-Jesus Who is Called Jistus.

ملاحظه كان رجل أسمه
يُسطس من أقربائنا
أسمه ماخوذ من عهد القديم
ج. م. ب. ب
٢٠٢١/٨/٩

-١٣١
131

ملاحظه (4)
الرسالة الاولى الى مؤمنيا كورنثوس ٦:٣
٣ أما تعلمون أننا سندين الملائكه ؟
أفليس أولى بنا أن نحكم في قضايا
هذه الحياه ؟

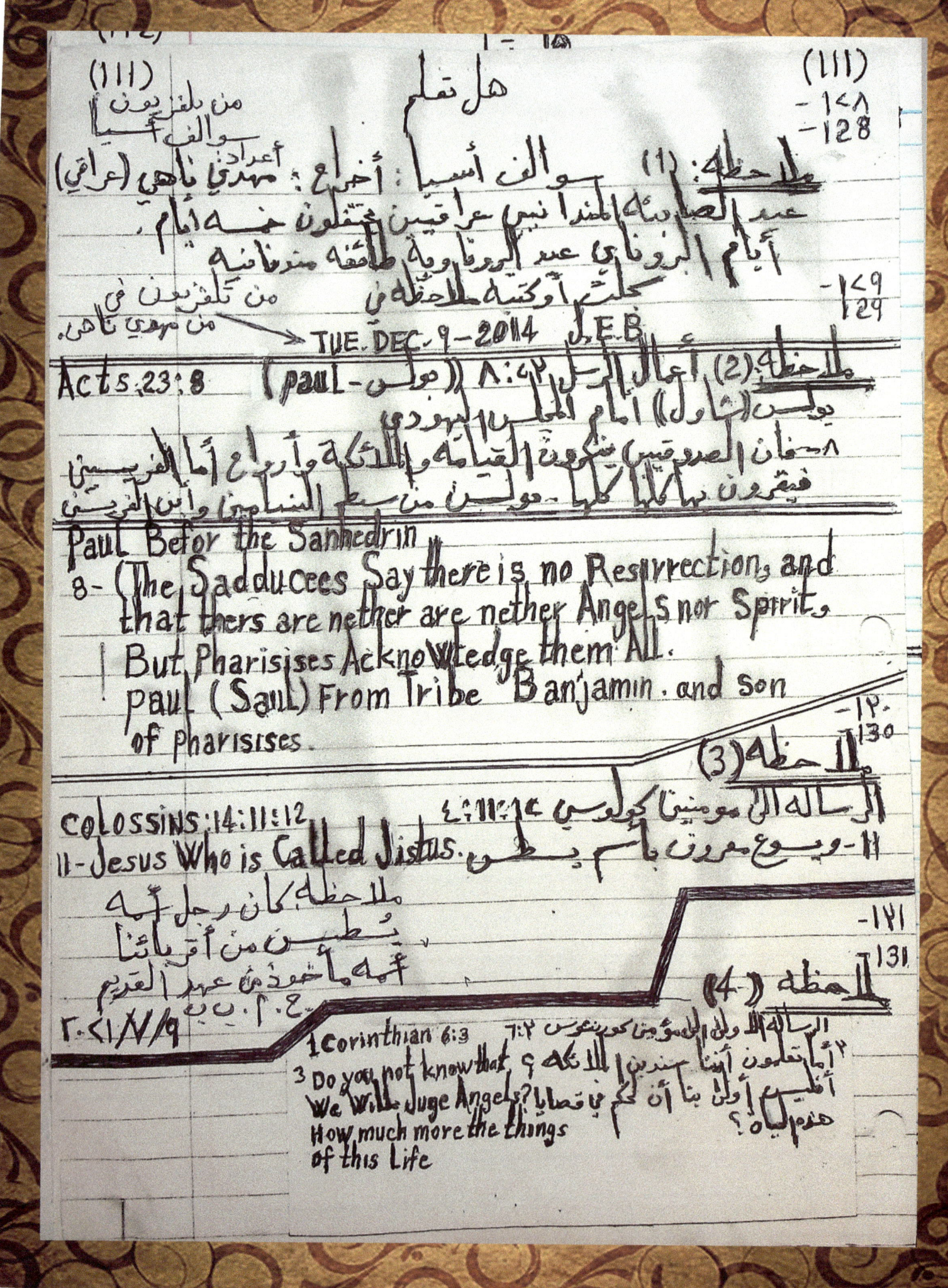

1Corinthian 6:3
3 Do you not know that We Will Juge Angels? How much more the things of this Life

هل تعلم

١٣٢ - 132 -

Amos: 2: 9	عاموس ٢: ٩
9- I destroyed the Amorite	٩- مع أنني أهلكت من
befor them thought. he Was	أمامهم الأموريين X
tall as the Cedars.	ذوي قامات طويلة
And, strongas the	كأشجار الأرز الأقوياء
Oaks.	كأشجار بلوط.
Nahum the Elkoshite	كتاب ناحوم الألقوشي ١٣٣ = 133
Myrtle	الآس: ياس: نبات عطري ١٣٤ - 134 -

١٣٥ - ما معنى بئر زم زم في السعوديه
135 - عندما قالت هاجر (زوجه أبراهيم المصريه) تحت الرمال
زوم زوم أو زم زم مياهها أي تجمع مياه في اللغه السريانيه
سمعه وشاهدة هذا المصدر حيث كتبتها ودونتها في كتابي
(هل تعلم) رقم (١٣٥ #135) من تلفزيون في يوم الخميس
المصادف تشرين الأول السابعة في سنة ٢٠٢١
Thu. Oct. 7. 2021 ٧ تشرين الأول ٢٠٢١ ج. إ. ب
Joseph. Eshoo BahriBek. J. E. B. جوزيف إيشو بحري بك
Ysf. BahBe

---

١٣٣ - قوم عاد من عرب البائدة ينقسمون الى قسمين
133 - عاد الأولى وهم عاد إرم وعاد الأخرى
عاد الأولى أو عاد إرم كانوا
عاد إرم
عاد ثمود
عاد من عرب البائدة
في أحقاف صوره باسم الأحقاف في القرآن الأحقاف هي جبال رملية تقع على ساحل البحر بين
مدينة حضرموت وعمان وعمان وهناك تقع جبال الأحقاف في بلدها يقال لها الشحر
هذه بلدة التي كانت قبيلة عاد وعادهم من العرب البائدة
Sun. Oct. 9 - 2021. J. E. B.

من تلفزيون ٩ تشرين الأول الأحد ٢٠٢١ ج. إ. ب

---

١٣٤ - 134 - يهود في سعوديه قبل الميلاد
بني نضير يهود
بني قينقاع يهود
بني قريضه يهود
بني خزرج يهود
بني خيبر يهود أو خيبر اليهوديه

من تلفزيون
يوم السبت.
مصادف ٨ - ١٠ -
٢٠٢١ . ج. إ. ب.
Sat.
Oct. 8 - 202.
J. E. B.

هل تعلم

-١٢٥ مدينة الخيبر
-135
هي مدينة يهودية في السعودية

قصة مقتل "كعب بن الأشرف اليهودي"
Fri Oct-8-2021
أعداد عبد الوهاب الطبري. (علي بن أبي طالب قتل كعب)
كعب بن الأشرف هو أمه ينحدر من أب عربي وأمه يهودية
وكان قائدًا في سعودية. كعب بن أشرف كان مقاتل
يهودي ووقائد. علي بن أبي طالب حاربه. كعب بن
أشرف كان عنده حصن اليهودي في سعودية
بن أشرف أبيه عربي وأمة يهودية والتحقه على
جانب أمه اليهودية لذلك ألتحق باليهودية نظريًا
بني نضير. بني نضير نسبتًا الى أمه يهودية ألتحقه
لذلك سميه بني نضير اليهودية. بني نضير (اليهودية)
لقد كتبته هذه أخطى من أفواه (فم) عبد الوهاب
الطبري من تلفزيون في يوم الجمعة مصادف
٨ - تشرين الأول ٢٠٢١ ساعة ١١:٤٢ ليلاً
مدون وكاتب الملاحظة جوزيف إيشو عمي بك

-١٢٦
-136
كما سمعت في تلفزيون في يوم الجمعة مصادف
تشرين الأول ٨ - ٢٠٢١ مساءً 8:48 pm
من أين جاء هود (نبي هود) كما يدعونه
الإسلام في قرآن جاء من هود بن سالح
بن قينان بن أرفخشذ بن سام بن نوح
أبن شيث بن أدم
ينتهي نسبه شيث بن آدم. لقد ذكر اسم هود
في كتب اليهود أنما باسمه عابر (Eber)
كتب في عهد القديم عن هود قال في تلفزيون
أن قوم عاد ينسبون الى ملك عاد بعد وفات
عاد أعطى الحكم الى والدين عاد (أولاده)
يقولون المؤرخين أن هود
هو من قوم عاد

عاد ← شديد، شداد
أولاد عاد
١- شديد
٢- شداد

-١٢٧ معنى: ذات العماد: ذات القوه. من تلفزيون
-137
تشرين الأول ٨. سنة ٢٠٢١. ج.أ.ب.
Fri-Oct-8-2021-J-E-B.

هل تعلم

-١٢٨ مدينه الخيبر
-138 هي مدينه يهوديه في السعوديه

Fri Oct-8-2021 قصة مقتل "كعب بن الأشرف اليهودي
أعداد عبد الوهاب الطريري: (علي بن أبي طالب قتل كعب)
كعب بن الأشرف هو أمه ينحدر من أب عربي وأمه يهوديه
وكان قائداً في سعوديه. كعب بن أشرف كان مقاتل
يهودي ووقائع: علي بن أبي طالب حاربه. كعب بن
أشرف كان عنده حصن اليهودي في سعوديه
بن أشرف أبيه عربي وأمة يهودية وألتحقه على
جانب أمه اليهودية لذلك ألتحق باليهوديه نظرياً
بني نضير بني نضير منتسباً الى أمه يهوديه ألتحقه
لذلك سميه بني نضير اليهوديه. بني نضير (اليهوديه)
لقد كتبته هذه ألنص من أفواه (فم) عبد الوهاب
الطريري من تلفزيون في يوم الجمعه مصادف
٨ - تشرين الأول ٢٠٢١ ساعة ١١:٤٢ ليلاً
مدون وكاتب الملاحظه جوزيف إيشو جي بك

-١٢٩
-139 كما سمعت في تلفزيون في يوم الجمعه مصادف
تشرين الأول ٨ - ٢٠٢١ مساء 8:48 pm
من أين جاء هود (بني هود) كما يدعوته
الاسلام في قرآن جلومن هود بن شالح
بن قينان بن أرفخشذ بن سام بن نوح
أبن شيث بن أدم
ينتهي نسبه شيث بن آدم. لقد ذكر اسم هود
في كتب اليهود أيضاً باسمه عابر (Eber)
كتبت في عهد القديم عن هود قال في تلفزيون
أن قوم عاد ينسبون الى ملك عاد بعد وفات
عاد أعطى الحكم الى والدين عاد (أولاده)
يقولون المؤرخين أن هود
هو من قوم عاد

عاد — شديد، شداد

أولاد عاد:
١- شديد
٢- شداد

-١٤٠
-140 معنى: ذات العماد: ذات القوه. من تلفزيون
Fri-Oct.8-2021. J.E.B. ج.ا.ب. ٢٠٢١ فيه ٨. تشرين الأول

MON. من تلفزيون
Oct. 11. 2021
الاثنين. تشرين 11 ثانية
11 تشرين الاول. 2021

١٤٠ - أصحاب الأخدود منهم؟
140 - أصحاب الأخدود هي قرية نجران هذه القرية كانت في اليمن نجران كانت على دين نصرانية (المسيحية).

١٤١ - قرية الحطيب.
141 - قرية الحطيب هي في اليمن فوق السحاب المطر لا تمطر على هذه القرية لأنها فوق السحاب. لأنها فوق الجبل الحطيب قرية اليمنية فوق السحاب لا يسقط عليها مطر تقع في المنطقة اليونسكو في أعلى قمة جبال حراز التابعة لمديرية المناخة. وبحسب روايات التاريخية كانت قرية الحطيب يوماً ما. قرية الحطيب ساكنيها من طائفة البهرة الإسماعيلية والسامية. البهرة أي الكارمة ويذكر أن بهرة أغلب سكانها هو أغلب زوار قرية الحطيب. البهرة هو لفظ الهندي الأصل ويعني التاجر وهم أتباع الداودية العمرى أما عليه المستعلية الذين أتبعوا الخليفة الفاطمي المستعلي بالله عدد سكانها ٥٠٠ نسمة. لقد زاره وقام الباحث الجيولوجي الماني ممدد زيارات ليمن باحث مرة على يمن وعند زيارته لجبل حراز في الأحياء اليهودية في صنعاء. أم باحث الماني كارل أوغسن ٥. وكان بعضاً من الروايات وقد كانت قرية الحطيب يوماً ما معقلاً لآل سوليحي التي بنوها في قرن الحادية عشر الميلادي بنوها لحماية أنفسهم من هجمات العدو.

---

١٤٢ - لماذا سمية ومن أين هي البلدان منها؟ :-
142 - ١- العراق: نسبتا الى مدينة أورك في جنوب العراق جاء أسم العراق من جنوب العراق وسميت على أسم مدينة قديمة قبل الميلاد مدينة أورك (Urk) في جنوب العراق. أم من كلمة إيراك معناها أرض خصبة.
٢- السورية: جاء أسم سورية الى أسم سريان السريانية نسبة السريان الأرامية والأرامية نسبتا الى أرام أبن سام واحد من خمسة أبنائه السامية والسامية الأرامية والسامي نسبتا الى أبوهم سام أبن نوح واحد من أبنائه الثلاثة يافس (Japhes) وحام (Ham) وسام (Sam) وأبنائه عيلام (Elam) أشور (Asshur) لود (Lud) أرام (Aram) وأرفكشاد (Arphxad) كلدان.

هل تعلم

١٤٢- الكاثوليك أفكارهم وعقيدتهم لا يطبق في بعض الأديان
143- لا هي عهد القديم (Old tesatment) ولا في عهد الجديد
(New Testament) هي ١- ظهور النجمة بيت لحم، ٢- أنتهاء اليوم، ٣- عماد جسد:
١- ظهور النجمة فوق بيت لحم. كاثوليك لا يطبقون كما مدونه في عهد جديد
لا أفكارهم وأعتقادهم وحساباتهم الخاطئة حيث يقولون أن سيدنا
المسيح ولد في شهر كانون الأول ٢٥ فيه أي ٢٥ كانون الأول
(Dec. 25) أيضاً توجد أغنية كرسمس في أنكليزي (in Firt Day christmas
2nd و 3rd Day حتى 12Day يحسبون في غلط معنى ولد سيدنا
المسيح في يوم ٢٥ في شهر كانون الأول كما يعتقدون أن مجوس أستغرقوا
١٢ يوماً الى وراءوا أي يوم ظهور نجم في ٧ كانون الثاني وجدوا سيدنا
مسيح قد ولده هذه هي نظريتهم وأفكارهم خاطئة حيث لا
يطبقون كما هو مكتوبه في كتاب المقدس في عهد الجديد ولادة
سيدنا المسيح في ٧- كانون الأول كما ظهر النجم فوق بيت لحم
(معنا بيت لحم في كنعانية بيت الخبز) ٥ الحقيقة هي لقد
ولد سيدنا المسيح في يوم السابع (٧) شهر (١٢) كانون الثاني
كما هي مدونه في عهد الجديد لظهور نجمة فوق بيت لحم ٧ كانون
الثاني وليس في ٢٥ كانون الأول كما يدعون الكاثوليك!
٢- أنتهاء اليوم: أيضاً كاثوليك لا يطبقون كما هي مدونه في
عهد القديم والعهد الجديد Old Testament & New Testament
عند غروب الشمس معنى أنتهاء اليوم! لا كما يعتقدون كاثوليك
يجب أن تكون ٢٤ ساعة علماً! هذا تفكير وأعتقاد غلط وليست
مدونه في كتاب المقدس لا في عهد قديم ولا في عهد جديد وأما
قال رب والمسيح عند غروب الشمس لقد أنتهى اليوم عند
الغروب! ذوكرت ومدونة في كتابه المقدس عهد القديم وعهد الجديد
٣- عماد الجسد يجب يعمد كل جسد كما مدون في كتاب المقدس
في عهد الجديد عندما عمد يوحنا كل جسد السيدنا المسيح
وليس رأسه كما يدعون الكاثوليك في بعض الأحيان
كما قال سيدنا وراعينا المسيح اذا لم يكون مياه قريبة عندكم
رش مياه على وجهم وجسدهم عكس كاثوليك يعملون
رش مياه في الجسم وعماد الرأس فقط. وإلا كل شيء
في عقيدة كاثوليك جيد ومنظم ماعدا بعض أشياء كما ذكرته
في رقم ١٤٢. ظهور النجمة. واليوم وعماد وشكراً. جوزيف بحريابك
Tue: Oct-12-2021 J.E.B.

١٧ تشرين الأول ٢٠٢١
6:44 مساءً
J.E.B.
جوزيف إيشوعي بك
ج.إ.ب.

١٤٤- الأشوريين (Assyrian) في كتاب المقدس
144- في عهد القديم (Old Tetament)

الأشوريين ذوكره عدد مرات في كتاب المقدس وأربعه مقالات

١- الثاني من آمنوا في الله خالقنا من بعد اليهود في (يونس والحوت) حيث ثاني أمه من بعد أمه اليهود

٢- ذوكر ودونه في عهد قديم أيضاً في إشعيا التي يدي اليمن أو عمل يدي الأشوريين.

٣- حيث أيضاً دونه أمه أشوريين وامة شيبا اليمنيه سيكونون شاهدين وديهم

٤- أول من طبقوا وعرفوا وفهموا كتاب المقدس وفهموه صحيح لاتعملوا وتصنعوا تماثيل على شكلي

١- لقد تابوا وصاموا وآمنوا في الله في صوره نبي يونس الحوت حتى الأطفال وكل بني أمه الأشوريين صاموا لخالقنا وربنا

٢- كما قال في أشعيا Isiah: 19:25 عمل يدي أشوريين

٣- أمه أشوريين وأمه الشيبا سيكون شهود أو يدينكم يا يهود

٤- أمه أشوريين لقد طبقوا تعاليم وأقوال مكتوبه في كتاب المقدس لاتعملوا صور أو تماثيل لشكل مشابه لي

حقاً أمه أشوريين إذا زرت المعبد الكنيسه لم تجد أي صور أو تماثيل في كنيسه (أشوريين) فقط صليب بدون تمثال سيدنا المسيح أو بدون صور فقط القيم (القيوم) فقط التي كانت تمثل في كتاب مقدس القيوم في عهد القديم الله و القيوم الذي يأتي بها مخلصنا يسوع المسيح حيث قرأنا وطبقنا وفهمنا الآخرين فهما خصيصاً من يأتي أمم المسيحيه مثل كاثوليك يضعون تماثيل وصور في معابدهم (الكنائس) والبروتستانت أيضاً يعملون ذلك وأما بالنسبه لـ أورثودكس يضعون فقط الصور مثل يونانيين والروسيا والأقباط والكلدانيين أصبحوا مثل كاثوليك يضعون التماثيل والصور ولكن أمه أشوريين فهموا وطبقوا تعاليم الخالقنا وربنا الله ومخلصنا وراعينا المسيح كما قالوا في كتاب المقدس التوراة وكتاب المقدس الانجيل

١٧ تشرين الأول ٢٠٢١ جوزيف إيشوعي بك ج.إ.ب.
J.E.B.
6:44pm

هل تعلم

من تلفزيون
الأربعاء ١٣ تشرين أول
ساعة ٦:٥٠ مساءاً
Wed. Oct. 13-2021. 6:50 pm

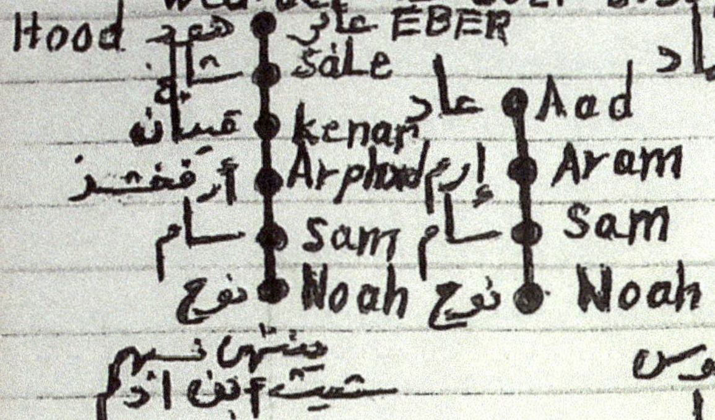

١٤٥ 145 ١- قوم عاد، المدينة الضائعة إرم ذات العماد
أعداد حسن هاشم.

لقد عبدوا الأصنام الثلاثة
١- صدا. ٢- صمود. ٣- هباء.
نبي هود أخو عاد ذكر في عهد القديم في نفوس
اليهودية القديمة نفس النسب أنها بأمة عاد

عاد إرم مقصود جدهم ينتسب بها عاد. إرم ذات العماد التي لم يخلق مثلها في البلاد. عاد جده أعلى إرم ابن سام ابن نوح
كان قوم عاد الأولى كانوا في الأحقاف والأحقاف هي جبال رملية تقع في اليمن وتحديداً على الساحل البحر هناك بين مدينة حضرموت وعمان هناك تقع جبال الأحقاف وهي تقع على البحر في بلدهم يقال لها الشحر وهذه بلدة التي كانت هذه القبيلة عاد الأولى وعاد إرم عند الأحقاف وهي جبال بين حضرموت وبين عمان وهذه بلده لها وادي اسمه مصنف. وهنا أرسل نبي هود الذي هو من ولد إرم ابن سام ابن نوح. هود من عاد وهو أخو عاد وعاد هم من عرب البائدة وعرب تقسم العلماء قسمين أو ثلاثة أقسام
١- عرب العاربة باقية من نسل سام بن نوح ويعرب وجرهم ومدين وقحطان.
٢- عرب عاربة بائدة هم عاد وثمود سموا في البائدة لأنهم لم يبق أحد لم يبقى منهم واحد
٣- عرب المستعربة هم من نسل إسماعيل
ثمود نسبا ثمد ومعناه الماء قليل وكانت هذه القبيلة كانت تسكن الحجر بلده تقع ما بين حجاز وتبوك على بعد ٢٨٠ كيلومتر من المدينة النبوية.

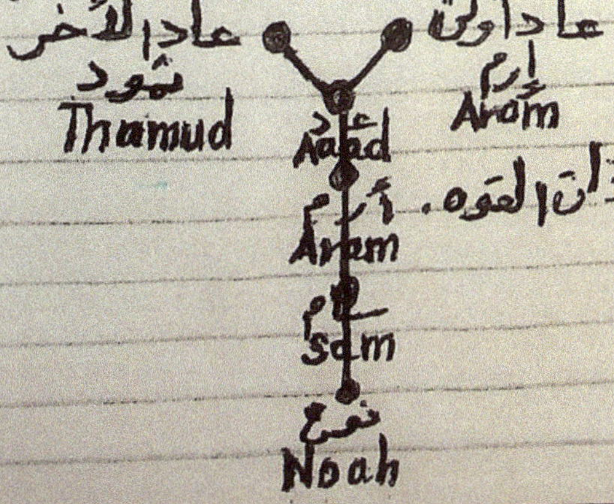

معنى ذات العماد:- ذات القوه.
ذات القوه.

هل تعلم

١٤٦ - الحب (Love) خاطره

الحب. خلقت من محبه كما علمنا يسوع المسيح المحبه والتسامح كما قال سيدنا المسيح إذا كانوا أثنين متحابين فأنا أكون الثالث بينهم أمين والتسامح معناه أغفر لهم أي اذا واحد ضربك في خدك اليمين فاعطيه الخد اليسرى الحنان إذا كان عندك قميصين أعطى قميص الثاني لمسكين. وإذا رأيت أنسان مريض ساعده وإذا واحد من يريد المساعده فساعده. حب غير مباشر

ينقسم الحب الى عدده أقسام وهي :-

الحب Love

- حب غير مباشر في قلبه — حب لا يظهره Indirectly
- حنان Sympathy — سامري الجيد Good Samaritan
- ساعده Love to Help
- غفران forgiver
- حب مباشر علني
- أشتراك في حجمان
- ونشاطات الخيريه والمرضى (التبرع)

تعريف وتعريب كلمه الحب Love ومفكر في لاهود

جوزيف إيشو بحري بك

ج. إ. ب

Joseph. Eshoo Bahri Bek

J. E. B

تأريخ: يوم الخميس ساعه السادسه مساءا.

مصادف ١٤ تشرين الأول سنه ٢٠٢١

Thursday. Oct. 14. 2021 Time 6:00pm

* لولا محبت الله لنا (ربي آم) لما أعطى لنبي موسى عشره وصايا (وصايا عشره) كي يحمينا من من سلبياته كي لا يصيبنا من الأذى.

ج. إ. ب.

J. E. B.

* أني أومن هذه الجمله والمقاله مائه في المائه:- أني أومن في الله أبونا وخالقنا وأومن في السيدنا المسيح هو مخلصنا وراعينا أومن في إلثالوث الاقدس الأب والابن والروح القدس والأنبياء آمين.

ج. إ. ب

J. E. B

JOSEPH E. BAHRIBEK
2201 BRIDGEPOINTE PKWY
BLDG G APT 217
SAN MATEO, CA 94404

الثالوث الأقدس

١٤٧- الله الآب والابن والروح القدس الذي صار أنسان:
147- هذه هي حقيقة في مقالها كما دونه وكتبه في كتابه المقدس
في عهد الجديد (Holy Bible)(In New Testamet) كما قال في كتابه
المقدس بعثت أبني الوحيد بواسطة الروح القدس عندما كان سيدنا
المسيح في صغره كانت أمه مريم العذراء وأبوه المتبني قديس مار
يوسف يبحثان عنه حين كان ضائع فقال لهم أين أنت ما جابهم
المخلصنا وراعينا سيدنا المسيح حيث قال مخلصنا لهم لا تعرفون أني
أعمل مشيئة أبي؟ فكلا حالتين كلمتين المذكوره الآب والابن
معناها السيدنا المسيح هو أبن والآب هو الله. أني آمن في هذه
العباره هي الحقيقة أنه أبن الله كما نحن أولاده حيث عندما
نصلي ونقول أبونا معنى أبونا الله في كل حالات وعقائد (عقيده
الأديان الثلاثه اليهوديه والمسيحيه والأسلاميه أي الله
(God) (Allah) الله في الأشوريه (ايلي أو إيل EL أو صوى
اليهوديه Yahaw في كل حالات لفظ السامي والسامي الآرامي
نقول هذه العبارة أو الكلمة؛
في عقيدة الأسلام واليهود كما أعرف وكما فسرتها تفسيراً
صحيحاً كما دونه في كتابه المقدس (Bible)؛
حيث عند عقيدة الأسلام لا يأمنون في هذه الكلمه والمصطلح
العبارة وكما يأمن في عقيدتهم كما عند اليهود العامه (أبن عم) أولاد عم
يا أخوتي الأسلام واليهود خصوصاً عند الأسلام كما يقولون
في مقال عقيدتهم لم يلد ولم يولد ولم يكن له كفواً أحد. كما أني أعرف
كما تقولون في المصحف القرآن في آياته ونفخ من الروح القدس؟
الجواب: أنتم تعلمون في مدون (المصحف) معنى نفخ من روح القدس
من هو نفخه هو الله فمعنى أبوه أنتم تعلمون والنفخ من الروح القدس
هو يسوع المسيح فمعناه أنه أبن الله كما أنزله من الروح القدس وصار
أنساناً يا أخوتي والأخواتي أقرأوا الكتاب المقدس هو
صحيح كما مدون في كتاب التوراة الانجيل؛ إذا تأتي إلى الحقيقة
كما ندعي ونطلب منه في الصلوات كل عقيدات والأدعانا نقول يا أب
أو أبونا أو أبينا معنى هذا هو أبونا الحقيقي وليس أبيه ولدنا منه
لأنه أزلي. لذلك أحنا جميع من البشر أحنا أولاده وهو أبونا السماوي
لأنه هو خالقنا وكونا؛ حقيقة كل من خلقه وكلنا أولاده وهو أبونا
الله كذلك سيدنا المسيح هو أبنه من الروح القدس الذي أرسله كي يخلصنا آمين

جوزيف إيشو بك تشرين الأول ١٥ ٢٠٢١
Joseph. Eshoo Bahr Bek Oct. 15. 2021. 5:18

مساء الأربعاء ساعة
٢:٥٩ ٢٠ تشرين الأول ٢٠٢١
Wed. Oct. 20 - 2021 2:59 pm

١٤٨ 148 - تدوين هذه المقالات من أعداد محمد المسيح قريش قبيلة
عراقية كما قال محمد المسيح باحث علم الآثار انثروبولوجيا 2021.
في ساعة 2:59 pm مساءًا
كما قال أن معنى القريش كلمة القريش في الأصل اللغة الآرامية السريانية
قريشا معناها الصفيحة أو صقيفة صح بمعجم صقيفة. كما قال
الكتاب المقدس عند اليهود تناخ

١٤٩- قبيلة الازد
149- قبيلة الأزد هي قبيلة عربية لقد زال بعد هدم سد المأرب أين
ذهبوا وماذا حدث لهم. قبيلة العربية الأزد موطنهم الأصلي
غرب شبه الجزيرة العربية تنتمي إلى ما نبت وهي من قبائل العرب
القحطانية. أما قبيلة الأزد وتنسب إلى الأزد بن
الغوث بن نبت بن مالك بن زيد بن كهلان بن السبأ
بن يشجب بن يعرب بن قحطان

١٥٠ 150 - الأموي هو في الأصل المسيحية معنا من تلفزيون في يوم
الخميس مصادف. تشرين الأول الحادية وعشرين في سنة ٢٠٢١
في تلفزيون كيف سوف كيف أنقلب القتالين على Thu. Oct. 21-2021
المسيحية الأموية 2021 كما قال أن الأمويين كانوا مسيحيين
المسيحية الأموية (سورية قديمة).

١٥١- 151- الأمازيغية: الأمازيغية الأفريقية الموجودة في المغرب والجزائر
والتونس وفي أفريقيا سابقا كانوا معظمهم المسيحية
واعتنقوا الإسلام عند فتوحات الإسلامية.
والامازيغية تتفرع منها عدد وأسماء قبائل الأمازيغية.

ملاحظة: (١٢٥)
هذه المعلومات
تلفزيون في
Wed. Sep 22-2021

-١٥٢
-152

هل تعلم

هل تعلم اسم أنثى حيوانات لذكر

		أنثى	ذكر
١	1	آتان	الحمار
٢	2	عكرشه	الأرنب
٣	3	سرحانه	الزئب
٤	4	العكرمه	الحمام
٥	5	قرنبى	فأر
٦	6	عيثوم	الفيل
٧	7	زبعرى	التمساح
٨	8	صوص	الدجاج
٩	9	الناقه	الجمل
١٠	10	كعشم وأم عامر	النمر
١١	11	هجرس	صغير ثعلب
١٢	12	الديسم	دب صغير
١٣	13	ثعالة	ثعلب
١٤	14	فرس، حجر	الحصان
١٥	15	أم قشعم	النسر

		أنثى	ذكر
١٦	16	أم عقان	العقرب
١٧	17	شيهانه	الصقر
١٨	18	قشعة أم مازن	النمل
١٩	19	مي أو زناه	القرد
٢٠	20	كشاء	الفهد
٢١	21	جمزه	الذيب
٢٢	22	لبوه، أم عباس	الأسد

6

ASSYRIAN KINGS:-

-١٥٨
-158

2340 Sargon Creates the first empire in Mesopotamia by Conquering Sumerian Cities. He founds Akkad as his Capital.

2150-2100 Nimrod, the grandson of Ham, Is Said to found a kingdom Including the Cities of Babel (BabyLon), Erech, and Accad (or Akkad) in Lower Mesopotamia. He then goes north and founds Nineveh and the Other major Cities of Assyria. Gen. 10:8-12

1813-1781 Shamshi-Adad. I

1716-1687 Shamshi-Adad. II

1661-1636 Shamshi-Adad. III

1430 1415 Assurbel-nisesu: Assyria bigins Its rise to power.

1402-1393 Assurbel-nadin-ake. II

1365-1330 Ashuruballit. I

1328-1320 EnLiL-Nirari

1319-1308 Arikdenili.

1307-1275 Adad-Nirari. I

1274-890 Assyria: (Middle) The Middle Assyrian Period.

1274-1245 Shalmaneser. I.

1250 Assyrian have thrown off their former overLord and ControL a realm from the Zagros mountains to the Euphrates.

1250 Shalmaneser. I develops terror as an Instrument of Conquest. He Carries 14.000 defeated enemy Soldiers to Assyria as Slaves, but first blinds them ALL.

1240 Tukulti-ninurta Expands the empire by attacking the Hurrian tribes in Zagros Mountain.

ملوك الاشوريين هل تعلم

ASSYRIAN KINGS :-

١٥٨-١٥٨
تكملة-158

1179-1134 Assurdan. I.

1115-1077 - Tiglath-pileser. I

1074-1057 Ashurbel-kala.

1049-1031 Ashurnasirpal

1030-1019 Shalmaneser. II.

956-935 Tiglath-pileser. I.

911-891 Adad-Nirari II.

900-612 The Neo-Assyrian period

900 Assyria: Beginning of Assyrian resurgenc. Vigorous king bigin to regin Lost Land and struggle to Control It.

890-884 Tukulti-ninurta. II Assyrian resurgence begins. Vigorous kings begin to regain Lost Land.

383 859 Ashurnasirpal. II.

858-824 Shalmaneser. III Captures many Cities and reduces rival kingdoms to Vassals. But the Subject kings often rebel.

837 Assyran: Shalmaneser deports thousands of Medes & Persian from their home

823-811 Shamshi-Adad. V.

810-783 Adad-Nirari. III.

800 Assyrian defeats the Syrian Who Were harassing Judah.

782-772 Shalmaneser IV.

772-755 Assurdan. III.

763 June 15, an eclipse of the Sun is Visible in Mesopotamia & Is mentioned in Assyrian texts As having Occurred in the tenth Year of king Assurdan III. The eclipse Can be dated Astronomically and provides a fixed point for dating the rest of Assyrian history.

754-746 Ashur-hirari.V.

ASSYRIAN KINGS

: — ١٥٨
تكملة — 158

738 Tiglath-pileser. III (also called pull), king of Assyrian, Invades Israel and forces Menahem to pay tribut. Menahem ~~to~~ Imposes heavy taxes on the Wealthy of Israel.

746-727 Tiglath-pileser. III; for the first time Assyria establishes an effective System of provincial governors.

733 Ahaz requests help from Assyria's Tiglath-pileser III. Assyria forces Syria & Israel to Withdraw, But Judah must pay heavy tribute. 2 kings 16:7-10; 2 Chron 28:16-21.

733 Isaiah Withdraws from public Life because of king Ahaz' allince With Assyria Isaiah 8:16-18

732 Ahaz changes the Jerusalem Temple to fit Assyrian patterns & even practice child Sacrifice. 2 kings 16:3, 10-18

730 The prophet Micah preaches agains both Israel & Judah because Thay have broken God's Covenant. Micah 1:2-2:13

735 pekah Joins With Syrians, philistines, Phoenicians and Arabs in Coalition against Assyria.

732 pekah is assassinated by Hoshea, Who favor Submission to Assyria. Assyrian annals Assert That Tiglath-pileser III put Hoshea on his throne.

732-722 Israel: king: Hoshea, the Last king of Israel 2 kings 17:1

732-727 Hoshea pays Heavy tribute to Assyria.

731-721 Babylon is Under Assyrian rule.

716-711 The Assyrian Increasingly doninate philista west of Judah. Sargon II put down a rebellion in Ashdod Stirred Up by Egypt. The Egyptian fail to Suport Ashdod. Isaiah 20:1

711 Isaiah walks naked through Jerusalem as sign that Assyria will defeat and shame Egypt.

ASSYRIAN KINGS :- تكملة -١٥٨ -158

701 Assyrian king Sennacherib, Invades Judah & Captures Its fortified Cities, Including Lachish - a Conquest Commemorated on Stone relief at Nineveh. 2king 18:13-14; Isaiah 36:1-2

701 Sennacherib threatens Jerusalem, but Hezekiah, Supported by Isaiah, refuses to Surender. The Assyrian Army Suffers a mysterious plague and Withdraws. 2king 18:13-19:37.

726 When Tiglath-pileser III dies, Hoshea rebels against Assyria and Seeks help from Egypt. 2king 17:3-5.

722 After Shalmaneser V dies Sargon II Begins deporting 27,290 people of Israel to Varous parts of the Assyrian Empire 2 king 17:6

22 700 The kingdom of Israel Ceases to Exist. The Assyria is deporting from other regions. The people Come to Called Samaritans 2 king 17:24-34

720 Assyrian again Occupy (Samaritan) Samaria and march down to the border of Egypt.

726-722 Shalmaneser V

721-705 Sargon-II

710 Assyria: Sargon II builds a great palace. Its gate is guarded by a 16-ton winged bull with the head of a man. Such Creatures Stand at main portals of all Assyrian palaces to protect against evil Spirits

704-681 Sennacherib

663 609 Egypt is dominated by Assyrian

684 Sennacherib destroys Babylon

700 Assyria: Delicate Ivory Carving in phoenician style show tribute bearers bringing exotic Animals as offerings to the gods: Lion, Ibex, gazelle, Ostrich, monkey, & oryx.

ASSYRIAN KINGS :-

١٥٨ -
تكملة - 158

680-627 Assyria Empire Covers Egypt, Syria, Israel, Arabia & parts of Tukey & persia, but it Cannot defend frontiers or put down ALL rebellion

أمبروطورية الاشوريه: مصر، سوريا، اسرائيل، سعوديه، جزء من ايران، جزء من تركيا.

680-669 Esarhaddon

668-627 Ashurbanipal

628 Josiah break Judah's ties to Assyrian Religion. He restores Judah's Religion's tradition by destroying pagan Altars & shrines 2 Chron 33:10-13

627 Josiah takes Advantage of Assyrian weakness to assert Independenc and control Over part of Northern Israel. 2 Chron 34:6-7

625 The propher Nahum in Jerusalem anticipates the fall of Ninevh and Assyrian: Woe to the bloody City, All full of Lies and booty-no end to the plunder!" Nahum 3:1

622 The prohet Habakkuk mourns the fact that the oppression of Assyrian is being replaced by Chaldeans (BabyLonians). He calls them ALL guilty men, Whose own might is their god" Habakkuk 1:11.

612 Josiah Supports the BabyLonian over throw of Assyria.

626-605 BabyLon: Nabopolassar of Chaldea establishes a New kingdom in Babylon & gains Independence from Assyria

626-539 The New BabyLonian Empire dominates Mesopotamia.

612 Babylon Under Naboplassar destroys Nineveh; The Assyrian Empire is destroyed

BABYIONIAN KINGS :- -109 -159

1728-1686 Hammurabi: builds a pawerful empire and establishes a Law Code for his territory. The empire declines quicly after his death

1686-1649 Samsuiluna

1124-1103 Nebuchadnezzar. I

1046 Babylon; 5th. Dynasty begine

705 Merodach-baladan, the anti Assyrian king of Babylon, Is welcomed on State Visit by Hezekiah. 2 kings 20:12-19.

2750 Babylon: The Gilgamesh Epic, the earliest know Written story of Utnapishtim, Who Is Saved from a Great flood in an Ark.

2100 Sumer: The Ziggurat of Ur is Built By king establishes the first Law Code His empire extend from the persian Gulf to northern Mesopotamia. The Ziggurat of Ur is Built by king Ur-Nammu.

1046 Babylon 5th Dynasty begins.

622 The prophet Habakkuk mourns the fact that the Oppression of Assyrian Is begin replaced by Chaldeans (Bablonians). He Calls them all guilty men, Whose Own might is their god" Habakkuk 1:11

626-605 Babylon: Nabopolassar Of Chaldea establishes a New kingdom In Babylon and gains Independence from Assyria.

626-539 The New Babylonian Empir dominates Mesopotania.

612- Babylon Under Nabopolassar Destroys Nineveh The Assyrian Empir is Destroyed.

605- Jeremiah recognizes that pharaoh Necho's defeat at the hands of the Babylonian's at Carchemish means that Egypts power Is waning. Jeremiah 46:22; 46:1-28.

(١٢٩) (136)

ملوك البابلين هل تعلم (129)A

BABYLONIAN KINGS:—

تكملة -109 -159

604- Babylon destroys Ashkelon In philistia and deports the Upper Classes to Babylon Jeremiah. 47:5-7.

603 - Jehoiakim becomes an Unwilling Vassal of Babylon. 2king 24:1

601 - Nebuchadnezzar attempts to Conquer Egypt but is Stopped at the border Of Egypt In a great battle.

609-605 Pharoh Necho II tries to prevent the Babylonians From Expanding beyond the Euphrates.

605- At Carchememish in Syria, Babylonian princ Nebuchadnezzar defeats the Egyptian and establishes Babylonian power In Syria and palestine.

605-562- Nebuchadnezzar II.

600 Jehoiakim rebels against Babylon. Nebuchadnezzer does Not Attack Immediately, but Babylon's Allies harass Judah. 2king 24:2

597- Nebuchadnezzar besieges Jerusalem & Jehoiachin Surrender. Nebuchadadnezzar deports Jehoichin & Thousands of the Jewish nobility & skilld Craftsmen to Babylon 2kings. 24:10-16; Jeremiah 52:28.

597- Nebuchadnezzar chooses Jehoichin's Uncle Mattaniah as a pupet king & renames him Zedekiah. Many Jews Continue to Consider Johoiachin king. 2king 24:17; Ezekiel 1:2

596 - Jeremiah Wear an Ox yoke & predicts a Long exile Under Babylon's Yoke. The Temple prophet Hananiah predicts That God will break Babylon's yoke in two years & restor Jehoiachin. Jeremiah 27-28.

(129)

594- The account of Daniel Interpreting Nebuchadnezzar dream are set in this period. Daniel 1.2.

ASSYRIAN KINGS :-

680-627 Assyria Empire Covers Egypt, Syria, Israel, Arabia & parts of Tukey & persia, but it Cannot defend frontiers or put down All rebellion

أمبروطوريه الاشوريه : مصر، سوريا، اسرائيل، سعوديه، جزء من ايران، جزء من تركيا.

680-669 Esarhaddon

668-627 Ashurbanipal

628 Josiah break Judah's ties to Assyrian Religion. He restores Judah's Religion's tradition by destroying pagan Altars & shrines 2 Chron 33:10-13

627 Josiah takes Advantage of Assyrian weakness to assert Independenc and control Over part of Northern Israel. 2 Chron 34:6-7

625 The propher Nahum in Jerusalem anticipates the fall of Ninevh and Assyrian: Woe to the bloody City, All full of Lies and booty-no end to the plunder!" Nahum 3:1

622 The prohet Habakkuk mourns the fact that the oppression of Assyrian is being replaced by Chaldeans (Babylonians). He calls them All guilty men, Whose own might is their god" Habakkuk 1:11.

612 Josiah Supports the Babylonian over throw of Assyria.

626-605 Babylon: Nabopolassar of Chaldea establishes a New kingdom in Babylon & gains Independence from Assyria

626-539 The New Babylonian Empire dominates Mesopotamia.

612 Babylon Under Naboplassar destroys Nineveh; The Assyrian Empire is destroyed

BABYIONIAN KINGS :-

1728-1686 Hammurabi: buildsa pawerful empire and establishes a
Law Code for his territory. The empire declines
quicly after his death.

1686-1649 Samsuiluna

1124-1103 Nebuchadnezzar. I

1046 Babylon; 5th. Dynasty begine

705 Merodach-baladan, the anti Assyrian king of Babylon, Is
welcomed on State Visit by Hezekiah. 2 kings 20:12-19.

2750 Babylon: The Gilgamesh Epic, the earliest know, Written story
of Utnapishtim, Who Is Saved from a Great flood in an Ark.

[illegible]0 Sumer: The Ziggurat of Ur is Built By king establishes the first Law
Gode His empire extend from the persian Gulf to northern
Mesopotamia. The Ziggurat of Ur is Built by king Ur-Nammu.

1046 Babylon 5th Dynasty begins.

622 The prophet Habakkuk mourns the fact that the Oppression of
Assyrian Is begin replaced by Chaldeans (Bablonians). He Calls
them all guilty men, Whose Own might is their god" Habakkuk.1:11.

626-605 Ba[illegible]lon: Nabopolassar Of Chaldea establishes a New kingdom
I[illegible] bylon and gains Independence from Assyria.

626-539 The [illegible] Babylonian Empir dominates Mesopotania.

612 - Babylon Under Nabopolassar Destroys Nineveh
The Assyrian Empir is Destroyed.

605 - Jeremiah recognizes that pharaoh Necho's defeat at the hands of
the Babylonian's at Carchemish means that Egypts power
Is waning. Jeremiah. 46:22; 46:1-28.

(١٢٠) ملوك البابلين هل تعلم (130)B

BABYLONIAN KINGS:

تكملة - 109 - 159

593- Ezekiel, prophet & priest In Babylon, Sees his first Vision during a great Storm. His prophecies Continue till 571. Ezekiel.1.

589 Zedekiah rebels against Nebuchadnezzar 2king 24:20.

590-562- Nebuchadnezzar Spend lavishly to make Babylon a Center of Art & prosperit. He builds Gardens & more than 50 Temp-Les Including the great Ziggurat of Marduk. He enlarge Babylon's Walls and gates, Especialy the Ishtar gate built of blue enameled briks.

588- In January, Nebuchadnezzar begins a two-years Siege of Jerusalem. 2kins 25:1; Jeremiah 21:3-7; 37:5. 24:1-14

588 - In Babylon, Ezekil predicts the destruction of Jeruslem Ezekiel

586- Nebuchadnezzar Enter Jerusalem Zedekiah tries to escape but Is Captured, Tortured, & deported to Babylon 2kings 25:2-7.

586- In August, Nebuchadnezzar burns Solomon Temple & Every Substantial building In Jerusalem. He deports more than 800 Jews. 2kings 25:8-12; Jeremiah 52:29.

586- Later Legend tells that Jeremiah hid the Ark of the Cove-nant In an Unknown Location on Mt. Nebo In Moab 2 Maccabees 2:4-8.

586- The kingdom of Judah Ceases to Exist & become a province of Babylonian empire. Nebuchadnezzar appoint Gedaliah, As governor 2kings 25:22; Jeremiah 39:14

586-585- Judah: Governor: Gedaliah, Son of Ahikam, Lives at Mizph. Jerusalem is Unihabitable 2kings 25:22-23.

(١٢١) (131) ملوك البابليين هل تعلم

BABYLONIAN KINGS:-

586 - The prophet Obadiah Condemns the people of Edom for Aiding Babylon against Judah & predicts a restoration of the exiles. Obadiah 1-21.

585 Gedaliah & his advisers are Assassinated by Ishmael, the Son of Nethanih, a member of the deposed Royal family 2kings 25:25; Jeremiah 41:1-3

582 Nebuchadnezzer's Commander deports Nearly 750 more Jews to Babylon Jeremiah 52:30

580 The Jews who have fled to Egypt blame their disaster On their failure to Worship Cananite & Babylonian gods. Jeremiah 44:15-19

575 Jeremiah dies. The exact date & circumstances are Unknown A legend Says that he Was stoned to death in Egypt; Another Says he Was taken to Babylon & died.

560 Jehoiachin in Exile In Babylon Is relesed from by Awil-Marduk (Evil Merodach) and treated as king In Exile. 2kings 25:27 30

568 Nebuchadnezzar of Babylon Invads Egypt.

575 Babylon Nebuchadnezzar builds the Hanging Garden, Considered one of the Seven Wonders of Ancient World

561-560 Babylon: <u>AWiL-Marduk (EviL Merodach)</u>.

585-572 Phoenicia: Tyre Is be Sieged for 13 years by Babylonian forces before It Surrenders. Phoenicia Ceases to Be one

513-483- Nation Ezekial 26-28

~~3-483~~ India; Siddhartha Cautama (The Buddha, The Enlightened one) Lives.

539 Belshazzar's The Account of Danial Interpreting the handwritting on the wall at Belshazzar's feast Is Set at This time Daniel. 5

(١٣٢) (الفراعنة) ملوك مصر هل تعلم (132)

EGYPTION KINGS

مصر ـ ١٦٠ تكمله - 160

116-107	ptoLemy IX with ALexander with CLeopatra Berenice.
88-81	ptoLemy IX returns to power.
80	PtoLemy XI with CLeopatra Berenice.
80-51	ptoLemy XII withe Berenice IV
47-44	ptoLemy XIV with CLeopatra VII
44-31	CLeopatra VII With her Son, ptoLemy XV
42	CLeopatra VII has a Love affair With Mark Antony.
30	Antony & CLeopatra Commit Suicid in ALexandria.
30	Octavian makes Egypt a Roma provinc Under direct control of emperor.
25	«The Wisdom of SoLomon», a Work of the Apocrypha, Is written by an Unknown Jew in ALexandria.
12-40	parthia: Artabanus III

(133) ملوك البابلين هل تعلم (الفراعنة) (١٣٢)

BABYLONIAN KINGS:-

-109
تكمله -159

538 An edict of Cyrus Allows Jews in Babylon to Return to Jerusalem & rebuild the Temple Cyrus grants them the Temple Vessels Confiscated by Nebuchadnezzar Ezra 1:1-4; 6:1-5

559-556 Babylon Nergalshas-Usur.

556-556 Labashi Marduk. Conspirators Led by Nabonidus, a Babylonian noble, kill the young king.

555-539 - Nabonidus

553-543 Nabonidus shares the Rule with his Son, the Crown prince Belshazzar

550-530 perisa; Cyrus II, the Gret, Rules the persians.

539 Babylon: On October 12 the persian Lead by Cyrus the Great Conquer Babylon and take Over Its empire but do not harm the City

525-404 Egypt is Under persian domination

525 persia Cambyses defeat Egypt & makes perisian the Greatest empire in Word history

(١٢٤) (الفراعنة) هل تعلم ملوك مصر (134)

EGYPTIAN, KINGS

مصرايم

-17.
-160

3100 –	Pharaoh Menes Unites Scatterd Tribes of Upper & Lower Egyt
3100-2700	The earl dynastic period Includes Dynasties 1&2 (18 pharaohs).
2700-2200	The old kingdom Includs Dynasties 3-6. The Pharaohs prosper as god-king; ALL Egyptians Are their Servants.
2670	The first, pyramid, a step pyramid, Is built for Pharaoh Zoser at Sakarah, the Necropolis of Memphis
2670	The earliest known treaties on Surgery is Written; It is attributed to Imhotep, physician of Zoser.
2589-2566	pharaoh Khufu (Cheops).
2450	ptah-Hotep, Vizier of the pharaoh, Composes a book of Wisdom for his Son
22 229-2200	Pharaoh Pepi II Comes to the throne as Child and reigns near 4 a Century. The kingdom begin to disintegrat
2200-2040	An Intermediate period Dynasties 7-10, a Time of Social and political Chaos.
2240-2010	pharoh Mentuhotep II reunited Egypt & Establishe the New. Capital at Thebes. New royal authority and prosperity encourage Egyptian arts.
1210-1200	Seti. II
1200-1085	The 20th Dynasty
1198-1166	Rameses III
1190	Rameses III battles an Invasion of the Sea Peoples. The Invaders Settle In Southern Canan and become known as the philistines.

EGYPTION KINGS

-١٧٠
-160

1085	The New kingdom period ends
1085-945	The 21th. Dynasty Is Weak Its Capital In Tanais.
945-730	The 22nd Dynasty; From Now on, Egypt Is ruled by non-Egyption kings.
945-924	Shishak. I. a Libyan Is the first pharaoh of the 22nd Dynasty. He gives political Asylum to Solomon's enemies, Hadad the Edomite & Jeroboam
924-895	Osorkon I
900	Egypt Is In Long period of Weakness.
874-853	Osorkon II.
712-663	Egypt Is dominated by Ethiopian rulers.
663-609	Egypt Is dominat by Assyria.
609-593	pharaoh Necho II.
568	Nebuchadnezzar of Babylon Invades Egypt.
525-404	Egypt Is Under persian domination.
401	Egypt breaks persian Control & rem
342	Egypt is reconqured fo persia by Artaxerxes III
331	Alexander Conquers Egypt & Found Alexandaria, Which becomes the New capital of Egypt and Center for Greek Culture.
323	ptolemy, on of Alexander's Generals, becomes governor of Egypt. البطالسه الذين حكم المصر من ٣٢٣ ق م الى ٣٠ ب م.
	ptolemy
285-246	ptolemy II philadelphus with Arsinoe II
246-222	ptolemy III
222-205	ptolemy IV with Arsinoe III
205-181	ptolemy V
181-145	ptolemy VI
145-~~116~~	ptolemy VII
145-116.	ptolemy VIII
	ptolemy VIII.

هل نعلم ملوك الايراني

PERSIAN KINGS

-١٦١
-161

(الفرس) تكمله

(MADAI)

700	persia: The Achaemenid Dynasty Is founded.
اول 600 دين في ايران (Zoroater)	Persia: The prophet Zoroaster (Zarathustra) teaches that the world Is a battleground between good & Eveil. forces. He transforms perian Religion by praching the worship of Ahura Mazda, the Supreme deity, who WiLL ULtimately defeat evil.
600-559	Persia: Cambyses I, the Son of Cyrus I, Is Vassal to the Median king Astyages. Cambyses Marries the daughter of Astyages & begets Cyrus II.
522-486	Darius I the Great.
486-465	Xerxes I
465-424	Artaxerxes I
424-423	Sogdianos
423-405	Darius II
405-359	Artaxerxes II
359-338	Artaxerxes III
338-336	Artaxerxes IV
336-330	Darius III
248	The parthians, an Iranian tribal group Led by a military Aristocracy, begin their rise.
170-138	parthia: Mithridates I
123-87	parthia: Mithridates II
60-37	Parthia: Orodes II
40	Orodes Invades Syria and palestiane.
37-2	parthia: phraates IV.
12-40	parthia: Artabanus III
	parthia: King Arabanus makes peace with Rome.
40	The royal family of Adiabene in Northern Mesopotamia is converted to Judasm.
50-76	parthia: Vologeses I
111-146	Parthia: Vologeses II
114-117	The Roman Army under Trajan Invades parthia & reaches BabyLon. Trajan dies while returning to Rome

PERSIA KINGS

- ١٦١
- ١٦٢

ملوك أيرانين (الفرس)

559-530 -	Cyru II, the Creat
530-522-	Cambyses II
522 -	Bardiya
522-486-	Darius I
486-465-	Xerxes I
465-424-	Ataxerxes I
424-423-	Xerxes II
424-423-	Sogdianus
423-404-	Darius II
404-359-	Ataxerxes II
359-338-	Ataxeres III
338-336-	Arses
336-330-	Darius III

هل تعلم

أنواع التمور تمر

١٦٢ : 162

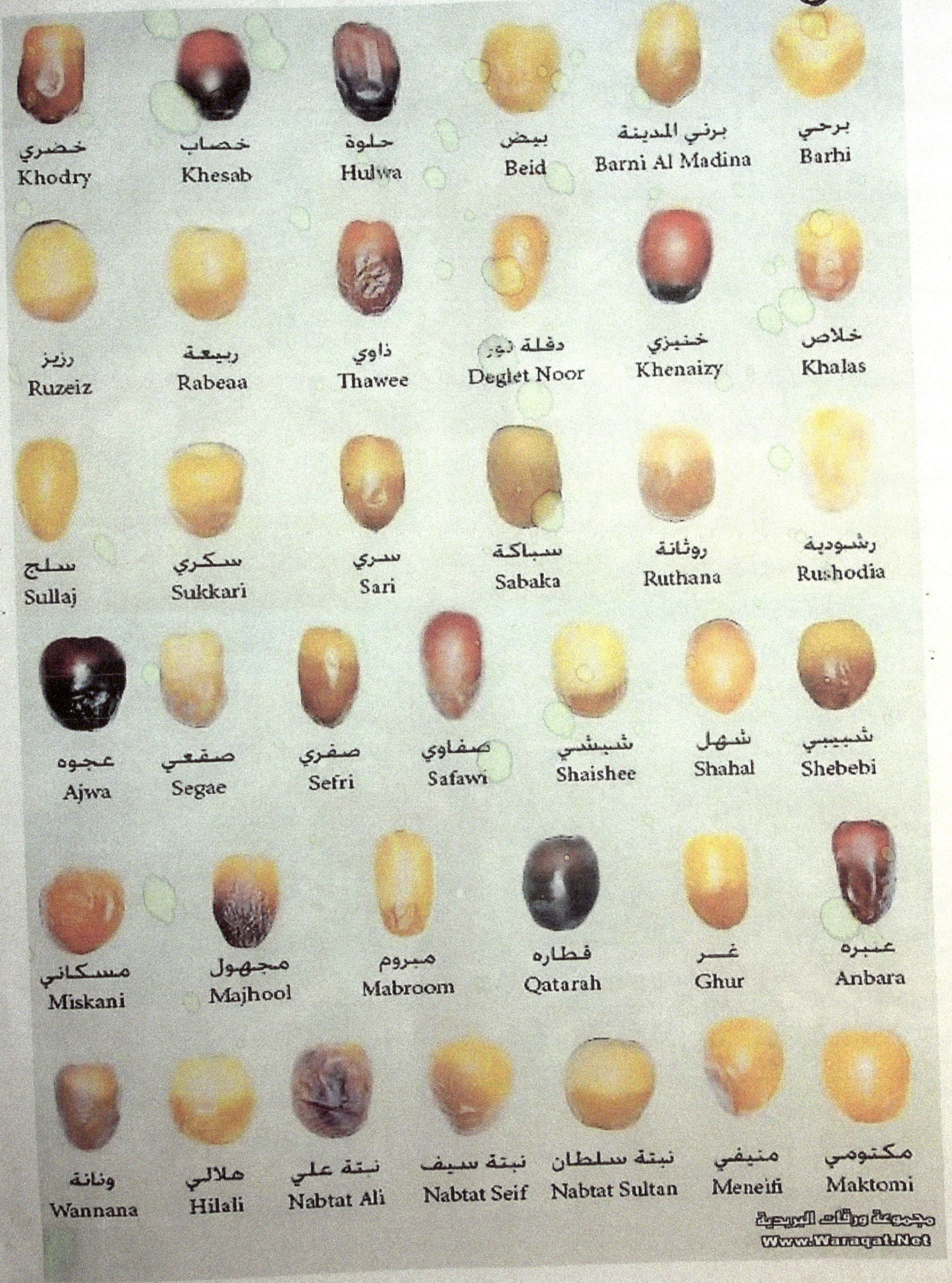
خضري
Khodry
خصاب
Khesab
حلوة
Hulwa
بيض
Beid
برني المدينة
Barni Al Madina
برحي
Barhi
رزيز
Ruzeiz
ربيعة
Rabeaa
ذاوي
Thawee
دقلة نور
Deglet Noor
خنيزي
Khenaizy
خلاص
Khalas
سلج
Sullaj
سكري
Sukkari
سري
Sari
سباكة
Sabaka
روثانة
Ruthana
رشودية
Rushodia
عجوه
Ajwa
صقعي
Segae
صفري
Sefri
صفاوي
Safawi
شيشي
Shaishee
شهل
Shahal
شبيبي
Shebebi
مسكاني
Miskani
مجهول
Majhool
مبروم
Mabroom
قطاره
Qatarah
غر
Ghur
عنبره
Anbara
ونانة
Wannana
هلالي
Hilali
نبتة علي
Nabtat Ali
نبتة سيف
Nabtat Seif
نبتة سلطان
Nabtat Sultan
منيفي
Meneifi
مكتومي
Maktomi
مجموعة ورقات البريدية
Www.Waraqat.Net

Genesis. 21: 9-10 — ١٦٢ - تكوين ٢١: ٩ - ١٠
163

Hagar and Ishmael Sent Away :- طرد هاجر وأسماعيل :-

9
But Sarah Saw the Son Whom
Hagar the Egyptian had barne to
Abraham was mocking and she
Said to Abraham, ((Get rid of that
Slave woman's and her Son, for that
Woman's Son will never Share in
the inheritance with my Son Isaac))
11 The matter distressed Abraham
greatly because it Conocerned his
Son. 12 But God Said to him, ((Do
not be So distressed about the boy
and your maidsevant. Listen to
Whatever Sarah tells you, because
it is through Isaac that your offspring
Will be reckond. 13 I will make the
Son of the maidservant into a nation
also, becaus he is your offspring))
14 Early the next morning Abraham
took Some food and a Skin of Water
and gave them to Hagar. He Set
them on her Shoulders and than Sent
her off with the boy. She went on her
Way and Wandered in the desert
of Beersheba. 15 When the water in
the skin was gone, She put the boy
Under on of the bushes. 16 Then she
went off and sat down near by,
about a bowshot away, for she thought, ((I cannot Watch
the boy die)). And as she Sat ther near by, she began to sob 17 God heard
the Cryins and the Angel of God caled to Hagar from Heaven and →

٩ ورأت سارة أن ابن هاجر
المصرية الذي أنجبته لإبراهيم
يسخر منها أو أنها أحاقت فقالت
لإبراهيم ((اطرد هذه الجارية
وابنها فإن ابن جارية لن
يرث مع ابني إسحاق)) فقبح هذا القول
في نفس إبراهيم من أجل ابنه
١٢ فقال الله لإبراهيم لا يسوء في نفسك
أمر صبي أو أمر جاريتك واسمع لكلام
سارة في كل ما تشير به عليك لأنه
بإسحاق يدعى لك نسل وسأصنع من ابن
الجارية أمة أيضاً لأنه من ذريتك
١٤ فنهض إبراهيم في صباح الباكر وأخذ
خبزاً وقربة ماء ودفعهما إلى هاجر
ووضعهما على كتفها ثم صرفها مع
الصبي فهامت على وجهها في برية
بئر سبع ١٥ وعندما فرغ الماء من القربة
طرحت الصبي تحت إحدى الأشجار
١٦ ومضت وجلست مقابله على بعد
نحو مئة متر لأنها قالت لا أشهد
موت الصبي فجلست مقابله
ورفعت صوتها وبكت ١٧ وسمع الله
بكاء الصبي فنادى ملاك الله هاجر
من السماء وقال لها ما الذي يزعجك
يا هاجر؟ لا تخافي لأن الله قد سمع
بكاء الصبي من حيث هو ملقى ١٨ قومي
واحملي الصبي وتشبثي به لأنني سأجعله
أمة عظيمة :

P. 140

تكمله طرد هاجر وإسماعيل في انكليزي

تكمله من صفحه ٢٩ - رقم ١٦٢ من الأصحاح ٢١

Continue Veres 21. From page 136 #163 From Geness 21

And Said to her, ((What is mater, Hagar? Donot be afraid; God has hear the boy Crying as he lies there

18 Lift the boy Up and take him by hand, for I will make him into a great nation.

---

164 - Noah: Mean. Rest. Settledown. the ship of Noah (Ark). — نوح: استراح: معناه استراح استرحت فوقه. — ١٦٤ - 164

165 - Moses: Saying ((I Drew him out of the Water. — موسى: انتشال. ومعناه (بنت ملك) منتشل: أنني انتشلته من الماء! بنت ملك أنتشلته! — ١٦٥ - 165

166 - Sadducees: The Sadduces Say there is no Resirrection, and no and that thers are nether are nether Angels Not Spirt. — الصدوقيين: صديقيين يقولون ولا يوجد قيامه ولا يوجد ملائكه وروح. لا بوجودهم. — ١٦٦ - 166

167 - pharisies: pharisies: Acknowledge tham All. — الفريسيين: فريسيين: يصدقون بوجود قيامه ووجود الملائكه والروح — ١٦٧ - 167

168 - Tobijah: 2. chronical. 17:8 — طوبيا: أخبار ثاني ١٧:٨ — ١٦٨ - 168

169 - Mica or Micah 2. Samuel. 9:12. king 28. — ميخا: صموئيل ثاني ٩:١٢. ٢٨ — ١٦٩ - 169

170 - Micah the proplet Son of Imlah 28:8 — ميخا. ميخا بن يمله. ميخا نبي — ١٧٠ - 170

171 - Jedidiah: 2 Samuael. 12: 24-25. — يديديا: صموئيل ١٢: ٢٤-٢٥. سليمان — ١٧١ - 171

172 - Aank: probably, Long Necked Anog if it is the personal name of Arba. the father of Anak Jos 15:13-14. — أناقي، أناقيين: طويل قامه أو ذو رقبه طويله يشوع ١٥: ١٣-١٤ — ١٧٢ - 172

173 - Anakites: Sheshai, Ahiman and Jalmi desenendant of Anak. Joshua: 15:14. — العناقين ثلاثه: شاشاي وأخيمان وتلماي: من ذريه عناق (العناقين) يشوع ١٤: ١٥ — ١٧٣ - 173

174 - Ammonites Call them Zamzm-mites. as Anakites. Deut. 29-11 — العمونيون فيدعونهم زمزميين وهم كثير قامه كالعناقين. تثنيه ٢:٩-١١ — ١٧٤ - 174

175 - Zamzmites: Zam ZUMMIM: is the Ammonite Term for the rece of giants Who Lived in Amon befor the Rephaim: Rephaim. Gen: 14:5 or 15:20. Deut. 2:11. 2:20 — زمزميين: التثنيه ٢: ١١ و ٢: ٢٠ — ١٧٥ - 175

مسلمون بخاريون ومسلمون قرآنيون أنشقاق طائفي

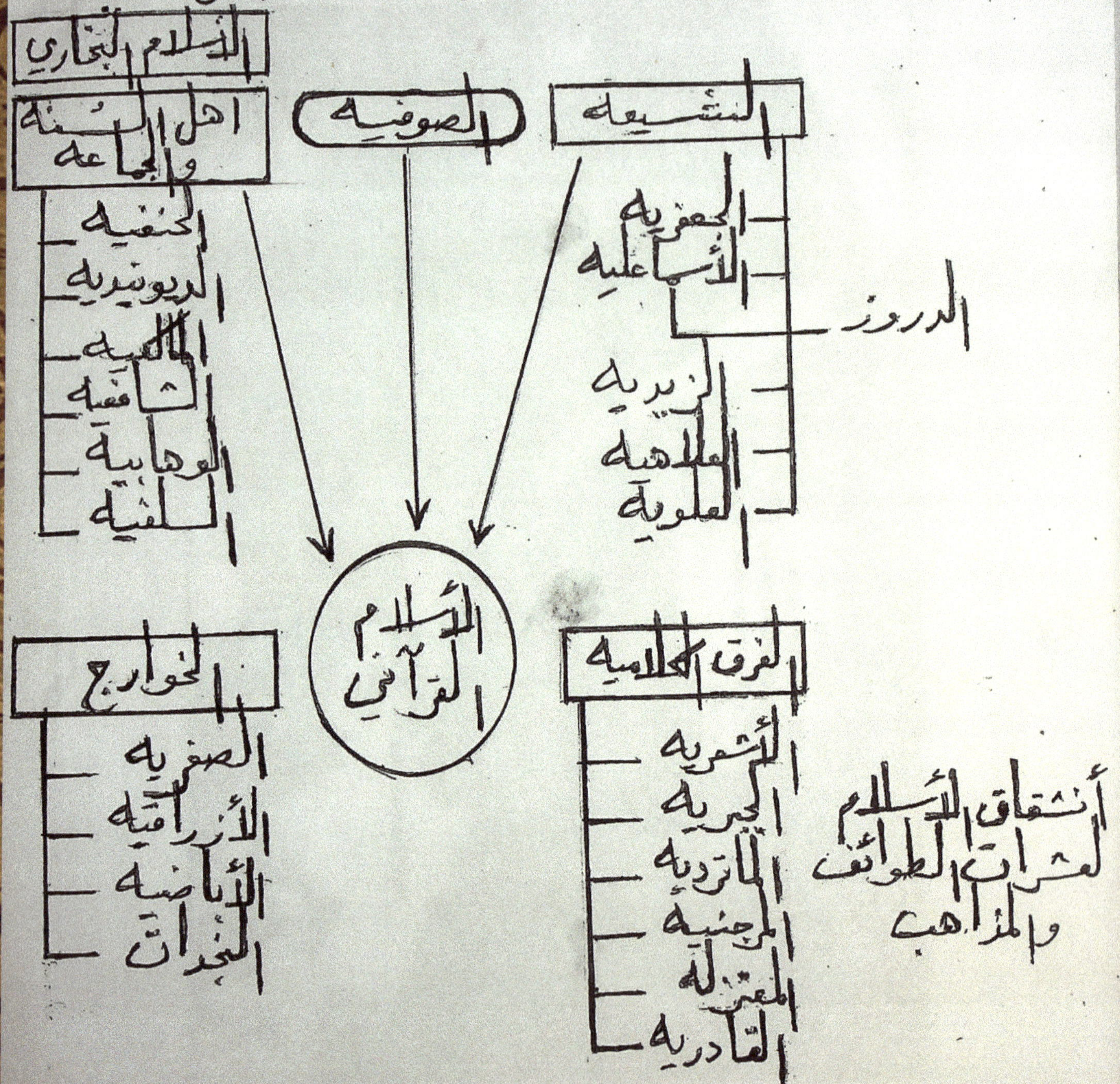

لقد سمعتها من تلفزيون ودونتها وكتبتها ورسمتها في يوم السبت المصادف ٢٧ تشرين الثاني سنة ٢٠٢١ ساعة ١١:٠٠

Sat. Nov-27-2021 Time: 11:00 pm From T.V.

Joseph-E. Bahri Bek

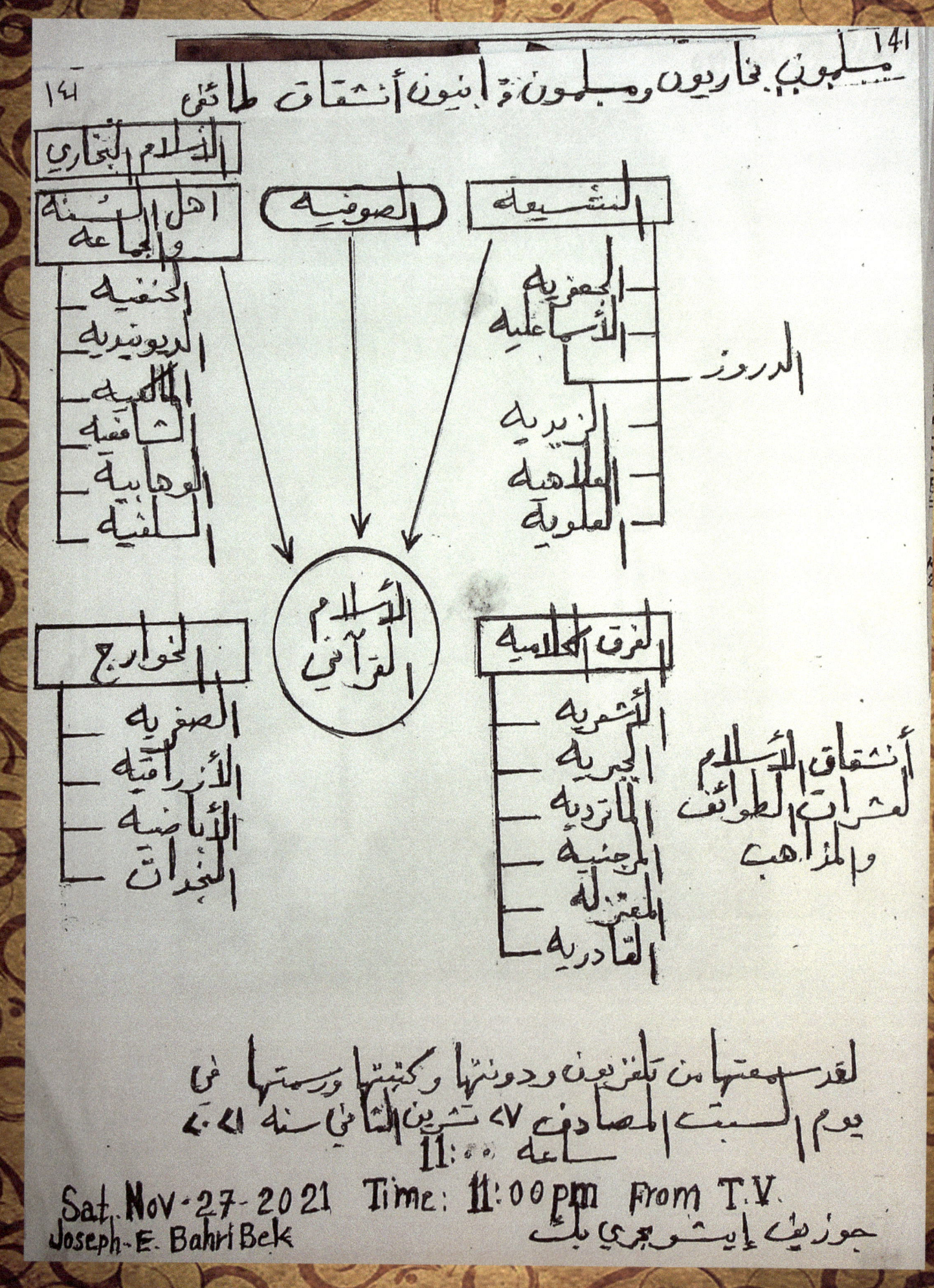

جوزيف إيشو بحري بك

THE TABLE OF NATIONS
LEGEND
City
City (uncertain location)
Descendants of Japheth
Descendants of Ham
Descendants of Shem
MEDITERRANEAN SEA
CASPIAN SEA
Great Salt Desert
Plateau of Iran
PERSIAN GULF
ARABIAN SEA
Syro-Arabian Desert
An Nafud Desert
Sahara Desert
Libyan Plateau
SHEM
HAM
TARSHISH
CANAAN
Entire inset area dominated by the descendants of Ham

178- Samson: شمشون: -١٧٨ 178

Samson: Son Manaah From Clan of Danites — شمشون ابن منوح من عشيرة دانيي.

79- Adah: Esau Wife. — عدا: زوجة عيسو. -١٧٩ 179

80- Adah: 1950 B.C on of Wives of Esau and the daughter of El n the Hittite (Gen. 36: 2, 4, 10, 12, 16) She was mother of Eliaphaz, Esau first Son Esau. — عدا: ١٩٥٠. زوجة من زوجات عيسو ابنة إيلون (حيثي) (تكوين ٣٦: ٢، ٤، ١٠، ١٢، و ١٦) عدا ام الياقز ابن اول ابن عيسو. -١٨٠ 180

181- Elizur: (God is Rock). — اليازور (الله صخرة). -١٨١ 181

82- Eleazar: (God is helper). — العازر اليازر (الله ساعد). -١٨٢

83- Samson: (distingished strong) — شمشون -١٨٣

184- Samuel: (name of God). — صاموئيل (اسم الله). -١٨٤

85- Saul: (Asked of Lord) — شاول (دعي لرب) (سأل الرب). -١٨٥

86- Elon. 1950 B.C. Father of Wife (Adah) of Esau Gen. 26:34; 36:2. — ايلون. ١٩٥٠ قبل الميلاد أب زوجة عيسو (عدا). تكوين ٢٦: ٣٤، ٣٦: ٢. -١٨٦

187- Sheba: North East of Sana the present Capital of Yemen — شبا: شمال شرقي صنعاء عاصمة يمن. -١٨٧ 187

88- Seba: (Unknown) Eldest Son of Cush. Gen: 10:7. 1.Ch. 1:9. — سبا: (غير معروف) أابن اكبر لكوش. تكوين ١٠: ٧. أيام أخبار الأول ١: ٩. -١٨٨ 188

189- Seba: (Unkown) An African nation border deiring the land of Cush. (psa. 72:10. Isa. 43:3 — سبا: (غير معروف) ولعدمن أمة افريقية على حدود من اراضي كوشية. -١٨٩ 189

190- Anak. Ancestor of Giant Anakim. Num, 13:22, 28, 33; Josh. 15:14) — عناق: ذات عنق طويل -١٩٠

91- Amalek (War Like). A grand son of Easu and Son Eliphaz and progenitor of the Amalekites Gen. 36:12, 16 1.Ch. 1:36 — عماليق: (طويل قامة) حفيد عيسو ابن اليافز. تكوين ٣٦: ١٢، و١٦. اخبار ايام الاول ١: ٣٦ -١٩١ 191

192- Anak (giant). Ancestor of giant Anakim — عناق (طويل. ذات رقبة طويلة). -١٩٢ 192

193- Zamzummin (mumbler). Ammonite For the peopl Called Rephaim (giants) by Jews in their nartive of the Conqust of Canaan. (Deut. 2:20. — زمزميين: أما عمونيون فيدعوهم زمزميين. وهم شعب كثير طوال القامة كالعناقيين. -١٩٣ 193

194- Rephaim: Was Og, king of Bashan. (Deut. 3:11. — رفائيم. رفائيين. كان عوج ملك باشان. تثنية ٣: ١١. -١٩٤ 194

هل تعلم

	Name الأسم	Son أبن	Tribe قبيله أو سبط 190 - 195
1 - ١ -	Joshua: يشوع	Son of Nun ابن نون	Joseph yousif
2 - ٢ -	Ruth: راعوث:		Moab مؤاب
3 - ٣ -	Samuel: صموئيل	Son of Elkanah ابن القانه	Joseph
4 - ٤ -	Ezra: عزرا:	Son of Seraiah. ابن سريا	Levi لاوي
5 - ٥ -	Nehemiah: نحميا	Son of Hacliah ابن حكليا	
6 - ٦ -	Esther: أستير:		Banjamin بنيامين
7 - ٧ -	Job: أيوب		Lived in the Land of Uz
8 - ٨ -	Isaiah: إشعيا	Son of Amoz ابن أموص	
9 - ٩ -	Jeremiah: إرميا:	Son of Hilkiah ابن حلقيا	
10 - ١٠ -	Ezekiel: حزقيال:	Son of Buzi ابن بوزي	
11 - ١١ -	Daniel: دانيال:	Son of David ابن داود	From Tribe of Juda من سبط يهودا
12 - ١٢ -	Hosea: هوشع:	Son of Beeri ابن بئيري	
From Tree of Lukes 13 - ١٣ -	Amos: عاموس:	Nahum ناحوم	From Tribe of Juda. من سبط يهودا .
14 - ١٤ -	Joel: يوئيل:	Son of pethuel: ابن فثوئيل	
15 - ١٥ -	Obediah: عوبديا:	Son of Amittai ابن امتاي	
16 - ١٦ -	Jonah: يونان:		
17 - ١٧ -	Micah: ميخا:	أبن مفيبوشث Son of Mephiosheth	من سبط البنيامين From Trib of Benjamin
18 - ١٨ -	Habakkuk: حبقوق		

١٤٥ 195		Name الاسم	Son ابن	From page 144 - 195
	19- ١٩	Zephaniah: صفنيا		
	20- ٢٠-	Haggai: حجي:		Gad
	21- ٢١	Zechariah: زكريا:	Son of Berechiah	Tribe of Levi سبط لاوي
	22- ٢٢-	Malachi: ملاخي:		
	23- ٢٣-	Nahum: ناحوم:	Esli حسلي	Tribe of Juda. من سبط يهودا.
		جوزيف إيليشو بحري بك	J. E. B. ج. إ. ب.	Joseph. E. BahriB

↑ Thu. Feb. 3-2022. J.E.B. ٢٠٢٢. شباط ٣. شباط. يوم الخميس ↑

196 - Zie: (terrnitea) deseendant of God. = زيا: من نسل جاد = 196
(I. Ch. 5:13). أيام أخبار الأول ١: ٥: ١٣.

197 - Naamites: Descendant of Naaman, نعامنيون: نسل من نعمان من = ١٩٧ 197
of the tribe of Benjamin (Num. 26:40 قبيلة بنيامين

198 - Joshua - p. 354. Joshua Son of Nun يشوع: يشوع ابن نون خادم = ١٩٨ 198
Moses Servant. Age 110 years موسى. ودفن وكان عمره ١١٠
Mount Gaash سنوات ودفن في تمنة سارح في جبل أفرايم شمالي جبل جاعش

199 - Ruth. p. 438. راعوث: = ١٩٩ 199
Ruth Descendant of Moab; Son راعوث من أصل مؤابية من موآب ابن
older doughter of Lot. أبنت كبيرة. بنت لوط كبيرة

200 - Samuel - p. 441 - Son of Elkanah son صموئيل: صموئيل ابن ألقانة بن يروحام = ٢٠٠ 200
of Jeroham the Son of Elihu Son of Tohu, the بن أليهو بن توحو بن صوف من رامتايم صوفيم
Son of Zuphan Ephraimite. Ephram Son Joseph من جبل أفرايم. أفرايم ابن يوسف

201 - Ezra → Son of Seraiah, the son of Azariah, the son of Hilkiah, عزرا: بن سرايا بن عزريا بن حلقيا = ٢٠١ 201
Ezra's Lineage and His Vocation [2]the son of Shallum, the son of Zadok, the son of Ahitub, [3]the son of Amariah, the son of Azariah, بن شلوم بن صادق بن أخيطوب بن أمريا
7- Ezra. p. 775 the son of Meraioth, [4]the son of Zerahiah, the son بن عزريا بن مرايوث بن زرحيا بن عزي بن بقي
V إصحاح of Uzzi, the son of Bukki, [5]the son of Abishua, the son of Phinehas, the son of Eleazar, the son of Aaron. Live. بن أبيشوع بن فينحاس بن ألعازار بن هارون الكاهن

202 - Nehemiah p. 773. Nehemiah Son of Hacliah. نحميا: نحميا ابن حكليا. = ٢٠٢ 202

203 - Esther. p. 819. Doughter of أستير: أبنت أبيحائل عم مردخاي = ٢٠٣ 203
Abihail. Uncle of Mardecai son Jair بن يائير بن شمعي بن قيس من سبط
Son Shimei Son Kish. From tribe Banjamin. بنيامين

204 - Job: p. 837. in the land of UZ there أيوب: كان في أرض عوص رجل = ٢٠٤ 204
Lived a man Whose name was Job. اسمه أيوب

147 | 146

205- pronounce the Word of Jesus in Samatic.

٢٠٥ - يلفظ أسم مخلصنا كلمه هل نقلم في سامية كما يلي :-
في عبرية: مسيح. في أشورية: مشيحا* في العبرية
مشيحا. في كلدانية مشيحا. في سريانية:
في أشورية أيشوع.

206- Joshua. (Anakites)

206- Joshua: 11: 21-23

٢٠٦ - يشوع: ١١: ٢١-٢٣

The Defeat of the Anakites

21 At that time Joshua went
and destroyed the Anakites from the hill
coutry: from Hebron, Debir and Anab,
from all the hill country of Israel,
Joshua totally destroyed them and
their towns. 22 No Anakite were left
in Israelite territory, only in Gaza,
Gath and Ashdod did any survive.
23 So Joshua took the entire lands
just as the LORD had directed according to
Moses, and he gave it as an inheritance
to Israel according to their tribal divisions
Then the land had rest from war

القضاء على العناقيين
٢١ يشوع: وهاجم يشوع العناقيين أيضاً وأبادهم
من جبل في حبرون ومن دبير ومن
عناب ومن سائر جبل يهوذا ومن
جبال إسرائيل، فقضى عليهم ودمر مدنهم
٢٢ فلم يبق منهم أحد في أرض بني إسرائيل
سوى قلة لجأت إلى غزة وجت وأشدود
٢٣ فاستولى يشوع على كل الأرض كما وعد
الرب موسى ووهبها يشوع ميراثاً لإسرائيل
وفقاً لطوائفهم وأسباطهم وأخيراً استراحت
الأرض من الحرب.

* لفظ كلمه مسيح في
أشورية مشيحا جاء أخر من
عبرية مأخوذ من عبرية لفظها

107- Ezekiel: 38:1-6.

١٠٧ - حزقيال: ٣٨: ١-٦

MaGog. Gog. Meshech and Toubal.

ميجوج رئيس روش ماشك وتوبال

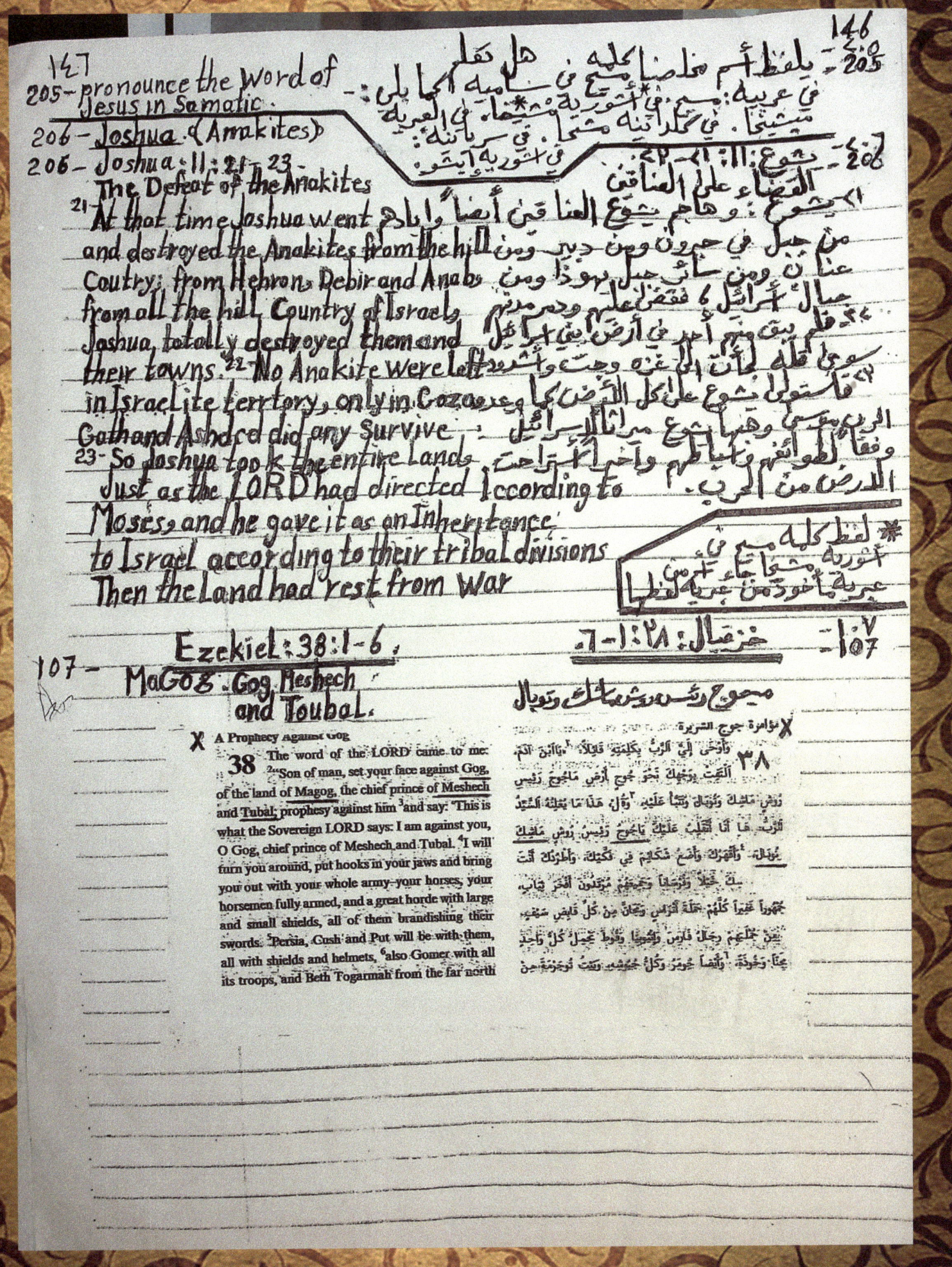

X A Prophecy Against Gog

38 The word of the LORD came to me:
2 "Son of man, set your face against Gog,
of the land of Magog, the chief prince of Meshech
and Tubal; prophesy against him 3 and say: 'This is
what the Sovereign LORD says: I am against you,
O Gog, chief prince of Meshech and Tubal. 4 I will
turn you around, put hooks in your jaws and bring
you out with your whole army–your horses, your
horsemen fully armed, and a great horde with large
and small shields, all of them brandishing their
swords. 5 Persia, Cush and Put will be with them,
all with shields and helmets, 6 also Gomer with all
its troops, and Beth Togarmah from the far north

X مؤامرة جوج الشريرة

٣٨ وأوحى إلي الرب بكلمته قائلاً: 2 «يا ابن آدم،
التفت بوجهك نحو جوج أرض ماجوج رئيس
روش ماشك وتوبال وتنبأ عليه 3 وقل: هذا ما يقوله السيد
الرب: ها أنا أنقلب عليك يا جوج رئيس روش ماشك
وتوبال. 4 وأقهرك وأضع شكائم في فكيك، وأطردك أنت
بك خيلاً وفرساناً وجميعهم مرتدون أفخر ثياب،
جمهوراً غفيراً كلهم حملة أتراس ومجان من كل قابض سيفه،
5 بين حلفائهم رجال فارس وكوشيا وفوط يحمل كل واحد
مجناً وخوذة. 6 وأيضاً جومر وكل جيوشه وبيت توجرمة من

208- من تلفزيون
ساعة تقريبا
10:15 pm
Tue. Feb. 1. 2022

٢٠٨- 208 إحصائية رسمية نشرة عام 1985
(سوريا بالأرقام)

نسب توزيع الطوائف

الطائفة الشيعية للأسماعيلية والجعفرية. 1.4%

طائفة دروزية. 3%

تسمية بعض شيعة

١- شيعة عراقي
(الحيدريين)

٢- شيعة أفغان
(الفاطميون)

٣- شيعة الإيرانين
(الزينبيين)

209- Moses to Die on Mount Nebo. ٢٠٩- 209- وفات موسى في جبل نبو.

Deut. 32:49-50. التثنية ٣٢: ٤٩ - ٥٠.

49- Go Up into the Abarim Rang to Mount Nebo in Moab, Across From Jeri-cho, and View Canaan. 50 the mountain that you climbed you Will die. Just as your Brother Aron die on Mount Hor

٤٩- أصعد الى سلسلة جبال عباريم حيث جبل نبو الذي في أرض مواب مقابل أريحا، وشاهد أرض كنعان. ٥٠- وستموت في جبل الذي تصعد اليه بقومك كما مات اخوك هرون في جبل هور،.

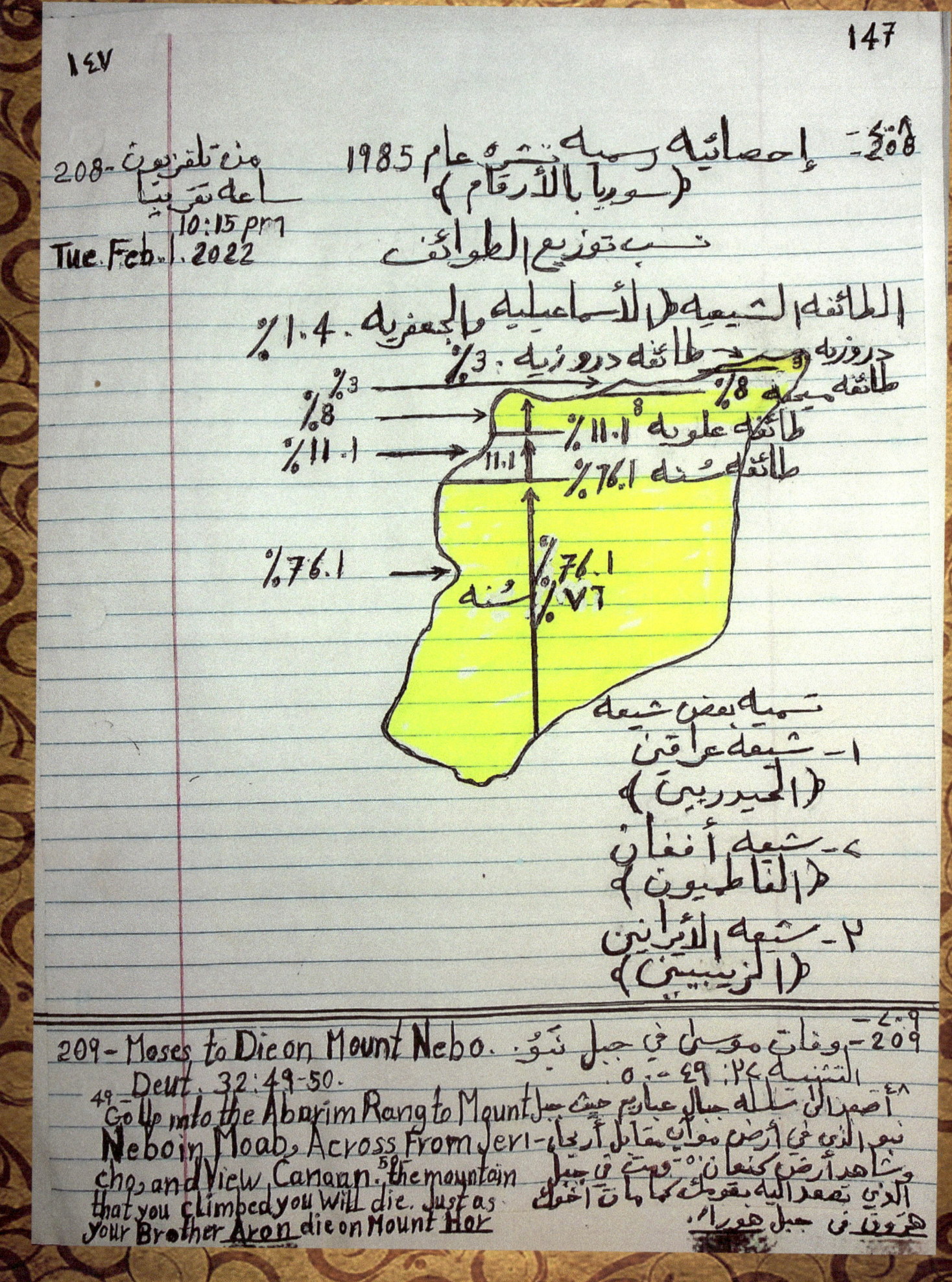

هل تعلم

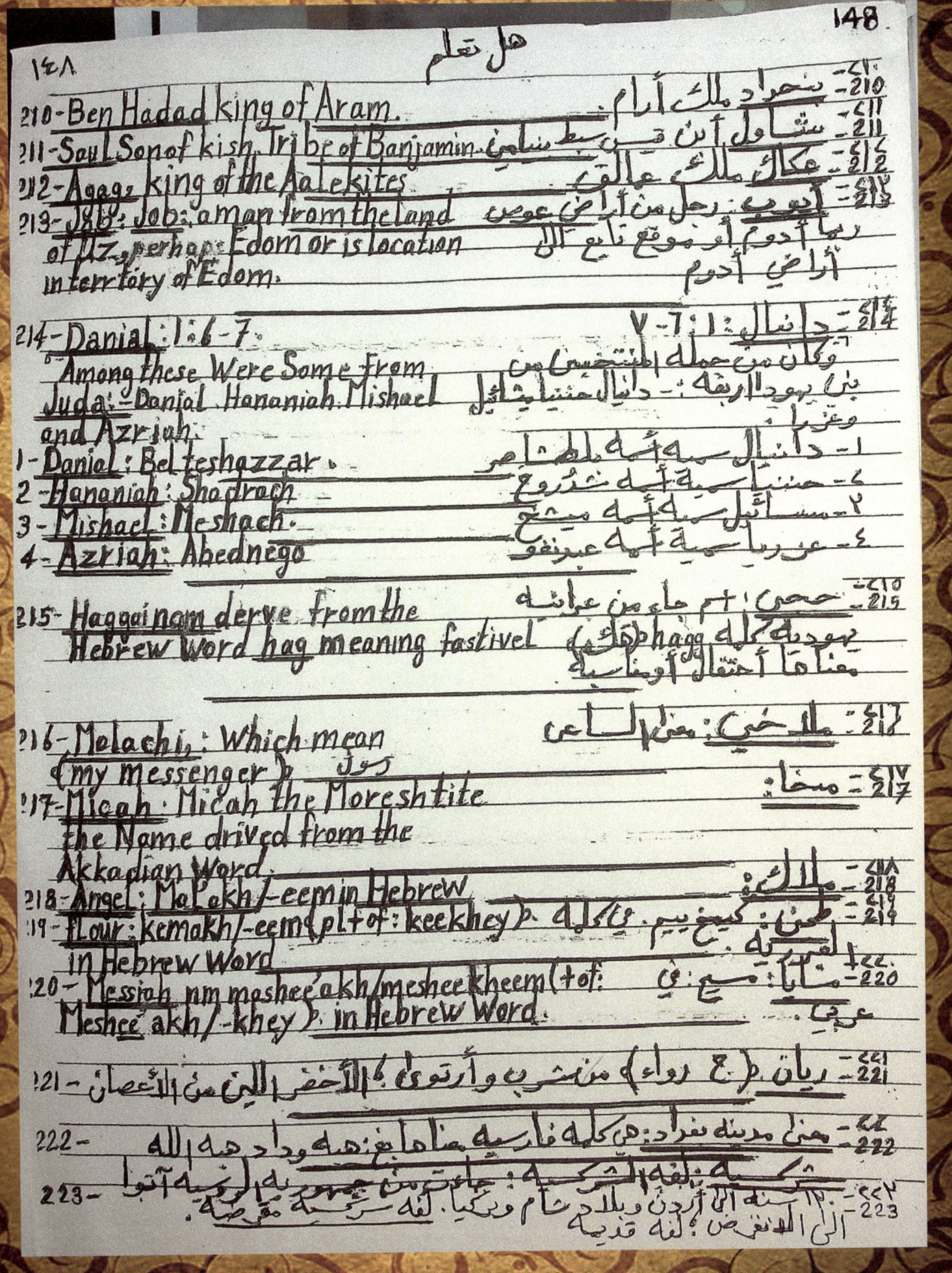

210- Ben Hadad king of Aram. — ٢١٠- بنحداد ملك أرام 210-

211- Saul Son of kish, Tribe of Banjamin. — ٢١١- شاول أبن قيس سبط بنيامين 211-

212- Agag: king of the Aalekites — ٢١٢- عكاك ملك عالق 212-

213- JXB: Job: a man from the land of Uz, perhap: Edom or is location in terrtory of Edom. — ٢١٣- أيوب: رجل من أرض عوص ربما أدوم أو موقع تابع الى أراضي أدوم 213-

214- Danial: 1:6-7. — ٢١٤- دانيال: ١:٦-٧ 214-
"Among these Were Some from Juda: - Danial, Hananiah, Mishael and Azriah. — وكان من جملة المنتخبين من بني يهودا اربعة: - دانيال حننيا ميشائيل وعزريا.
1- Danial: Belteshazzar. — ١- دانيال سمه أسمه بلطشاصر
2- Hananiah: Shadrach — ٢- حننيا سمية أسمه شدروخ
3- Mishael: Meshach. — ٣- ميشائيل سمه أسمه ميشخ
4- Azriah: Abednego — ٤- عزريا سمية أسمه عبدنغو

215- Haggai nam derve from the Hebrew Word hag meaning fastivel — ٢١٥- حجي: اسم جاء من عرانيه يهوديه كلمه (هك) hagg معناها أحتفال أو مناسبة 215-

216- Melachi: Which mean (my messenger). رسول — ٢١٦- ملاخي: معنى الساعي 216-

217- Micah: Micah the Moreshtite the Name drived from the Akkadian Word. — ٢١٧- ميخا: 217-

218- Angel: Mal'akh/-eem in Hebrew — ٢١٨- ملائكة 218-

219- Flour: kemakh/-eem (pl + of: keekhey). طحين — ٢١٩- طحين: كميخ يبم بالعبرية. 219-
in Hebrew Word

220- Messiah nm meshee'akh/meshee'kheem (+of: Meshee'akh/-khey): in Hebrew Word. — ٢٢٠- مسايا: مسيح: في عبري. 220-

221- ريان (ج رواء) من شرب وأرتوى بالأخضر اللين من الأغصان — ٢٢١- 221-

222- معنى مدينة بغداد: هي كلمة فارسية معناها بغ: هبه وداد: هبه الله — ٢٢٢- 222-

223- شركسية بلغة الشركسية: جاءت من جمهورية أديغيه أتوا ١٨٠ سنة الى أردن وبلاد شام وتركيا. لغة سرحية مقرضة الى الانقرض: لغة قديمة — ٢٢٣- 223-

هل تعلم

دونتها من تلفزيون 4
حقيقه قيام أرطغرل
والسلاجقه والعثمانيه
أعداد من
Mohamed Assem
Feb.10-2022. 9:14 pm

٢٢٤ - 224 - من هم السلاجقه
السلاجقه المنحدره من سلجوق ابن دقاق من
قبيله صغيره أو سلطنه كان بيجو كان سلطان
وقد أعلن وأعتنق أسلام الجوق مؤسس
دوله السلجوقيه أبنه ميكائيل (ميخائيل)
ابن. طوغرو - واحد من أبناء سلجوق.

١ - دوله المماليك: مماليك بحريه نشأة من دوله أيوبيه. مملوك من المماليك.

٢ - دوله سلجوقيه: سلاجقه دخلوا في عباسيه، واحد من ملك سلاجقه اسمه شاه

٣ - دوله طولونيه: أحمد طولون مؤسسها أبن طولون في مصر.

٤ - دوله فاطميه (شيعه) في مصر

٥ - صفويين هم شيعيين.

225-

٢٢٥ - 225 - معركه اليرموك: معركه بين المسلمين (خالد بن وليد) والروم البيزنطيين البيزنطيين.

من تلفزيون
في هوش

٢٢٦ - 226 - محمد بن عبد الوهاب (1695-1791) مولوده قرب رياض
أنشئ دعوى وهابيه في جزيره العربيه فهل كانت دينيه
أو سياسيه؟ نشأه على أفكار دينيه أكثر قربا من مذهب
حنبلي؟ أحمد أبن حنبل. سمعتها من تلفزيون في
Feb.11-2022. Fri
اعداد: محمد بن عبد الله
published on Sep.3-2017
* اسمه كامل لعبد الوهاب بن سليمان بن علي التميمي عام ١١١٥ هجريه سليمان

227. 16 k Views published on Jan.15-2022

٢٢٧ - 227 - هل تعلم؟ غموض
أكتشاف هياكل أعظام عمالقه في فرنسا
أكتشاف غامض لعلماء آثار في مصر للغز المقبره المفقوده.
حوه تفقد الى مكان مجهول ومدن صائغه وهياكل
عظميه عمالقه

سمعتها المقاله من
التلفزيون في
يوم الاحد
Feb.13-2022

رقم 5 - لغز المقبره المفقوده في المصري وادي الملوك في
مصر في صحراء القاحله واحده من أقدم مقابر الفرعونيه
دفن الموتى على صفه غربيه من نهر النيل ما بين القرنين
عشر والحادي عشر قبل الميلاد أقدم المقابر تحتوي والديار
على 64 قبرا. وهي مليئ في الغاز تحير العلماء.

4 - الآثار السريه في فرنسا. هذه تحتوي هياكل طويله في قريه قريبه
من مدينه تيلوز في فرنسا. أنسان عمالقه طويله وجدوا في هذه
قريه.

حدثت هذه قصه عام ١٩٤٠ في أحدى قرى تبعد حوالي ٧٠ كيلومترا
عن مدينه تيلوز فرنسيه حيث وجد ١٠ غرف لقرى جمجمه

هل تعلم

٢٢٧ - تكملة من صفحة ١٤٩ . p.149
227 - رقم ٢٢٧ - From *227

تكملة هل تعلم غموض رقم 4 - الأثار السرية في فرنسا . والعمالقة
تكملة رقم 4 -

حجمه ضخمه في مدينته ولكن لكنه لم يبلغ سلطانه خوفاً من أن تصبح أرضه هدفاً عن باحثين عن آثار . ولذلك قد منع كمان هذا الأمر ولكن بعض الشوين وتقريباً عام ٢١٧ قام في إبلاغ على جميع حيوان

رقم 3 - المدينة المفقودة . أعمق بئر أو حفرة في عالم في شبه جزيرة cola كولا في روسيا الاتحادية (احكومات روسيا الاتحادية) حفرة بئر كولا أعمق بئر أو حفرة في عالم حفرة . ١٩٧٠ - ١٩٨٩ في زمان الاتحاد السوفيتي السابقة حيث تم حفر عمق اثني عشر ألفاً وستين واثنين وستين متر الآن توقف عن العمل بسبب الحرارة الأرض

رقم 1 - عمالقة كما سجلنا الغامضون **Amalc**

كما قيل أو قالوا من أساطير العمالقة الذين عاشوا على الأرض ولكن وجدوا أو وجود هياكل جماجم العمالقة البشرية كما وجدوا في فرنسا على عثور على مجموعة هياكل بشرية بدأت القصة في شتاء عام ١٨٩ حيث قام العالم فرنسي أنثروبولوجيا فرنسي * جورج دي ركابز من قرب بلدة كنستيلو فرنسية . وهي بلدة واقعة بمدينة مونسريه لقد وجدوا هياكل عظيمة أكبر من هياكل عادية بلغة طول هياكل* ١٢٠ أمتار وقد تم عثور على أكبر طوله من جماجم الذي تم عثوره من قبل الجماجم الكبيرة السابقة

سبحان الله.

* جورج دي ركابز عالم فرنسي أنثروبولوجيا .
* طول هياكل ٣ أمتار .

خاطرة من رب
Feb - 1:00 pm
2-17-2022 Thu

228 - God Loves Us He give ten Commitment to protect from EviL Anxitey . J.E.B. — ٢٢٨ - من حب الله لنا : أعطى لموسى عشر وصايا كي يوقينا من شيطان . 228

229 - Redemer For Love Us . said if two peopL love. Each Other Im the third . J.E.B. — ٢٢٩ - مخلصنا المسيح من حبه لنا قال اثنين متحابين أنا سأكون ثالث بهم 229

230 - Saint Yelntin took the word Love from our Redmer Jeuses christ. — ٢٣٠ - قديس فلنتاين : أخذ كلمة حب من كلمة مخلصنا المسيح 230

231 - Saint patrick took Shamrock Leaf Symbel for him: God. Jesus & Holy Spirit. — ٢٣١ - قديس باتريك : أخذ ورقة شمروخ رمز له الله . مسيح والروح القدس 231

232 - All Saints took the words From J.E.B. Words God & Jesus christ . From Old Testement and New Testament . J.E.B. — ٢٣٢ - كل قديسين : عمل وأخذوا رموز لهم من كلمات المقدسة من الله و سيدنا المسيح من عهد القديم وعهد جديد . 232

Thu Feb. - 2022 1:00 خاطرة جاءت من رب حوالي

Revelation, 20:7-10

233 - The End Satan & Gog-Magog

The Last Rebellion: -
7- When the thousand years
are over, Satan Will be
released from his prison and
8 Will go out to deceive the
nations in the four Corner of
the Earth - Gog and Magog -
to gather them for battle.
in number they are Like the
Sand on the Seashore. 9- They
marched across the breadth
of the earth and Surrounded
the Camp of God's people,
the City he Loves. But fire
Came down from heavn and
devoured them. 10- And the
devil, Who deceived them,
Was thrown into the Lake of
burning Sulfur, Where the
beast and the false propht
had been thron, They Will be
tormented day and night forever
and ever.

Below oppsit page 151 #233 B.
تحت صفحة مقابل ١٥١ ب

الرؤيا ٢٠: ٧-١٠
٢٣٣ - نهاية الشيطان وجوج وماجوج.

التمرد الأخير: -
٧ متى تنقضي الألف سنه يطلق
الشيطان من سجنه.
٨ - فيخرج ليضلل الأمم في زوايا
الأرض الأربع، جوج وماجوج
ويجمعهم للقتال. وعددهم كثير
جدا كرمل البحر!
٩ - فيصعدون على سهول الأرض العريضة
ويحاصرون من كل جانب معسكر
القديسين والمدينة المحبوبة،
ولكن نارا من السماء تنزل
وتلتهمهم. ١٠ ثم يطرح إبليس
الذي كان يضللهم في بحيرة النار
والكبريت، حيث الوحش
والنبي الدجال. هناك سوف
يعذبون نهارا وليلا إلى أبد
الآبدين.

جبل جرزيم مقدس قرب شكم.

234 - Samaritans: Mount Gerizim
Near Shechem. قرب شكم
the word of Samaritans Come
Name from Assyrian. When they
Enter in thir Land they Call
them Shumraiah (Assyrian
Word. & mean's Good &
helper. & Adopt five
Book of Moses (Torah).

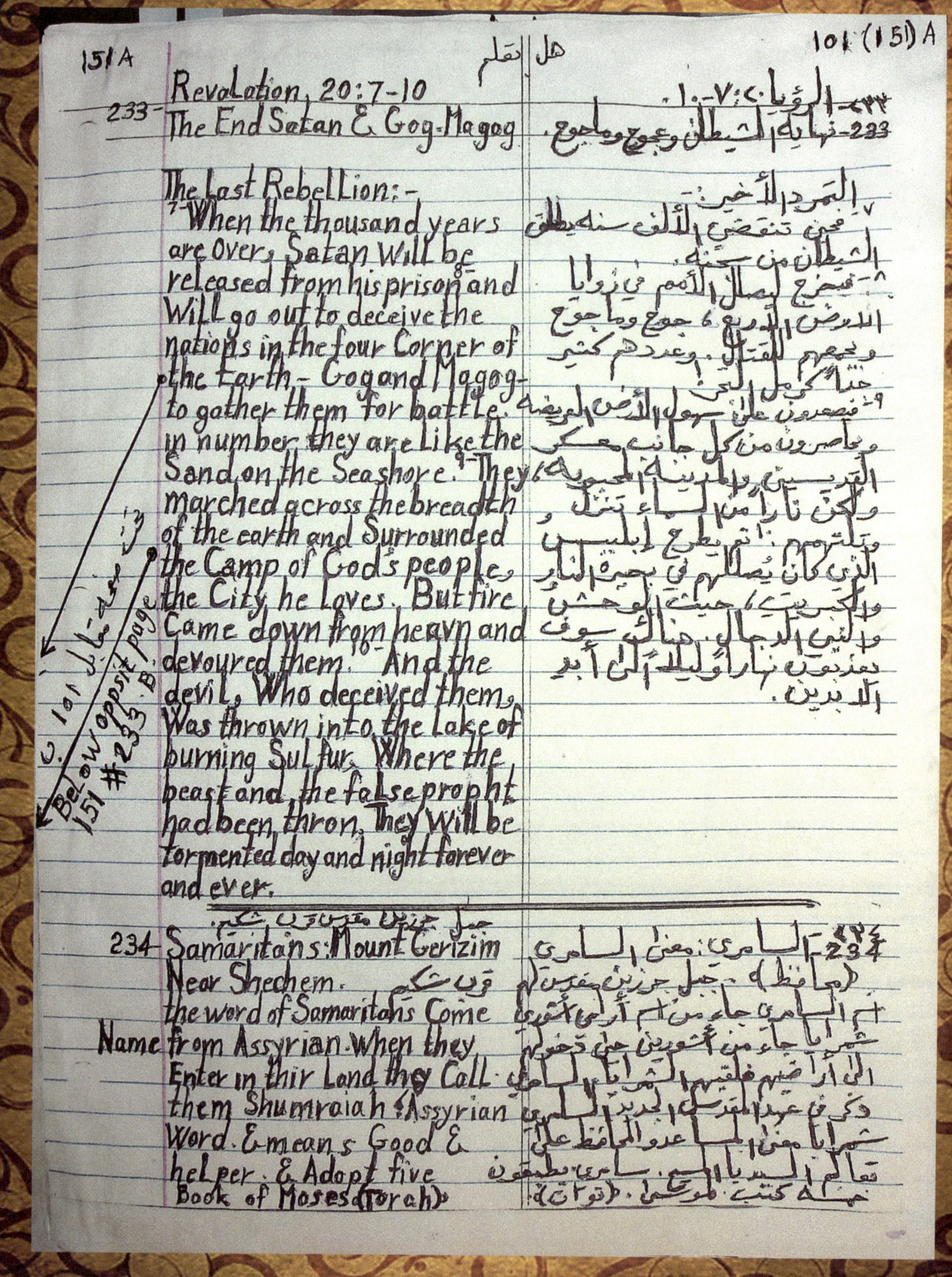

٢٣٤ - السامري: معنى السامري
(محافظ) - جبل جرزيم مقدس لهم
اسم السامري جاء من اسم آرامي أشوري
شمريا جاء من أشوريين حين دخولهم
الى أراضيهم فلقبهم الشمريا السامري.
ذكر في عهد المقدس الجديد السامري
شمرايا معنى المساعد والمحافظ على
تعاليم السيد يا المسيح. سامريا يطيعون
خمسة كتب موسى (توراة).

151.B

هل تعلم نهاية شيطان وعجوج وماجوج * 101B

(151).B

generals, and mighty men, of horses and their
riders, and the flesh of all people, free and slave,
small and great."
[19]Then I saw the beast and the kings of the earth
and their armies gathered together to make war
against the rider on the horse and his army. [20]But
the beast was captured, and with him the false
prophet who had performed the miraculous signs
on his behalf. With these signs he had deluded
those who had received the mark of the beast and
worshiped his image. The two of them were thrown
alive into the fiery lake of burning sulfur. [21]The
rest of them were killed with the sword that came
out of the mouth of the rider on the horse, and all
the birds gorged themselves on their flesh.

وَٱلْقَادَةِ وَٱلْأَبْطَالِ، وَٱلْخُيُولِ وَفُرْسَانِهَا، وَلُحُومَ ٱلْبَشَرِ جَمِيعاً
مِنْ أَحْرَارٍ وَعَبِيدٍ، وَصِغَارٍ وَكِبَارٍ».
[١٩]وَرَأَيْتُ ٱلْوَحْشَ وَمُلُوكَ ٱلْأَرْضِ وَجُيُوشَهُمْ وَقَدِ ٱحْتَشَدُوا
لِيُحَارِبُوا هٰذَا ٱلْفَارِسَ وَجَيْشَهُ. [٢٠]فَقُبِضَ عَلَى ٱلْوَحْشِ وَعَلَى
ٱلنَّبِيِّ ٱلدَّجَّالِ ٱلَّذِي قَامَ بِٱلْمُعْجِزَاتِ فِي حُضُورِ ٱلْوَحْشِ
وَأَضَلَّ بِهَا ٱلَّذِينَ قَبِلُوا عَلَامَةَ ٱلْوَحْشِ، وَسَجَدُوا لِتِمْثَالِهِ.
وَطُرِحَ كِلَاهُمَا حَيّاً فِي بُحَيْرَةِ ٱلنَّارِ وَٱلْكِبْرِيتِ ٱلْمُتَّقِدَةِ،
[٢١]وَقُتِلَ بِٱلسَّيْفِ ٱلْخَارِجِ مِنْ فَمِ ٱلْفَارِسِ جَمِيعُ ٱلْبَاقِينَ،
وَشَبِعَتِ ٱلطُّيُورُ كُلُّهَا مِنْ لُحُومِهِمْ.

The Devil Is Bound and Imprisoned

20 And I saw an angel coming down out of
heaven, having the key to the Abyss and
holding in his hand a great chain. [2]He seized the
dragon, that ancient serpent, who is the devil, or
Satan, and bound him for a thousand years. [3]He
threw him into the Abyss, and locked and sealed it
over him, to keep him from deceiving the nations
anymore until the thousand years were ended.
After that, he must be set free for a short time.

تقييد إبليس وسجنه

٢٠ ثُمَّ رَأَيْتُ مَلَاكاً نَازِلاً مِنَ ٱلسَّمَاءِ، وَبِيَدِهِ مِفْتَاحُ
ٱلْهَاوِيَةِ وَسِلْسِلَةٌ عَظِيمَةٌ [٢]قَيَّدَ بِهَا ٱلتِّنِّينَ، أَيِ ٱلْحَيَّةَ
ٱلْقَدِيمَةَ، وَهُوَ إِبْلِيسُ أَوِ ٱلشَّيْطَانُ، وَسَجَنَهُ مُدَّةَ أَلْفِ سَنَةٍ.
[٣]وَطَرَحَهُ فِي ٱلْهَاوِيَةِ وَأَغْلَقَهَا عَلَيْهِ، وَخَتَمَهَا، حَتَّى يَكُفَّ عَنْ
تَضْلِيلِ ٱلْأُمَمِ، إِلَى أَنْ تَنْقَضِيَ ٱلْأَلْفُ سَنَةٍ. وَلٰكِنْ لَابُدَّ مِنْ
إِطْلَاقِهِ بَعْدَ ذٰلِكَ لِمُدَّةٍ قَصِيرَةٍ.

Christ's Reign

[4]I saw thrones on which were seated those who had
been given authority to judge. And I saw the souls
of those who had been beheaded because of their
testimony for Jesus and because of the word of
God. They had not worshiped the beast or his
image and had not received his mark on their
foreheads or their hands. They came to life and
reigned with Christ a thousand years. [5](The rest of
the dead did not come to life until the thousand
years were ended.) This is the first resurrection.
[6]Blessed and holy are those who have part in the
first resurrection. The second death has no power
over them, but they will be priests of God and of
Christ and will reign with him for a thousand
years.

المسيح يملك ألف سنة

[٤]ثُمَّ رَأَيْتُ عُرُوشاً مُنِحَ ٱلْجَالِسُونَ عَلَيْهَا حَقَّ ٱلْقَضَاءِ.
وَرَأَيْتُ نُفُوسَ ٱلَّذِينَ قُتِلُوا فِي سَبِيلِ ٱلشَّهَادَةِ لِيَسُوعَ
وَفِي سَبِيلِ كَلِمَةِ ٱللهِ، وَٱلَّذِينَ رَفَضُوا أَنْ يَسْجُدُوا لِلْوَحْشِ
وَلِتِمْثَالِهِ، وَٱلَّذِينَ رَفَضُوا عَلَامَتَهُ عَلَى أَيْدِيهِمْ وَجِبَاهِهِمْ،
وَقَدْ عَادُوا إِلَى ٱلْحَيَاةِ، وَمَلَكُوا مَعَ ٱلْمَسِيحِ أَلْفَ سَنَةٍ. [٥]هٰذِهِ
هِيَ ٱلْقِيَامَةُ ٱلْأُولَى. أَمَّا بَقِيَّةُ ٱلْأَمْوَاتِ فَلَا يَعُودُونَ إِلَى
ٱلْحَيَاةِ حَتَّى تَنْقَضِيَ ٱلْأَلْفُ سَنَةٍ. [٦]مَا أَسْعَدَ وَأَقْدَسَ مَنْ
كَانَ لَهُمْ نَصِيبٌ فِي ٱلْقِيَامَةِ ٱلْأُولَى! لَنْ يَكُونَ لِلْمَوْتِ ٱلثَّانِي
سُلْطَةٌ عَلَيْهِمْ، بَلْ يَكُونُونَ كَهَنَةً لِلهِ وَلِلْمَسِيحِ، وَيَمْلِكُونَ
مَعَهُ أَلْفَ سَنَةٍ.

* End satan & Gog-Magog. نهاية شيطان وعجوج وماجوج *

The Last Rebellion

[7]When the thousand years are over, Satan will be
released from his prison [8]and will go out to deceive
the nations in the four corners of the earth—Gog
and Magog—to gather them for battle. In number
they are like the sand on the seashore. [9]They
marched across the breadth of the earth and
surrounded the camp of God's people, the city he
loves. But fire came down from heaven and
devoured them. [10]And the devil, who deceived
them, was thrown into the lake of burning sulfur,
where the beast and the false prophet had been
thrown. They will be tormented day and night for
ever and ever.

التمرد الأخير

[٧]وَحِينَ تَنْقَضِي ٱلْأَلْفُ سَنَةٍ، يُطْلَقُ ٱلشَّيْطَانُ مِنْ سِجْنِهِ،
[٨]فَيَخْرُجُ لِيُضَلِّلَ ٱلْأُمَمَ فِي زَوَايَا ٱلْأَرْضِ ٱلْأَرْبَعِ، جُوجَ
وَمَاجُوجَ، وَيَجْمَعَهُمْ لِلْقِتَالِ، وَعَدَدُهُمْ كَبِيرٌ جِدّاً كَرَمْلِ ٱلْبَحْرِ.
[٩]فَيَصْعَدُونَ عَلَى سُهُولِ ٱلْأَرْضِ ٱلْعَرِيضَةِ، وَيُحَاصِرُونَ مِنْ كُلِّ
جَانِبٍ مُعَسْكَرَ ٱلْقِدِّيسِينَ وَٱلْمَدِينَةَ ٱلْمَحْبُوبَةَ، وَلٰكِنَّ نَاراً
مِنَ ٱلسَّمَاءِ تَنْزِلُ عَلَيْهِمْ وَتَلْتَهِمُهُمْ. [١٠]ثُمَّ يُطْرَحُ إِبْلِيسُ ٱلَّذِي
كَانَ يُضَلِّلُهُمْ، فِي بُحَيْرَةِ ٱلنَّارِ وَٱلْكِبْرِيتِ، حَيْثُ ٱلْوَحْشُ
وَٱلنَّبِيُّ ٱلدَّجَّالُ، هُنَاكَ سَوْفَ يُعَذَّبُونَ نَهَاراً وَلَيْلاً، إِلَى أَبَدِ
ٱلْآبِدِينَ.

* 101 صفحة مقابل رقم ٢٣٣
opposit page 151
\# 233

هل تعلم

أفكار وعقائد والأديان :

٢٣٥ 235 ملاحظة : كل هذه أفكار وعقائد والمذاهب والأديان جاءوا من فكر الشيطان كي يعطي أو يلقي عقيدة وأفكار والمذاهب من دين الرئيسي أو الدين الذي جاء منه إلى ٦٦ أقسام الشيطانية كي لا يتحدون مع بعضهم ما دام الشيطان موجود على الأرض. جوزيف إيشو حري بك J.E.B

على سبيل مثال: أول دين أو إيمان في الله الحي الحقيقي وليس الله أصنام من صنع البشر على عبادتها وأيضا الله الحقيقي الخالق الأرض والسموات وكل شيء فيها آمين أول إيمان في ظهور عند اليهود الفكري وعقيدتين الصدوقيين والفريسيين ومن بعدها ظهرت أفكار وانقسامات الشيطانية لعالم الشخصية وكرامتهم الشيطانية. فلذلك جاءت أفكار وعقائد من أوروبا في أوروبا الشرقية والاتحاد السوفيتي سابقا الذين لا يؤمنون بوجود خالق الله لذلك الله يعني هذه المملكة من وجود كما الله يعني مملكات والممالك سابقا مدونة في عهد القديم التوراة. جوزيف إيشو حري بك J.E.B

أفكار وعقائد والمذاهب المشتقة من الدين الرئيسي :-

انهم يهود ولكن الحريديم

١- الحريديم: يهود متشددين ومتعصبين. الحريدين جاءوا أصلهم أتقى الحريدي معنى التقيد جاءوا من مصر كلمة أسم الحريد معناها القاصب أو معتبر

٢- الحاسيدين: الحاسيدين هم جزء من الحريديم. 1912 كانت مضاد حركة تناهض حركة الصهيونية (ZION) كانت حركة أغودات يسرائيل وكانت تنظم الحسيدين والحريديين اللتوانيين الذين كانت تشطر ثلاثة (٣) يهود معروفة وهي أشكناز والسفارديم الغربي والشرقي كالغربي هم الحريديم اللتوانيين وهم شرقي في أشكناز في أيضا كانوا الحسيدين ومن شرقي هم السفرديين هم الحسيديك هم حاجات الحسيدين واللتوانيين والسفرديين والحسيديين 40 في مائة منهم كان أسمه الراف لبفيتش وفي أيضا كانوا الحسيدين ومن شرقي هم السفرديين هم الحسيدين أكبر طائفة منهم وكان معقل في بولندا. كل هذه عقيدات وطوائف وأفكار والمنظمات اليهودية جاءوا معظمهم في شرقي أوروبا ومن أوروبا والاتحاد السوفيتي سابقا بعد انهيار اتحاد السوفيتي وكانت موجودة فيها وفي شرقي أوروبا: لم يكون أو مدونة أو مكتوبة في عهد القديم في كتاب المقدس التوراة وأنها كانت فكرتين أو عقيدتين في التوراة الصدوقيين والفريسيين فقط:

١- عقيدة الفريزيين: لا يؤمنون في ملائكة والقيامة

1- Sadducees: They Didnot believe in either resurection on Angeles.

٢- عقيدة الفريزيين: ظهور الفريزيين في أول قرن: يؤمنون في ملائكة والقيامة.

2- Pharisees: premint relgios Sect of Judasim existing in the first Century

وأيضا في الأديان الأخرى يوجد انقسامات أخرى من الدين يؤمنون في مسيحية والإسلامية

وأيضا الأديان والأفكار الأخرى كالبوذية والهندوسية وإلى آخره (الخ).

يوم السبت مصادف ١٩/شباط/٢٠٢٢. جوزيف حري بك Sat. Feb. 19-2022.

J.E.B

سمعتها من
تلفزيون في
Sat-Feb-19-2022

٢٢٦-236- عنوان ماذا يعني جبل اللوز السعودي الإسرائيل؟ ولماذا
تخطط الصهانية للسيطرة على حرمين؟
Ne 3raf | نعرف ، 523 Vejws . published on July. 29-2021.

١- مشروع المخطط الأبراهيمي في مملكة أطماع الصهيوني في مملكة العربية السعودية : مطالب اليهودية بتعويضات عن حقوق وممتلكات اليهودية يقولون أنهم عاشوا في جزيرة العربية وخرجوا منها منذ مئات السنين

٢- المستوى الثاني يعتقد أن جبل موسى أو جبل طور ليس موجود في السيناء المصريه ولكنه موجود في أراضي السعوديه أسمه جبال (جبل) اللوز في وقت الحالي

٣- المستوى الثالث بالغ التطرف حتى داخل حركة الصهيونية لأنه يدعوا تأليف تحالف أو تحالف بين اسرائيل وبين دول الغربيه لغزوا المملكه سعوديه العربيه وسيطر على مكه والمدينة مثل ولماذا هذا سوف مانعرفه لبعد الأهتمام بسعوديه عربية وأراضيها وأماكن المقدسه للمسلمين بدأنا نقول تأخذ أشكال المتعدده في أفلام شكل أفلام الدراميه وأفلام وثائقيه وكتابات ومقالات وزيارات لمملكه ومحاوله أدماجها في ما يسمى بالمسار أبراهيم السياحي كما قالت دكتوره هبه هي بين مؤامره أو نظريه مؤامره

يوجد كتاب أسمه بلاد الإكسودس يوجد جبل اللوز في تابوك في سعوديه شمال سعوديه يقولون يهود أن جبل سيناء ليس وإنما جبل اللوز اللوز موسى صعد في مقالهم في كتاب صعد وقال في كتابه عن يهود في خيبر سعوديه

وبعض طوائف اليهودية
يضعون كعبه على رؤسهم

AYILIPIN
AUTHOR & LECTURT
MIDDLE EAST EXPERT

BILE BLOC
cush Hatanakhi

237-A -Joshua 11:21-23 ٢٣٧ - أ - يشوع ١١: ٢١ - ٢٣ - 237

The Defeat of the Anakites

21- At that time Joshua went
and destroyed the Anakites from the hill
coutry; from Hebron, Debir and Anab,
from all the hill country of Israel.
Joshua totally destroyed them and
their towns. 22 No Anakite were left
in Israelite territory, only in Gaza
Gath and Ashdod did any survive.
23- So Joshua took the entire land,
just as the LORD had directed according to
Moses, and he gave it as an inheritance
to Israel according to their tribal divisions
Then the land had rest from war

القضاء على العناقيين

٢١ وهاجم يشوع العناقيين وأبادهم
من جبل في حبرون ومن دبير ومن
عناب ومن سائر جبل يهوذا ومن
جبال إسرائيل فقضى عليهم وحرم مدنهم
٢٢ فلم يبق منهم أحد في أرض بني إسرائيل
سوى قلة لاذت إلى غزة وجت وأشدود
٢٣ واستولى يشوع على كل الأرض كما وعد
الرب موسى وقسمها يشوع ميراثاً لإسرائيل
وفقاً لطوائفهم وأسباطهم وأخيراً استراحت
الأرض من الحرب.

Ezekiel: 38:1-6. حزقيال: ٣٨: ١-٦

237-B- MaGog. Gog, Meshech and Toubal. ٢٣٧ - ب - مجوج رئيس روش ماشك وتوبال - 237-B

X A Prophecy Against Gog

38 The word of the LORD came to me: 2 "Son of man, set your face against Gog, of the land of Magog, the chief prince of Meshech and Tubal; prophesy against him 3 and say: 'This is what the Sovereign LORD says: I am against you, O Gog, chief prince of Meshech and Tubal. 4 I will turn you around, put hooks in your jaws and bring you out with your whole army–your horses, your horsemen fully armed, and a great horde with large and small shields, all of them brandishing their swords. 5 Persia, Cush and Put will be with them, all with shields and helmets, 6 also Gomer with all its troops, and Beth Togarmah from the far north with all its troop - the many nation with you.

X مؤامرة جوج الشريرة

٣٨ وأوحى إلي الرب بكلمته قائلاً: ٢ «يا ابن آدم، التفت بوجهك نحو جوج أرض ماجوج رئيس روش ماشك وتوبال وتنبأ عليه ٣ وقل: هذا ما يعلنه السيد الرب: ها أنا أنقلب عليك يا جوج رئيس روش ماشك وتوبال. ٤ وأقهرك وأضع شكائم في فكيك وأطردك أنت بك خيلاً وفرساناً وجميعهم مرتدون أفخر ثيابهم جمهوراً غفيراً كلهم حملة أتراس ومجان من كل قليل سيفه. ٥ من جملتهم رجال فارس وكوش وفوط يحمل كل واحد مجناً وخوذة. ٦ وأيضاً جومر وكل جيوشه وبيت توجرمة من
وبيت توجرمة أقاصي الشمال مع
كل جيشه جميعهم جيوش غفير
اجتمعت إليك

صفحة مقابل ١٥٤ ب
opposi page 154 - B.

237-B-Bzekiel: 38:1-6

X A prophecy Against Gog.

238-The Word of the LORD came to me
[2] Son of man, Set your face against
Gog, of the land of Magog, the chief
prince of Meshech and Tubal; prophesy
against him and Say: This is What the
Sovereugn LORD Say: I am against
you, O Gog, chief prince of Meshech
and Tubal [4] I will turn you around,
put hook in your Jaws and bring
your Out with your Whol Army-
your horses; your horsman fully
Armed, and a great horde With the
Large and Small Shickls, all them
brandishing their Swords [5] persia
Cush and put Will be with them,
all with shield and helmets. also
Comer With the all its Troops and Beth
Togarmah from the far north With
All its troop - the many natian
With you.

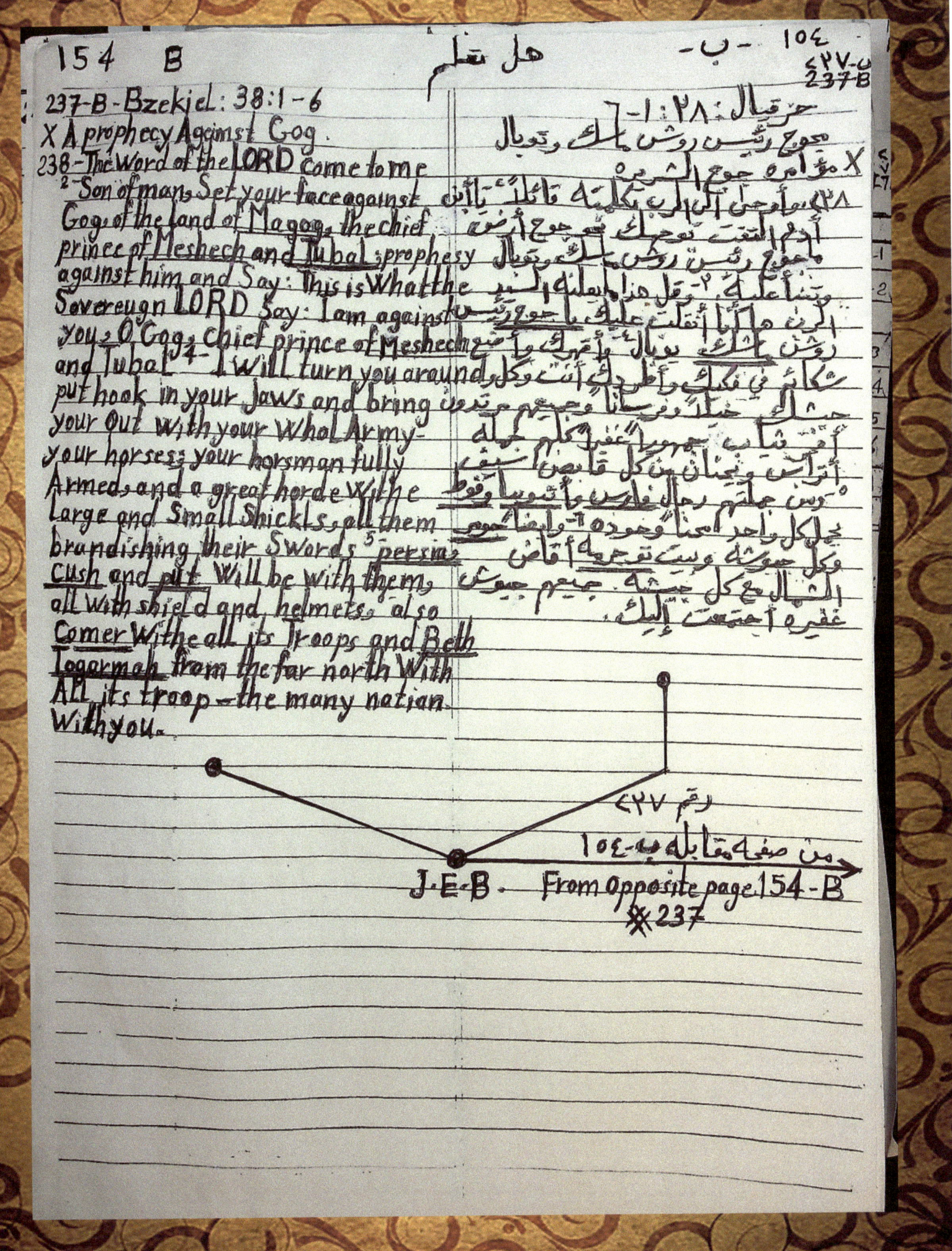

حزقيال: ٢٨: ١-٦
معوج رئيس روش ماشك وتوبال
X مؤامرة جوج الشريرة
٢٨ وأوحى الي الرب بكلمته قائلاً يا ابن
آدم التفت بوجهك نحو جوج أرض
ماجوج رئيس روش ماشك وتوبال
وتنبأ عليه ٢- وقل هذا ما يعلنه السيد
الرب ها أنا أنقلب عليك يا جوج رئيس
روش ماشك توبال ٤- وأمركك وأضع
شكائم في فكيك وأطردك أنت وكل
جيشك خيلاً وفرساناً وجميعهم مرتدون
أفخر ثياب جمهوراً غفيراً كلهم حملة
أتراس ومجان من كل قابض سيفه
٥- ومن حلفهم رجال فارس وأثيوبيا وفوط
بحل كل واحد مجناً وخوذه ٦- وأيضاً جومر
وكل جيوشه وبيت توجرمه أقاصي
الشمال مع كل جيشه جميعهم جيوش
غفيره أجتمعت إليك.

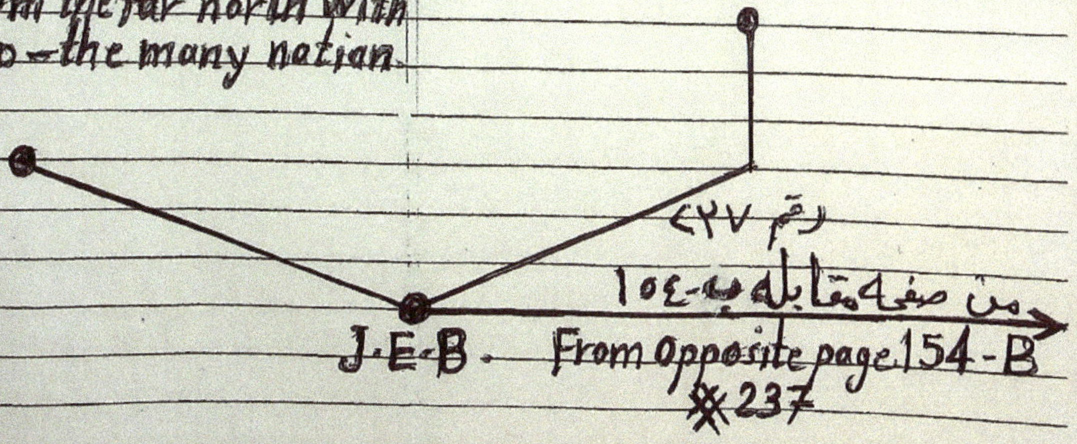

Sun. في سمعتها من تلفزيون
Feb. 20-2022. 7:40pm

أنهم يهود ولكن الحريديم
٢٣٨- 238- أغرب طقوس وعادات اليهود
173K Views. premiered oct. 18-2022

الحريديم: تقاليدهم كالتقاليد الإسلام المتشددون يشبهون كالسلفيات يغطين وجوههم
الحريديم: المتدينين ويوجد مجموعة يسمى لفت طهور معني قلب طيب
وطاهر: هناك طائفة يهودية تعلن ولائها للمرشد الإيراني وتنوي
الهجرة إليها. إسرائيل تحاول منعهم. مجموعة تهور (طاهور) group Lev Tahor
ليفي تاهور (تهور): طائفة تاهور: جماعة طائفة منتمية إلى طائفة الحسيديم
الحسيديين التي هي جزء من الحريديم التي هي تشكل حسيديين 40% والتوائي
30% والمفريدين 30% في مائة. هذه تشكل الحريديين. منهم الحريديم
كل سلوكهم وطباعهم وتصرفاتهم التي تقترب جداً من المسلمين
المتشددين من جماعات المتشددة وتناهض الصهيونية وضد أساس
الصهيونية
الحريديم: معناها أي مشتقه من أثنين أصلك حلو مشتقة من أثنين
الحريدي معناها التقي وهي أصلاً من مصدر كلمة معناها الحريدي يعني
الناصح أو المعتدل. كان في عشرينا 1912 كانت مضاهر الصهيونية
كانت حركة تناهض كانت حركة أغودات يسرائيل.
J.E.B.

← مقابل

239- Genesis 21:9-15. -B -ب- ٢٣٩- تكوين ٢١: ٩-١٥

Hagar and Ishmael Sent Away

9-But Sarah Saw that the Son Whom Hagar
the Egyption had borne to Abraham, Was
Mocking, and She Said to Abraham "Get
rid of that slave Woman and her Son,
will never share in the inheritance With
my Son Isaac." 11-The matter distressed
Abraham greatly because it it Concernd
his Son. 12-But God Siad to him, Do
not be So distressed abut the boy
and your maid servant. Listen to What
ever Sarah tells you, becaus it is throu-
gh Isaac that your offspring Will rekoned.
13-I will make the Son of the maid serv-
ant into anation also, Beacause he is
your offspring" 14-Early the Next morning
Abraham took Some food and skin of Water and gave them to Hagar.
He Set them of her Shoulders, & then Sent her of With the boy. She Went on her Way
and Wandered in the desert of Beesheba. 15-When the Water in the skin was gones

طرد هاجر وإسماعيل

٩- ورأت سارة أن هاجر المصرية التي أنجبته
لإبراهيم يسخر من ابنها إسحاق ١٠- فقالت
لإبراهيم: (أطرد هذه الجارية وابنها فإن ابن
الجارية لن يرث مع ابني إسحاق) ١١- فقبح
هذا القول في عيني إبراهيم من أجل ابنه
١٢- فقال الله له: لا يسوء في عينيك أمر
الصبي وأمر جاريتك واسمع لكلام
سارة في كل ما تشير به عليك لأنه بإسحاق
يدعى لك نسل ١٣- وسأقيم من ابن الجارية أمة
أيضاً لأنه من ذريتك
١٤- فنهض إبراهيم في الصباح الباكر وأخذ
خبزاً وقربة ماء ودفعهما إلى هاجر
ووضعهما على كتفيها ثم صرفها مع الصبي. فهامت
على وجهها في البرية بئر سبع ١٥- وعندما فرغ
الماء من القربة طرحت الصبي تحت إحدى
الأشجار.

(155) -B- هل تعلم - ب - ١٠٠ (155)

Genesis. 21:9-15. تكوين ٢١: ٩-١٥

Abimelech, his wife and his slave girls so they
could have children again, [18]for the LORD had
closed up every womb in Abimelech's household
because of Abraham's wife Sarah.

The Birth of Isaac

21 Now the LORD was gracious to Sarah as
he had said, and the LORD did for Sarah
what he had promised. [2]Sarah became pregnant
and bore a son to Abraham in his old age, at the
very time God had promised him. [3]Abraham gave
the name Isaac to the son Sarah bore him. [4]When
his son Isaac was eight days old, Abraham
circumcised him, as God commanded him.
[5]Abraham was a hundred years old when his son
Isaac was born to him. [6]Sarah said, "God has
brought me laughter, and everyone who hears
about this will laugh with me." [7]And she added,
"Who would have said to Abraham that Sarah
would nurse children? Yet I have borne him a son
in his old age." [8]The child grew and was weaned,
and on the day Isaac was weaned Abraham held a
great feast.

Hagar and Ishmael Sent Away

[9]But Sarah saw that the son whom Hagar the
Egyptian had borne to Abraham was mocking,
[10]and she said to Abraham, "Get rid of that slave
woman and her son, for that slave woman's son
will never share in the inheritance with my son
Isaac." [11]The matter distressed Abraham greatly
because it concerned his son. [12]But God said to
him, "Do not be so distressed about the boy and
your maidservant. Listen to whatever Sarah tells
you, because it is through Isaac that your offspring
will be reckoned. [13]I will make the son of the
maidservant into a nation also, because he is your
offspring."
[14]Early the next morning Abraham took some
food and a skin of water and gave them to Hagar.
He set them on her shoulders and then sent her off
with the boy. She went on her way and wandered in
the desert of Beersheba. [15]When the water in the
skin was gone, she put the boy under one of the
bushes. [16]Then she went off and sat down nearby,
about a bowshot away, for she thought, "I cannot
watch the boy die." And as she sat there nearby,
she began to sob.
[17]God heard the boy crying, and the angel of God

أَبِيمَالِكَ وَزَوْجَتَهُ وَجَوَارِيَهُ فَوَلَدْنَ. [١٨]لِأَنَّ ٱلرَّبَّ كَانَ قَدْ
أَصَابَ نِسَاءَ بَيْتِ أَبِيمَالِكَ بِٱلْعُقْمِ مِنْ أَجْلِ سَارَةَ زَوْجَةِ
إِبْرَاهِيمَ.

مولد إسحاق

٢١ وَٱفْتَقَدَ ٱلرَّبُّ سَارَةَ كَمَا قَالَ، وَأَنْجَزَ لَهَا مَا وَعَدَ
بِهِ. [٢]فَحَبِلَتْ سَارَةُ وَوَلَدَتْ لِإِبْرَاهِيمَ فِي
شَيْخُوخَتِهِ ٱبْناً، فِي ٱلْوَقْتِ ٱلَّذِي عَيَّنَهُ ٱللهُ لَهُ. [٣]فَدَعَا
إِبْرَاهِيمُ ٱبْنَهُ ٱلَّذِي أَنْجَبَتْهُ لَهُ سَارَةُ «إِسْحَاقَ». [٤]وَخَتَنَهُ فِي
ٱلْيَوْمِ ٱلثَّامِنِ بِمُوجِبِ أَمْرِ ٱللهِ. [٥]وَكَانَ إِبْرَاهِيمُ قَدْ بَلَغَ
ٱلْمِئَةَ مِنْ عُمْرِهِ عِنْدَمَا وُلِدَ لَهُ إِسْحَاقُ. [٦]وَقَالَتْ سَارَةُ
«لَقَدْ أَضْحَكَنِي ٱلرَّبُّ. كُلُّ مَنْ يَسْمَعُ هَذَا ٱلْأَمْرَ يَضْحَكُ
مَعِي». [٧]وَأَضَافَتْ أَيْضاً: «مَنْ كَانَ يُمْكِنُ أَنْ يَقُولَ
لِإِبْرَاهِيمَ إِنَّ سَارَةَ سَتُرْضِعُ بَنِينَ؟ فَهَا أَنَا قَدْ أَنْجَبْتُ لَهُ
ٱبْناً فِي شَيْخُوخَتِهِ». [٨]وَكَبُرَ إِسْحَاقُ وَفُطِمَ. فَأَقَامَ إِبْرَاهِيمُ
فِي يَوْمِ فِطَامِهِ مَأْدُبَةً عَظِيمَةً.

طرد هاجر وإسماعيل

[٩]وَرَأَتْ سَارَةُ أَنَّ ٱبْنَ هَاجَرَ ٱلْمِصْرِيَّةِ ٱلَّتِي أَنْجَبَتْهُ لِإِبْرَاهِيمَ
يَسْخَرُ مِنِ ٱبْنِهَا إِسْحَاقَ، [١٠]فَقَالَتْ لِإِبْرَاهِيمَ: «ٱطْرُدْ هَذِهِ
ٱلْجَارِيَةَ وَٱبْنَهَا، فَإِنَّ ٱبْنَ ٱلْجَارِيَةِ لَنْ يَرِثَ مَعَ ٱبْنِي
إِسْحَاقَ». [١١]فَقَبُحَ هَذَا ٱلْقَوْلُ فِي نَفْسِ إِبْرَاهِيمَ مِنْ أَجْلِ
ٱبْنِهِ. [١٢]فَقَالَ ٱللهُ لَهُ: «لَا يَسُوءْ فِي نَفْسِكَ أَمْرُ ٱلصَّبِيِّ أَوْ
أَمْرُ جَارِيَتِكَ. وَٱسْمَعْ لِكَلَامِ سَارَةَ فِي كُلِّ مَا تُشِيرُ بِهِ
عَلَيْكَ لِأَنَّهُ بِإِسْحَاقَ يُدْعَى لَكَ نَسْلٌ. [١٣]وَسَأُقِيمُ مِنِ ٱبْنِ
ٱلْجَارِيَةِ أُمَّةً أَيْضاً لِأَنَّهُ مِنْ ذُرِّيَّتِكَ».
[١٤]فَنَهَضَ إِبْرَاهِيمُ فِي ٱلصَّبَاحِ ٱلْبَاكِرِ وَأَخَذَ خُبْزاً وَقِرْبَةَ مَاءٍ
وَدَفَعَهُمَا إِلَى هَاجَرَ، وَوَضَعَهُمَا عَلَى كَتِفِهَا، ثُمَّ صَرَفَهَا
مَعَ ٱلصَّبِيِّ. فَهَامَتْ عَلَى وَجْهِهَا فِي بَرِّيَّةِ بِئْرِ سَبْعٍ.
[١٥]وَعِنْدَمَا فَرَغَ ٱلْمَاءُ مِنَ ٱلْقِرْبَةِ طَرَحَتِ ٱلصَّبِيَّ تَحْتَ
إِحْدَى ٱلْأَشْجَارِ، [١٦]وَمَضَتْ وَجَلَسَتْ مُقَابِلَهُ، عَلَى بُعْدِ نَحْوِ
مِئَةِ مِتْرٍ، لِأَنَّهَا قَالَتْ: «لَا أَشْهَدُ مَوْتَ ٱلصَّبِيِّ». فَجَلَسَتْ مُقَابِلَهُ
وَرَفَعَتْ صَوْتَهَا وَبَكَتْ.
[١٧]وَسَمِعَ ٱللهُ بُكَاءَ ٱلصَّبِيِّ، فَنَادَى مَلَاكُ ٱللهِ هَاجَرَ مِنَ

مقابل صفحة 100 opposit page 155

-٢٣٩ 239

رقم ٢٣٩

مقابل صفحة 100 opposit page 155 ※ 239

From opposit page 155 مقابل صفحة

Genesis: 19:34-38

تكوين ١٩: ٢٤ - ٢٨.

240-Lot and His Douhter

34-The Next day the old daughter
Said to younger, last night I lay
With my father. let's get him drink
Wine again tonight, and you gain
and Lie With him So We can preserv
our family Line through our father"
35-So they got their father to drink wine
that night also, and the younger daughter
Went on lay With him. Again he Was not
aware of it When she Lay down or When
she got Up 36-So both of Lot's daughters
becoma pregnant by their father 37-
37-The older daughter had a Son, and she
named him Moab; he is the father of
the Moabites of today. 38-The yonger
doughter also had a Son, and she named
him Ben-Ammi; he is the father of
Ammonites of today.

٢٤٠- خطيئة ابنتي لوط
وفي يوم التالي قالت ابنته الكبرى لأختها
الصغرى: «إني قد اضطجعت
أمس مع أبي الليلة فتعالي نسقيه الليلة أيضاً
خمراً ثم ادخلي واضطجعي معه فنحيي من
أبينا نسلاً» ٣٥- فسقتا أباهما خمراً في
تلك الليلة أيضاً وقامت الابنة
الصغرى واضطجعت مع أباها ولم يعلم
باضطجاعها ولا بقيامها ٣٦- وهكذا حملت
الابنتان كلتاهما من أبيهما ٣٧- فولدت
الكبرى ابناً ودعته موآب (معناه من
الأب) وهو أبو الموآبيين إلى اليوم
٣٨- أما الصغرى فولدت ابناً ودعته
«بن عمي» (معناه ابن قومي) وهو أبو بني
عمون إلى اليوم.

BEN-AMMI:- 240-B.

Ben-Ammi (Son of my kin). The Son
of Lot from his youngest daughter, he Was
forefather of Ammonites, The deriv-
ation of his name indicating this inbred Origin emphasized
the incestuous Origin of the Ammonites; Gen. 19-38

٢٤٠-B بن عمي (ابن قومي):
بن عمي (ابن قومي) وهو أبو
بني عمون إلى اليوم، ابن لوط
من ابنته صغرى، كان اخوة الطفل
الأكبر بني عمون

AMMON-AMMONITES (children of Ammon. A people Whose Orgin the
BIBEL ascribes to the incestuous Union of Lot With his Younger Daughter
Who bore him a Son, Ben-Ammi, the father of the people of Ammon to this
day (Gen. 19:38.). The land east of River Jordon, on the North bank of River
Jabbok, Was also called after the AMMONITES Who, according to archael-
ogical evidenc, Settled there at the beginning of the 13 Century B.C While
he Moabites and the Edomites Setled further South the Ammonites may have
originated from the Amorites (Num. 21:25-31). Alread in the Time of Moses, the
Ammonites-Like Moabites-Were exeluded from the Isralites Coummunity
(Deut. 23:3). There Was Continuous enmity betwen the Israelites and Semi-
nomadic Ammonites Who tried to encroach on the Israelites tertory. Early in the
period of the Judges, Jephthah Subdued the Ammanites (Judg. 11:31-33)

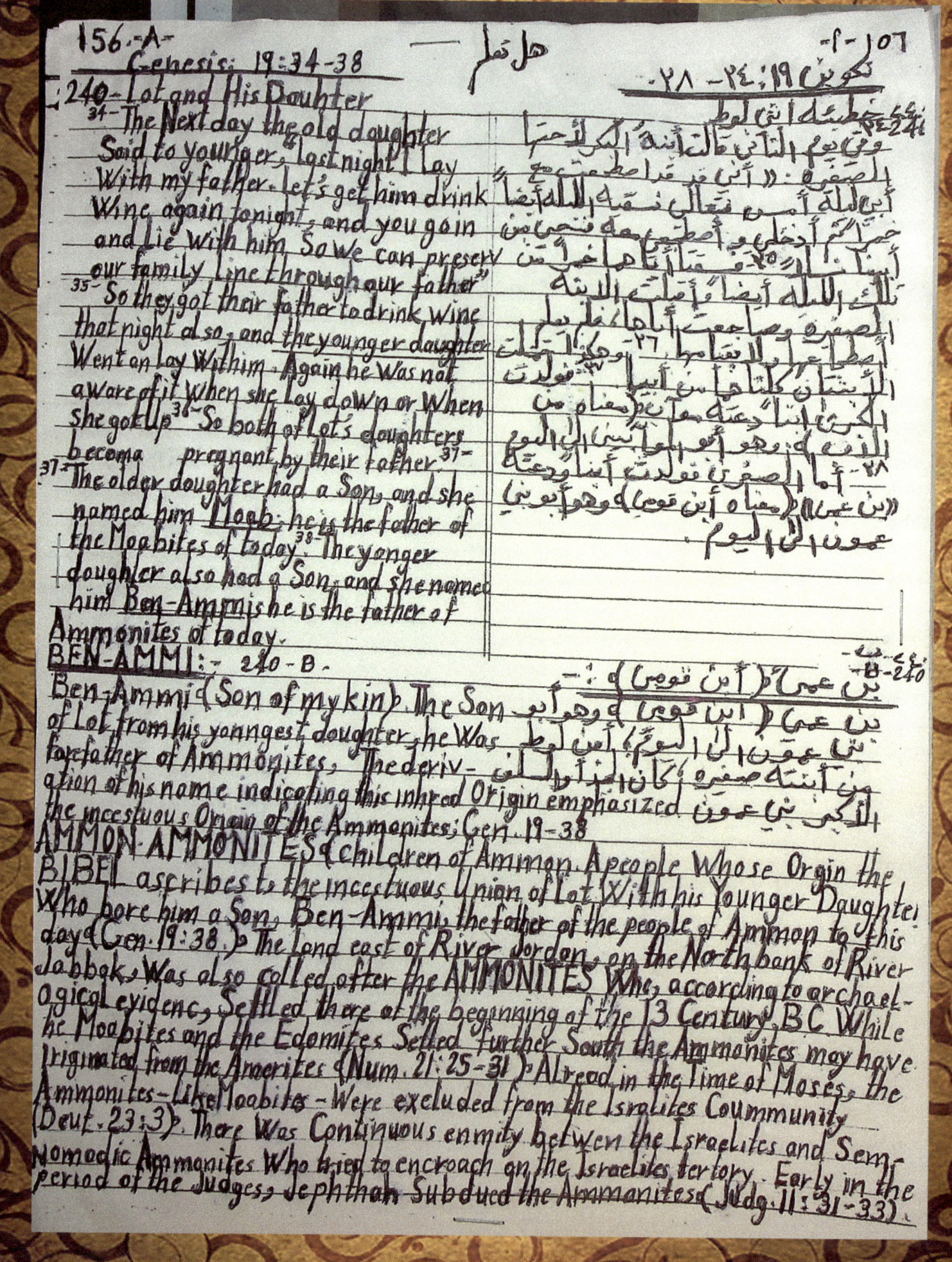

هل تعلم

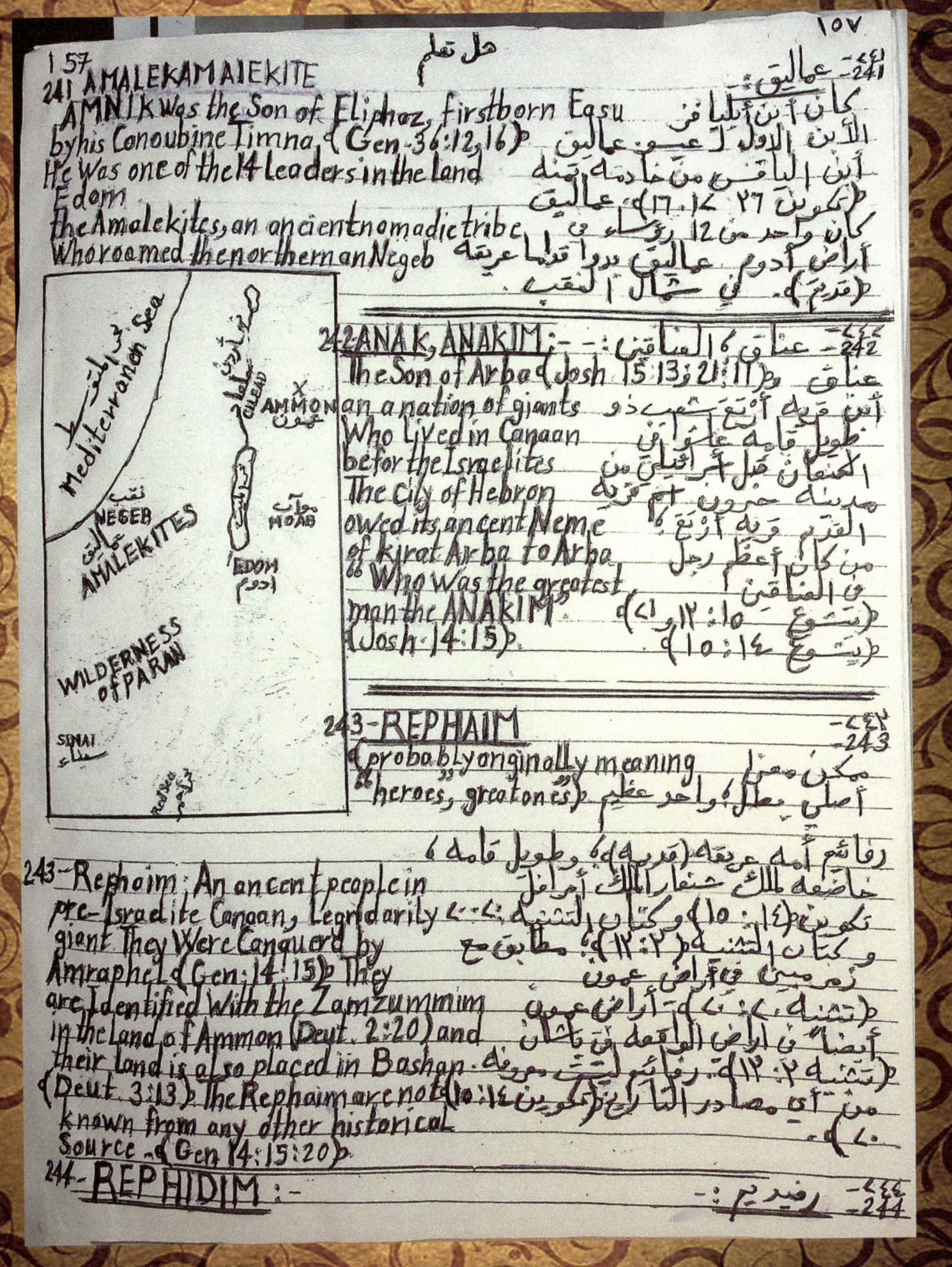

241 AMALEKAMAIEKITE

AMNIK Was the Son of Eliphaz, firstborn Easu by his Conoubine Timna, (Gen. 36:12,16). He Was one of the 14 Leaders in the land Edom. The Amalekites, an ancient nomadic tribe Who roamed the northern an Negeb.

٢٤١ - 241 عماليق :-

كان أبن أليفاز الأبن الأول لـ عيسو عماليق أبن الباقي من خادمه تمنه (تكوين ٣٦ : ١٢ ، ١٦) عماليق كان واحد من 12 رؤساء في أراض أدوم. عماليق بدوا قديما عريقه في شمال النقب (قديم).

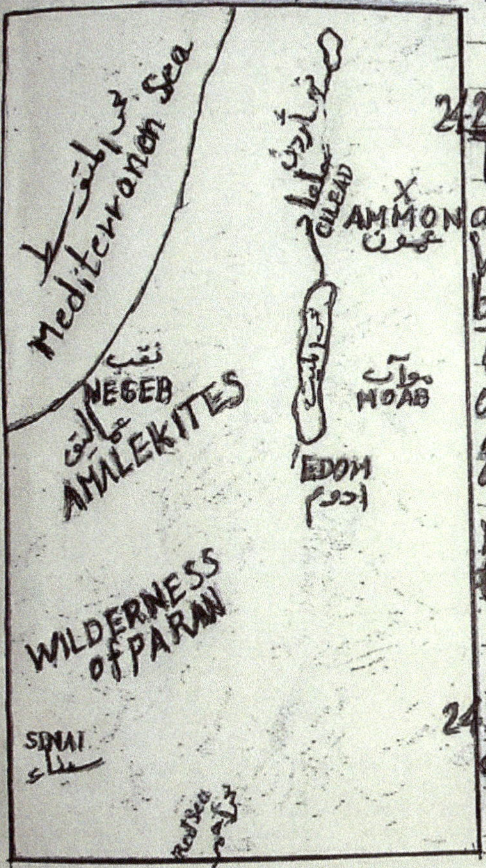

242 ANAK, ANAKIM :- -

The Son of Arba (Josh 15:13; 21:11) an a nation of giants Who Lived in Canaan befor the Israelites. The City of Hebron owed its ancent Neme of kirat Arba to Arba "Who Was the greatest man the ANAKIM" (Josh 14:15).

٢٤٢ - 242 عناق ، العناقين :- -

عناق (يشوع ١٥ : ١٣ و ٢١ : ١١) أبن قريه أربع شعب ذو طويل قامه عاشوا في الكنعان قبل أسرائيلين من مدينه حبرون أسم قريه القديم قريه أربع ، من كان أعظم رجل في العناقين (يشوع ١٥ : ١٣ و ٢١) (يشوع ١٤ : ١٥).

243 - REPHAIM

(probably originally meaning "heroes, great ones")

٢٤٣ - 243

ممكن معنى أصلي بطل ، واحد عظيم

243 - Rephaim: An ancent people in pre-Israelite Canaan, Legendarily giant. They Were Canquerd by Amraphel (Gen. 14:15). They are Identified With the Zamzummim in the Land of Ammon (Deut. 2:20) and their land is also placed in Bashan. (Deut. 3:13). The Rephaim are not known from any other historical Source. (Gen 14:15:20)

رفائم أمه عريقه (قديمه) ، وطويل قامه ، خاضعه لملك شنعار الملك أمرافل تكوين (١٤ : ١٥) وكتاب التثنيه ٢ : ٢٠ وكتاب التثنيه (٢ : ١١) ، مطابق مع زمزميين في أراض عمون (تثنيه ٢ : ٢٠) - أراض عمون أيضا في أراض الواقعه في باشان (تثنيه ٢ : ١٢). رفائم ليست معروفه من أي مصادر التاريخ (تكوين ١٤ : ١٥ ، ٢٠).

244 - REPHIDIM :-

٢٤٤ - 244 رفيديم :-

244- REPHIDIM:

Rephidim: one of the stations on the route of the Exodus Where Moses Smot the rock in Order to provide the people With Water (Ex.17:1-7). Amalek fought Israel (EX. 17:8-6). According to Number (33:14-15), Rephidim Was Situated between ALush and the Wilderness of Sinai.

٢٤٤- 244- الرفيديم:

خطى
رفيديم واحد مكان خطى وقوف
بني موسى طريقه الذي اخرج
الماء من صخرة يشرب شعبه.
عماليق حاربوا اسرائيل
رفيديم مكان أو خطى بين
ألوش والبراري سيناء.

245- ZAMZUMMIM:

Zamzummim: According to Deuteronomy race of giant Who Live in AMMON before the Rephaim While the Moabite term is Emim (Deut. 2:11). Deut: 2:20.

٢٤٥- 245- الزمزميين

الزمزميين: وفقاً في كتاب التثنية
جنس (عرق) عمالقة كانوا يعيشون
في عمون قبل رفائيم الله
عرقه عرقه طوريه وطويله
مصطلح المؤابيين لهم Emim تثنية ٢:٢٠،١١

Sat. Feb. 26-2022.

٢٤٦- 246- الصحة والمعالجة والأمراض: أعراض الجانبية: من أعداد جوزيف عيسى بك

السبت ٢٦-٢-٢٠٢٢

في أحد كل في ما عقله بعمله هو صح في أعتقاده من ناحيه سلبيه وسلبيه
والصحيه أنه جيد حسب أعتقاده ولكن أفضل لك قبل عمل أي شيء يكون
عندك حساب في عمله سيقابلك في عكس أي أعراض الجانبية التي
تقابلك غير جيد مثلا جيد X غير جيد سلبيه أو اضرار ومعاله ستحلفه
عواقبه أعراض الجانبيه مثلاً في سنه عندما أمريكا وضعوا صدام حسين
ومن الأعدين والخوميني كان سلبيات عكسيه ما اعتقدوا في عمل هذه
الأشياء كان مضاد أمريكا (هل كان هذا حيشعملة أمريكا؟)
وكل سياسين في الارض يعلمه في اعتقادهم عمل جيد ولكن سيخلق سلبيات
معاكسة عن أعتقادهم
كذلك عن مكافحة الأمراض بواسطة دواء أو حبايب معالجة لها أيضاً تنتج
طول سلبيه أي أعراض جانبية مختلفة
وكذلك في الدين الرئيسية التي يعتقدون وعندهم أفكار جيدة ولكن سيقابلون
في عورض عقيدتهم أي أنقسام في دين رئيسي أنه جيد حسب في أفكارهم
يأتي أعرض حسب في أعتقادي وتحليلي وتحليلي في هذه الدنيا من ما خطي ماذا
يحدث وراء كل عمل شيء فكرية وجديه في مقالي أنه صح لها حوادث وأعراض
جانبيه التي تولدها وعلقها وتحلها من هذه الاعتقادات الذي تعتقدونه أنها غير
صحيه لها أعراض جانبيه ويجب أن تفكروا جيداً قبل عمل شيء أو قبل أن تخطو خطوتك؟

Feb. 26-2022 عيسى بك جوزيف وشكراً J.E.B.

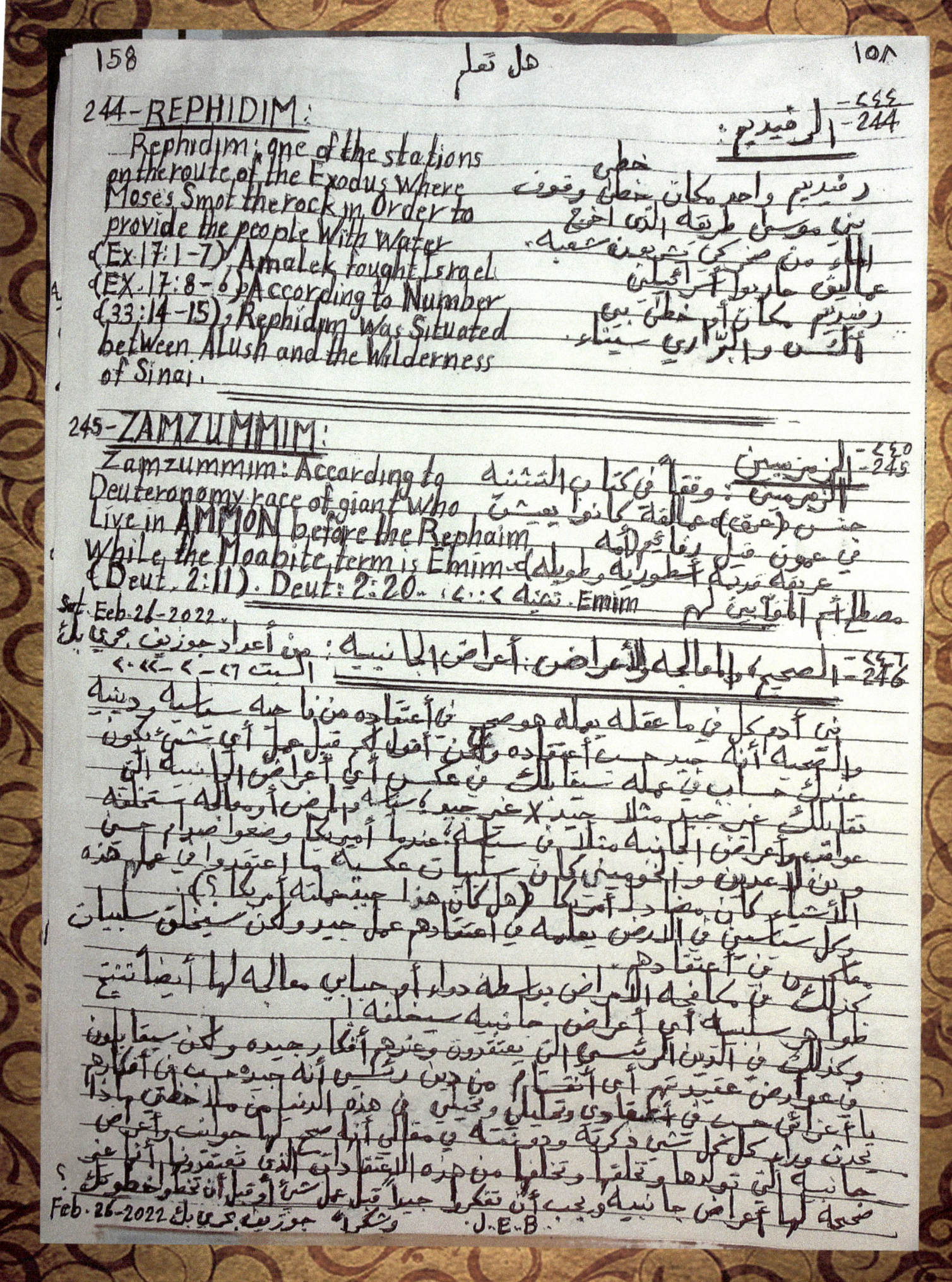

هل تعلم

159 أعداد جوزيف [illegible]
Sat. Feb. 26-2022

٢٤٧ - 247

سياسة وظهورها

سياسة ما هي وكل ما هناك أفكار سياسية وآراء مختلفة ما بين بني
آدم فسياسة هي أفكار الشيطانية منقسمة كي تقسم ما في بينهم التي
بدأت من ظهور الديمقراطية من بعد الملوكية في عهد القديم كان هذا النظام
سائد في ذلك زمان فكرة أملاك والسيطرة على كل شيء أي خلفه
نظام الملكية يعني الملك في سياسة المالك كل شيء وفي أيامه الأرض
كله ملكا له أي ملك أي مالك ومن هناك وبعد ذلك ظهرت فكرة الديمقراطية
ومن بعدها بني آدم أصبح أو يظهر ويكون في أفكار الشيطانية أخرى
المنقسمة من فكرة الملك أو الملوكية التي كانت موجودة سابقا في عهد القديم
كتاب المقدس التوراة كما دونه فيها المملكة الآشورية والمملكة البابلية والفارسية
وإلى من هذه الممالك ومن بعد فكرة الملوكية كما قلت فكرة الديمقراطية
ومن بعد الديمقراطية ظهرت أفكار جديدة الشيطانية السياسية المنقسمة
بين بني آدم أي بين الشعوب ما إلا هي أفكار مختلفة الشيطانية ما في بينهم
كل واحد من بني آدم عنده فكر التي جاءت كي تشطر العائلة الواحدة أي
حزب أو أي جماعة متحدة كي تقسم فيما بينهم سياسة هي أفكار مختلفة
لا تطابق على فكرة سياسية أخرى لكن أفكار مختلفة لا تجتمع مع فكرة واحدة
وإنما تختلف ما في بينهم من أفكار والمنافع الشخصية والمصالح المنفعية
لكرسي الشيطان للنقود القذرة لمصالح الشخصية ما أعزائي أصدقائي
نصيحتي أن شيطان لا يعطيكم وينفككم في أفكاره القذرة دائما
الشيطان يريد منكم أن لا تتحدون مع بعضكم أما عكس مخلصنا كما
قال أن كان اثنين متفقين مع بعضهم أنا الثالث سأكون معهم أي
اتحاد واحد عكس شيطان يريد أن يفرقكم من العائلة أو منبع أو مصدر
اتحاد أو من مصدر أشرفه أو شجرة التي ترجع لها من كل نواحي
الشخصية (السياسية أو دينية أو عائلية أو الشخصية أي كل شيء)
أعزائي فكرة أو أفكار السياسية هي أفكار مختلفة لا تتجمع مع
بعضها ولا يتطابق مع البعض. ثقفوا أنفسكم في قراءة كتاب المقدس
عهد القديم التوراة وعهد جديد الإنجيل وثقفوا نفوسكم بما فهم
محتويات الكتاب في دقة ولا تعرفوا لمصالحكم الشخصية، مهما كنتم أو كنتم
دكتور أو مهندس أو مثقف ليس كافية وليس مثقف إن لم تقرأ
الكتاب المقدس وتفهموه جيد حسنا ذلك تكونون مثقفين في
الثقافة الكاملة والإيمان كي يحاربوا أي أفكار وانقسامات الشيطانية
ما فيما بعضكم في كل حالات الذي تعيشونه في هذه مدة قصيرة من حياتكم
لا تسمحوا أو تعطوا الشيطان أي فرصة أن يدخل فيما بينكم من أفكاره انقسامية أي
أي انقسامات كما ذكرها هي أفكار شيطانية كي لا تتحدون مع بعضكم. أمين

ج. ع. ب.

Sat. Feb. 26-2022

J. E. B.

248- ٢٤٨ - 248

المشاق الأمريكي:
مشاق أمريكا كل ما هو مأخوذ من فكر الفيلسوف الديمكراتيس اليوناني
مشاق تشع الحقوق أنسانيه متساوي في الحياة اليوميه الحريه خاليه
من التسلط (أي دكتاتوريه) والعبوديه أي تكون عبيدا لا تشع
في حريتك وحياتك اليوميه المقيدة فيا وفي ديمكراتيس يملك
حياً من التسلط والاحكام الصارمه والعبوديه كالعسير أن تمارس
حقوق التي نشعت منها من ناحيته دينك ونطق في الحريه الكلام
التي تقدر أن تنطقها من قلبك وحدك وتقدر أن تمارس حقوقه
دينك وأن تشع حريه والأمان والاطمئنان ولم تكن محبوسا وسعيد
أو انزعاجك من نفس الرئيس سيكون الى أن يأتي الآخر اي تحويل
وتنس كل أربعة سنوات وتبديله
من أعداد جوزيف إيشو بريابك

SUN·Feb·27-2022. #249-d (حريه ممارسة شيطانيه): المشاق الأمريكي في - ٢٤٩ 249
حرية الدين في هذه الفقرة الجيده هي لك حق أن تمارس دينك
ولكن لا أحب في هذه الفقرة أن شيطان له عبادته وممارسة أشياءه
السيئه كما في هذه الفقرة سبب حرية الدين ولكن في هذا أو هذه الفقرة
نعطي لشيطان احترامه بسبب حرية الدين؟ هذا ليس صحيح لأن
الشيطان هو عدوك وعدو الله والمسيح والأنبياء في هذه أنا مني
(جوزيف إيشو بريابك) ضد هذه العبارة ولكنا لست ضد الحريه الدين
أنه جداً صحيح كما فرضها الفيلسوف ديمكراتيس اليوناني
لماذا لم يحذف هذه جزء صغير لحريه عبادة شيطان وتقديسه ولم يكن أي مستوى له

250 - حريه حمل السلاح في امريكا: - اعداد جوزيف ايشو بريابك - ٢٥٠ 250
سابقاً كانوا الأمريكين يحملون السلاح ضد انكليزين لانفصالهم
من نظام الملكيه. لذلك كانوا يحملون السلاح أي لم أمانهم
أو استقلالهم من حملها. كون لا استقلالهم من الملوكيه.
ولكن عند استقلال الأمريكيين من الانكليز في هذه الفقره في الميثاق
أمريكي تكون حريه حمل السلاح بسبب وجود أنكليز ولكن الانكليز
ذهبوا واستقلوا من الانكليز لماذا نحمل السلاح هل كي ندافع على
أنفسنا من الانكليز ولكن الانكليز قد خرج وذهب في هذه الحالة لماذا
نحمل السلاح ما دام أنكليز ليس موجود كما يقول المثل ومثل
أنكليزين قد غادروا ولماذا نحمل السلاح كما أنا ألفتها عن أنكليز هذا
المثال التالي أنكليز ذهب English is gone Why We shall Carry Gone
ولماذا لم نحذف هذا الجزء مشاقفا لعدة أسباب ا- عمل وصنع هذه الأسلحه
وبيعها ومصدر النقود. أننا لسنا غير واعيين أن بلدنا بأمة أنهم مؤمنين
J لماذا فنقتل بعضنا ما دام الأنكليز ليس في بلدنا (أي نظام الملكي والملكيه)
S ولا في وسطنا. وأننا نملك نظام ديمقراطي خالي نظام الملكي. آمين.
SUN·Feb·27-2022. J·E·B·

بسم الآب والابن والروح القدس امين

هل تعلم
اعداد جوزيف بحري بك
Sun. Feb. 27 - 2022. 11:55 pm

٢٥١ - 251 - كل أطفال في عالم أبرياء 251 -

كما قال سيدنا ومخلصنا المسيح دع الأطفال يأتون إلي أيلي
في هذه عبارة نطقها مخلصنا المسيح لأطفال أن كل الأطفال في
العالم مهما كانت هويته من أي جنس البشر من الأبيض
والأسود والأحمر والأصفر وأي لون الآخر أو أي دين أو
أي أبوهما يسلمون في كل هذه الاتجاهات من ناحية لونه
وشكله ودينه وسياسته وقبيلته وطبقته يعود إلى والديهم
وليس لطفل أو أطفال وأنما تربية الآباء والأمهات
مثلهم ليس ذنبهم وأنما هم أبرياء كالملائكة لا يعرفون شيء
من هذه الدنيا الأمن ديانة والأمن مذهب ولا من عقيدة ولا
ميولهم إلى أي فرع السياسة ولا الحسيرة ولا أي صنف
من كل الأصناف؟ لذلك قال السيدنا ومخلصنا دع الأطفال
يأتون إلي لأنهم لا يعرفون كل شيء دونية في هذه
السودو العربية هو ذنب الأمهات والآباء
الحق أقول لكم أنهم (الأطفال) أبرياء ومثل ملائكة لا عندهم
أي ذنب لأنهم لم يعرفون أي شيء أو أشياء في هذه
الدنيا أنهم حقاً من خلق الله ومن نسل خليقته
لا يوجد أي فرق بين أي طفل كما ذكرته في هذه المودة
أنهم الأبرياء حقاً الله عز وجل خلق وخلقهم متساوي على
شكله الجميل لذلك كلهم جمال كخلقه الجميل الله. أمين

252- ٢٥٢ - 252 - أنا سامري جدد (أم سامري جاء من أم آشوري عند دخولهم ولقبهم.
وجزء من مجتمع سوريه أراض كنعانيه فأطلق عليها سامري)
أنا واحد من فصيلة آشورية (جوزيف ايشو بحري بك) عراقي
الجنسية، وأمريكي المقيم في كليفورنيا، أمريكا وامريكي جنسية أيضاً"
J.E.B. Assyrian. IRAQI. U.S.A. Ca. :: أنا آشوري عراقي أمريكي
كلنا الرب البلكي خلق الكل في تساوي من جنسه، عندما أرى
أي نوع من انسان أي لون، أبيض، أسود، أحمر، أصفر أو أي
لون أو أي انتمائهم سياسي والقبائلي وعشائري أي دولة أي
حزب في كل مجالات السياسية أو الدينية، عندما أرى أي انسان
مطروح على الأرض كونهم مريض أو يموت أو جوعان ساعدهم
وأفهمهم من وضعهم مطروح على الأرض كي يريد المساعدة (هي
أو هو) سوف أساعدهم وسوف لا يمنعني أي واحد لمساعدتهم كما ذكره
ان كانوا أي فئة سياسية أو دينية أو أي لون ما أو جنس سوف
J.E.B. لا أسألهم ما أنت أو أنتي من كل هذه التفرقات وحقد في جدي أو
فكري لأنهم من بشر مثلي هم بالأخوة لي لأنهم شبهوني وشكلي
Sun. Feb-27-2022. جوزيف إيشو بحري عمر ٧٠ سنة Joseph. E. Bahri Bek

هل تعلم

من تلفزيون يوم الخميس 161
Thu-March.3-2022
253-

٢٥٣ - 253 - حقائق صادمة لا تعرفها عن مسلم روسيا وأوكرانيا

	مسلمون روسيا	العدد / مليون
1	تتار	5.5 مليون نسمة
2	داغستان	3 مليون نسمة
3.	شيشان	2 مليون نسمة
4	شكيريين	1.25 مليون نسمة
5	شركس	0.25 ربع مليون
6	أعراق متنوعة	5 مليون نسمة
7	مهاجرين من آسيا الوسطى	5 مليون نسمة

مجموع الكل المسلمين بروسيا اتحادية
٢٥ ؛ 25 مليون نسمة

1- المسلمين الداغستانيين أقدم مسلمين في قوقاز روسيا الاتحادية.

2- التتار نصفهم مسيحيين ونصفهم أسلام

Thu:March.3-2022
جوزيف ايشو عربي بك
الخميس مصادف آذار ٣ فيه
سنة ٢٠٢٢
J.E.B.

---

٢٥٤ - 254 - جبل اللوز في السعودية : اللوز كلمة الانكليزية أطلقوها اللوزتين المواثيق أو السعودية أطلقها بعض مستشرقين زمان قبل عدده قرون على هذا الموقع الجبل المواثيق أو جبل المواثيق اللوز في ذكره اللوز ليس في اللوز أنه آخر هو الموقع أو السعودية. مصدرها من تلفزيون

٢٥٥ - 255 - ٢٥٥ - 255 - انقسامات ماهي الا انقسامات أفكار من الشيطان كي لا تتحدون مع بعض! أديان في العالم ليس مصدر ولا أديان في أي من الأديان ولا سياسيين، أديان في مصدر واحد من دين والسياسة ما أكثر؟ أقول لكم إنه أديان جامعتها في أديان وسياسات هي فقط انقسام من مصدر واحد إلى مصالح الشخصية. صحيح هو مثل المسيح قال مخلصنا يسوع المسيح إلى التلاميذ واحد وديع الأحد أتبعني ليس قال لهم في مفردهم أنا أهم أعلى بالكاثوليك أو أرثوذكس أو بروتستانت عندما قال مخلصنا أبني كنيستي على هذه الصخرة (أي بطرس) هو ليس قال على هذه الصخرة أو هذه صخرة كاثوليكية (أي في فاتيكان) أي أسماها هذه الصخرة كاثوليك كذلك عبر الحروب الساسة عندما حلوت فكرة ديمقراطية كذلك الديمقراطية من فيلسوف ديمقراطوس فيها بعدها طرح عدد كبير من أفكار السياسة المشتقة من مصدر الشخصية أفكار أنقسامية ونية الشخصية المصالح وفكرتهم أنقسامية الشيطانية هذه أنقسامات في الديانات وسياسات الموحدين في أنها هي الا أفكار أنقسامية الشخصية المنفعلات الشخصية لكي الشيطانية المنفصلة وطلاسم صدقوني ليست موجودة أو مكتوبة في عهد القديم أي أسماء المنفصلة من الدين ولا يوجد أي اسم من أسماء السياسة وأنما كانت فقط الملوك أو ملوك فقط ولا أسماء المذهبية وأنما كان فكرة الصديقين والفريسيين فقط في التوراة مذكورة

J.E.B. 3/10/2022

162. Mar. 9 - 22 من تلفزيون هل تعلم A - 174

-٤٠٩

-256

-256- تعرف على الدول التي تتحدث اللغه العربيه في قارة أفريقيا - 256-

ستندهش من بعضها

حول العالم . 73 k Views . published on April. 17 - 2022

أولاً الدول الأفريقيه التي تتحدث تتحدث اللغه العربيه

كلغه رسميه لـ البلاد هي اللغه الرسميه للبلاد

1- مصر: فاللغه العربيه هي اللغه الرسميه للبلاد

2- ليبيا: فاللغه العربيه هي اللغه الرسميه للبلاد

3- تونس: فاللغه العربيه هي اللغه الرسميه للبلاد

4- الجزائر: فلغتها الرسميه هي اللغه العربيه

5- المغرب: فلغتها الرسميه هي اللغه العربيه

6- السودان: فلغتها الرسميه هي اللغه العربيه

7- موريتانيا: فلغتها الرسميه هي اللغه العربيه

ثانياً: دول أفريقيه أختارت اللغه العربيه أن تكون لغتها الرسميه بجانب بعض اللغات الأخرى:

1- تشاد: فاللغه العربيه هي لغه رسميه هنالك بجانب اللغه الفرنسيه.

2- جزر القمر: فاللغه العربيه هي لغه رسميه هنالك بجانب اللغه ″

3- جيبوتي: فاللغه العربيه هي لغه رسميه هنالك بجانب اللغه فرنسيه

4- الصومال: فاللغه العربيه هي لغه رسميه الى جانب اللغه الصوماليه

5- جنوب السودان: فاللغه العربيه هي لغه رسميه الى جانب اللغه الانكليزيه

6- أرتريا: فاللغه العربيه هنالك لغه يتحدث بها الكثير الى اللغه الانكليزيه واللغه التجرينيه

ثالثاً: بعض الدول الأفريقيه يتحدث فيها عدد كثير من الشعب اللغه العربيه لكنها لغه غير رسميه

1- دوله مالي: اللغه الرسميه هي لغه فرنسيه ويوجد عدد كبير يتحدث العربيه

2- السنغال: اللغه الرسميه هي الانكليزيه ويوجد عدد كبير يتحدث لغه عربيه.

3- جامبيا: اللغه الرسميه هي الانكليزيه ويوجد عدد كبير يتحدث لغه عربيه.

4- دوله السنغال: اللغه الرسميه الفرنسيه ويوجد عدد كثير يتحدث اللغه العربيه

5- دوله تنزانيا: اللغه الرسميه في تنزانيا هي لغه السواحليه السواحليه والانكليزيه الى أنه يوجد عدد كبير يتحدث اللغه العربيه. سمعتها من تلفزيون في يوم الاربعاء

Wed. March. 9 - 2022 يوم الاربعاء . آذار - ٩ - ٢٠٢٢

162. Mar. 9 - 22 هل تعلم من تلفزيون

٢٥٧ -
257 - تعرف على الدول التي تتحدث اللغة العربية في قارة أفريقيا - 257
ستندهش من بعضها

حول العالم . 73 k Views . published on April . 17 - 2022

أولاً: الدول الأفريقية التي تتحدث اللغة العربية
كلغة رسمية للبلاد هي اللغة الرسمية للبلاد

1 - مصر: فاللغة العربية هي اللغة الرسمية للبلاد
2 - ليبيا: فاللغة العربية هي اللغة الرسمية للبلاد
3 - تونس: فاللغة العربية هي اللغة الرسمية للبلاد
4 - الجزائر: فلغتها الرسمية هي اللغة العربية
5 - المغرب: فلغتها الرسمية هي اللغة العربية
6 - السودان: فلغتها الرسمية هي اللغة العربية
7 - موريتانيا: فلغتها الرسمية هي اللغة العربية

ثانياً: دول أفريقية أختارت اللغة العربية أن تكون لغتها الرسمية
بجانب بعض اللغات الأخرى:

1 - تشاد: فاللغة العربية هي لغة رسمية هنالك بجانب اللغة الفرنسية.
2 - جزر القمر: فاللغة العربية هي لغة رسمية هنالك بجانب اللغة "
3 - جيبوتي: فاللغة العربية هي لغة رسمية هنالك بجانب اللغة فرنسية
4 - الصومال: فاللغة العربية هي لغة رسمية الى جانب اللغة الصومالية
5 - جنوب السودان: فاللغة العربية هي لغة رسمية الى جانب اللغة الانكليزية
6 - أريتريا: واللغة العربية هنالك لغة يتحدث بها الكثير الى اللغة الانكليزية واللغة التجرينية.

ثالثاً: بعض الدول الأفريقية يتحدث فيها عدد كثير من الشعب اللغة العربية لكنها لغة غير رسمية

1 - دولة مالي: اللغة الرسمية هي لغة فرنسية ويوجد عدد كبير يتحدث العربية
2 - سيراليون: اللغة الرسمية هي الانكليزية ويوجد عدد كبير يتحدث لغة عربية.
3 - جامبيا: اللغة الرسمية هي الانكليزية ويوجد عدد كبير يتحدث لغة عربية.
4 - دولة السنغال: اللغة الرسمية الفرنسية ويوجد عدد كثير يتحدث اللغة العربية
5 - دولة تنزانيا: اللغة الرسمية في تنزانيا هي لغة السواحلية السواحلية والانكليزية الا أنه يوجد عدد كبير يتحدث اللغة العربية. سمعتها من تلفزيون في يوم الاربعاء

Wed. March. 9 - 2022

يوم الاربعاء . آذار - ٩ - ٢٠٢٢

Thu. الأربعاء
Mar-10-2022 من تلفزيون
هل تعلم
الدول العربيه وعواصمها - Arabic - ٢٥٨
258

258 - Countries and thier Capitals

الدول العربيه وعواصمها
البلدان عربيه وعواصمها

	دوله	عاصمه		دوله	عاصمه
1	المغرب	الرباط	15	السعوديه	الرياض
2	الجزائر	الجزائر	16	الكويت	الكويت
3	موريتانيا	نواقشط	17	العراق	بغداد
4	تونس	تونس	18	سوريا	دمشق
5	ليبيا	طرابلس	19	لبنان	بيروت
6	مصر	قاهره	20	الأردن	عمان
7	السودان	خرطوم	21	الفلسطين	القدس
8	الصومال	مقديشو	22	جيبوتي	جيبوتي
9	جزر قمر	موروني			
10	اليمن	صنعاء			
11	عمان	مسقط			
12	الأمارات	أبو ظبي			
13	قطر	الدوحه			
14	البحرين	المنامه			

هل تعلم

Mar. 11 - 2022 ألف باء حروف العربيه كيف تكتب -259

259- J.E.B. وكيف تلفظ الحروف العربيه

ا أ	باء ب	تاء ت	ثاء ث	جيم ج	حاء ح
خاء خ	دال د	ذال ذ	راء ر	زاي ز	سين س
شين ش	صاد ص	ضاد ض	طاء ط	ظاء ظ	عين ع
غين غ	فاء ف	قاء ق	كاف ك	لام ل	ميم م
نون ن	هاء ه	واو و	ياء ي		

260- طريقه سهله لتعليم كتابه الكلمه في العربيه -260

كيف تكتب وتتمزج هذه حروف ألف وباء في اللغه العربيه مع بعضها كي تصبح الكلمه التاليه: مثلاً. عراق. بغداد. أكد. سومر. بابل. نينوى. لكل حرف في كلمه تكون ممزوجه ومتصله مع بعضها كالاتي:-

رقم	حرف	في مقدمه	في وسط	في مؤخره	رقم	حرف	في مقدمه	في وسط	في مؤخره
1	ا	أ. أليناس	سأ. سأل	علاء	15	ض	ض. ضوء	يط. يظوي	يضوء قبض
2	ب	ب. بغداد	سبـ. سبحان	بـ. رباب	16	ط	ط. طهاره	يط. يطهر	ط. وطواط
3	ت	ت. تين	تيـ. يتيم	ت. توت	17	ظ	ظ. ظلام	يظ. يظلم	ظ. عكاظ
4	ث	ث. ثعلب	مثـ. مثقل	لث. ثلث	18	ع	ع. عراق	يعـ. يعمل	ع. ربوع
5	ج	جـ. جبال	تجـ. تجميل	عجوج	19	غ	غـ. غلام	يغـ. يغلي	لغ. مبلغ
6	ح	حـ. حمدلله	سحـ. سبحان	ح. تفاح	20	ف	ف. فاضل	يفـ. يفصل	يف. سيف
7	خ	خـ. خالد	يخـ. يخلد	خ. خوخ	21	ق	ق. قوه	يقـ. يقاوم	لق. لقلق
8	د	د. دانيال	د. دادان	د. دود	22	ك	ك. كريم	يكـ. يكرم	لم. حلم
9	ذ	ذ. ذره	يذ. يذوب	يذ. لذيذ	23	ل	ل. لبنان	يحن. يحن	لن. يعلن
10	ر	ر. رهبان	قهـ. قهوه	ه. زبده	24	م	مر. مريم	يمـ. يمرح	يم. مريم
11	ز	ز. زاد	ميز. ميزان	ر. رز	25	ن	نيـ. نينوى	سنـ. سبحان	ن. رمان
12	س	س. سومر	سـ. سعال	س. سوس	26	ه	هـ. هدايا	بهـ. بهلوان	له. عله
13	ش	ش. شروق	يشـ. يشرق	يش. عشيش	27	و	و. وفي	عفـ. عفي	ف. عفاف
14	ص	ص. صالح	يصـ. يصلح	ص. قناص	28	ي	يـ. يسوع	سيـ. سيلي	في. خلقي

مثلاً كيف تندمج أو تتمسح حروفه مع بعض كي تتكون الكلمه أي كلمه أسم العلم أو حيوان أو فعل أو جماد. كلمه بغداد: ب غ د ا د. وكلمه عراق: ع ر ا ق

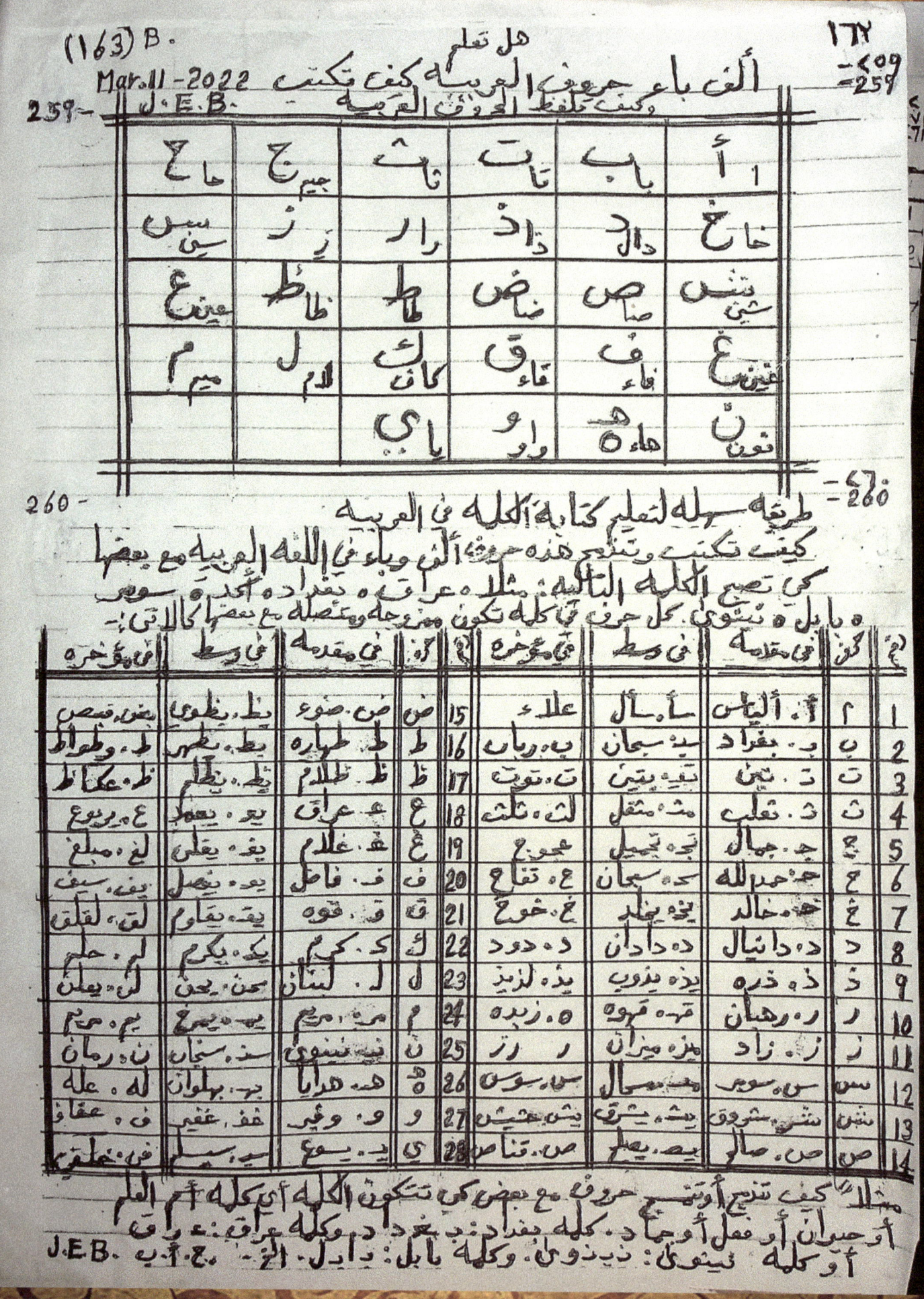

J.E.B. أو كلمه نينوى: ن ي ن و ى. وكلمه بابل: ب ا ب ل. الخ. ج. أ. ب

هل تعلم

261- كيف تلفظ وتتعلم الحروف الفرنسية -261

AlphaBetiQ

261- الحصة الأولى في اللغة الفرنسية تحصيل سنة ثالثة ابتدائي حفظ حروف بكل سهول ولفظها

Channel Djahida - 41k Views published on Jun-6-2022

A · أ	B · بي	C · سي	D · دي	E ·	F · أف
G · ج	H · آتش	I · إ	J · ج	K · كَ	L · أل
M · أم	N · أن	O · أو	P · بي	Q · كي	R · أغ
S · أس	T · تي	U · أو	V · ڤي	W · دبليو	X · إكس
Y · أيغاك	Z · زد				

J · E · B

يونانية .

262- **GREEK ALPHABET**: Greek is Spelt exactly as Sound. The onLy difficulty my Occur with Letters which have the Same Sound, e.g. v. L ει. and οι. are pronuoced "ee". The nanes of 24 Letters of Alpha-bet Greek -262

α · Α alfa	β · Β veeta	γ · Γ ghama	δ · Δ dhelta	ε · Ε epseelon	ζ · Ζ zeeta
η · Η eeta	θ · Θ theeta	ι · Ι yota	κ · Κ kapa	λ · Λ lamdha	μ · Μ mee
ν · Ν nee	ξ · Ξ ksee	ο · Ο omeekron	π · Π pee	ρ · Ρ ro	σ. ς · Σ (s) seeghma
τ · Τ taf	υ · Υ eepseelon	φ · Φ fee	χ · Χ khee	ψ · Ψ psee	ω · Ω omegha

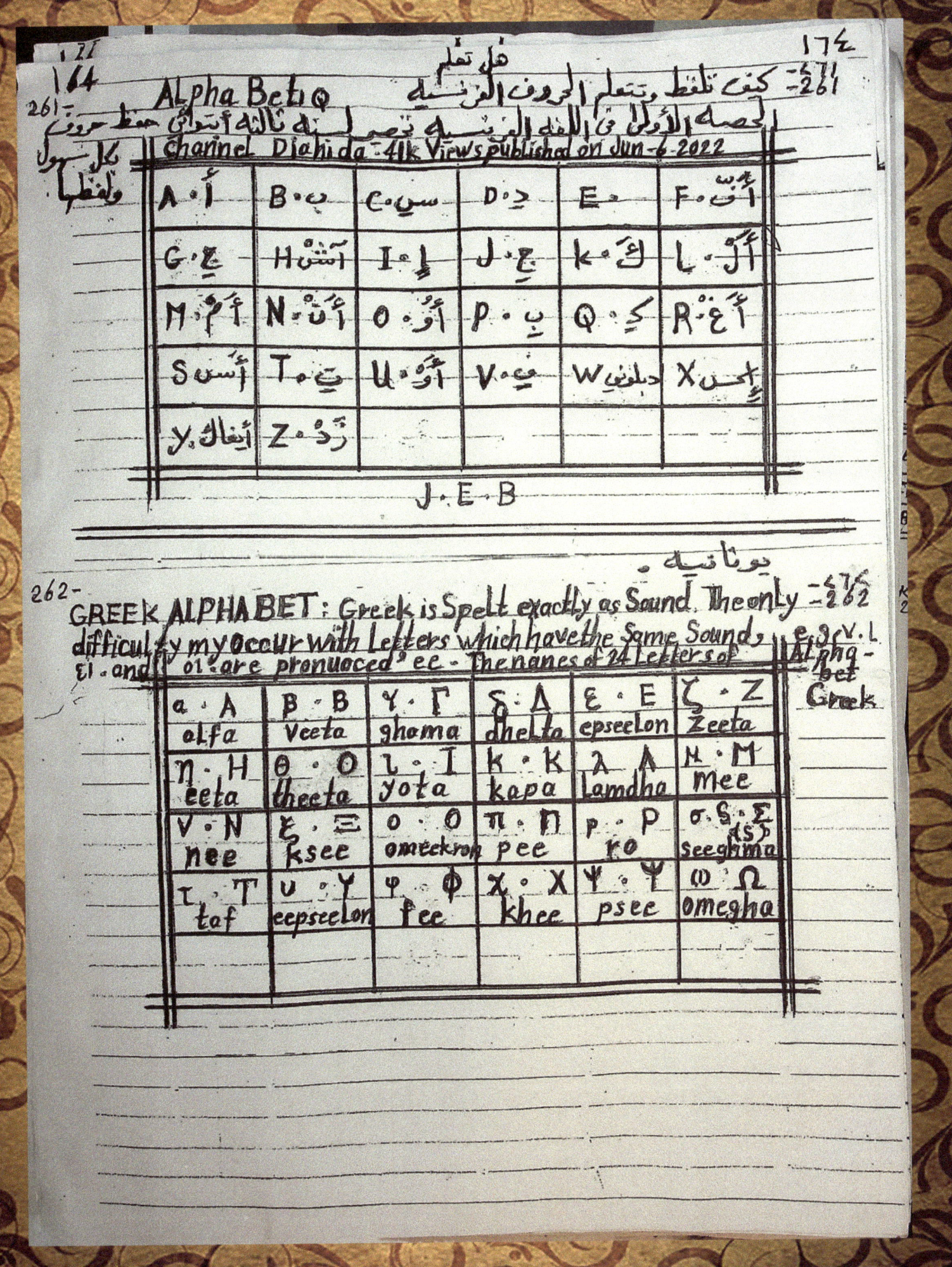

165 أرقام لفظا 264 — Greek day of Week هل تعلم — 263 - أيام أسماء في الأسبوع

263- عربي انكليزي

10	dheka ذيكا	١٠
20	Eekosee ايكوسي	٢٠
30	Treeand تريندا	٣٠
40	Sarand سرندا	٤٠
50	peneenda بنيندا	٥٠
60	Ekseenda اكسيندا	٦٠
70	Evdhomeend	٧٠
80	oghdhonda	٨٠
90	Enenend اينيند	٩٠
100	Ekato ايكاتو	١٠٠

	English	English	Arbic	Weekdays
اسم في اليوناني	أيام الأسبوع في انكليزي	لفظ في انكليزي	لفظ في عربي	أيام أسبوع
Κυριακη	Sunday	keereeakee	كرياكي	الأحد
Δετερα	MONDADY	Dheftera	دفتيرا	الأثنين
Τριτη	Tuesday	Treatee	تريتي	الثلاثاء
Τεαρτη	Wednesday	Tetartee	تيتارتي	الأربعاء
Πεμπτη	THURSDAY	pemptee	بمپتي	الخميس
Παρασκευη	Friday	paraskevee	پرسكفي	الجمعة
Σάββατο	Saturday	Savato	سافاتو	السبت

J.E.B.

264 = أسماء في يونان

لفظها في عربي	لفظ في الانكليزي وكتابتها	في أنكليزي	في عربي
ميناس	Meenas	Monthe	شهر
	ee evdhodhom	Week	أسبوع
	ee Meradha	day	يوم
خرونيا	O khronos خرونوس	year	سنة
سي ميرا	Seemera	Today	اليوم
آفريو	Avreeo	Tomorrow	بكرا
	khtes	Yesterday	يوم الفائت
تورا	Tora	Now	اليوم
إپ آنكسي	ee aneeksee إپنكسي	Spring	ربيع
كالوكيري	kalokeree	Summer	صيف
	toftheenaporo	Autumn	خريف
	okheemonas	Wintar	شتاء

265- J.E.B -274 270

1	ena	اينا	one
2	dheeo	ذيو	two
3	treea	تريا	three
4	tesera	تسرة	four
5	pende	بيندي	five
6	eksee	إكسي	six
7	efta	أفتا	Seven
8	okhto	أوختو	eight
9	enea	إنيا	nine
10	dheka	ذيكا	ten
100	Ekato	أيكاتو	Hundred
1000	kheeleea	خليليا	Thousnd

eeanooareeos	1	January	كانون ثاني	١
fevrooareeos	2	Febuary	شباط	٢
Marteeos	3	March	آذار	٣
apreeleeos	4	April	نيسان	٤
Maeeos	5	May	أيار	٥
eeooneeos	6	June	حزيران	٦
eeooleeos	7	July	تموز	٧
avghostos	8	August	آب	٨
Septemvreeos	9	September	أيلول	٩
oktoveeos	10	October	تشرين أول	١٠
noemveeos	11	November	تشرين ثاني	١١
Dhekemvreeos	12	December	كانون الاول	١٢

J.E.B.

تطور حروف ألف باء الرومانيه . تطور حروف ألف باء الرومانيه

تطور ألف باء الرومانيه					
EVOLUTION OF THE ROMAN ALPHABET					
فينيقيين	قديم يونان	قديم أتروري	قديم رومان	كلاسيكيه رومان	رومان حديثه
PHOENICIAN	EARLY GREEK	EARLY ETRUSCAN	EARLY ROMAN	CLASSICAL ROMAN	MODERN ROMAN
ALEPA	A ALPHA	A	A	A	A
BETH	B BETA	B	B	B	B
GIMEL	GAMMA		C	C	C
DALETH	Δ DELTA	D	D	D	D
HE	E(PSILON			E	E
WAW	DIGAMMA			F	F
				G	G
ZAYIN	I ZETA	I			
HETH	H (H) ETA		BH	H	H
TETH ⊗	⊕ THETA	⊕			
YOD	IOTA	I	I	I	I
					J
KAPH	KAPPA	K	K	K	K
LAMED	LAMBDA			L	L
MEM	MU		MM	M	M
NUN	NU		N	N	N
SAMEK	XI (CHI)				
AYIN	O OMICRON	O	O	O	O
PE	PI			P	P
SADE	M SAN	M			
QOPN	KOPPA	Q	Q	Q	Q
RESH	RHO			R	R
SIN	SIGMA			S	S
TAW	T TAU	T	T	T	T
					U
	YV Upsilon	Y	V	V	V
					W
	Φ PHI	Φ			
	X CHI (XI)	X	X	X	X
	PSI				
					Y
					Z

The Roman Adapted the Etruscan Alphabet probably beginning in the 6th. Century B.C

الرومان هيئوا أو دجنوا ألف وباء أتروري منسوبة الى أتروريا وهي بلاد قديمة في غرب (إيطاليا) ربما بداية القرن 6 قبل الميلاد

Romans The Romans Adapted the ETRUSCAN Alphabet, probably beginning in the 6th Century B.C. of the 26 Letter of the original ETRUSCAN (أتروري) أتروري المنسوب الى أتروريا وهي بلاد قديمة غرب إيطاليا Alphabet the Roman Accept 20. By the 3rd Century B.C. the ROMAN Alphabet Consisted of 21 Letters; A. B. C. D. E. F. G. H. I. K. L. M. N. O. P. Q. R. S. T. Y. and X. Only J. U. W. Y and Z remined to be Added to the alphabet When the ROMAN Conquerd GREECE in 1st Century B.C. alerge Number of GREEK words Were taken into the LATIN Language. The ROMAN found it necessery to borrow some GREEK letter in order to write these New word. The Greek Letter Upsilon had developed into a Sound between u and e and the ROMAN gave it the name Wye. The Letter Zeta had been Rejected five Centuries Earlier and its place in the order taken by G. but it Was now

The ROMAN alphabet Which is Used to Write English and many other modren Languages, devLoped over thusands of years From Left; the phoenician syllabary Was an Important early Writing system From it the Greeks Greek developed their Which Spread to the ETRUSCAN. The Roman Adapted the Etruscan By the 3rd Century B.C., 21 of the capital Letters that We Use to day had been perfected.

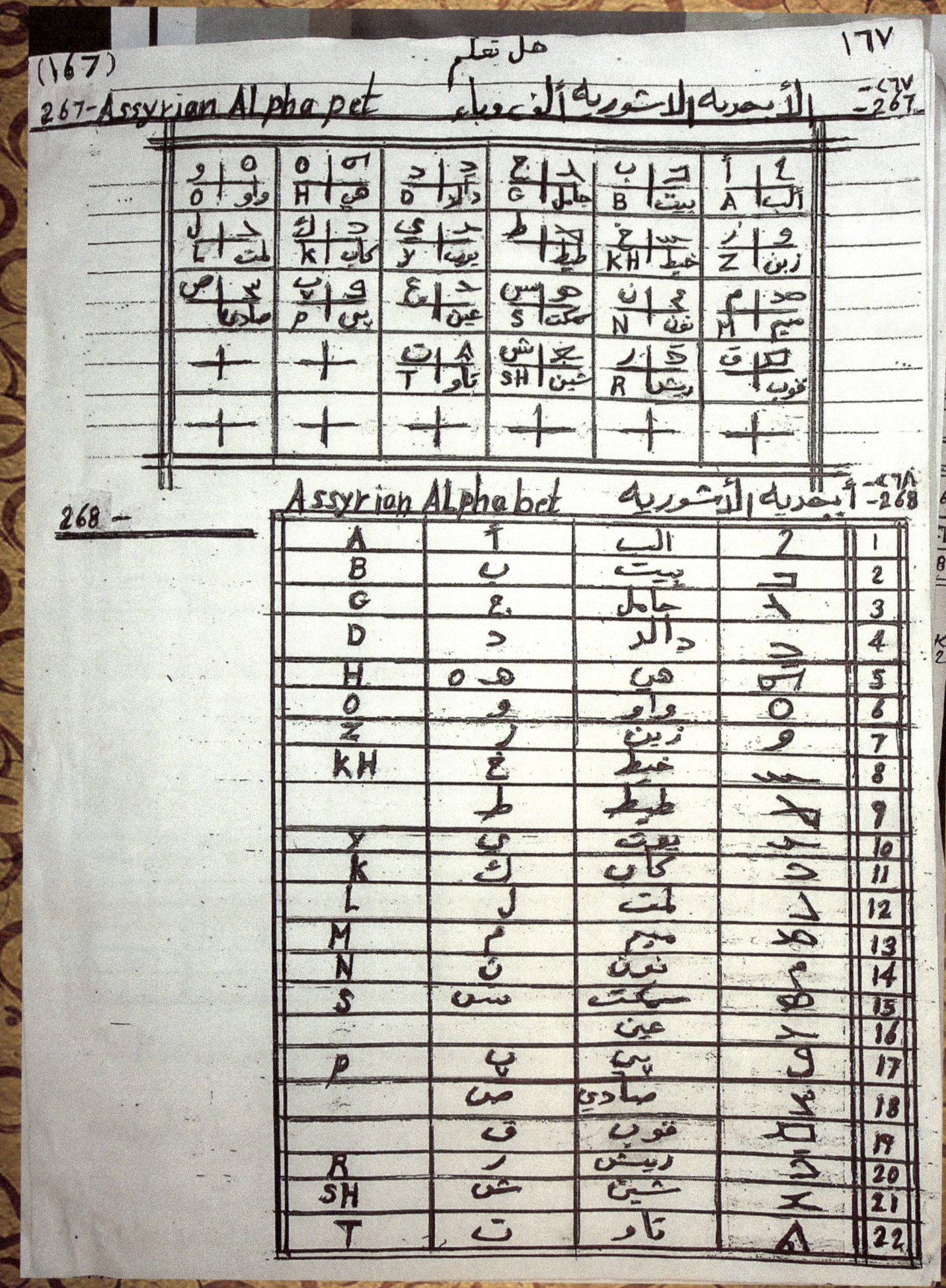

267- Assyrian Alphapet — الأبجديه الاشوريه ألف وباء -٢٦٧ -267

ܘ و O واو	ܗ ه H هي	ܕ د D دالد	ܓ ج G جامل	ܒ ب B بيت	ܐ أ A ألف
ܠ ل L لمت	ܟ ك K كاف	ܝ ي Y يوذ	ܛ ط طيط	ܚ خ KH خيط	ܙ ز Z زين
ܨ ص صادي	ܦ پ P پي	ܥ ع عين	ܣ س S سمكت	ܢ ن N نون	ܡ م M ميم
		ܬ ت T تاو	ܫ ش SH شين	ܪ ر R ريش	ܩ ق قوپ

268 -

Assyrian Alphabet — أبجديه الأشوريه -٢٦٨ -268

A	أ	ألف	ܐ	1
B	ب	بيت	ܒ	2
G	ج	جامل	ܓ	3
D	د	دالد	ܕ	4
H	ه ە	هي	ܗ	5
O	و	واو	ܘ	6
Z	ز	زين	ܙ	7
KH	خ	خيط	ܚ	8
	ط	طيط	ܛ	9
Y	ي	يوذ	ܝ	10
K	ك	كاف	ܟ	11
L	ل	لمت	ܠ	12
M	م	ميم	ܡ	13
N	ن	نون	ܢ	14
S	س	سمكت	ܣ	15
		عين	ܥ	16
P	پ	پي	ܦ	17
	ص	صادي	ܨ	18
	ق	قوپ	ܩ	19
R	ر	ريش	ܪ	20
SH	ش	شين	ܫ	21
T	ت	تاو	ܬ	22

269 محبة الله لنا بني البشر ٢٦٩ - 269

لولا محبته لبني البشر لما أعطى إلى خادمه نبي موسى عشرة
الوصايا كي لا نلحق أذى لخليقته وأولاده (بني البشر)
من أخطاء وسلبيات ومطبات تنتظر بني البشر من الشيطان
وقواته

J.E.B.

270 - ٢٧٠ - 270 مخلصنا المسيح والنبي موسى والفيلسوف ديكارت: أهدونا الطريق الصحيح:
الشخصيات الثلاثة جاءوا إلى الأرض لعلمهم وبرعايتهم لبني البشر:
هم: مخلصنا السيد المسيح - نبي موسى - فيلسوف ديكارت
قادوا بني البشر إلى طريق الصحيح كي لا يتطرقوا من مظاهر الشيطان.

أ - A - مخلصنا السيد المسيح: لولا المحبة لبني بشر لما قادنا طريق الصحيح
المحبة والتسامح خالية من أفكار الشيطانية الانتقامية ككتلة واحدة
حيث قال: إذا كانوا اثنين متحابين أنا الثالث، كذلك قال: حب عدوك
أي أغفر له مع هذه العبارة حل مشكلة وأفكار الانتقامية مع بعضكم مهما
كانت الفكرة المادية والشخصية والسياسية والعقيدة والمذهبية إلخ.

ب - B - النبي موسى خادم الرب: اختار الله الموسى كي يعطيه وصايا
العشرة له كي تقودنا إلى الطريق الصحيح لمصلحة بني البشر أي
لا نلحق أي أذى أو سلبيات لبني البشر من أفكار الشيطان
الشيطانية

ج - C - فيلسوف الفرنسي ديكارت: لولا ديكارت من أفكاره المحبة
لبني البشر كي نكون أحرار من طاغي والمتسلط والدكتاتوري
والعنصري وأفكار وقوانين صارمة، كي نكونون أحرار من جميع النواحي
والأفكار الانتقامية العدائية الخلافية ما هي إلا أفكار الشيطانية.

271 - ٢٧١ - 271 - مطروح على الأرض: J.E.B.

عندما أرى أي إنسان مطروح على الأرض، أخونا إنسان يشبهنا
إذا كان يلقط أنفاسه أو مريض أو يريد المساعدة أو جوعان
أو عاري أو أي شيء يكون يتعلق به
سوف أساعده لماذا؟ جوابه أنه يشبهني أنه إنسان مثلي كما خلقنا
١- سوف لا أسأله أي نوع تخص في السياسة. هل أنت ديمقراطي أو
شيوعي أو نازي أو أي نوع من السياسة. سوف أساعده لأني
لم أختلط في أفكار الشيطانية التي تفرق بيني وبينك ولا أشوه فكري.
٢- سوف لا أسأله أي عن أديان أو عقيدة أو مذهب؛ هل أنت مسيحي
(أي نوع من عقائد أو مذاهب). هل أنت مسلم أو يهودي أو بوذي
أو هندوسي أو أي نوع من الأديان. كل هذه أفكار الخاطئة هي أفكار خلافات
٣- سوف لا أسأله أي صنف من نوع البشر من خليقته (الله) أو خلقه
كلنا خلقنا على شكل وجه في التساوي. سوف لا أسأل هل أنت أبيض
أو أسود أو أصفر أو أحمر أو أسمر. كل هذه أسئلة سوف لا أطرح لهذا
المطروح الأرض لأنه يشبهني وأنا أشبه على خليقة وخلقه على وجهه. J.E.B.

هل تعلم

٢٧٢ 272 - عباراتي ومقالي لك يا أبا السماوات والأرض ولك جزيل احترام وتقديري (169)
مقالي لك يا خالقنا وأبا كل شيء على الأرض والسماوات - 272
أنني جداً معجب من تصميم خليقتك الذين خلقتهم وعمل يدك الماهرة
حيث أقول لربي أبو السماوات وأبونا أرحمنا من رحمتك لأننا من خلق
يدك جميعنا أولادك من صنع يديك آمين أرحم علينا كلنا وحتى الذين
لا يؤمنون بك أنا أعرف عنك يا خالقنا وأبونا أنك غيور لك
ألوهيتك من هذه! أتمنى كما قرأت في كتابك عهد القديم المقدس يا قدوس
أقداس أعف عنهم وأعطي إشارة قوية توجودك في هذه الأرض كي يرجعون ويتوبون
ويغفرون لك حن عليهم لأنهم أولادك من صنع وخلق يديك يا رب وكذلك
البقية بني البشر كما قلت كلنا أولادك من صنع يديك وأيضاً
كما علمتنا المحبتك لنا وأعطاء الوصايا العشرة وإرسال أبنك المرشد
الغفور الوحيد السيد يسوع المسيح (المخلص) لنا أحنا بني البشر كي يخلصنا
ويخلصنا من أعمال الشيطانية الموطره لنا كما أنا في أعتقادي
وظهري أنهم أخوانا وخواتنا (جميع البشر) كما علمتنا بالمحبة كما ذكر تقرأ
في جرئتي الكتاب المقدس العهد القديم والعهد الجديد؟ لذلك
أنني أحب جميع البشر مهما كانت فئاتهم الدينية والسياسية
وتنوع مشربهم وكل شيء يعيق بهم أنهم أخواني وخواتي
ومن أولادك من خلق يدك وعمل منك يا ربنا وأبينا
العليل الكبير أنني أحبك لأمن خوفي منك كي لا تعاقبني وأنما أحترمك
من الذي وفرت لنا كل الشيء وأشكرك جداً مع جزيل أحترام والتقدير
أحبنا أولادك حن علينا كما تحبنا (بني البشر) وهم (كل بني البشر)
من حيلك أحبهم مهما كانت مخلفاتهم هم من حيلك؟ وأنت خالقنا
273 -
٢٧٣ 273 - أبونا وخالقنا كل شيء خليقته على الأرض أنني جداً معجب ومتفائل في دقة عملك!
ربي وأبونا أنا جداً معجب ومتفائل من عمل خليقتك كل شيء موجود في الأرض
يرى ولا يرى (الميكروبية) وفي السماوات يرى ولا ترى إلا بواسطة
عدسات مقربة؟ كالأحظه عمل يدك الأشجار يتنفسون وليست
لها جهاز التنفس كالرئة لا يأكلون ويشربون كالمتغذي عندما يغرز الدكتور
في جسد المريض (السوائل) وليس لها المخرج في الجسد كي يطرحونها خارج
الفضلات وإنما يوجد عمليات التبخر عندما يمتصون من التربة الماء
والغذاء ليس لها أي مخرج من السوائل والفضلات كالإنسان سبحان
عمل خليقته كيف صممتها بهذا الشكل ليس الشجرة مخرج لطرح فضلات مهضومة
فقط إلى الطيور لا تشبه كالإنسان والحيوان كي يطرحون فضلاتهم
من الماء الزائد والفضلات إلى الخارج وإنما خلقهم في نظام واحد مخرج
كالأنبوبة تخرج في آن واحد ولا أي مظهر من مظاهر الإنسان الموجودة
والمتعلقة في جسده. وأنظر إلى السمك كيف تتنفس الأوكسجين في الماء وليس لها
رئة كي تتنفس وإنما تتنفس من خراشيم ولا تختنق وإلخ. آمين - J.E.B.

هل تعلم

274- 650 م كانت أوكرانيا كانت أمبروطوريه الخزر اليهوديه. -٢٧٤ -274
امبروطوريه الخزر اليهوديه في أوكرانيا سابقا أتحاد السوفيتي.
لقد سمعت من تلفزيون في يوم ثلاثاء مصادف Mar-8-2022
قالها صابر مشهور في علم أو مقال غزو أوكرانيا: مؤامره يهوديه أم
حرب حقيقيه: أعداد صابر مشهور

275- صابر مشهور Saber Mashhur 424k View -٢٧٥ -275
published on Mar.6-2022
"حيث قال أن لينين كان يهودي رئيس أتحاد السوفيتي سابقا"
كما قالها أيضا (لينين) يهودي ومن أين جاء بها الاشتراكيه ؟
كما قال ستالين كان مسيحي وليس أكبر متزوج يهوديه ؟
في رأيي لينين الشيطان وستالين السفاح، وأنا بدوري
ليس ولست أي تبع ولا أحد أي تبع من السياسه ؟ أنا مستقل
كما قال ستالين أنه يهودي. ملاحظه: لعلم ربما لينين معارضه
لرب لو؟ لينين سبع الشعب فرصه لا أيمان في الله والمسيح والانبياء
طقوس وممارسه ديانتهم في أيمان في الله لاكان عمر لينين طويل ولكن
ربي قصره من عمره لانه لا يؤمن في وجود الرب. كما قال الرب
من يؤمن بي سأعطيه حيات طويله وحياة أبديه في آخره. لذلك
الرب يعرف في عقولنا وقلوبنا وأعمالنا. لينين منع الشعب من أيمان
في الله ووجوده. أنه عليم وحكيم وأنه موجود في كل مكان Wed. Mar-23-2022
J.E.B.

276- وعدد من ناس (بعض بني ادم) عندما يقرأ الكتاب المقدس عهد القديم وعهد الجديد -٢٧٦ -276
يفهمون خطأ كتاب مقدس خلط لا يفهمونه صحيح عدد من ناس ومعظم
عندما يقولون ستكون نهايه العالم ؟ ولكن مكتوبه في كتابه المقدس
لا أحد تعرف متى ستكون نهايه العالم كما قال مخلصنا فقط أبي (رب)
يعلم في ذلك. فكثير من ناس يتنبأون في الغلط في نهايه العالم.
وكذلك لا يفهمون مقال مخلصنا حيث قال يا ربي أغفر لهم لا يعرفون ماذا
يفعلون من الناس أي أو رئيس لقد لم يفهم ولن يفهم المقال مخلصنا
جيد حيث يترجموا (وحوروا) مقاله في غلطه فكريا. وأيضا حيث قال مخلصنا أحب
لعدوك؟ لا تعرفون ماذا يعني به مخلصنا؟ الجواب لكم أعني عنه
(أي فكرته) أعماله مما يتبسم هذه كونوا متساوين ومتعادلين مع
أخيك في أفكاركم كما أذكر أن كل تقريبا من الناس له أفكار Wed.
مختلفه وأفكار تناهي أفكار الله الى ابني أنسان أفكار متعبه! أو
عندما يرى أنسان نفسه يعرف قليل من حياته يريد أن يتناهى مع أفكار Mar-23 2022.
الرب. أعطي المثل الى الشيطان عندما رب خلق الشيطان في قمته جماله.
وضعه وعمله كبير ورئيس الملائكه، عندما رأى الشيطان نفسه في هذه العلاوه (عالي)
نفسه فتكبر على الله فأقول لكم حقا أن أنسان بعضهم يشعرون نفس الشعور. J.E.B.

هل تعلم — من تلفزيون

كيف نزرع الفستق: طريقة زراعة الفستق Fri-Mar-25-2022

مدرسة الزراعة العربية - من قصرها

184k Views - publish on May 23 - 2021 - 277 - ٢٧٧

طريقة زراعة الفستق بالتفصيل

1-١- شراء فستق بدون تحميص ولا يكون قديم تحت سنه واحده
يجب يكون فستق غير محمص ولا مفتوح القشره

التحميص يجب ألا موضوعه على نار

2-٢- فتح القشور الفستق في الحذر في فتحها كي لا تنكسر البذره. لأنها قويه
وعندما نفتح البذره صحيحة وغير أي شيء يعيق بها تكون كاملة
لزراعتها زراعة بذره في بدايه شهر فبراير ومارس (شهر 3.2)
عندما ترى صعوبه فتح البذره استعمل غشاء حاده كي تفتح البذره
لإخراج لب البذره من القشره بلله

3-٣- بعد استخراج البذره من القشره (صلبه) أو نقع البذره في الماء لمده
٤ ساعات في الماء أما بالحبوب مكسوره استبعادها من الحبوب
كامل أو صالحه للزراعه

4-٤- نقوم في أخذ وتحضير حافضه بلاستيكيه قليله تعقر (أي مقعر)
كي نثبت فيها الحبوب وحفظها من انزلاق وثم نضع قماش أو
قطن في قعر حافضه البلاستيكيه ثم نقوم في بعالج بخاخ أو نقوم تبليل
القماش أو قطن من الماء ولا نبلها في الماء فقط من بخاخ

5-٥- بعدها نقوم بتنقل البذور (بالنقل البذور) المنقوعه بالماء سابقا
ونضعها في قطعه القماش الموضوعه (مبلله) التي وضعناها في
عليه بلاستيكيه سابقا ومن بعدها نضع غطاء من كلكس أو
القماش فوقها أي فوق البذور بعد ذلك نقوم وضع عليه بلاستيكيه
الحافضه ثم نقوم في تغطيتها في غطاء بلاستك (أي عليه بلاستيكيه
ثم نضع عليه بلاستك في

ثلاجه من أسفل، ثم بعد مرور أسبوع
أخرج عليه التي فيها بذور الفستق من ثلاجه
ستلاحظ وتشاهد وتفحص البذور ستشاهد البذور
بدأت في إنبات البذره نبوت نبتة
ومن بعدها ستشاهد البذور أنها جاهزه في الزراعه
ثم نأخذ سنداته أو لوضع التربه فيها ثم عليه تراب
نضع أو نقل خمسه بذور فيها لا أكثر كما في
الشكل موضوع لك ٥ خمسه بذور فقط

على سطح التربه كما مبينه في الشكل. بعد ١٥ يوما من زراعتها
نقل كل بذره وقلعها من التربه في أعتناء كي لا تلحق في بذره أذى
ثم نقلها ونزرعها في السنداته بذره واحده فقط

J.E.B ج.إ.ب.ب

278 - ٢٧٨

هل تعلم

أنني جزء عجيب من خليقته ج.ا.ب

أعداد: جورجيت أيشو جرجيس بك

Fri Mar. 25 - 2022

278 - ٢٧٨ - أنظر في رسم توضيحي لخليقته كيف خلق وصمم وفنن وحدد رسوم

1-1 - ١-١ - ونظمهم وخلقهم في أختلاف أنظمتهم من هظم وأستنشاق وأخذ هواء (أوكسجين)

وعلمهم يتغذون على قوتهم كي يشقون طريقهم في هذه الدنيا على الأرض والسماء

والهواء وتحت الأرض كيف خلقهم على أشكالهم وهياكلهم المخلوقة المصممة في

كل مكان؟ الرسم كما يلي أنظر واخليقته :- في أختلافهم سبحان خليقه وعمل يده

دقيق

١- بني ادم Human being

الله خلق الى بني أدم جهاز

التنفس وجهاز الهظم وجهاز (مخرج)

طرح الماء أو السوائل الزائده من

المعده أنسان وطرح الفضلات

المهظومه من خلقه تختلف هذه

الأجهزه على بقيه المخلوقات

سبحان عمل يده وتصميمه الدقيق الجميل!

٢-٢ - أنظر!

كيف خلق طيور وصممها!

طيور Birds.

2-٢- الله خلق طيور

طرح السوائل

الزائده والفضلات

خروج وطرح السوائل والفضلات في نفس الفتحه في آن واحد

نفس مخرج كي لاتكون شيء متعلق في جسدهم

كي لا يكون شيء متعلق في جسدهم يكون غير لائق جميل

فتحت مخرج طرح الماء زائده والفظلات منظومه

3-٢ - أنظر سمك كيف تتنفس أوكسجين من الماء سبحان

عمل يده وخليقته.

سمك Fish

سؤال أذا بني آدم يتنفس أوكسجين في ماء وهواء سوف يختنق

أنظر! Look! كيف صمم

4-٤ - أشجار والنبات ليس لهم المخرج الفضلات. وتتنفس أوكسجين منها

TREES and Plant.

4-٤ - عندما يوجد أوراق تتنفس من أوراق والمسامات موجود في أغصان وجذع عندما لم تكون أوراق موجوده تتنفس من مسامات موجوده في جذع

تشرب وتأكل السوائل موجوده في التربه ولا يطرحها من مخرج

تتنفس من المسامات موجوده على أغصان والجذع تمتص الماء والسوائل من الغذاء ولكن تطرحها وليس لها مخرج كي تطرحها خارج وأنما تبخر سوائل الزائده.

5- دود Worms أنظر! Look! خلق

سبحان عمله أدوده كيف تتنفس وهي مدفونه في الطين.

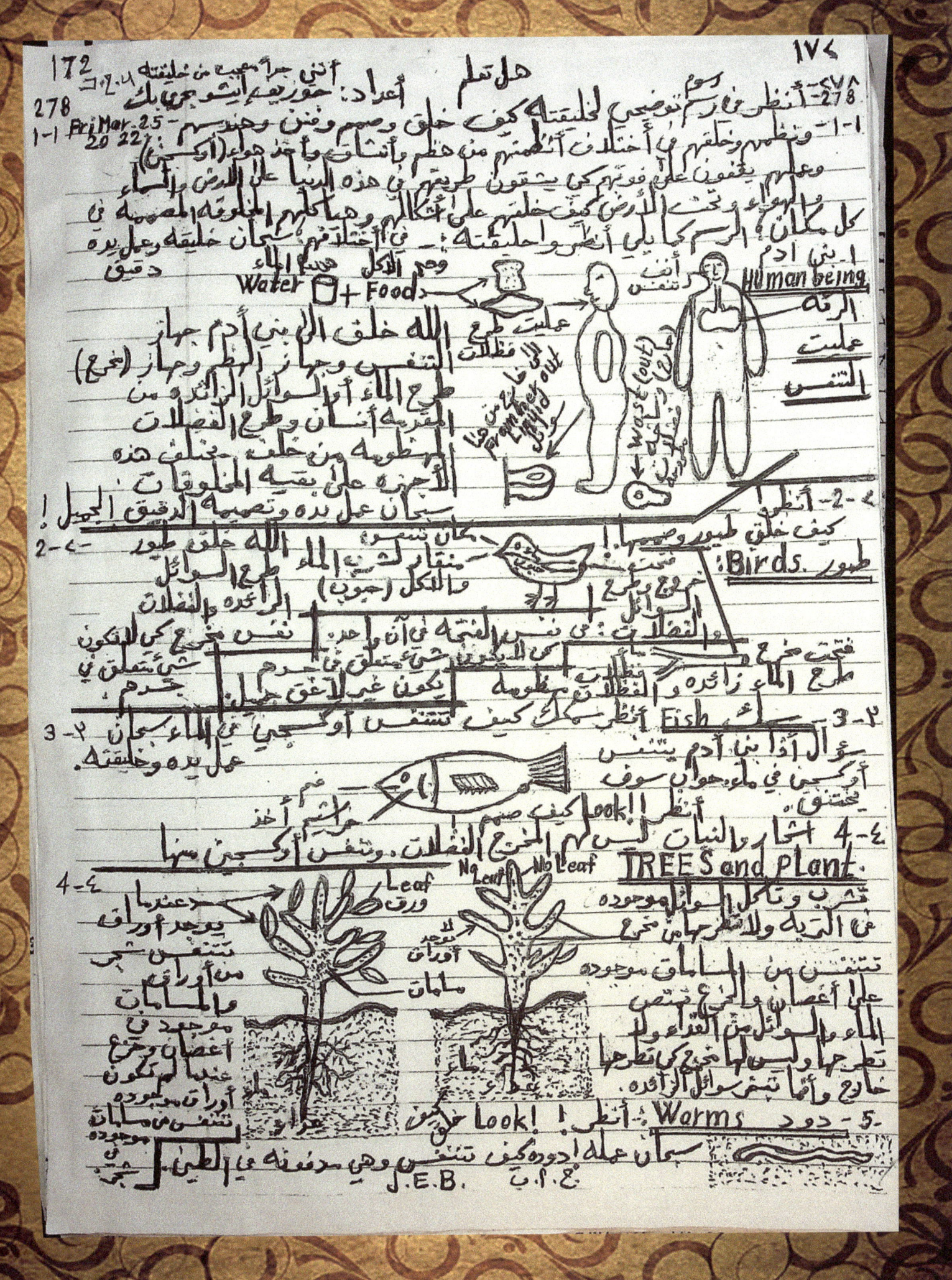

J.E.B. ج.ا.ب

هل تعلم

279- أ - إزاي عرفنا طريقه نطق الهيروغليفيه مع أننا مسمعناش المصريين القدماء بيتكلموا ؟ -٢٧٩ -279

أمثله نص الليل

كيف نتكلم 2022 وبعضا يقولون بسمعها أصطلاحات اللغه الهيروغليفيه قديمه

١- تكلم في اللغه المصريه قديمه سنقول وتلفظ :

سيده جميله :

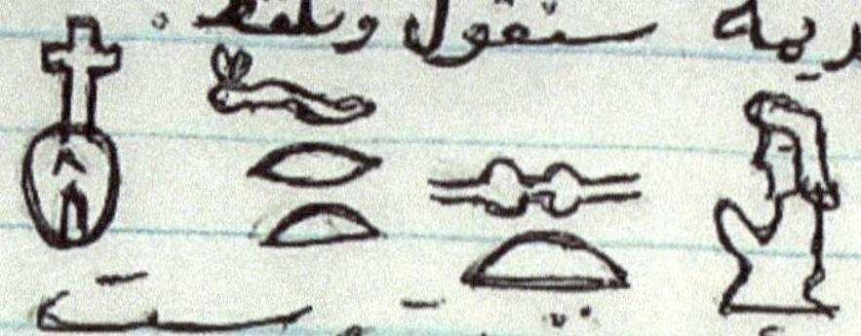

2- الشمس تظهر في الصباح والقمر يظهر في مساء

أيو نفرت ست

راع إم دوات - إعاح ام ميح

٣- أرقام والتعداد

١- واع . ٢- ثن . ٣- خمت . ٤- في دو . ٥- دي يو .

٦- سيسو . ٧- سفخو . ٨- خمنو . ٩- بسج

280 - اللغه الهيروغليفيه ليست اللغه وأنما كتابه اللغه المصريه القديمه : كلمه - را إن كيمت -٢٨٠ 280

A - را إن كيمت : را إن كيمت : معنى لسان أهل المصر

را : لسان . إن : أداة ملكيه . كيمت لسان مصر وأهل مصر

B - ميدو - نيتر : ميدو الكلمات . نيتر : معنى : إله أو القدسيه

أول ظهور كتابه الهيروغليفيه

مثلا : حيوان عقاب كانوا يستعملون  : أ

طائر بومه :  : م M

: OWL .

والكوبرا :  : ج S

: cobra .

أسد :  . ل . L .

: Leo .

تطور اللغات المصريه وكتابتها ولفظها :

١- كتابه الهيروغليفيه

٢- كتابه الهيراطيقيه : ظهر كتابه لكنه تعني خط كهنوتي . مثلا بومه

٣- الديموطيقيه معنى خط شعبي

٤- بدايه ظهور الكتابه القبطيه

لغه وكتابه خليطه من الرومان والاغريق (يونان) يعتمد في كتابه أحرف من يونان وأحرف من الرومان (اللاتين) .

174 Use the key to choose the هل تعلم right SOUND For your Name ١٧٤
281- -٢٨١

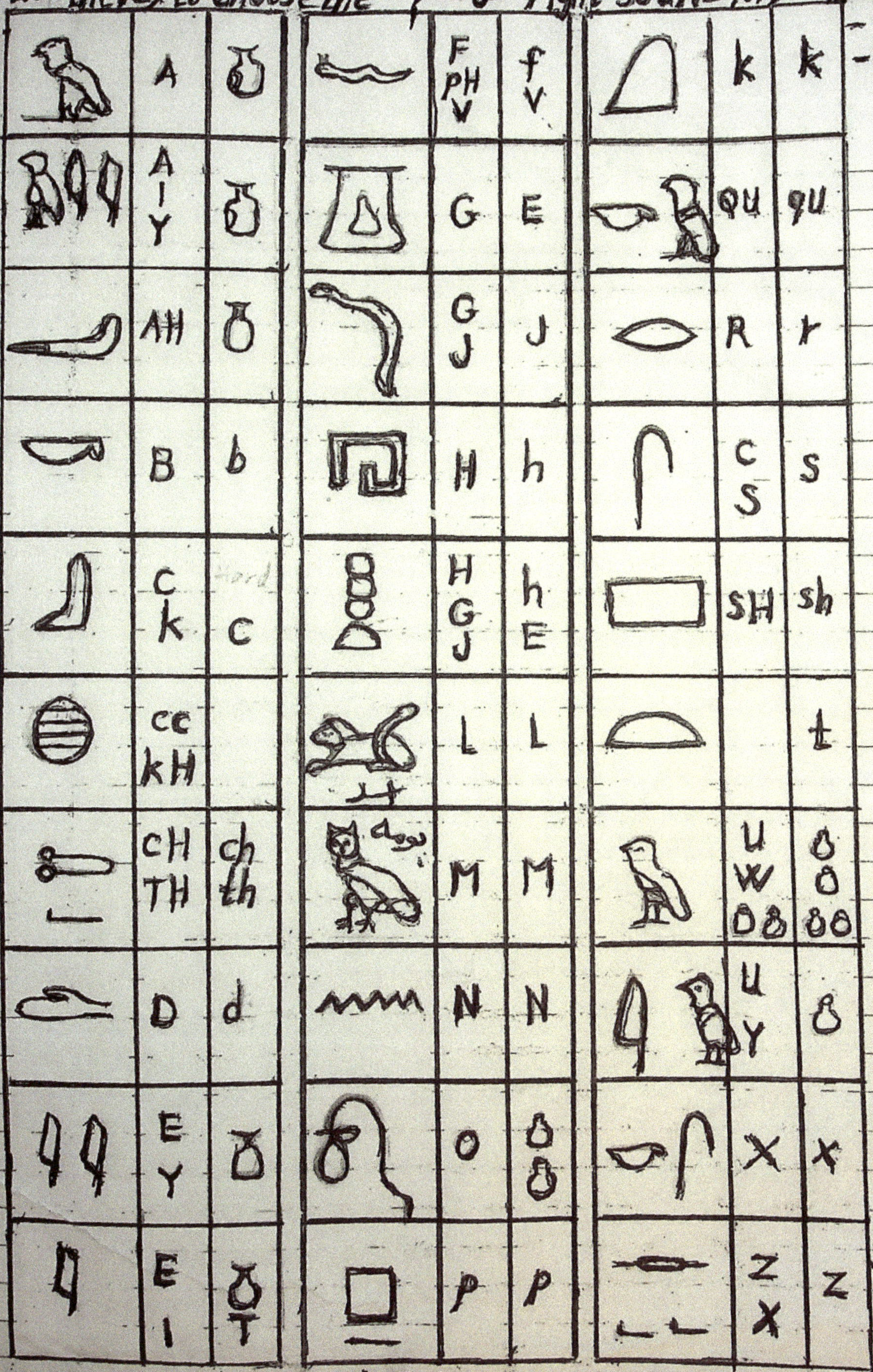

282-

-٢٨٢
-282

الف باء الآشورية
Assyrian Alfa Beta

ܐܠܦ ܒܝܬ

أ	A	ܐ
أ	A	ܐ
ب	B	ܒ
ج	G	ܓ
د	D	ܕ
هـ	H	ܗ
و	O	ܘ
ز	Z	ܙ
ح	KH	ܚ
ط	T	ܛ
ي	Y	ܝ
ك	K	ܟ
ل	L	ܠ
م	M	ܡ
ن	N	ܢ
س	S	ܣ
ع	I	ܥ
پ	P	ܦ
ص		ܨ
ق		ܩ
ر	R	ܪ
ش	SH	ܫ
ت	T	ܬ

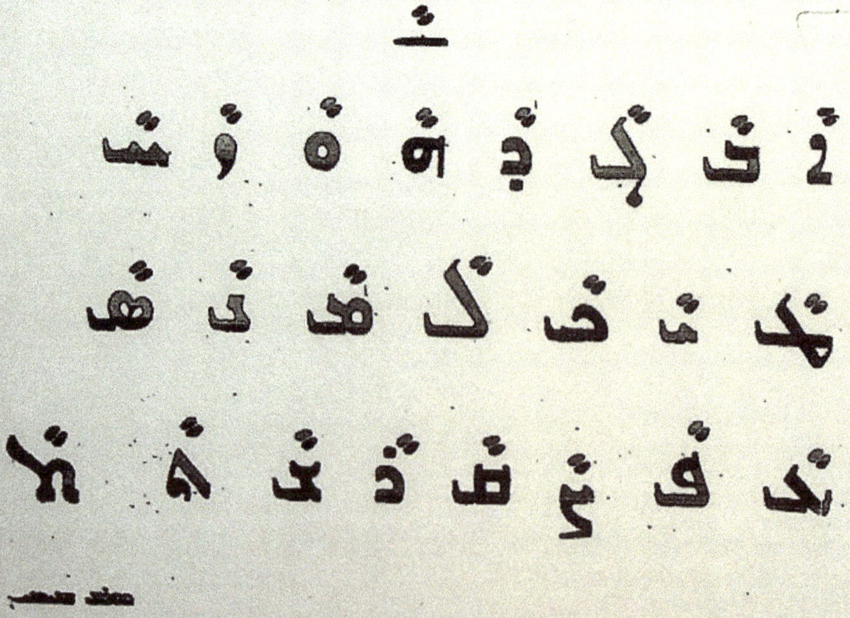

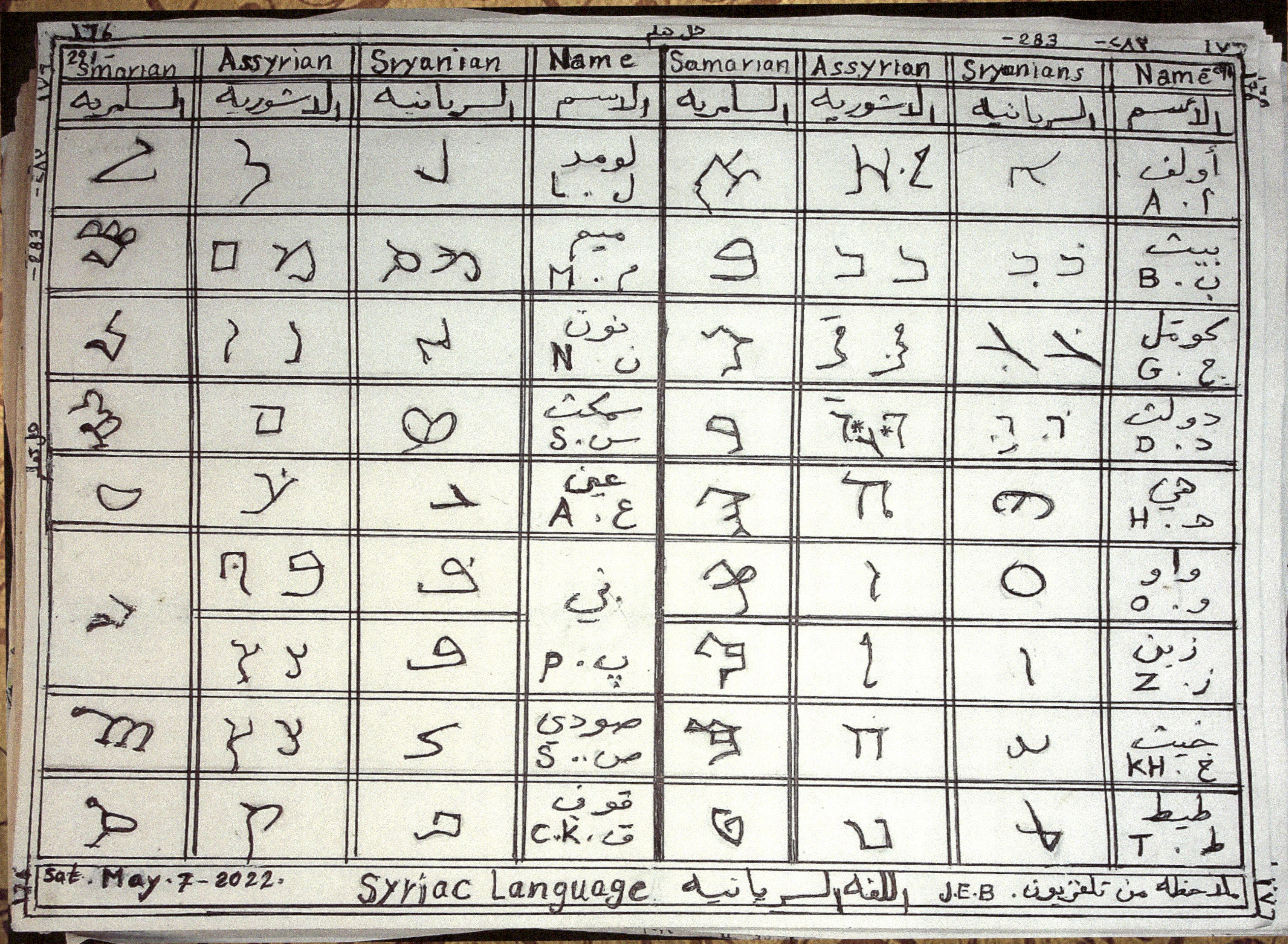
176
حل هلم
-283
-٢٨٣
١٧٦
291 Smarian
السامريه
Assyrian
الاشوريه
Sryanian
السريانيه
Name
الاسم
Samarian
السامريه
Assyrian
الاشوريه
Sryanians
السريانيه
Name
الاسم
لومد L . ل
ميم M . م
نون N ن
سمكث S . س
عين A . ع
ني
P . پ
صودي S .. ص
قوف C.K. ق
أولف A . ا
بيث B . ب
كومل G . ج
دولث D . د
هي H . ه
واو O . و
زين Z . ز
خيث KH . غ
طيط T . ط
Sat. May. 7-2022.
Syriac Language
اللغة السريانيه
J.E.B
ملاحظه من تلعزيون.

هل تعلم

284

٢٨٤ - 284 - ثلاثة أشياء جداً قويه ولا ترى في العين هي:
١- الروح الله والروح القدس الله نفخ فيها. ٢- الملائكة ٣- الهواء والعواصف
ولا تقدر أن تراهم ولا ترى في عين.

Fri. April. 29 - 2022 12:25 pm J. E. B

285 -

٢٨٥ - 285 - عباده وأحترام والتقديس. أنسان يرى في عبادته لا أنه أقوى من أنسان
عندما يرى أنسان الشيء أقوى منه في ما قبل التاريخ جداً بعبادتها أو يهبله
ويعان ومؤله. عندما يرى أنسان شيء أقوى منه فجداً يعظمه ويعبده
منه

Fri. April. 29 - 2022 12:25 pm J. E. B

286 - حقيقي الله بوجود حقيقة لا يعرف ضعيف أنه أنسان يرى عندما -٢
عندما يرى أنسان أنه ضعيف لا يعرف حقيقة بوجود الله
٤ - كما في بداية التاريخ وإلى حد الآن بعض الامم يعلمون لأنفسهم
الله لأنهم يعيشون في الظلام الدامس فيجعلون لهم الهه كي يتكلون
فوقهم الصفقة عليها لأنهم قليلي الايمان ١٤ من دخولهم في ظلام
فيلسوفون شيء لا يعرفون كيف بها في فكرهم يسدون بعبادتها فيقولون
هذا هو نعبده حتى لا يعرفون شكله. لذلك أقول انهم لم يروا ما هو شكله
في الظلام. لذلك أقول لكم كما قال مخلصنا أنا نور وانا الطريق يعني
في كلامه حقيقة من صحه كلامه الحيات الأبدية والله والابن حقيقي
كي تعبدونهم وليكون لكم حيات في الارض وحيات الأبدية في الآخره.

Fri. April. 29 - 2022 . 12:25 pm J. E. B.

287 - Manna (Man'na) The food miracu- Lously provided by God for the Israelites during the period of their wandering in the wildernes (Ex. 16.31): the name is dreived From the Hebrew meaning "What is it? What is it?

٢٨٧ - 287 - المن (الذي أنزل على بني أسرائيل ١-
غذاء سماوي أو روحي
٢- المن: مادة متحلبه من شجر البيوردار
اللوري تجف وتتخذ ملبسا أو.

288 -

٢٨٨ - 288 - ما جينا يا ما جينا كما سمعتها من راديو
من عراق بغداد من احدى شوارع بغداد الشهيره شارع الرشيد؟ شارع الرشيد
حكايتها: قبل ١٠٠ سنه
كانت امرأة أسمها رحينا تعيش في شارع الرشيد كما قيل قبل ١٠٠ عام (سنه)
كانت حزينه تعطي الحلويات الى أطفال فلذلك هذه التقاليد آتت من رحينا
من بغداد شارع الرشيد

J. E. B. ج. ا. ب. .
April. 2022

٤- قبيله تأكل التراب قبيله لوو كورو في جبال كوورو كوورو ناس يعيشون في ترانيا
لذلك تعلموا وتعودوا
الى سبب أكل تراب يقولون (القبيله) يوجد في التراب فوائد
(اكل مصنوع من طين) (ــــ). عليه أعذاء معتمد (برانوكس) قبيلة تراب أكل الى
سمعتها من تلفزيون الى اكل تراب قبيلة (براتوكس). قبيلة تأكل التراب براتوكس،
أغرب غذاء بالعالم قبيله تأكل التراب رحله معتمد عليوي . 278 k View - premired Sep. 30 - 2021. Wed. May. 11 - 2022
(اكل على هذا شكل (ــــ) من طين) J. E. B.

هل تعلم

289 - عشرة حقائق عن الآشوريين المسيحيين Ten facts about - ٢٨٩ -289

Assyrian christins. History of Assyrin TV تاريخ بلاد آشور.

Thu. May.12-2022 سمعتها من تلفزيون 16k Views. published on Aug.1.2021

5 -:

يملك الآشوريين لغتين اللغة الآشورية
(السورث) والسريانية الآرامية
كانت اللغة الآشورية الأكدية سابقاً من المسمارية
ومن بعدها دخلت وتبنينا اللغة الآرامية السريانية
التي دلت السريانية الآرامية نسبتاً الى آرام ابن سام (sam) أخو
عيلام وأشور ولود
وارفكشاد (كلديا)

Aram son of Sam.
Aram Brother Elam.
Luo, Ashur, &
Arphachsad (chaldea)

وكانت اللهجة الآشورية كما يلي :-
ب - الآشورية
(في حدود 2000 - 600 ق.م).
١ - الآشورية القديمة (2000 - 500 ق.م).
اللغة الأكدية الآشورية قديمة لقد أضافوا حرف م.
الى هذه الكلمات كما يلي :-
(Noshum. Akhum. Reshum. Bitum. shalamum)
هذه الكلمات هي قريبة الى اللغة الأكدية القديمة. اللغة
الامبراطورية الأكدية القديمة
٢ - اللغة الآشورية الوسيطة (وسطى) (1500 - 1000 ق.م).
اللغة الآشورية الوسطى سادت هذه اللغة في نصف ثاني من
قرن ثاني قبل الميلاد لقد عثروا عليها في عاصمة آشور وأيضاً ملحمة
الملك الآشوري Tukulti-Ninunta الذي نجح في هزيمة بابل وضمها الى
آشور أول مرة.
٣ - اللغة الآشورية الحديثة (1000 - 600 ق.م). لقد أختصرت
العلامات الصوتية والمسمارية الى نصف. مكتبة آشور بانيبال تحتوي
على 30 الف لوحة طينية. كتابة مسمارية ليس ألف وباء وانما رموز.

J.E.B

هل تعلم

Tue. May. 17 - 2022 سمعتها من تلفزيون

أعلنت أنها ملحدة وأغلب سكانها من مسلمين

290 - ماذا تعرفون عن ألبانيا والأرناؤوط

٢٩٠ -
290 -

ديانة في ألبانيا

70 % المسلمون 20 % أورثوذكس . 10 % كاثوليك

ألبانيا والأرناؤوط

أطلق الرومان اليوس على ألبانيا وتعني الجبال العالية البيضاء مغطاة في الثلوج . وأيضاً أطلق اليونان على حين اسم ألبان وتفرعة أسماء بلاد الأرفاشين وتفرعت على هذه التسمية أرناؤوط أو أورنا وطلا وتشير ألبانيون إلى أنفسهم أحياناً باسم شتيبتار ويعني من يتحدث ألبانيا وأحياناً أبناء النسور التي استوطنت أرضهم تذهب مصادرهم إلى أنهم من نسل الأليريين القدماء الذين عاشوا في وسط أوربا هاجروا جنوباً إلى أراضي ألبانيا في بداية عصر البرونزي حوالي 2000 عام قبل الميلاد ظلو نسبياً بفضل التضاريس الوعرة في أراضيهم . ومن بعدها دخلوا الأتراك العثمانيين في ألبانيا مازالوا يحتفظون في لغتهم الأرناؤوط . يوجد بعضهم في سعودية وسوريا ولبنان . الأردن . مصر دول مغرب الكبير وجد في تركيا تقريباً 6 ملايين والآخرون في دول عربية

* محمد علي باشا هو من أصل ألباني

* وبعد وفاة قائد المقاومة الألبانية اسكندر بك عام 1468 أتيحه أتيح للعثمانيين أن يوسعوا سيطرتهم على ألبانيا . انتشر الإسلام في صفوف الألبان تدريجياً وشمل الغالبية بعد قرن من الزمن

* عينت الدول الكبرى أميراً ألمانياً (علمانياً) مسيحياً على رأس الدولة في ألبانيا لكنه ترك كل شيء خلفه وغادر بلد بعد ستة (6) مع توترات الحرب العالمية الأولى

* في أعقاب الحرب مرت حياة السياسية أحمد زوغو وكان لا فتاً مشروعة لتحديث ألبانيا شكلت حكومة أعلنت قانوناً أساسياً نص على أن ألبانيا لا دين لها رسمياً وهي قاعدة تكررت في دساتير البلد لاحقاً . وتوجيه البوصلة من الشرق إلى الغرب .

٢٩١ 291

291 كيف تُلفظ الأحرف ألف وباء الفينقيه

أ ااا	ب بااا	ج حااا	د دااا	هـ هااا	و وااا	ز زااا
ح حااا	ط طااا	ي يااا	ك كااا	ل لااا	م مااا	ن نااا
س سااا	ع عااا	ق قااا	ص صااا	ف فااا	ر رااا	ش شااا
			ت تااا			

٢٩٢ 292

292- بدأت ظهور أول كتابه في العالم كما يلي :-
أ- 1- في وادي الرافدين .
2- في مصر .
3- في الصين .

ب- بعض رموز الصينيه المطلات الكتابيه والصوتيه :-

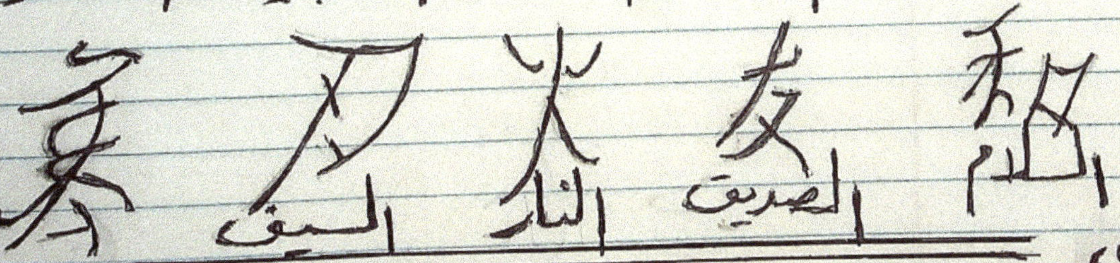

٢٩٣ 293

293- من أين جاءت كتابه الرموز الصينيه كما في أعتقادي عندما وصلوا الآشوريين القدماء الى الصين حيث الصينين طبقوا الكتابه المساريه الآشوريه وطوروها كما في هذا الشكل على الرموز الآشوريين كتابه مساريه المساريه الآشوريه ... صيني طوروها كما يلي ... بدون رأس مسمار وازالوا رأس المسمار .

J. E. B.

٢٩٤ 294

294- أربعه أشياء جداً قويه لا ترى في عين المجرده ولا لها لون ولا رائحه ولا أي شكل من أشكال . وهي :
1- الله روح الله . 2- روح الجسد أو عندما تخرج من الجسد . لا نراها
3- الملائكة أطم . 4- رائحة أو هواء العواصف . كذلك الماء ليس له اطعم أو اللون .

April 2022. J. E. B.

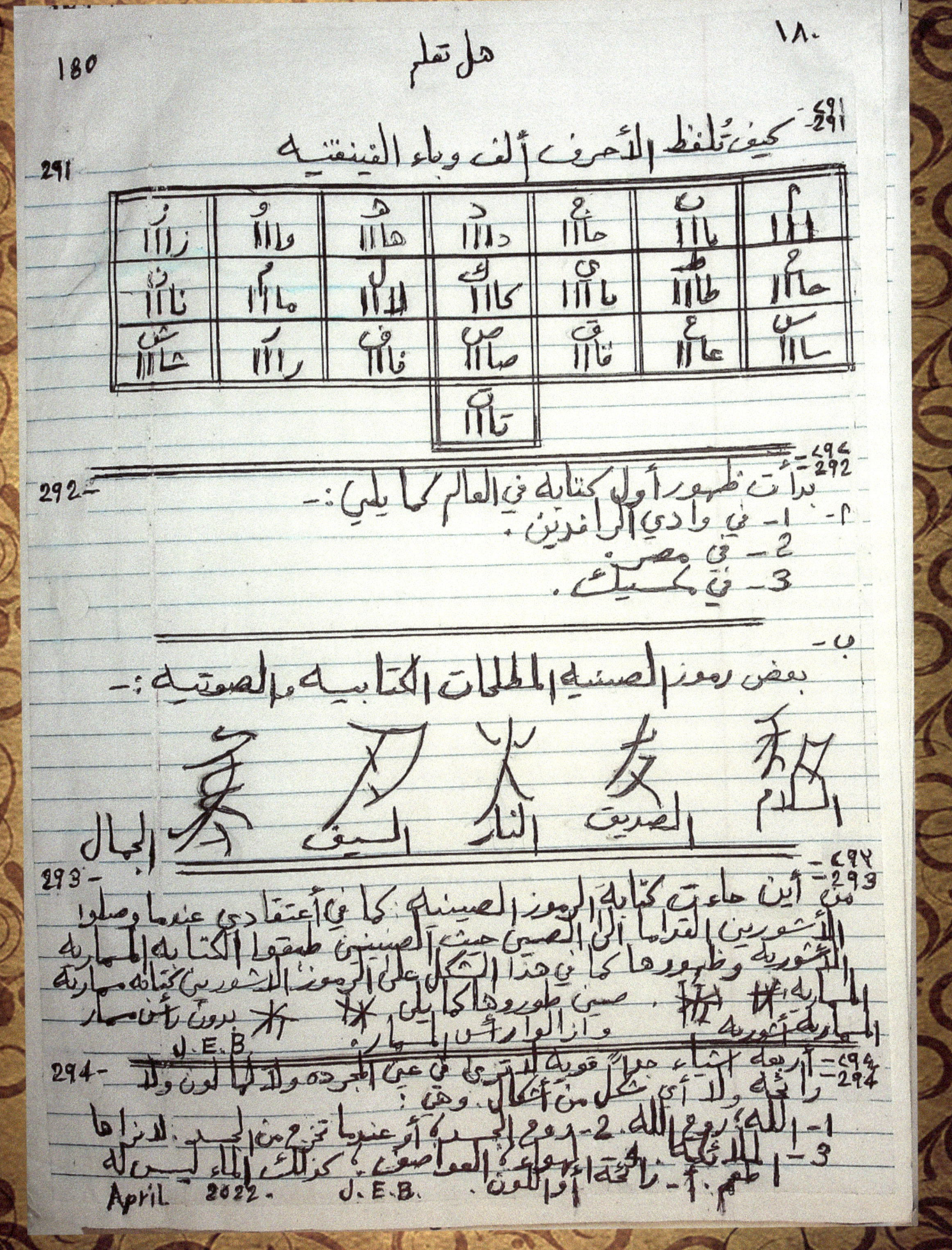

295- هل تعلم ٢٩٥- 295
مقارنه فكر البشري من فكر الرب وأعماله (أعمال خلقته) :-

نحن إلا نقطه صغيره عباره مقارنة الى هذا الكون الفسيح نقطه صغيره في مقارنه من فكر الله العظيم الخالق كل شئ هو اكبر من هذا الكون الكبير الله اكبر من خليقه وما فيه من خلقه لمقارنه الفكر البشري نقطه صغيره.

J.E.B. THU JUNE 2-2022.

آمين

296- فكر البشر متنوع الله خلق بني أدم وشيطان أغلطهم في مس واكل ثمره من الجنة ، ومن ذلك عرفوا من الجيد و غير جيد ! ومن ذلك بدأ يفكر ويعمل ، كما قال الرب لقد أصبحوا يعلمون مثلنا ! ومن حيث ذلك بدأ تتطور أفكاره واعماله كما قال الرب كثر وطور وزيد . دائما فكر البشري حالة التطور ! مثل بدا أول افكار وحضارات ظهورها في وادي الرافدين عراق ووادي النيل وتقنيت معادات العراق ، مثلا اول ظهور واختراع العجله حتى تطويرها الى هذا اليوم يوميا من هذه سنة 2022 سيارة أو عجلات لا تجرها الخيول ، عجلة عربة بدون الخيول وانما ماكينه تحركها بدون جرة بواسطة الخيول . وايضا بدأت في ظهور كتابه بالمسله حمورابي وتدوين التاريخ والكتابه كالمسمارية في الواح طينيه كالمكتشف اثور بانيبال . حتى أول مطاربات وحتى المشروبات الروحية مثل بيرة والخ ، هذه الافكار كلها ، هذه الافكار الحضاريه المتطوره دائما في تطورها كل هذه الحضارات هذه جاءت من فكر البشري ؟ من فكر البشر مقارنه هذه الافكار الحضاريه الى فكرة الرب وعلمها جاءت هذه الافكار كلها وعلمها كما قال خالقنا لقد أصبحوا يعلمون و يعرفون مثلنا ، كلها علم الرب .

Thu. June. 2-2022

J.E.B.

297- ٢٩٧- 297 أنني معجب من خلق عمله من كل شئ في كون فسيح وأرض وما يرى وما لا يرى من العين المجرده 2022 . J.E.B.

298- ٢٩٨- 298 عقاب الرب المعت الى بني أدم

عندما قال الرب الى بني أدم لا تلمسوا هذه الشجره ولا تاكلوا من ثمارها سوف تموتون ! إلا ولم يعلموا أدم والحواء في هذا الأمر الرب التحذير حيث ظنوا سوف يموتون حالاً حين لمسها واكلها من ثمارها ! ولكن شيطان علم في ذلك الأمر حيث قال لهم لا تموتوا حالاً خذوا وكلوا من هذه ثمرة العلم سوف لم تموتون حالا كلوا منها حيث عملوا قول شيطان ووثقوا من صحة كلمته الشيطانيه وعملوا كما قال شيطان لهم لم تموتون حالاً حسب في اعتقادي ادم وحواء صدقوا في صحة قوله أنه عمل جيد عمل لهم الشيطان سوف لم تموتون حالا ولكن الاعراض الجانبيه لم يعلم بها من اعراض الجانبيه . سوف يتلقون الموت المحتوم عليهم عند بلاغ السن الكبير لهم . امين

299 - ٢٩٩ - 299 ولدنا كي نموت ، وليس جسدنا يكون حياً (أحياء) وأنما المماة .

300 - ٣٠٠ - 300 عند موتنا لم نقدر أن نأخذ أي شيئ معنا وحتى جسدنا أيضا

301 - ٣٠١ - 301 الأرض مثل الرحم تزرع فيها ! الارض مثل صندوق الجوهرات التي تحفظ كل شيء من حضاراتنا والمرفقات وكل اشياء التي تحفظ بها
[illegible] شي يدون عواقبه كما سوف [illegible]
إلا عليم الله يقدر [illegible]

هل تعلم

302- ٣٠٢ - لم نملك نفس الفكر (الأرض) عندما ترحل الروح (روحنا) من 302
جسدنا الى مالكها (الله) أي لم تحمل ولم تكن نفس المعلومات الأرضية كما نملكها في
عقولنا عندما كنا في الأرض مثل محبة والحنان وعاطفة ومشاعره والخ كما في اعتقادي واحد
من عشرة الوصايا العشرة الرب ذكره مهما بانا ستكون فقط تركيز عبادة وتسبيح
وترنيم الله خالقنا وتكريمه فقط. كما قلت لم نملك نفس عقلنا وفكر،
وانما كما فهمت من قراءة في كتاب المقدس حيث سألوا السيد المسيح وراعينا في
السماء عن من سوف يملك امرأة الزوجة له في السماء (مثل تحدث النسب في
شريعة اليهود) من زوجت أخو فأجاب يسوع سوف لم يكن زواج ولا امرأة
له في السماء، وأنما فقط هو تسبيح الرب وستكونون مثل ملائكة فقط
Thu. June. 2- 2022. ترنيم وتسبيح الى أبونا السماوي فقط.
J. E. B.

303- ٣٠٣ - أرض جنة شبيهة كالرحم الام. 303
عندما خلق الخالق الأرض والكون وكل شيء فيه مرئي وما اللامرئي
لقد خلق الله آدم على شكله حيث خلقه في جنة العدن التي
شبيهة كالبيت الرحم الأم، التي يحمي الجنين أو طفل من كل عوارض الخارجية
العوارض التي تأثر على الطفل، حيث خلق الانسان (آدم) في رحم
رحيمة بحيث الرب خلق جوا ملائم الى آدم أنه لا يشعر بأي تأثيرات وعوامل
التي تأثر عليه من تأثيرات الجوية له من ناحية البرد أو الحر ولا يحتاج ملابس
كي يدفئ بها، ولا يتعرض من أي مرض الأمراض الخارجية والداخلية ووقاية
من كل شيء ولا يشتغل كي يأكل ويعيش ولا يجلب أي قود له الله خلق
مناخ متوفر الى آدم والحواء كالمناخ الطفل أو Baby في رحم بطن أمه
بحيث لا تتأثر أي الأشياء كي تنظر بها حيث وفر المناخ الملائم الى آدم وحواء
في كل الأحوال ربنا وأبونا وفر المؤنه من أكل النواحي الى آدم وحواء
لي أنه لم يلعنه من بعد؛ لأنه لم يكسروا الميثاق قوله لعدم لمس الفاكهة معرفة
لذلك وفر كل شيء سهل الى آدم وحواء. كالطفل يريد المعرفة!. لماذا يطلق أم
بيت الرحم؟ معنى الرحم يرحم ويحمي من كل عوارض الخارجية والداخلية ويحميها
من كل عوامل تظر عن حدهم وكل مكروه تعيق بهما (آدم وحواء) ٥.٦.٢٠ ت.
ت. ع. ٨ . Sun. June 5-2022 J. E. B. ج. أ. ب.

304- ٣٠٤ - قبيلة فُلان: تعيش قبيلة الفُلان أحدى عدده القبائل موجوده في 304
قارة أفريقيا موزعة في عشرين من الدول الأفريقية ممتده من الشرق الى غرب
(أفريقيا) يعد تعدادهم ملايين نسمة الموزعة كما ذكره عشرين دولة أفريقية وهم
من قبائل المترحلة في بحث ماوراء العشب الذين يشتهرون في الزراعة ويتنقلون
من منطقة الى منطقة يناسبه لهم عيش ولمزاعتهم وأتاح لهم في استقرار موقت
وترحيلهم من بعد ذلك الى المكان آخر.

305- J.E.B. ٣٠٥ - عمل شيء صحيح مقابل سلبيات ستقابلها وتتلقاها وتقابل لك! 305
إلا علم (الله) يقدر أن تعملها فقط، من ناحية تريد أن تخلص من كل شيء الذي
سيعامهك في حياتك يومية مثل: أنسان، المرض شيء لا تتجنبه، ثم أفعل لك مرة أخرى
J.B. إلا علم (الله) يقدر يساوي شي بدون عواقب. كما سوى كريات الدم الحمر وبيض في جسم

هل تعلم

Folan Trib

306- قبيلة الفلان: قبيلة فُلان تعيش القبائل الفُلان في عشرين دولة -٣٠٦
أفريقية ممتدة من شرق إلى الغرب أفريقيا بعدد تعدادهم تقريبا ٥ ملايين
نسمة، وهم قبائل الرحلة المترحلة المتنقلة من مكان إلى مكان الآخر
المترحلة في البحث وراء العيش ومكان جيد تنفع والمقدرة لزراعة
تتناسب لمعيشتهم لكي استمرارهم.

307- بعلبك: تعني بعلبك هو إله البقاء بعض المؤرخين تعود أم الى أم -٣٠٧ 307
البعل إله الحرب عند الكنعانيين وإله الشمس عند الفينيقيين، كما أطلق
الرومان هيلابوليس.

308-
آدتيا: أم هندي يسمونه إلى أبناءهم إلى عبادتهم لشمس، معنى أم -٣٠٨ 308
آدتيا إله الشمس بعض الهنود يعبدون الشمس وأحد من
معتقداتهم الوثنية من الاف المعتقدات التي يعبدونها من هند ويأمنون
بها من عباده الخليقة الله والأصنام والاوهام وخرافات أخرى لا مكان لها ولا
قيمة لها من وجودها كلها خرافات.

THE. June-14-2022 سبتمبر تلفزيون

309- للمرة الأولى بالتأريخ. شفاء جميع مرضى السرطان في تجربة السريرية -٣٠٩ 309
ALARbia العربية. 306k Views. premiered JUNE. 9-2022
Alarbia is funded in whole or in part by the Saud government

دكتور Jemprli (dostarlimabo-gxly) هو اسم الدواء
د. ضرار بلعاوي. Injection 500mg/10mL. 50mg/mL For
مستشار أمراض معدية interavanus infusion after Dilution
Single-Dose Vial سعرها أكثر من عشرة
الالف دولار. دوستارليمات علاجات بطان الرحم والقولون والمستقيم.
J.E.B. ب. ١. ع. ٠. ح. ٤. ٤

310- كلمات وأسماء العراقية يطلق عليها معاني بغدادية قديمة مثل: -٣١٠ 310
١- علاوي الحلة: معنى علوه أو علوات مكان للبيع والحلة: قبل كانت
علوات ساحة مفتوحة سموها علوات: معنى علوه الخضرة وعلوه السمك وعلوه
وعلوه والتمر؛ الحلة أي رائحة حلة عندما يفتحون شئ تشم حلة رائحة طيبة
٢- صابعين ركي معنى الرقة أم جاء من اسم منطقة رقة في سوريا. وليس
الركي أي ركي أو رقي
٣- كرادة: كانوا سابقون يكردون الماء في أيديهم من أسفل إلى أعلى
يكردون الماء لذلك سمية كرادة من الكرد الماء بأيديهم سابقا.

311- كل البشر جميعهم متساوون من حيث خلقهم، بشرتهم وجسمهم نفس -٣١١ 311
خلق الوجه الله لا فرق بين بشر، فقط اللون البشرة فيه أحتمالها: أبيض، أسود
أصفر، أحمر، حنطي، ولكن كلنا متساوين في خلقه. ج. ٤. ح. ع. ٢. ٠. ب. حزيران ٢١-٢٠٢٢

٢١٢- وثائق أوائل العلم لشيزوس الشعوه هل يمكن أن -312
312 يحظى الانسان بحياة أبديه ؟

١- فأران: تعيش أقل من خمسة أعوام
٢- حوت مقوس الرأس 211 سنه
٣- البشر ١٢٢ سنه
٤- سلحفات 200 سنه

غدة زعتريه: خلايا موجوده في جسم الانسان، تنتج خلايا الزعتريه ولكن هناك خلايا معدوده في جسم الانسان خلايا معدوده (مخزونه) حد الانسان كخلايا مخزونه معدوده فهذه خلاياه في جسم الانسان في حياته تنتج غدة الزعتريه في أعمارها خلايا دائمة في بلوغ السن كبير تبدأ الخلايا الزعتريه في التقلص والانكماش ولا تبدأ في أنشطتها التي تعيش أو تبدأ عملها في زوال والمادة تبدأ عوضها في مكانها الدهونيات

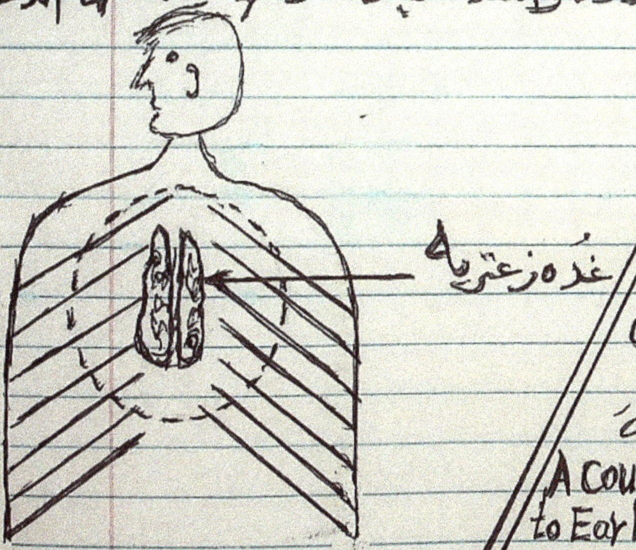

٢١٢- شنعار: Shinar -
-313 شنعار أو في أنكليزي أم
Shinar: أول اسم ظهر في
كتاب المقدس عهد القديم
أم منطقة سهل شنعار shinar
في بابل Babylonia. (تكوين) في تكوين
Gen. أم شنعار ظهر قبل كل أسماء
الموجوده في جنوب العراق في مملكة
بابل والكلدانيا. A country known
to Early Hebrews as a plain in Babilonia
المذكوره في خليقة من التكوين. Gen.
SUN. JULY. 3-2022. J.Q.A. TORAH في عهد القديم من كتاب المقدس التوراة
313-99-904..٢٠٢٢.٢-تموز. J.E.B. ب. آ. ج. المقدس

314-

٢١٤-
314 - هل تعلم لعبة حيه والدرج؟ جاءت من الهند هذه لعبه.
٢٢٣- من هم الأميش؟ أميش جاء من أوربا ويتكلمون في لهجة شمال المانيا
223 الشماليه؛ حيث جاء الى ولايات المتحده الامريكيه في ولاية بنسلفانيا وهم معروفون متعصبون ويحافظون تقاليدهم القديمه ملابسهم طويله ولا يستعملون كهرباء والاشياء حديثه المتحضره الاخرى ويحافظون على تقاليدهم القديمه.

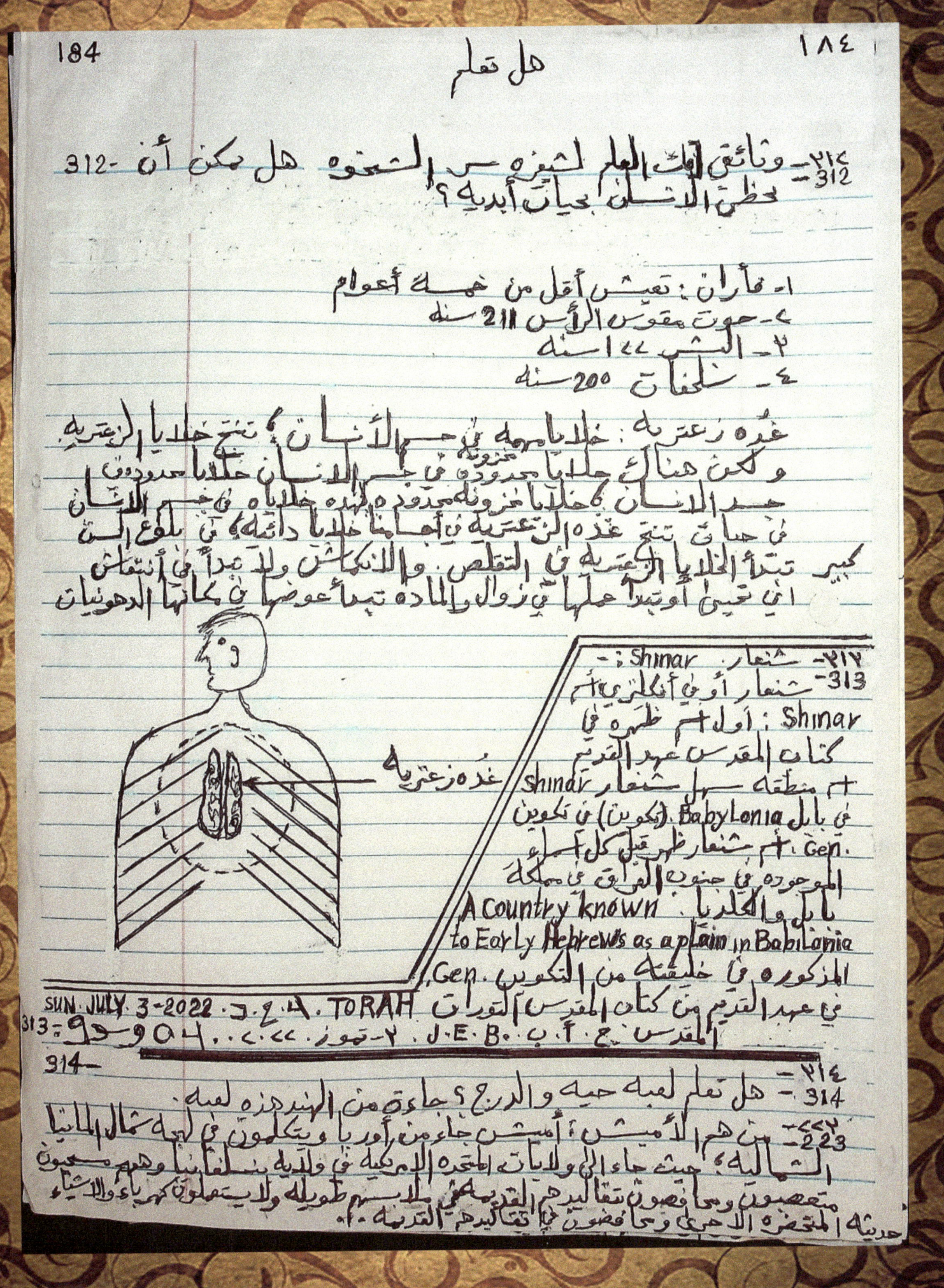

315- ٣١٥ - 315

B.C.

أقدم عشره حضارات في العالم
10 OLDER CIVILIZATION in the WORLD.

1- حضاره ما بين النهرين. 4000 ق.م. 500 ق م أول حضارات في البشريه.
2- حضاره السند 3300 ق.م - 1300 ق.م بدأه في باكستان شمال الهند. AL SEND.
3- حضاره المصريه 3150 ق.م - 332 ق.م. MESRAIUM.
4- حضاره المايا 2600 ق.م - 900 ق.م. في قاره الجنوبيه من قاره أمريكيه
5- الحضاره الصينيه 1600 ق.م 1046 ق.م. بدأه حضاره حول نهر أصفر في منطقه
6- الحضاره اليونانيه (الاغريقيه). 1200 ق.م - 223 ق.م. JAVAN .. يافنسن
7- حضاره كوشي. 1075 ق.م - 350 ق.م. CUSH
8- حضاره سبا. 1000 ق.م - 275 في اليمن. SABA
9- الحضاره الرومانيه 753 ق.م. ROMEN
10- الحضاره الفارسيه. من 550 ق.م - 331 ق.م مؤسسها كورش الكبير MADIA

ح.ع.ج... ح.أ.ب. J.E.B. JUL.4-2022
.MON. تموز ٤. ٢٠٢٢ يوم الاثنين

316- ٣١٦ - لما حنان خالقنا أبونا الله وراعينا سيدنا المسيح ! من أفكاري اللاهوتي -316
لولا لم يحنوا لنا ويعملون حسنه من أعمالهم لنا، أحياء الموتى وفتح عيون عميان وشفاء
المرضى من أمراض المدمنه القاتله مثل سرطان ومرض القلب (سكته قلبيه وسكت
دماغيه وكورونا (المصنعه من قبل أنسان لقتل اخيه أنسان وحائزين في براء
الاختراع في صنع جرثومه كورونا) لقتل بني الانسان من سياستهم الشيطانيه.
لما كانوا حنيني (الله أبونا والمسيح راعينا) لما كانوا يحنون لنا ويعملون
حسناتهم لنا (بني بشر) لما يوعدون ويعملون حسناتهم الى بني بشر! لما عملتهم
لبني البشر لما وجد الحنان كما ذكره في هذا الكتاب سابقا لما وجد حنان فيهم
(الله أبونا والمسيح راعينا)، لما وجد عفران، لما وجد غفران لما وعد مطالب
الى بني البشر لمساعدتهم من كل مكروه والتعبير ومدمن آمين. ج.أ.ب. ح.ع.ح
TUE. JULY. 5-2022. تموز ٥-٢٠٢٢. من لاهوتي

317- ٣١٧ - أمراض والجرائم القاتله لقتل أخيه بني آدم في مصالحهم الشيطانيه السياسيه:
317 - كالمرض الطاعون والمرض الخنازير والمرض الكورونا والقرود!
هي كلها من صنع الانسان الحائزين في براء الأختراع لقتل أخيه الانسان
الى منافعهم الشيطانيه السياسيه الزائله؛ كما الحال وجدوا مرض قرود ويجدون
أمراض اخرى مثل الضحك على أفكارهم الباطله مرض أسود والقطط
والكلب والخ. ج.أ.ب. ح.ع.ح J.E.B. ٥-تموز. ٢٠٢٢.
TUE. JULY 5-2022

318- ٣١٨ = لما وجود محبه الله لنا وأعطاء الوصايا العشره الى نبي موسى.
318 لما وجد حب الله والمسيح، لما وجد حنانهم، لما وجد مغفرتهم الى بني بشر
ولما وجد مغفرتهم الى بني البشر لما يوفي أو يوعد الله والمسيح الى مطالبهم (بشر)
ولما أيمان بهم لما يحقق هدفهم، من افكار وخواطر اللاهوتي جوزيف إبراهيم عيلبك،
TUE. JULY. 5-2022. ٥. ٢٠٢٢. تموز. J.E.B. ب.أ.ج... ح.ع.ح.

الأيمان والعقيده

عندما يأمن الانسان في شيء، توجد أشياء حقيقيه وملموسه كما مدونه في كتب المقدسه، وأيمان في أشياء ليست لها من الوجود خرافات وتخيلات الوهميه، كما ذكر وقال الله خالقنا ومخلصنا يسوع المسيح أنا الضوء ونور وأنا طريق، معنى في هذه مقالاته وعن النور الذي يضيء في ظلام على أشياء أمامنا نقدر أن نفرق بين الشيء جيد وشيء غير الجيد غير صالح، أما أيمان عمياء هو غير واضح أن يصلح في حياتنا الشيء صالح لنا طريق المستقيم، عندما تذهب في ظلام ستلاقي عدد أشياء ولكن لا تعرف هي هل هي صالحة او غير صالحه من لمسها لا. أنك في ظلام لا تقدر من معرفتها ماهي، بعض بني يشيلسون هذه الاعتقادات بدون معرفتها أنها باطله النور على الطريق هما طريق الصحيح لتسير به.

Thu-7-2022 ..٢٠٢٢ .٧ تموز

٣٢٠ 320 - الديونونه: لا تقدر أن تدين أي واحد في أيمانه!

Thu. JUL. 7-2022
J.E.B..ي.١.ع.
ج.٢.٩.

وأنما فقط الرب خالقنا أن يقدر أن يدين بني البشر مثال ليس ذنب الاطفال الأبرياء الطاهرين الذين لا يعرفون أي شيء من جيد وغير جيد كالملائكه كما قال مخلصنا آتي من أطفالكم كي أعلمهم الطريق السالك صحيح، لذلك أقول لكم لا ذنب الأطفال والوالدين لتعليمكم كما فهموا من الجد الاعلى هذا الطريق. لا ذنبهم الاطفال والوالدين وأنما ذنب الجد السلف الاعلى الذي أدخل في عقولهم كالقطعة من القماش أو الصحن الذين شبعوا من اللحم الذي غرز في قماش أو صحن حيث شبعوا من هذه الاشياء هكذا يكونوا الاطفال والأمهات لا يقدرون أن أزالت هذه أفكار الباطله حيث شبعوا منها وورثوها الى أبناهم فلذلك أقول لكم من صعب من أزالت هذه الأفكار من عقولهم لأنهم مشبعين من لحم في قماش أو صحن، لقد غرز أجدادهم في عقولهم، هي هذه أفكار وعقائد.

٧ - تموز

Thu. JUL. 7-2022
J.E.B.ي.١.8.ج.٢.٤

٣٢١ 321 - أطفال كلهم كالملائكه سواسيه (سواء) وأبرياء. خميس تموز ٧. JUL. 7-2022.

أنا (جوزيف إيشو برعايك ج.٩.٤.٨) أقول لكم صحيح في أعتقادي أقول لكم أنا لست حاكم حكيم أو حاكم كي أحكم وأدين واحد من الأطفال أنهم كلهم أطفال كالملائكه أبرياء أنهم من خلق الله أنهم سواسيه (سواء) ليس ذنبهم أذا كانوا من كل جوانب الحياه في الدين واللون أو سلاسله أو أي بلد أو في أشياء الأخرى تفيق مهم في هذه الحالات ليس ذنبهم الى أنتماء أو أنتمائهم الى هذه الفئات أقول لكم حقاً أنهم أطفال أبرياء كلهم كالملائكه أنهم لا يعرفون أي شيء من هذه الدنيا ملئته من أفكار الشيطانيه حقاً أقول لكم كما قال مخلصنا يسوع المسيح آتي بهم اليه كي أعلمهم الطريق المستقيم كما كررتها ودونتها لكم في رقم ٣٢٠ #320. يا أخواتي وخواتي حقاً أقول لكم لا تعرفوا ما في بينهم أنهم لا يعرفون أي شيء من هذه الدنيا، أنا أعرف كل أب وأم يعلمون أطفالهم في طريقتهم الخاصة التي تختلف مع تعاليمك، معنى ذلك أن أطفال لقد تعلم في ذلك مسار ليس ذنبهم وليس ذنب الوالدين وأنما ذكريه لكم هو ذنب السلف أول الجد الاعلى الذي غرز في عقول الوالدين ثم الوالدين ثم يلي أطفالهم وشكراً!

مدون جوزيف إيشو برعايك ٩٥٩ و ٩.٤.٢ ج.١.ع.ي.٧ تموز ٢٠٢٢
THU. JULY. 7-2022

٣٢٢- 322- جمال الحواء في عين الرجل كالزهرة عندما يقطفها من الحقل الذي يختارها !
حسب في أعتقادي (ج. أ. ب) كل أنسان الرجل في رغبته عندما يرى أمرأة أمامه
سيتعرف وأختيارها !! لماذا ؟ دائما الحواء تجذبه إلى جانبها من في حركاتها وأقوالها حتى أذا
كانت حواء جمالها عادي ! ومن الأخرى من ناحية أخرى من لبسها وحركاتها ومن
ثم جمالها كل هذه الحالات ستأثر على من حبها هذه كل أشياء الرجل فلذلك يقع في
رغبته من حبها أنها في عقله وخياله وقلبه أنها جميلة فأصبحة جميلة جداً حتى في بعض
الرجال لا يتوافق من حبهم كما يعللون طيف وجهم ! وحتى أذا كانت عادية كما ذكرته
ستكون جميلة حسب حبه وتقرير مصير وأختيار جمالها في قلبه ستكون جميلة عنده كل
رجل يختار رغبته ونواصه جمالها وتقرير جماله وأختيار جمالها حسب رغبته كي تكون
واحدة في حياته اليومية ! حقاً أقول لكم وإلى كل بني آدم لا تتحكمون في أختيار شريكة
له ولا تتحكمون في أختيار شريكة له عوضاً عن رغبته ضع انسان أن يتحكم في أختيار
JULY. 7-2022. J-E-B. في نفسه ولا تدخلوا في شؤونهم في أختيار شريكة له.
(من عيني محب أنها جميلة)

٣٢٣- 323- الحواء كلهم جميلة حسب الذي كل من يختارها ويحملون كل صفات الأنثوية متساوية:
كل حواء هي جميلات أذا كانوا فاتنات أو عاديات كلهم من خلق يده (الله) وأنهم
كلهم من ضلع آدم كما في قلب كل من يختارها أنهم كالزهرة الجميلة (وردة) . Rose على أنواعها
وأختلاف في جمالها ألوانها كلهم نفس حواء أي مستوى الجميلة (وردة) وردة الجميلة
لها عدد من ألوان كالاحمر وأصفر والابيض والخ كما أشبه في ذلك مثلا عندما تدخل وترى
في حقل من الزهور متنوعة في حقل والحديقة فترى أنواع المختلفة وستقطف واحدة
منها في أختيارها من حبك من جمال هذه الزهرة ، كل حواء هي جميلة لمن يقطفها له
هي جميلة لحبها وكل هذه الزهور يحملون الصفات الزكية الحلوة مثل الحواء
تحمل صفاتها الأنثوية كالزهرة التي تحمل صفات الزهور الحلوة لذلك على
كل المرء يختار الزهرة التي تناسبه هي حواء التي جاءت من ضلعه جميعهم
أي كل حواء سيجدون معاً كالمغناطيس أي كالقطب المغناطيس يحمل شمال
أي الرجل والجنوب الحواء هكذا سيكون تجاذب والتصاق الجسدين كما خلق
الله وكما قال عندما يتحد جسدين أي آدم والحواء سيكونان جسد واحد لا أحد أن
يقدر أحد أن يفصلهما ، لذلك أقول لكم كل حواء جميلات بالنسبة المحبين ومحبين
لهم ! أشبه حواء وكل حواء كالوردة جميلة جميلة تملك أنواع من ألوانها الجميلة
حواء اكرر أنهم جميلات تختلف في ما بينهم من ألوان ولكن كلهم جميلات في
Thu. ألوانها لأنهم من صنف الزهور أي حواء وتعدد أنواع جمالهم من ناحية
JUL. 7-2022. ٧. تموز. ٢٠٢٢ خلقهم بالنسبة الرجل الذي يختار الزهرة الجميلة
اكرر مرة ثانية حواء أختارها له في عينه جميلة آمين.

٣٢٤- 324- حبي وحناني وأحترامي لحواء (الرجل لا يقدر أن يراعي المرأة لا يترعرع).
في فكري وقلبي دائماً أحن يحن قلبي على حواء ، لأنها لا تملك قوة كي تدافع عن نفسها
يجب أن نحميها من كل عوارض الذي يسيء لها كالوردة ، دائماً قلبي يحن على زوجتي رامينا ويحن
Thu. قلبي على كيتا الذي أنفصلت منها الذي كان هو ذنبها وأشكي لتنا مع شكل الخجل مع ألم
JULY. 7-2022. خميس ٢٠٢٢. تموز ٧ سنة ٢٠٢٢. ج. أ. ب. شكي لها التي عفتها لي من أنفصالي منها
. ٧. ٢. ٢٠٢٢. J. E. B. أذا الرجل هو رجل يحترم رجال وليس نساء
الرجل يحترم حواء لا يترعرع
Amen . آمين : خالقنا الله .

٣٢٥ 325 - المحبة ♡ LOVE

أول محبة بدأ بها وأعطاها الله وثم أبنه الوحيد يسوع المسيح الى بني بشر
عندما طرد الله الأبليس الشيطان من جنته عرف سيعمل سلبيات كثيرة ويلحق
الى بني بشر الأذى والعوارض الذي ستلحق في بني آدم لذلك الله أعطى
الى ١٥ وصايا التوصيات كي لا يلحق أي أذى الى بني آدم.

٣٢٦ 326 - لولا محبة الله الى بني آدم لما أعطى الله عز وجل جلالته عشر وصايا
الوقاية الى نبي موسى خام الله (سبحان أسمه).

٣٢٧ 327 - ومن ثم أبنه المسيح كله محبة حسنما كان في الأرض من أقوال
ومحبته السيد المسيح لنا في عبارتين أي جملتين، في الجملتين التاليتين:-

أ- مثل أحببتكم أنا حب مع بعضكم، حبوا مع بعضكم.
في هذه العبارة أنه يترجى منا أن نحب مع بعضنا، كما في مفهومي اللاهوتي
(جوزيف إيشو محي بك).

A-As I Love you Love Each Other
In my Understanding in my TheoLogiclly Jesus begging Us to Love Each other

ب - أحب عدوك، في هذه الحالة أيضا أنه يترجى منا كذلك أحب
كما في أعتقادي وفهمي واللاهوتي في هذه عبارة أو جملة تقارب مع بعض
وحل الفكرتين مختلفتين مع البعض وتقاربوا حبكم مع البعض.

B-Love your's Enemy in This wards Lord Jesus Also Begging Us in my Understanding in my knowLedgement in my TheoLogiclly that Means. J.E.B. Fri. Jul. 8-2022
Amen. آمين. الجمعة. ج.أ.ب. ٨.٧.٢٠٢٢. ٨ تموز ٢٠٢٢

---

٣٢٨ 328 - أتحاد الجسد والحب (يعود التي خالقه من جزء متحد به من جزء جانبه). ج.أ.ب.
عندما يتحد جسدين الأنثى والرجل يصبح جسد واحد كالخليقة الأولية
عندما خلق الله الحواء من ضلع آدم في هذه الحالة أنثى ترجع الى جسد
ومن جسد آدم كما هي الحال عندما يتزوج حواء من فئة أخرى وآدم من فئة
أخرى سيصبحون جسد واحد كالمغناطيس يملك قطبين N شمال S جنوب مع
العلم أنهم من مغناطيس واحد يحمل قطبين قطب شمال آدم وقطب جنوب حواء التي
أتت من نفس جسمه من ضلعه فيكون مع أخرى كما كانت مخلوقة في حالتهما
لا يقدر أحد أن يفصلهما القطبين متحدين المتجاذبين مع بعضهما شمال N رجل وجنوب
رمز S حواء، إلا الموت أن يقدر أن يفصل الجسدين، ولا أي جسد منهما من آخر ولا نقدر أن
يأخذ أي جسد الثاني مع بعضنا عند مغادرة الروح الى صاحبها وخالقها ولا حتى بأي نقدر
أن نأخذهما معنا مع روحنا الى السماء ولا جسد متحد معها ولا أقدر أن آخذ جسدي معي كلهم الى
مالكي ملك الملوك الأرض والأرض الى خالقها الله.
FRI. JUL. 8 - 2022. ٨.٧.٢٠٢٢ - ٨ تموز جمعة. ج.أ.ب.
Amen. آمين.

هل تعلم

329- ٣٢٩ - حواء هي نفس الحواء.

حوء هي نفس حواء و نفس الصفات الانثويه ولكن أختلاف شكلها
مع حواء الاخرى من لونها ولون شعرها أذا ماخذ الورده الجنبيده هي مثل حواء بثابت
حواء وحواء من ناحيت هي ورده الجنبيده ونفس الرائحه الجنبيده التي تشم ورده الجنبيده
أختلاف ما هي بينهم هو اللون الورده وشكل الورد الجنبيده على الورد الاخرى ولكن كلها
الزهور جميلات كلهم يعودون الى أصل أو النوع من الزهور وكلهم زهور جميلات التي تقطفها
وتختارها لك. كل الزهور تعطي روائح الجميله روائح عطره جميله كالورده الجنبيد وورد قرنفل
وورده الجوري وورد القداح على الورود التي تشم روائحها من اختلاف أنواعها والوانها
والوانها الزاهيه الحلوه وأختلاف في جمالها ماهي يتشبهن كلها جميلات وذو روائح
مختلفه كالعطور التي تختارها من شر طيبت رائحتها ومن نوع لون جمالها ومن نوع
الورده التي أنت ستقطفها وتختارها لك كي تكون شريكة حياتك

1:08 Am Sat.
July. 9-2022. J.E.B.. ج.أ.ب. ح.ع.أ
المدون وكاتب جوزيف ايشو بحري بك
تموز ٩-٢٠٢٢ Publishisher & Auther. Joseph E Bahribek

330- ٣٣٠- كما يقولون في الأمثال البغداديه

من ورده تخرج الورده شوكه ومن الشوكه تخرج منها الورده
معنى ذلك في إعتقادي وتحليلي مثل نبته أوزرع الصبير الشائكه وتخرج
منه الزهور الجميله ومن الزهور تخرج الشوك مثل النبته ورده ولها الشوك

331 ٣٣١- عند أقترابك من الموت فيكون الحال وحب نفسك على القدر الحيات!
لاحات زوجي من بعد روحي؛ أي مرا تقول لبعض أني أحبك أكثر
من روحي وأكثر مني ولكن في العكس عندما تأتي لك هذه الحاله من الموت فتعوض
بقاء روحك على روح الاخرين. ج.أ.ب. ح.ع.أ. J.E.B. ٩٠٤ وعو

6:55 pm. Sat. JUL 9-2022. ٩-٢٠٢٢ تموز
بدون وكتابه جوزيف إيشو بحري بك

332- ٣٣٢- مدينه مديات التأريخيه في جنوب تركيا ٩٠٠ سنه ق.م (يرجع أصلها الى السريانية)
معنى مدينة المديات في السريانيه المغاره! مدينه مديات تقع قرب
الحدود السوريه والعراقيه. مدينة المديات تقع في جنوب العراق.
مدينه مديات صغير حيث نهر الفرات من الغرب ونهر دجله من الشرق
حيث يبدأ تاريخ تأسيس هذه المدينه الى ٩٠٠ ق.م B.C. ٩٠٠ و قبل
الميلاد. مدينه المديات حيث يعتبر مديات مركزاً تاريخياً
للآشوريين سريان. مدينه مديات هي مدينه سريانيه نسبتاً أسمها
مغاره المديات أسمها في السريانيه. مدون وكاتب الملاحظه. ج.أ.ب

1:00 pm. Sun. JULY 10-2022 Joseph E BahriBek ب.أ.ج. ٩٠ وعو

332- We born to die We neve born to Survive to Live (Because Punishment God for a mankind for death) . J.E.B.
sun. July 10-2022. 2:45pm.

٣٣٣- 333- ولدنا نموت وليس بقاء الأحياء (السبب في ذلك هو الله لعنة بني آدم بالموت حتمي)
ح.ع.أ. ج.أ.ب. تموز ١٠-٢٠٢٢ يوم الأحد.

334- ٣٣٤ - الدولة العثمانية أسست 1299 م

تعتبر الامبراطورية العثمانية واحدة من أكبر الامبراطوريات في تاريخ
وأقواهم وأطوله زماناً أسسها عثمان الأول بن أرطغرل وممتدة
الى أفريقيا وآسيا وأوربا واستمرت لمدة 6 قرون. ديانة عثماني قبل الاسلام
الشامانية shamanism الشامانية وأسست دولة العثمانية التي أسست
1299 على يد عثمان الأول بن أرطغرل لما يقرب ٦٢٠ سنة. 630 years
سليمان القانوني أقوى سلاطين في دولة عثمانية سليمان القانوني بن سليم
بن بايزيد بن محمد فاتح بن مراد. ج. أ. ب. الاثنين ١١ - تموز ٢٠٢٢ ح. ع. د.

335- ٣٣٥ - اليوم (اليوم الأرض)

اليوم في اليوم عند الله هو ألف 1000 سنة عند خالقنا كما مكتوبة
في الكتاب المقدس عهد القديم التوراة.

==========================

336- ٣٣٦ - شكل والجمال بني آدم من حواء الى آدم.

لا تقدر أن تقول الى حواء وآدم أن كل منهما ليس جميلين لا تقدر أن توصف
أن تحكم في جمالهم لانهم كلهم على خلق وجهه آدم الله خلقه على شكل
وجهه قليل من وجهه وجها الله جداً نسق ووجه آدم ليس براق بريق
هذا الاختلاف من وجه الله وآدم ومن ثم لقد خلقه من ضلع آدم حواء
وحواء ليس أمتلاك الموجوده في وجه آدم مثل العين والأنف وفم وآذان
وشعر كلها مطابقه لي آدم ولكن أختلاف في رؤيه أمام العين المجرده تختلف وأختلاف
مع آدم من ناحيه تصميم الوجه على شكل أنثويه كي تكون أختلاف في الوجه
ووجوهم وليس يكون مطابق مع البعض كي تكون غير العوق. الله خلق
حواء من ضلع آدم كي لا تكون نفسه وحيد. كما قلت لا تقدر أن تحكم على
جمال بني آدم لانه يوجد أخرين في توصفاتهم أنهم في جمال من ناحيه رؤيتهم ورؤيتهم
وقلبهم فلذلك لا تقدر أن تتحكم في جمالهم ويوجد عند أخرين أنهم جميل في قلوبهم
ورؤيتهم كما دونته الهوميا. عندما تذهب الى الحقل ستختار الورده أو زهرة كما
تختار قلبك ورؤيتك كل بني آدم جميل في حواء وآدم لانهم على خلق
الله كما ذكره آدم خلقه على وجهه (الله) ومن ثم حواء من آدم تقريبا نفس
وجه آدم ولكن في مواصفات تختلف على آدم كي يطلق حواء عليها مختلفة من
وجه آدم أمس يوم الاثنين مصادف ١١ تموز ٢٢ ٢٠

1:18 pm. Mon. JULY. 11-2022
Joseph. Eshoo Bahri Bek J.E.B. ج. أ. ب. ح. ع. د.
جوزيف إيشو بحري بك

337- ٣٣٧ - ما أختلاف بين آدم والحواء (الجمال سريع زوال كالسراب)
(عندما يكبر المرء بني ادم يبدأ الجمال في زوال)

١- وجه حواء تختلف عن وجه آدم
٢- حواء تملك الصدر كي تعطي الى رضيعها الغذاء وآدم ليس يملك ذلك.
٣- حواء تملك أعضاء الانثويه في الخارج وفي الداخل وآدم يملك عضو ذكري
مختلف كي يكون أختلاف والفرق. كي تفرقهم آدم من حواء في ما بعضهم.

J.E. ب. أ. ج. 1:58pm. الاثنين. J.E.B. د. ع. ح. 2022 - ١١ تموز

هل تعلم

338 - ~~عمر ثلاثين (٣٠ - 30) سنه~~ - ٣٣٨ / 338

~~عمري أتعدى (٣٠ - 30) ثلاثين لا يا فلان~~

339 - J.E.B . ب.أ.ع. ج.ح.ط سنه (٧٠ - 70) عمري - ٣٣٩ / 339

عمري (٧٠ - 70) سنه أتعدى

12:57 Am Tue. ثلاثاء ب.أ.ع. لا يا قيس. ٧٠ عمري أتعدى

JUL.12-2022-12 تموز عمري أتعدى ٧٠ لا يا بني ولا يا عمي الربيع.

340 - مستوى (درجه أو) أي لا تملك شيطان. Devil you Dont have No Level - ٣٤٠ / 340

J.E.B. . ب.أ.ع. . ج.ح.ط

Tue. JUL.12-2022-١٢ تموز

341 - English is Gun Why We Shall Carry Gun. J.E.B . ج.ح.ط - ٣٤١ / 341

الانكليز قد غادروا لماذا نحمل السلاح ع.أ.ب. ثلاثاء. تموز-١٢-٢٠٢٢

342 - أحلى ميثاق في العالم هو ميثاق أمريكا U.S.A الذي بنيه على - ٣٤٢ / 342

أسس وقوانين الفيلسوف يوناني ديمكراتس Democratus

ميثاق الديمقراطيه تشمل حريه كل نواحي من التسلط والدكتاتوريه والعبوديه والطغيان وتشمل ممارسه الدين (أي دين) وحريه التكلم وكتابه والنشر في الصحف وحريه السياسه على شرط أن لا يكون عدده أو عدد كثير من السياسين! على أن يكون لا كثير من أحكام السياسه الشيطانيه الأخرى على أن لا تحوز أكثر من ثلاثه أفكار سياسيه كما في مفهومي؛ كما موجوده في أمريكا فلسفه ديمقراطيين وفلسفه جمهوريين والمستقلين أكثر من ذلك قد يسبب كثير من متاعب وأضطرابات في أفكار السياسه كما عندنا مثل تذهب الى مطعم ويوجد عدد كثير من الاطعمه ماذا يجري لك عند تبدأ في أكل وخلط وأكل مختلف من أنواع الأطعمه؟ الجواب خلط كل من هذه الأطعمه فيسبب لك وجع في المعده كما في ذلك حال وجع في الرأس من هذه سياسات

JUL.12-2022

ج.ح.ط J.E.B ب.أ.ع.

343 - الديمقراطيه في أمريكا - ٣٤٣ / 343

الديمقراطيه في أمريكا لم تكن مكتمله في أمريكا مائه في مائه حسب في أعتقادي 65 في مائه مع الملك يوحد الجمهوريين والمستقلين والى الديمقراطيه لم يكن كامله ومكتمله في أمريكا ولكن أمريكا ديمقراطيتها أحسن من باقي العالم ولكن ديمقراطيتها ليست مكتمله كما هي حيث قلت من ما حيث تدخل في شؤون الاخرين في شأن الدول الاخرى في جهة الديمقراطيه كما يدعون أنفسهم وفي مصلحتهم الشخصيه هذا هو السبب من أفعال ديمقراطيين وأنما مصلحه الشخصيه والمنافع الذاتيه الشيطانيه وبيع الاسلحه الى دول في هذه الحال سيبقى الوضع أي صب الزيت على النار؟ أمريكا الان بدأوا يتحدثون في اللون البشره ولا يوجد عبيد في أمريكا في بعد.

ع.أ.ب. تموز-١٢-٢٠٢٢

344 - كل علم الأمم الدول جميله؛ ولكن وما أحلى علم هو علم أمريكا الذي فيه نجوم في سماء زرقاء عليه وما أحلاه من صممه. - ٣٤٤ / 344

ع.أ.ب. تموز-١٢-٢٠٢٢. ج.ح.ط

٣٤٦
346

346- أحترام الزوجه (أذا أحترمه زوجتك كالأحترام لنفسك)

أحترام الزوجه كالأحترام بنفسك لأنه زوجتك هي جزء من جسدك أذا لم
تحترم زوجتك يعني ذلك لا تحترم نفسك كما أمرنا الله في كتابه المقدس
عندما يتحد الجسدين فيكون جسد واحد كما مكتوبه في كتابه المقدس الخليقه
(تكوين) (Gen) عندما خلق حواء من ضلع جسده يعني ومن آدم هي جزء
الثاني من جسدك لأنها ليست عبده ولا من تزوجها في سبيل الشهوه
وأنما هي جسدك وشريكك فيجب أن تحترم زوجتك لأنها شريكك أذا
لا تحترم زوجتك لا تحترم لنفسك كما قال تعالى أعتني من جسدك
لأنه مقصد من هذا المعبد تحتوي أشياء لطيفه وكامله كما الله خلق كامل
في صورته كامله على وجهه. ج.أ.ب. J.E.B. 6:20 pm. Thu. JUL.14-2022

* أستغرب مقالاتي يا رجال الرجل لا يقدر أن يواجه ويحترم أو يضرب زوجته! في هذه حاله
أحسن أن لا يتزوج والرجال يضربون زوجاتهم أن لا يتزوج أذا هو يحاول
يستعمل قوته في أحسن ذلك أن يستعمل قوته مع الرجال وليس مع النساء!
لأن نساء ليست لها قوه وعضلاتك كي ترد عليك في قوتها! فلذلك
أنصحكم أن لا تفعلوا ذلك الا لحق الذي هو فسلك لأن هي جزء من جسدك
سنلحق أذى فيه. جوزيف أبجي. ج.أ.ب. J.E.B. 6:44 pm on Thu. JUL.14-2022

٣٤٧
347- النساء كلها (كلهن) جميلات؟ 347
الجواب سيأتي واحد الذي سيختارها وهي نظره كما وصفها في قلبه ورؤيته
جميله في ذوقه ليس كل أذواق نفس الذوق وأنما يوجد أختلاف
في الذوق. أمين. تموز ١٤-٢٢، ٢٠٢٢. أ.ب.ج.ج. J.E.B. 7:03pm.

٣٤٨
348- تراجع في الديمقراطيه في أمريكا 348
علينا كلما تطور فكر وعقل البشري بدأ في التفهم الأكثر في تحليل معاني الأسماء مطلقه
والتقنيه بالديمقراطيه وما ذلك مثال سابقا في أمريكا كان فرق بين الابيض
والاسود والاحمر؟ الذين لقد فهموا معنى الديمقراطيه لأنه لا يوجد الان
فرق في بلاد بين هذه الألوان؟ ولا يوجد عبيد سابقا عندما عرفوا ووضع اسس
الديمقراطيه ولكن لا يدققونها جيد ولكن الفكر قد أتفتح أكثر الى فهم معنى
الديمقراطيه حيث لا يوجد الان فرق بين ألوان ولا يوجد العبيد الان؟ حتى أنتخبوا
الاسود كالرئيس لبعله وأركان أو قائد الدفاع أسود؟ هل كل هذه الأشياء
تحدث في ذلك؟ الجواب نعم كما تراه الان. أمين تموز J.E.B 22.14 7:30pm.
وتراه الان مختلف. أمين. واختلاف من قبل أمين.

٣٤٩
349- الأسلام 349
٣٤٩
في- الاسلام الله عليم وحكيم أنه تعلم في عبادة الله له أنه يعلم كسر الاصنام وعباده 349
الله الحقيقي عوضا عن الاصنام؟ انه عليم في كل أمور؟ أنه غفور في ذلك
أمور لصحة له لذلك كثير من أمه الاسلام كما قال في كتابه المقدس القرآن أباركم وأجعل
أمه كثيره. فلذلك أقول لكم لا تقدرون تستحقرونه أو تحكمون أي دين اخر اتركه فأجعل بيد
رب عالمين هو عليم وعالم وحكيم في كل الامور أمين. ج.أ.ب. JUL-14-2022 · 8:30 pm ·

هل تعلم

٣٥٠ - ولدنا كي نموت ولسنا ولدنا كي نبقى أحياء. ج.ا.ب. 350 - JUL.14-2022

We born to die We Never Born to Survive to Live. J.E.B

351 - ٣٥١ - 351 - الأصنام والصور (فاتيكان)

كما أوصى الرب (أبونا وخالقنا وراعينا ومخلصنا يسوع المسيح)
لا تعملوا الصنم أو صور على شكلي ولكن بيت مقعد كرسي سيدنا
البابا مملوء من الصور والتماثيل والأصنام موجودة في بيته في كل
من (الفاتيكان) ولكن الله والمسيح يعرفون في ذلك الأصنام والتماثيل
والصور أنها فقط كي يخلدونهم ويحيا ذكرهم أما أنسان؟ أنا كانت
هذه الأصنام والصور الى أحياء الأصناف الأخرى والله آخرى
للوجود من صحة وجودها كما ذكرت في كتابه المقدس عهد قديم وجديد
الأصنام والصور خصوصاً التماثيل من الصنع البشر مصنوعة من
أياديهم من الأصنام الخرافة وعقائد الباطلة ليس لها من صحة الوجود
لها الباطلة الوهمية للحقيقة هم من كل الآلهة المذكورة في كتب السماوية؟
الأب والابن وجنودهم الملائكة أنهم يرون كل شيء والأشياء
على وجه والجهات على وجه الأرض؟ أنهم يعلمون ويعرفون في وجودهم
11:39. JUL. 14-2022. J.E.B. ب.ا.ج. ك ٤.٨ . Thu. الخميس

352 - ٣٥٢ - 352 - لا أملك شهادة تخرج وأنا أملك ثقافتي في (من قرائتي) كتاب المقدس ؛
مهما أنسان يملك الشهادة التي تخرج منها كالدكتوراه والهندسة والخ
أذا لم تثقف نفسك في قراءة وفهم الأنجيل أنتم لستوا مثقفين
في شهادتكم حيث أنا (جوزيف إيشو بحي بيك) حيث أملك في قراءة
في ثقافة الكتاب المقدس وثقفت من قراءة الكتاب المقدس عهد
الجديد والقديم حسب ألفتي كتاب What the Names in the Bible mean.
وكتاب weeds والجزء الثاني وثالث وهذا كتاب هل تعلم، هذه هي
ثقافتي كالبس تملك شهادة أن لم تثق نفسك في كتاب المقدس
وقرائته وفهم معاني المقالات وكلمات الرب خالقنا ومسيح راعينا ومخلصنا
12:13 midnight JUL. 15-2022 بحيث لا تضيف وتحذف من كلماته آمين
وأقرأ كثير من الكتب ب.ا.ج. J.E.B. ك ٤.٨

353 - ٣٥٣ - 353 - أين تقع الجنة ؟
جواب: تقع الجنة في وادي الرافدين (بين الرافدين الروافد نهر الدجلة والفرات
حاليا العراق كما مذكورة في عهد القديم التوراة

٣٥٤ 354 المملكة أو الامبرطورية
أي مملكة أو امبرطورية لا تبقى أو تحيا الى الأبد؛ كما قال مخلصنا وراعينا
سيدنا المسيح مملكتي أو امبرطوريتي ليست هنا وأنا هناك أي في السماء
12:34. JULY. 15-2022. J.E.B. ب.ا.ج.

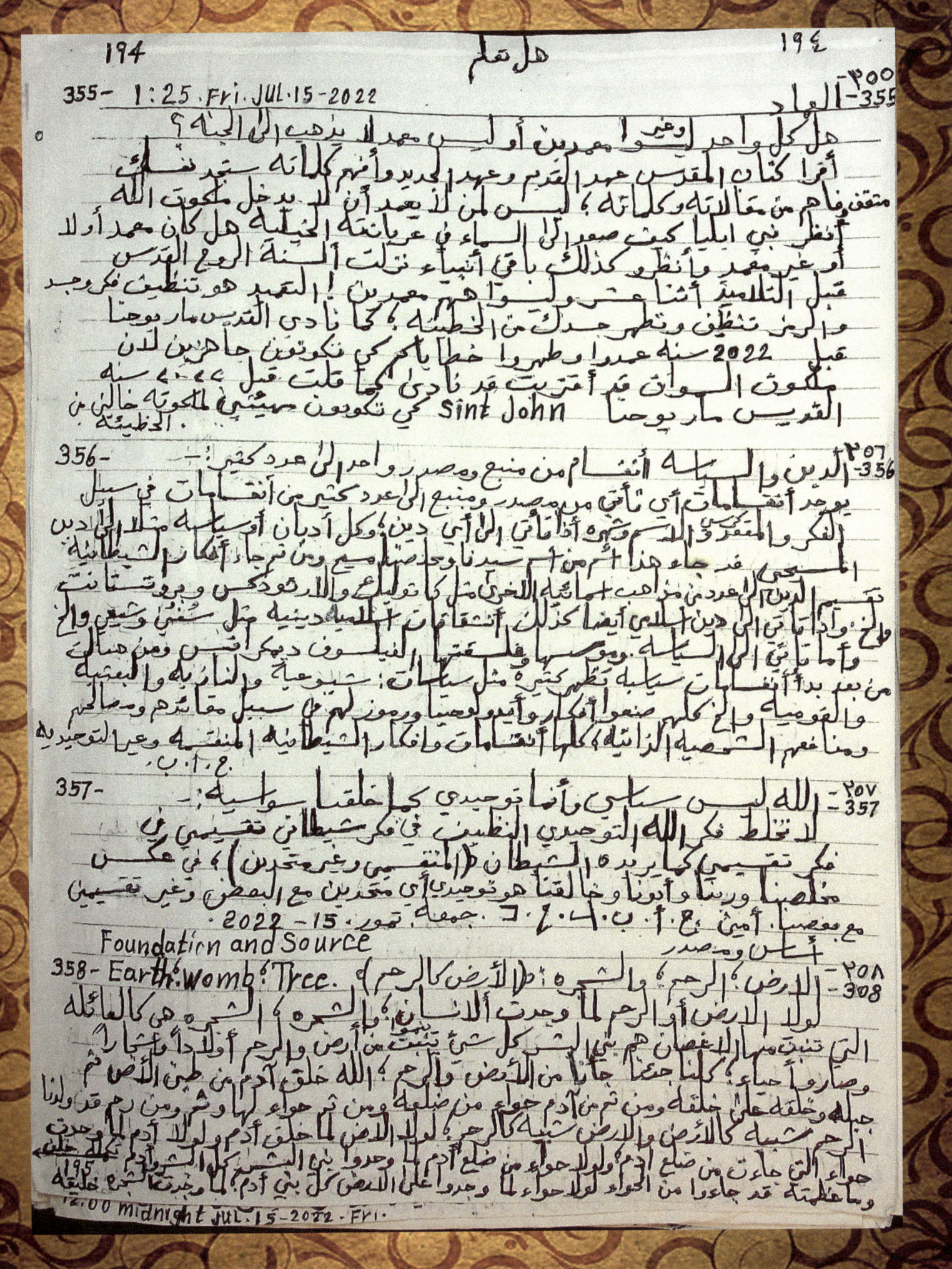

355- 1:25 .Fri. JUL.15-2022 ٣٥٥- العماد -355

هل كل واحد ليسوا معمدين وغير أو ليس معمداً يذهب إلى الجنة؟

أقرأ كتاب المقدس عهد القديم وعهد الجديد وأفهم كلماته ستجد نفسك متفق وفاهم من مقالاته وكلماته؛ ليس لمن لا يعمد أن لا يدخل ملكوت الله أنظر نبي ايليا كيف صعد إلى السماء في عرباته الخيليه هل كان معمد أو لا أو غير معمد وأنظروا كذلك باقي أنبياء نزلت ألسنة الروح القدس قبل التلاميذ أثنا عشر وليسوا هم معمدين! التعميد هو تنظيف فكر وجسد والرمز تنظيف وتطهر جسدك من الخطيئة؛ كما نادى القديس مار يوحنا قبل 2022 سنه عمدوا وطهروا خطاياكم كي تكونون طاهرين لأن ملكوت السموات قد أقتربت قد نادى كما قلت قبل ٢٠٢٢ سنه القديس مار يوحنا Sint John كي تكونون مهيئين لملكوته خالين من الخطيئة.

356- ٣٥٦- الدين والسياسه أنقسام من منبع ومصدر واحد إلى عدد كثير:- -356

يوجد أنقسامات أي تأتي من مصدر ومنبع إلى عدد كثير من أنقسامات في سبيل الفكر والمفكر والأسم وشهره أذا تأتي إلى أي دين؛ وكل أديان أو سياسه مثلاً إلى الدين المسيحي قد جاء هذا الأمر من سيدنا وخلصنا مسيح ومن ثم جاء أفكار الشيطانيه تقسيم الدين إلى العدد من مذاهب وطائفه الأخرى مثل كاثوليك والارثوذكس وبروتستانت والخ. وأذا تأتي إلى دين الإسلامي أيضا كذلك أنشقاقات الطائفيه دينيه مثل سني وشيعي والخ وأما تأتي إلى السياسه. ومؤسسها فلسفتها الفيلسوف ديمقراطس ومن هناك من بعد بدأ أنقسامات سياسيه تظهر كثيره مثل سياسات: شيوعية والنازيه والبعثيه والقوميه والخ كلهم صنعوا أفكار وأيديولوجيا ورموز لهم في سبيل مقاصدهم ومصالحهم ومنافعهم الشخصيه الذاتيه؛ كلها أنقسامات وأفكار الشيطانيه المنقسمه وغير التوحيديه. ع.أ.ب.

357- ٣٥٧- الله ليس سياسي وأنما توحيدي كما خلقنا سواسيه:- -357

لا تخلط فكر الله التوحيدي النظيف في فكر شيطاني تقسيمي في فكر تقسيمي كما يريده الشيطان (المنقسمين وغير متحدين)؛ في عكس مخلصنا وربنا وأبونا وخالقنا هو توحيدي أي متحدين مع البعض وغير تقسيمين مع بعضنا. أمين. ع.أ.ب.ا.ع.د. جمعه. تموز. 15- 2022.

Foundation and Source
أساس ومصدر

358- Earth. womb. Tree. ٣٥٨- الأرض، الرحم، والشجره، (الأرض كالرحم)؟ -308

لولا الأرض أو الرحم لما وجدت الأنسان؛ والشجره، الشجره هي كالعائله التي تنبت منها الأغصان هم بني البشر كل شئ ينبت ينمو من أرض والرحم أولاداً وأشجاراً وصاروا أحياء؛ كلنا جميعا جاءنا من الأرض والرحم؛ الله خلق آدم من طين الأرض ثم جبله وخلقه على خلقه ومن ثم من آدم حواء من ضلعه ومن ثم حواء لها وش ومن رحم قد ولدنا الرحم شبيه كالأرض والأرض شبيه كالرحم؛ لولا الأرض لما خلق أدم ولولا أدم لما وجدت حواء التي جاءت من ضلع أدم ولولا حواء من ضلع أدم لما وجدوا بني البشر كلها الشجرة أدم كمال خلق وساعطمته قد جاءوا من الحواء لولا حواء لما وجدوا على الأرض كل بني أدم؛ لما وجدنا شجره خليقه

12:00 midnight JUL.15-2022. Fri.

كلمة رحم

358 ٣٥٨ - 358 تكملة الأرض، الرحم، والشجرة رقم ٣٥٨ 358

في الاحرى ومعنى ذلك لولا خالقنا لم يخلق آدم لما وجدت حواء
ولولا حواء (الرحم) لما وجد كل البشر من هذه الحالة تأتي عملية التوصل
واحد من الاخر كل شيء الاحياء جاءوا من الارض كالشجره والرحم
كلبني آدم، الشجره جاءت من الارض وبني آدم جاء من الرحم وفي
العكس لولا خلق آدم لما وجدت حواء. وشكراً. جمعه. 1:30 pm. Fri.
جوزيف إيشو بحري بك. ج. ا. ب. . ح. ا. ب. J. E. B. July 15. 2022.

359-

٣٥٩ - 359 - كلنا جانا من الأرض ونبتنا منها كالبيت الرحم؛ كالشجره نمت من الارض
ومنها ولقد تفرعت أعصاناً كالغصان الشجره هي كلعائله ومنها جاءوا
وجاءت الذريه offspring النتاج الشجره ومن شجره أعطت بذورها وانبعث
عدد كثيراً من الاشيا كالشعوب المنتشره على الارض؛ الله يبارك أمة
وأولاد الله من بني بشر وكل ما خلقه على الأرض من خلقه آمين. جمعه. 1:45 pm Fr.
الجمعه تموز. ١٥. ٢٠٢٢. جوزيف إيشو بحري بك. July. 15. 2022. J. E. B.

360-

٣٦٠ - 360 - لماذا لقب الرحم؟ (في هذه الكلمة) وسميه
لقب في هذا الاسم كونه (الرحم او يرحم أو يحتمي من العوارض) الى
الطفل في رحم او بطن أمه من العوارض الذي سيطرئ الطفل من الاعراض
أي يوقي ويحمي ويجنب طفل من كل عوارض موجوده في جسد جسم أمه
الام اي يرحم ويحميه من كل عوارض الذي تطرء به فلذلك سميه بيت
الرحم بيت الوقايه بيت يحميه من كل شيء تطرء به لذلك سميه بيت
الرحم من رحمة على الطفل كي لا يلحق به الاذى؛ عمل هذا هو من
عمل خالقنا لانه يملك كثير من الرحمه والغفران؛ آمين. Fri. 5:55 pm.
ج. ا. ب. July. 15-2022.

٣٦١ - 361 - الجنه كالرحم الأم. (الجنه تحت أقدام أمهات).
عندما أتينا الرب من خلق الجنه خلقها كالوقايه الواقيه كي تحمي آدم
وشريكته حواء من كل عوارض كالبرد والحر والمرض والجرائم كي
لا يلحق بهم أي ظرر كالرحم الارض كي ترحم وتحميهما من كل الاشياء
التي تعم بهم؛ مثل بيت رحم الام الذي يحمي الطفل من كل اشياء المعارضة
الى جسم الطفل من خارج بيت الرحم في بطن أمه؛ بيت رحم بيت رحمه
ترحم على الطفل وتوقيه وتحميه من المصائب ملحق به يسمى بيت الرحم.
J. E. B. الدكوتي وكاتب الملاحظه جوزيف إيشو بحري بك يوم الجمعه
المصادف شهر تموز 15 في السنه year 2022. جوزيف إيشو بحري بك ج. ا. ب.
Fri. 4:25 pm. JUL. 15. 22. ح. ا. ب. - آدم: -

٣٦٢ - 362 - لولا أرض لما كانت خليقه بني آدم
لولا الام لما وجد بني آدم ولولا الأب لما خلقة حواء من ضلعه
ولولا الارض لما وجد في الوجود آدم ولما الارض لما وجد الشجره. ب

مل تعر

363- ٣٦٣ - 363 لولا محبة سيدنا المسيح الى بني آدم لما أصبح في جسده وصية من جزءه وغير جسده في سبيل أن لا يلحق الأذى الى بني آدم وخطياه الملمية

((قبيلة هونزا))

364- ٣٦٤ - 364 قبيلة لا تعرف المرض أو مرض سرطان ويعيش أفرادها 100 عام يولدون ويلدنه في 70 سنه ولا يصابون في مرض السرطان قبائل هونزا كلمة الهونزا معنى المتحدرين الجبهه وجدرتها كالسهام ويحب معظم سكان الهونزا الخلود ويصل أعمارهم الى 145 عاماً ويضلون في أعمالهم وتشاطهم ولذلك يطلق على وادي الخالدين؟ يعود قبيلة هونزا قبيلة هونزا أصولهم يعود الى أحد جيوش الاسكندر الاكبر والذي ضلوا طريقهم في واحداً من جبال الضيقة لجبال هوميلايا التي تقع في قارة اسيا 6 بالقرب من باكستان هي منطقة المنعزلة على العالم وما زالوا هناك حتى الان وتعداد تلك القبائل الى 1900 ألف نسمه ويدينون بالديانة الأسلاميه ((دين أسلام)) على مدى طائفه الأسماعيليه من أتباع آزاخان يعيش الامير الكريم الحسين الذي يعيش في أوربا هو زعيم الروحي لتلك القبائل وحامل اللقب آزاخان الرابع، هذه القبيلة لا يعرفون لا من سرطان ولا أمراض سكر وبدانه ولا مرض ضغط الدم كذلك ولا مرض المعده ولا ألتهاب ولا أثناعشر ولا زائده الدوديه ولا ألتهاب قولون تصل إليهم أي أو بئة من العالم ولكن عندهم مشاكل العيون بسبب الطهي الطبخ من دوخان يطبخون في دخان وأكلهم من حبوب حبات المشمش المجفف والفواكه والخ. ج.ع.خ. ح.أ.ب. J.E.B. سمعتها ودونتها من التلفزيون في ساعة 9:30pm في يوم الجمعه. تموز. 15-2022

365 ٣٦٥ - 365 مهما طال العمر حتماً سنموت الزياده كالنقصان ما دام لعنة الله علينا من من أكل حواء وأدم من ثمرة شجرة الجنة* مثلاً زياده كالنقصان مثل يقول أنا أقول كلما تملئ القدح الملئان في ماء سيسكب ماء منه اي عندما تصب الماء في قدح مملوء من الماء سيسكب الماء منه هكذا هذا المثل مطابق له. مهما تعيش سنين طويله سوف سنموت يوم ما حتماً.

(أمثالي ج.ع.ب)

*ثمرة الجنة ثمرة المعرفة ثمرة معرفه من لمسها وأكلها. ج.أ.ب. جمعه. تموز. 15-2022

هكذا حواء وأدم قد كسروا أمر الله التي أمرنا بأن لا نلمس ثمرة المعرفه. ولم يطيعوا أمره. Fri. 11:40 pm midnight. Jul. 15-2022.

366- ٣٦٦ - 366 مادام الشيطان موجود على الأرض لم ولا يحل الأندماج وراحت النفس ولا السلام بين الشعوب العالم وبين الدين واحد وسياسه واحد والتكاتل والانسجام واحد. دائماً شيطان يعطي أفكار خاطئه لبني آدم.

367- ٣٦٧ - 367 الشيطان دائماً يريد الوصايا العشره يعلمها ويديرها في عكس خالقنا الذي يريد محبته لنا وأن لا يلحق أي مكروه بنا وأخبرتنا أخرى لولا محبة الله لنا لما أعطى الى موسى عشره وصاياه. لنا كي لا يلحق بنا أذى. ج.أ.ب.

12:00 midnight Jul. 15-2022. Fri.

197
Sat. JUL. 16-2022 هل تعلم

٣٦٨- كلما ترى بنات جميلات 368
368- تريد أن تجمعهن لك كزهور مختلفات في الحقل وتقطفهن من أماكنهن
وتضعهن في باقة من الزهور كي تكونهن لك كي تراهن أمام عينك
12:45pm. وجهك لحبك لجمالهن مختلفة كالزهور متنوعة . ج. أ. ب.
2022 . تموز - 16 . ومتنوعة من جمالهنه جمال الجميلات .

٣٦٩- لولا محبة مخلصنا يسوع المسيح أن يلحق في بني أدم الذي 369- 369
كي يخلص العالم من الخطيئة ضحى في جسده لنا من كل الظروف
J.E.B. ج. أ. ب. ع. ح. د. الذي مر بها مخلصنا يسوع المسيح .
7:47pm. Sat. July. 16-2022 حوزيف إيشو عربي بك

٣٧٠- الحكم الذي أطلق أو يُسمى من الى بني البشر (آدم وحواء) 370 - 370
أم المطلق من عليهم حواتي وأخواني الإننا أولاد ونسل
آدم وحواء وكلنا متشابه مع بعضنا كالإنسان الذي خلق
على وجه خالقنا وأبو وأبا الجدنا الأولى أدم وحواء
كما ذكرته ودونته سابقا كلنا على وجه الله بين وجهه أدم والله
أختلاف من ناحيه الله جدا بحيث لا تقدر أن تراه وجهه كالشمس
عندما ترى الشمس لا تقدر أن تراها ولكن الى أقوى بأقل رؤية الشمس
ويوجد أختلاف بين آدم وحواء من ناحيتها تختلف على آدم من ترتيب
وجهه الله خلق في أختلاف وجهها كي تختلف مع وجهها كي لا يكون
مندهش أن رؤيتك نفس الوجه ، عندي مثل عندما ترى نفسك في
مرآة مرآيه وجهك ستكون في كما ترى وجها بعدد مرات ستندهش عند رؤية
Sat 8:00pm. Sat. July. من نفس الوجه ، وشكر ج. أ. ب. ع. ح. د.
جواب: الله خلق أختلاف معه وجهه وجسمه أختلاف في صدره وأعضاء التناسلية

ودمنا
٣٧١- كلنا أولاد ومنحدرين نسلنا صافي من آدم وحواء . آمين . 371 -
كلنا من نسل ومنحدرين ((Deascendent & Off Spring)) آدم وحواء
Adam & Eve ولا من أي مخلوق اخر كما يدعون ويكذبون ودمنا
DNA يعود الى آدم وحواء الذين لقبهم في الجنة كما مكتوبة ومدونه
في كتابه المقدس التوراة ((Torah)) في عهد القديم من صفحة ((التكوين
Genesis)) في الجنة كما قالها في وادي الرافدين (بين رافدين الرواعين الاثنين
دجلة والفرات)) العراق حاليا ، خلق أول من آدم هناك ((وادي الرافدين
Mesopotamia)) كما سمي في كلمة (يونان . Greek . Javan في عهد قديم أبن
Dwell ((يافث)) ((Japheth)) . أدم وحواء خلقهم وولادتهم الساكنين
372 والمقيمين والمنحدرين Deascendent . Inhabitant .
SUN pm 3:45 JULY. 17-2022. J.E.B. ٣٧٢- لا يوجد أي مخلوقات أخرى من بعد الأرض . 372
لا ، من يوجد مخلوقات أخرى ولا أصدق في وجودهم مثل صحون طائرة
((U.F.O)) . كما قرأة كتابه المقدس العهد القديم والجديد وفهمته وعلمته وصدقته . ج. أ. ب.

198

هل تعلم

373- ~~٣٧٣- بربين؛ في أسبانى يسمى أمر كلادوا~~ -373

((أمر كلادو اسباني)) بربحيتا ((عكوي)) ((PURSLANE)) ونبتة بربين

نبتت بربين تقضي تقضي على السرطان وأنواعه وهذه النبته تقضي أيضاً على كولسترول وتصلب الشرايين وأمراض القلب هذه النبته صيفية تنمو في الصيف في بداية الربيع ونهاية الخريف

374- ٣٧٤- -374

Sun. July-17-2022 نسب الرسول محمد أبن عبد الله الى آدم

J.E.B.. ب ١٠٢٠.

سمعتها من تلفزيون في يوم الاحد

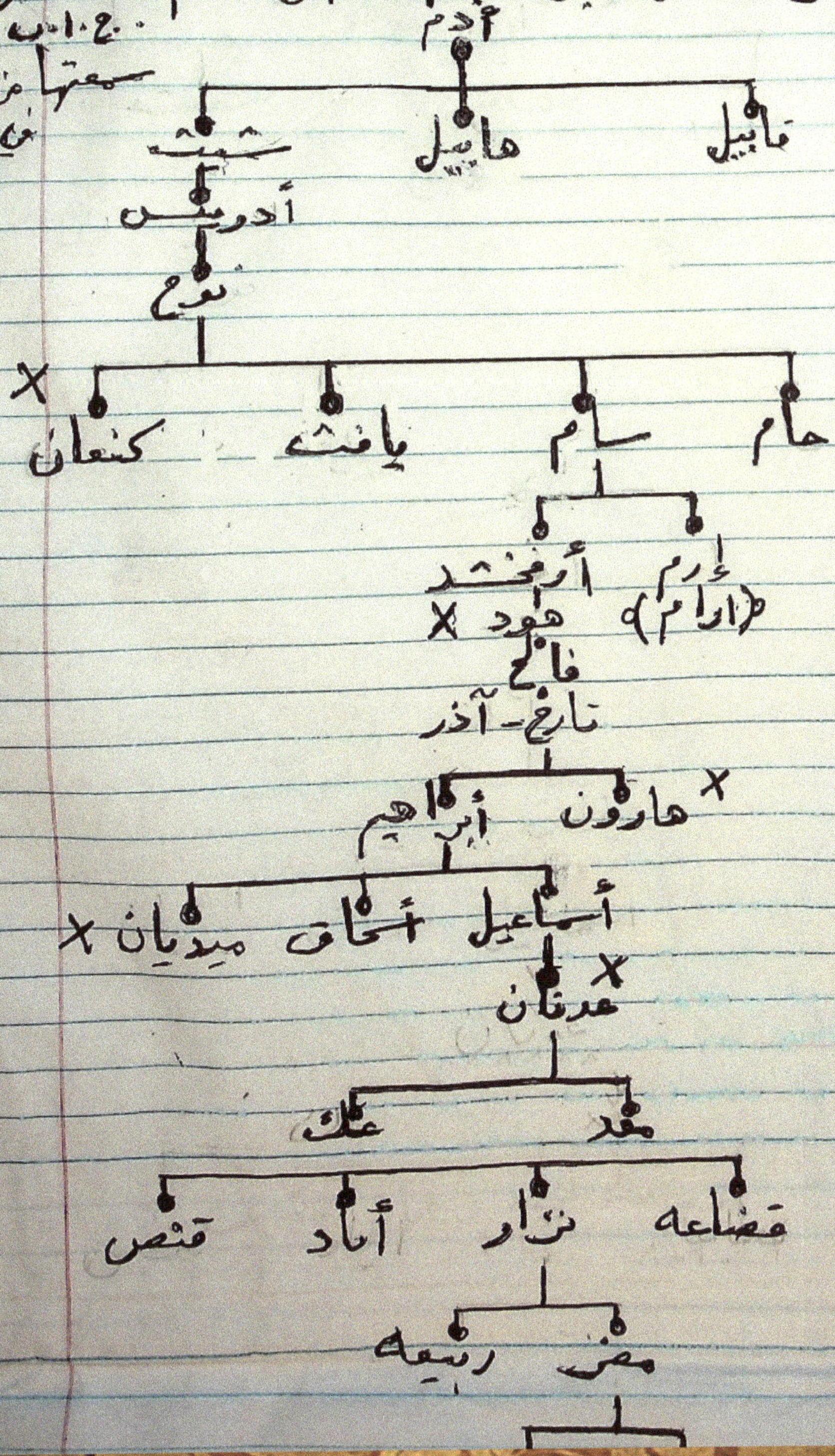

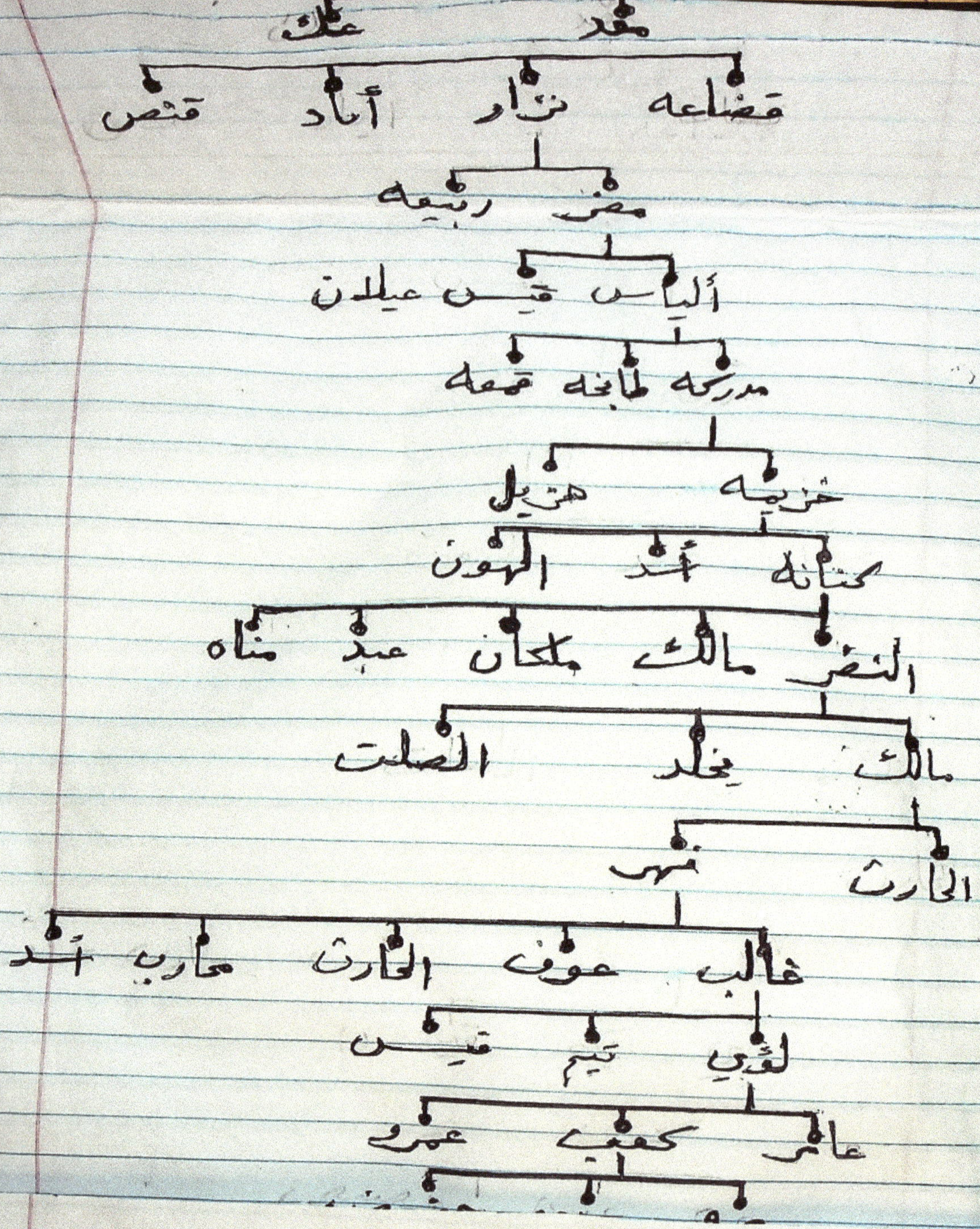
معد عك
قضاعه نزار أناد قنص
مضر ربيعه
ألياس قيس عيلان
مدركه طابخه قمعه
خزيمه هذيل
كنانه أسد الهون
النضر مالك ملكان عبد مناه
مالك مخلد الصلت
فهر الحارث
غالب عوف الحارث محارب أسد
لؤي تيم قيس
عامر كعب عمرو

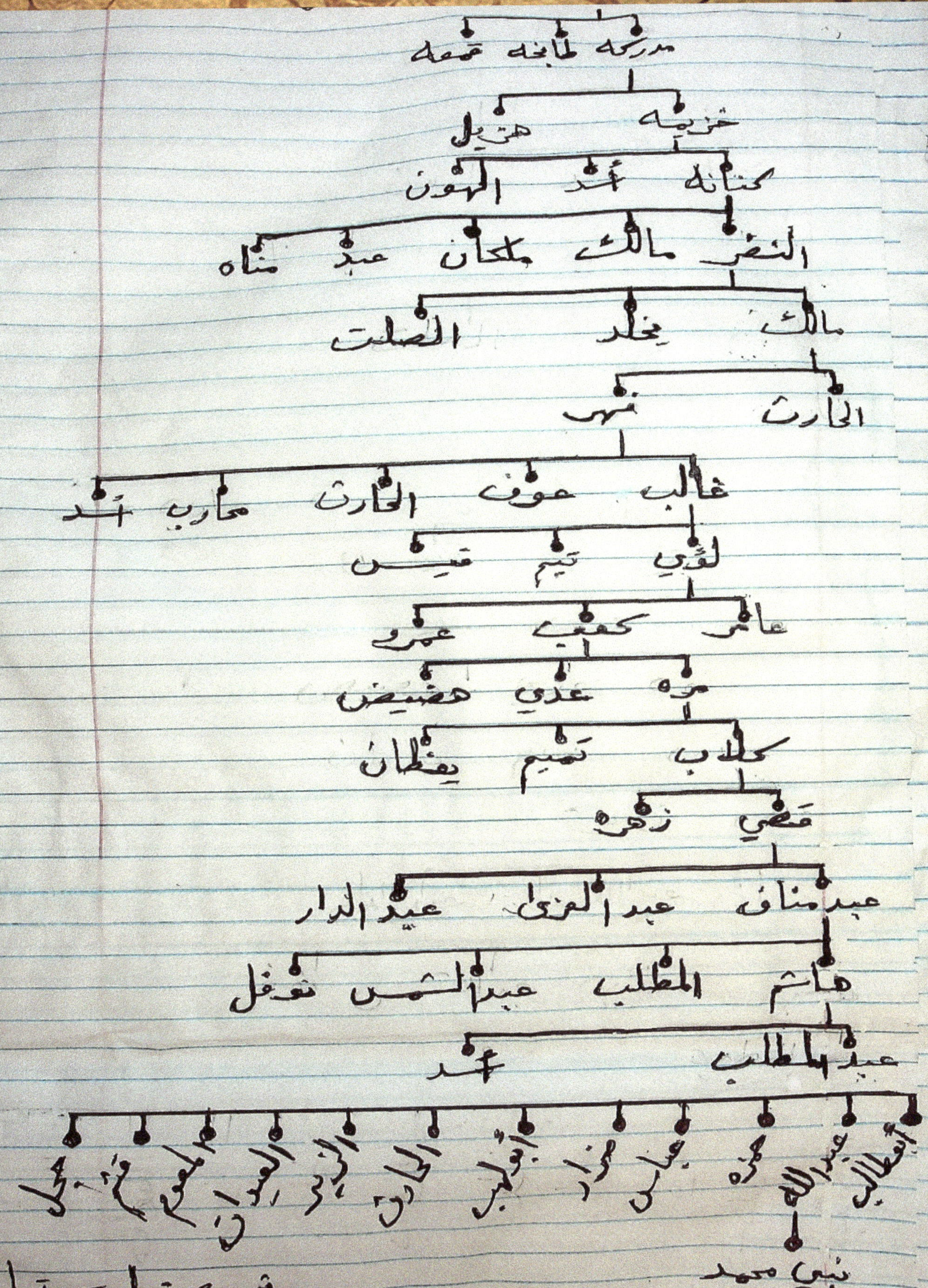

تم وصحتها ورسمتها
وانتهيت من رسمها في
ساعة
1:50 AM
Mon. JULY. 18 - 2022.
J.E.B. ع. [illegible]

هل تعلم

376- 9:24 pm Sat July-16-2022 أكتشاف

٣٧٦ -376 تاريخ قبيلة جرهم هل هي موجوده بيننا الان لن تصدق
كيف حكمة المكة ألف سنة
قبيلة الجرهم :- ((كعبة))
قبيلة الجرهم أول قبيلة سيطرت على الكعبة قبيلة الجرهم
قبيلة يمنية ((اليمنية)) قديمة من عماليق ((Amalec))
عاصرة نبيته أسماعيل وقد تزوجه منهم أحدى قبائل البائده
وقد مر وجودها بالمرحلتين في أولاهما ((الاولى)) عرفت بالجرهم وهي
تنتمي الى يقطن ((يقطن)) أو قحطان ((قحطان)) أبن فالج
((phaleg)) عابر ((Eber)) يقطن او يقطان ((Jectan)) أو أما الجرهم
الثانية أو ينكرونها أنها في عهد قبيلة عابر ((Eber)) وتذكر
بعض الأخبار أن جرهما ((جرهم)) كانت عهد قبيلة
عابر ((Eber))

377

٣٧٧ 1-3 الله خلق وجه آدم على وجهه ولكن أختلاف واحد!
ولكن الوجه الله جداً براق كما عند موسى صعود الى جبال وتكلم موسى
مع الله وحينا نزل تحت مع جمهوره كلهم خافوا من دهشة
من رؤية وجه لانه كان جداً براق ومليء لذلك أقول لكم
يا أخواتي يوجد أختلاف ما بين وجه الله البراق ووجه آدم
ليس براق وأنما كما تراه الان؟ فهذا هو أختلاف ما بين
وجه الله هو براق ووجه آدم ليس براق وأنما عادي كما
تراه. وشكراً. يوم الاثنين ...ع. أ. ب. J. E. B. 4:36 pm July-18-2022
ج. ٢. ٧. ١٨.

378-

مشتهاين تلفزيون

٣٧٨ -378 ماهو أصل قبيلة جرهم ومن أين أتت كيف الاثنين ١٨-تموز ٢٢ - ٢٠٢٢
سيطرت على الكعبة وماهي نهاية هذه القبيلة العربية العظيمة
زاوية التاريخ : 220 k Views. published on July-10-2020
قبيلة الجرهم
أول قبيلة سيطرة على الكعبة
وبعد وفاة أسماعيل وتولى أبناءه، وتعالى أمر أبنائه حتى أنتهى
الى حفيده مضاد بن عمرو الجرهمي وهنا بدأة القبيلة جرهم
ومن هذه قبيلة سيطرة على الكعبة وكيف كانت نهايتها
هذه القبيلة العظيمة

From من

تكملة وقم تكملة القبيلة الجرهم رقم ٣٧٨-٠٠٢ #378 ((الجرهم)) .

٣٧٨-
-378

378- الجرهم قبيلة يمنية قديمة من العماليق (Amalec) عاصرت
بني اسماعيل وقد تفرع منهم جرهم أحدى القبائل البائدة وقد
مر وجودها مرحلتين في أولاهما عرفت بجرهم الأولى وتذكرونها
أنها كانت في عهد قبيلة عاد وتذكر بعض أخبارها جرها (جرهم)
كان أحد رجال ٢٦ الذين كانوا معه خلف السفينة وأنه كان يتكلم
العربية وانه كانوا سائرين مع نوح Noah يتكلمون السريانية !
أما الجرهم الثانية فهي تنتمي الى يقطن أو قحطان ابن فالج
(phaleg) أبن عابر (Eber) ويتذكر ويذكر أخبار معين أن أم
معد أم عدنان عدنان كانت من جرهم وكانت أسمها معانة* بنت
جوشم هاجرت قبيلة الجرهم من اليمن ونزلت مكة التي أصبحت علبها
اسماعيل وقد نزحت جرهم من بلاد اليمن ومعها بنوا قطوراء وهم أبناء
عمهم كانوا معاد ابن عمر سيد جرهم يأخذ العشرة ممن يدخل مكة
من أعاليها ؛ وكان السميدع ، سيد قطوره من يدخل مكة
يأخذ العشرة من أسفلها .
وكانت ولاية البيت أول الأمر لنابت بن اسماعيل ثم وليها
بعده مضاد بن عمرو الجرهمي ؛ وقد أصهر اسماعيل الى قبيلة
جرهم فتزوج رعلة ابن مضاد ابن عمرو ؛ فأنجبت له أثني
عشر ولدا ، وتعلم اسماعيل العربية من قبيلة الجرهم وعلمها
أبناءها . أبنائه ، وكانت لغتهم قبل ذلك السريانية .
J. E. B. ج . أ . ب . ٢٠٢٢ . ج .

=:=:=:=:=:=:=:=:=:=:=:=:=:=:=:=:=:=:=:=

٣٧٩-

377- معظمها من تلفزيون 379- عظماء وحكام وحكماء ملوك بلاد الرافدين
Tue July 19-2022
J. E. B. ج . أ . ب . أشهر أقوى الامبراطوريات وأحتلوا الأرض -١
Step. Video Graph . 2k Views . published Jul. 7-2022 -A
عظماء وحكام وحكماء بلاد الرافدين :
أحتلوا الأرض ونشروا تعاليمهم تعبدوا الآلهه واستعانوا بها للانتصار على
أعدائهم سطروا أروع البطوله والشجاعه . وتحولوا الى الأساطير
* نبوخذنصر * سركون الأكدي ؛ * وحمورابي . ملوك العالم القديم .
* نبوخذنصر أعظم ملوك الأرض ؛ عربيا * أسمه نابوخذ نصر أو بخت
نصر أو بختنشاه . أما أسمه الأكادي فهو نبوكودورو أو صور
ومعناه * نابو حامي الحدود حيث * نابو هو إله التجاره عند البابليين وهو
أبن الاله مردوخ أطلق عليه الفرس اسم بخت نصر ومعناه سعيد
الحظ . بينما المؤرخون تسميته نابوخذ نصر أو نبوخذ نصر الكبير أو
نابوخذ نصر الثاني وذلك ملك آخر استخدم هذا الاسم قبله وهو
نبوخذ النصر الأول الذي حكم بابل في القرن الثاني عشر قبل الميلاد ، عاش
نبوخذ النصر الثاني بين عامي ستمائة وثلاثين وخمسمائة وواحد وستين ← [illegible]

هل تعلم

379 - تكملة من صفحة ٢٠١ رقم ٧٩ 379-٢ عظماء وحكام بلاد الرافدين :-
قبل الميلاد تقريباً . وهو ثاني وأعظم ملوك سلالة بابل الكلدانية .
ب - حكم بلاد الرافدين بين عامي ستمائة وخمسة وخمسمائة وواحد وستين قبل
B الميلاد . واشتهر بقوته العسكرية وروعة عاصمته ودوره البارز في التاريخ
اليهودي . كالنص أكبر أبناء مؤسس الامبراطورية الكلدانية . اما أمه
فلم تكن معروفة بينما عرفت زوجته اميتيا* ابنة الملك سياخريس ملك
ميديا التي ذكرها المؤرخون باسم سامي راميس وكان زواجه منها لتعزيز
تحالف الدولتين البابلية والميدية بعد أن هزمتا دولة ومن أولاده عوي رغم
أن هناك شك بأنه لم يكن ابناً شرعياً له . ويرجح مؤرخون أن نكتوريس
البابلية ابنته التي سميت احدى قنوات بابل المائية باسمها . في بداية كان
شار الية عندما ذكره والده بأنه كان يعمل بنشيم معبد مردوخ الاله الرئيس
لمدينة بابل والاله الوطني للبابليين . قائد عسكري لا يكن بدأ حياته العسكرية
عندما كان ما يزال شاباً . أصبح قائداً عسكرياً بعد هزيمة البابليين على يد
المصريين بين عامي ستمائة وستة وستمائة وسبعة قبل الميلاد بصفته ولي
العهد قائداً تابعاً النصر مع والده جيشاً في جبال شمال أشور . وقاد لاحقاً
عمليات مستقلة بعد عودته نبوبلاسر الى بابل وبقيادة رائعة ضد
نبوخذ نصر الجيش المصري . كما قاد الكلدانيين الى هزيمة الاشوريين مرة الاخرى
الذين حطموا بدعم الملك المصري نخاوي الثاني . تمكن من هزيمة المصريين
والاشوريين معاً في معركة عام ستمائة وخمسة قبل الميلاد . وبعد ذلك تمكن
نبوخذ نصر من السيطرة على المناطق التي كانت محتلة من قبل الاشوريين .
نصر من السيطرة على المناطق التي كانت محتلة من قبل الاشوريين . ومنها
الشام وفينيقيا . لكن في أغسطس من العام نفسه توفي والد نبوخذ نصر
الملك نبوبلاسر* فعاد الابن الى بابل وتسلم مقاليد الحكم فيها وقد جيوشه
الى الشام ويهودا ووصل الى الحدود مع مصر أرض غزة الحالية تحديداً لكنه
هزم فيها فيما تعرف بمعركة غزة وذلك عام ستمائة وواحد قبل الميلاد . ما منع
البابليين من التوغل الى مصر وبعد انسحابهم من الأراضي الشامية بدأ المصريين
بتحريض الممالك الكنعانية ضد سلطة بابل عليها لتستجيب عسقلان
لوساوس المصريين . وتكون أول مدينة تنقض نبوخذ نصر فما كان منه الا
أن أغار عليها واحتلها وسبا سكانها . وعين عليها ملكاً آخر . نبوخذ نصر
الى القدس . أحس نبوخذ نصر واليهود بعد الشام توجه نبوخذ نصر
الترس . فاستسلم له ملكها وكان يهودياً ودفع له الجزية لكنه بعد أن
خرج منها سرعان ما انقلب أهلها على ملكهم وقتلوه ونقضوا عهدهم مع
نبوخذ نصر بدعم وتحريض من المصريين الذين لم يتقبلوا هزيمتهم في
كركميش . جمعوا قوتهم وأغاروا على بابل مرة أخرى والحقوا هزيمة
جيشاً نبوخذ نصر وتوجهوا وسيطروا عليها . ثم بعد عامين قضاها
يجهز جيشاً جراراً لرد اعتباره شن هجوماً على الأردن والقبائل العربية

هل تعلم

٣٧٩ - 379 - تكملة من صفحة ٢٠٢ .. 202 ورقم ٣٧٩ p.379 عظماء وحكام بلاد الرافدين:

الموجودة فيها، ودخل منه القدس فهدمها وحرقها، وقتل الرجال وسبى
النساء والأطفال، ودمر كل ما كان قد بناه النبي سليمان فيها. أيضاً ساق
خمسين ألفاً من أهل القدس كأسرى إلى العراق. وترك القدس بلا بشر
أي جعل جزءاً منهم قتلى والجزء الآخر عبيد. وقبل أن يعود إلى مملكته أحرق
القدس. فأصبحت بلا نبات أو حيوان أو حتى بيوت حتى قال المؤرخون
أن الله قد سلطه على بني إسرائيل لمعصيتهم له ومخالفة أوامره. بهذا أنهى
نبوخذ نصر حكم سلالة داود على مملكة يهوذا وذلك عام وستة وثمانين
قبل الميلاد. وبعدها توجه إلى مدينة صور الكنعانية فحاصرها حتى قبل الخضوع
للهيمنة البابلية. ويعد هذا الحصار الأطول في التاريخ إذا استمر ثلاثة عشر عاماً
حتى إذا بلغ الملك القوي العام الرابع والأربعين من حكمه. كان قد أنشأ إمبراطورية
كلدانية بابلية عظيمة امتدت قوتها من الخليج العربي وبلاد فارس إلى البحر الأبيض
المتوسط. وكانت بابل الإمبراطورية الأقوى في زمنه. ليس قائداً عسكرياً
فقط. الملك نبوخذ نصر لم يكن فقط قائداً عسكرياً بل امتلك عبقرية وذكاء
غير محدودين. ولم يكتفِ باحتلال الشعوب بل كان يتخذ معظم الإمكانيات البشرية
والمادية لهم إلى حد الحكم بحياتهم. لكنه في أمان* بتسامحه الديني وحرية
الفكر. فسمح لمن احتلهم أن يعبدوا آلهتهم وكان يشاركهم طقوسهم الدينية
ويحترم معابدهم لذلك لقبوه بمقيم المدن أي فاتح المدن لا غازيها.
وكانت له أعمال عمرانية لا تقل أهمية عن أعماله الحربية. منها بناء الحدائق
بابل المعلقة التي عدها المؤرخون ضمن الدنيا السبع القديمة. وقالوا أنها أثبتت
أن بابليين كانوا يعرفون نظرية أرخميدس. أيضاً أحاط نبوخذ نصر بابل
بسورين عظيمين أحدهما داخلي والآخر خارجي بحيث كانت المدينة الوحيدة
التي تستطيع العربات المشي على أسوارها. كذلك بنى نبوخذ نصر لمدينة بابل ثمانية
بوابات. عشتار نسبة إلى الإله عشتار كما أنه أنشأ المعابد مثل معبد أيساجيلا*
أتيمينانكي* المعروف عند اليهود ببرج بابل. وبنى نبوخذ نصر قصراً
كبيراً لنفسه ونسب إليه بناء تمثال أسد بابل الذي ما يزال موجوداً
في مدينة الأثرية. ومن آثاره بحسب المؤرخون أنه كتب شريعة قانونية
مشابهة لشريعة حمورابي. وقام بتطويرها وسميت بنفسه.
بذلك جعل هذا الملك العظيم بابل أجمل مدن في العالم آنذاك. ونالت
شهرة كبيرة بين مدن العالم القديم. أما في العالم الحديث فقد شبهه كثيرون
بنابليون وقارنوا بينهما. مات نبوخذ نصر بعد أن قضى أربعة وأربعين عاماً
في الحكم. وخلفه ابنه أميل مردوخ*. وقد ترك الكثير من الآثار وسمى
باسمه فادعو كثيرون. وما زال اليوم من أعظم أربعة ملوك حكم الأرض فما رأيك
بقصة هذا القائد؟ ومن تشبه من زعماء العصر الحديث؟ سرجون الأكدي
مؤسس الإمبراطورية الأكدية أول إمبراطورية بالتاريخ. ولد عام ألفين
وثلاثمائة قبل الميلاد. وبحسب النصوص السومارية القديمة التي في صفحة ٢٠٤ ←

٢٧٩ - 379 - تكملة من صفحة ٢٠٢. 203 م رقم ٢٧٩ 379 م. عظماء وحكام بلاد الرافدين :-

السومارية القديمة التي سندت قصة ولادته على لسانه فان أمه
D- كانت كاهنة عليا من طبقة أنتيم التول أو العذراء في مدينة ازوبيرانو*
حملت به ووضعته سراً وأخفته في سلة وغطته ورمته في الماء
قصة تشبه حكاية سيدنا موسى ولم النهر بل حمله الى اكي سقاء الماء
وستأتي الملك السومري لينتشل الطفل وتتخذه ولدي ثم
ليصبح محارباً عظيماً ينتصر على كل من هاجم مملكة ما بين النهرين. الرحلة الى
عرش كيش. تدرج شركون من ان تقلى في مكانة كنابة ليصبح حامل الكأس
الخاص بالملك*. وهي مكانة العالية تدل على أنه حظي بثقة مطلقة من قبل
الملك. وذات شن الملك المجاور حملة عسكرية على المدينة ودقت
الحرب أبواب مملكة كيش إذا كان لوجال زاكيزي* يعني بحشه
في بلاد سومر ليخضع المدن والممالك السومارية واحدة تلو الأخرى
ليوحدها تحت سيطرته وأمرته وحين وصلت الأخبار عن انهزام الممالك
وتوجه الجيش السومري بقيادة لوكال زاكيزي* نحو مملكة كيش
خاف الملك وبدأ يشك حوله حتى في نباء حامل كأسه فقرر تخلص منه
حمله رسالة الى الملك زاكي سين على أنها عرض لابرام اتفاق
سلام لكنه طلب فيها من الملك أن يقتل حامل الرسالة مما أسلم منه
حتى قد رفض قتله وضمه الى جنوده نحو كيش وتمكن من السيطرة
عليها بسهولة فاضطر ملكها أورزابا* للهرب والاختباء. ومن ظروف
غامضة سرعان ما انقلب تحالف شركون مع الملك مع ملك زاكيس
الى عداوة كبيرة. وتوجه شركون الى المدينة أوروك* وأحتلها ثم استطاع
مجابهة جيش زاكيسي في معركة أوقع فيها الهزيمة بالأخير ثم
قيده بالسلاسل وعقد حبلاً حول واقتاده الى نيبور وقتله
وأعلى بقية ملكها على الجيش. وسرعان ما أخضع منطقة سومر
بأسرها لسيطرته أكاد ((أكد)) أول امبراطورية في تاريخ نجح
شركون في بناء مملكة موحدة نتيجة للفتوحات والحروب الدموية
العاتية التم الذي مكنه من تأسيس امبراطورية التي امتدت
على كامل رقعة بلاد ما بين النهرين ثم بدأ ركائزها الجديدة ويقال
أنه قام بتحديد المدينة القديمة التي تعرف بمدينة أكاد (أكد) والتي
تكنى بها فأصبح اسمه شركون الاكدي. وما أن سيطر سرجون على
كامل سهل بلاد ما بين النهرين طمع باخضاع ما بعد هذه المنطقة والبلاد
الواقعة خلف النهر فقاد جنوده في معارك لتوسيع امبراطورية
الفرس من أول وأكبر في تاريخ. إذ فرض سيطرته على كامل بلاد
ما بين النهرين وتوجه غرباً نحو ما تعرف بأرض لبنان. وشمالاً ليحتل
جبال طوروس التركية كما يعتقد بأنه وصل الى ابعد منها بكثير حاكم متفرد
زعم أعظم الامبراطورية التي أسسها الا أنه استطاع الحفاظ عليها

رقم ٣٧٩ 379* عظماء وحكام بلاد الرافدين :-

استطاع الحفاظ عليها *سرجون وحده. فقد تمكن سرجون من أن
يثبت قدرته في الاداره تماماً كما أظهرها في قدراته العسكريه إذ
عين أكبر الرجال الذين وثق فيهم ليتولوا أداره الأمبراطوريه ووزعهم
على شتى مفاصل السلطه. وظهرت عبقريته السياسيه حين عين ابنته* E-
أن شتى مفاصل السلطه. وظهرت عبقريته حين عين ابنته هيدونا*
كاهنه لمعبد انانا فأمسك من خلالها بالثقافه والدين والسياسه
وحسن الملك لبنيه التحتيه للمدن فطور الطرق وأساليب
الري ووسع التجاره براً وبحراً" إذ يقال أن سفنه التجاريه وصلت
الهند وهو صاحب *أول نظام بريدي. وفي عهده تم توحيد
المقاييس والأوزان بين كل المدن وذلك لأغراض أستعمال التجاري
وكذلك أنشأ نظام *الطرائق وتدور بعض القصص حول. وأول من
أنشأ الجيش*. حكم سرجون الاكدي سته وخمسين سنه ومات
طبيعيا

* حمورابي :-

حمورابي رجل غير وجه التاريخ في عمر الثامنه عشر من عمره وتولى
حكم بابل ليصبح الملك السادس في السلاله الحاكمه إذ يعد حمورابي
من قبائل العموريين التي بدأت في القرن الثالث بالانتشار في بلاد
ما بين النهرين والشام حتى ملكوها كلها ويظهر ذلك في اسمه الذي
يتضمن يعني الفتى فكلمه *حمو في اللغه العموريه تعني عائله بينما
كلمه رابي في اللغه الاكديه تعني *عظيم. ورث عرش أبيه سين
موباليت وبدأ حكمه عام ألف وسبعمائه واثنين وتسعين قبل *
الميلاد في وقت كانت بابل فيه عباره عن دويلات في منطقه
السهول الرسوبيه تمكن حمورابي من هزيمه مملكه *لارسا في جنوب
مملكه أشنونه وحارب ملك الاشوري *شمسي أدد الاول
وهزم العيلاميين في الشرق حتى وصل حروبه لبلاد سومر
الجنوبيه فضمها الى مملكته وأستولى على مدينه أشور وفتح المدن
العربيه في الشام كما كونه شبكه معقده من الدبلوماسيين وجواسيس *
* وأول كان شيد *أسوار محصنه حول مدينته وشيد جسر على نهر
ماري. وكان من أسلحته الحربيه سلاح العطش بقطع الماء على
خصومه. أكتمالاً في تاريخ على لوح حجري يبلغ وزنه أربع أطنان
*حفظ مسله من حجر الاسود نقشت أول قوانين عليها في تاريخ
لشريعه حمورابي. وعلى المسله حفر نقش بارز بارتفاع قدمين ونصف قدم
البشر وهو واقف مستلم القانون الذي رمز إليه بصولجان وشريط من *
إله العدل البابلي الجالس شماش أما جزء الاخر من المسله فهو عباره
عن نصوص مسماريه محفوره جمعت فيها الوثائق تضمنت عقوبات
القاسيه التي تتطلب أحياناً" قطع لسان ويد أو صدر أو عين أو أذن

مسلة حمورابي وقوانينها.

حفرت مسلة من حجر الأسود نقشت عليها أول قوانين وضعها الأنسان في التاريخ والتي ماتزال تعرف اليوم باسم شريعة حمورابي. وعلى المسلة حفر نقش بارز بارتفاع قدمين ونصف قدم لحمورابي وهو يتلقى تلك القانون الذي يرمز إليه بصولجان وشريط من الإله العدل البابلي الجالس شماس*. أما الجزء الآخر من المسلة فهو عبارة عن نصوص مسمارية محفورة جمعت مها السوابق تضمنت العديد من العقوبات* القاسية التي تتطلب أحيانا ١- قطع لسان ٢- أو يد ٣- أو صدر ٤- أو عين ٦- أو أذن الطرف الجاني. لكنها تقدم كذلك أقدم الأمثلة على عبارة المتهم بريء حتى تثبت أدانته. وكتب جميع المراسيم وعددها مئتان واثنين وثمانين بصفة إذا حدث فإن مثل قوله إذا أجر رجل ثوراً فإن عليه أن يرد قيمته ثلاثة أضعافا. كذلك تتراوح المراسيم بين قوانين الأسرة والعقود المهنية والقانون الإداري. وقد راعت بشكل مذهل الفروق بين الطبقات سياسة اللامتناهية في العدالة محددة أجر الطبيب مثلاً آنذاك بعشر قطع نقدية للرجل العادي وخمس قطع للعبد المعتوق واثنين فقط للعبد. كذلك كانت شريعته شديدة القسوة والصرامة وعادلة في آن معاً. وظلت قوانينه سارية في منطقة الرافدين لفترة طويلة إذا وجد علماء نسخة من شريعته مكتوبة على ألواح تم نسخها في القرن قبل الميلاد أي بعد أكثر من ألف عام من وفاة حمورابي. كذلك ضمت شريعته تسعة عشر بنداً عقوبتها القتل المباشر تتراوح مسبباتها بين السرقة من الآلهة والقتل أو اللغو وتنوعت أساليب عقوبة القتل بين القتل ذبحا أو غرقا أو حرقا. كما كان للمرأة في قوانينه نصيب كبير خاصة فيما يتعلق بقوانين الأسرة والزواج وجعل لها حقوقا سبقت عهده بقرون باختصار كانت حمورابي قانونا شملت مواده كل أمور الحياة العامة بل ومن قوانينه ما تدل في شرائع سماوية بعد ذلك. حمورابي الذي توفي عام ألف وسبعمائة وخمسين قبل الميلاد وورثه ابنه شامسوإيلونا*. كان من أوائل الساسيين العظماء الذين روجوا لأنفسهم في التاريخ فقد قدم نفسه عبر حكمه أنه مبعوث الآلهة لجلبه في الوقت نفسه كان حاكما خيرا حقا وأراد أن يتمتع رعاياه بحياة أفضل. فضمن أن كل الناس سيحكم عليهم بإنصاف ولا يجب أن يخافوا من سلطته. فأسس بحكمته وبراحة عقله وعدله أمبراطورية ضخمة وسطوة استمرت في دورها القرن من بعد فقد اكتشفت المسلة التي دونت عليها شرائعه عام ألف وتسعمائة وثمانية في سوسة* عاصمة عيلام* ولهذه مسلة مكانة مهمة بين آثار تاريخية اليوم. إذ يحتفظ بها متحف اللوفر بباريس ورغم

*380 p.207

٣٨٠-380 تكملة ملحق حمورابي من صفحة ٢٠٦ ورقم ٣٨٠
أن العلماء اختلفوا حول أنها القوانين الأولى في التاريخ إذ
F سبقتها قوانين الملك أورنامو ابن مدينة أور السومارية*
إلا أن ما لم يختلف عليه أحد أبداً أن حمورابي وضع أول قوانين
المكتوبة بالتاريخ وأكثرها كمالاً ... ج.ا.ب.د. ج.ع.ا.ب 4:15pm
كملت كتابه في يوم الأربعاء المصادف تموز 20-2022 : جوزيف عيسى بك
J.E.B.

---

٢٨١ 381 ملكة سميراميس (شمس أم ((ليس مدونة في التوراة)) = 381, في الحص... الأحصة
381 الملكة الأسطورية)
تحدت أقوى ملوك وقتلهم
أكثر مقالات ليست صحيحة من مقالاتهم أنها غير صحيحة كلها كذب ... ه
سميراميس .. ابنة الإلهة ربتها الحمائم صفتها من تلفزيون
فأصبحة أعظم ملكة ملكة أشور في تاريخ نينوى في يوم Thu
وبابل . = ((فقط أسطورة خيالية)) = شهر 10:10pm
* سميراميس (شمرام) ج.ع.ا.ب تموز 7-21-2022
الرديف الانثوي للبطل الأشوري كلكامش
ولادتها وحياتها وموتها من أكثر الأساطير غرابا في التاريخ
من رضيعة ربتها الحمائم الى ملكة أقوى حضارة في العالم
وأكثر نساء في تاريخ جدلا ملكة بلاد الرافدين سميراميس
ما حققوها وما علاقتها في التمثال الحربية كثيراً هي
حكايات عن هذه المرأة الأسطورية منهم ما قالوا وحب
نبوخذنصر التي أحداهما الحدائق المعلقة وآخرون قالوا أنها
زوجت نمرود وأنها هي التي تبنت تلك الحدائق الرائعة أما رواية
أشهر فتقول أنها زوجت ملك نينوى شمو حداد الخامس
وما تعدد شخوصها فعلا يبقى أسم سميراميس (شمرام))
الأشهر من الشخصيات النسائية التاريخية حتى الآن ورغم
كل أختلاف حول هذه الأسطورة إلا أن أغرب قصص عنها
هي قصة ولادتها التي أجمعة عليها كل الروايات ربيبة
الحمائم تقول أسطورة الأشورية أن الهة السمك
ترسيس العسقلانية ولدت بنتاً من أحدى عبيدها فتخلصت
منها بتركها بالعراء وكادت طفلة تموت لولا المساعدة سرب من
حمائم إذ أصبحت حمائم تجلب لها حليب من قريه وتسقيها
أيام بمناقيرها (منقار) وحينما كبرت صارة الحمائم تطعمها
بالجبنة (جبن) لاحقاً أحاطتها بالرعاية والاهتمام لكن الرعاة انتبهوا
ج.ع.ا.ب خرافات
J.E.B.

هل تعلم

٢٨١- 381- تكملة ملكة سميراميس من صفحة ٢٠٧ م.208 الرقم ٢٨١

الى جبنهم المنقور والحليب منقوص مرير فراقبة المكان ليشاهدوا
الحمام وهي تأخذ الجبنة والحليب وتطير به وتبع أحدهم لبعد
أحدهم الطفلة الرائعة الجمال فأخذها الى رفاقه ليتفقوا عليها على أن
يبيعوها في سوق نينوى العظيم وتزامنه ذلك مع زواج السنوي
حيث يجتمع شباب والرجال الى أختيار لهم عرائس ومن بين الحاضرين
في ذلك اليوم (سيما) ناظر خيول الملك والذي كان عقيماً لا أولاد
له فمنح ملكية الطفلة الذي اسماها الرعاة سميراميس* أي الحمامة*
نسبتاً الى الحمائم التي كانت ترعاها وتبنته (سيما) الطفلة وسلمها
الى زوجته وفرحت بها وربتها كأنها بنتها حتى وقعت عيناه
الآن عليها ذات اليوم مستشار الملك نينوس* مؤسس
نينوى* عاصمة قديمة الآشور؛ فتنه في جمالها وأسرت قلبه وتزوجها
واصطحبها الى نينوى؛ لم تكون سميراميس في جمالها وأيضاً في

ذكائها وصاحبة الحيلة مع زوجها وأنجبت له طفلين ((هيفاته و
وهيد أسيغة))؛ دائماً وكانت دائماً تقدم له نصيحة والمشورة
حتى في أخطر أموره. أنجبت سميراميس ابنها نينياس.
من زوجها الملك لكن زوجها لقى حتفه بسبب سهم.
وماتت عن عمر أنيناهي 62 سنة
وأيضاً ربطوا سميراميس اسمها بالتمثال الحرية وقالوا في أنجازها
وحريتها
أذ تذكر بعض المصادر أن أبنها هو الذي قتلها وربط أسمها
بعضو بعض في اسم ((سمورامات*)) التي كانت وصيا على
عرش أمبراطورية الآشورية بين عامين ٨١١ و٨٠٦ ق.م وقالوا
أن سميراميس هو تحريف لأسم ((سمورامات)) وأنها في نهاية
لقيت مصرعها في النهاية على يد أبنها. وتبقى الحقيقة المؤكدة
أنها ملكة التي أحبها التاريخ والتي حكمة الآشور ٤٢ عاماً

١- ملاحظة: أنها ليست كما يقولون أن سميراميس قد ولدت
من العبيد هذا ليس حقيقة وأنها التدوين في ملكة عظيمة
التي حطمة أكبر قوات وقوة الرجال هذا تدوين ضد ملكة
سميراميس كلها كذب وإشاعات عليها أنهم مزورين حقائق
في التاريخ وطاعنين في هذه الملكة القوية التي حطمة أقوى رجال
والرجال جوزيف ايشو كوركيس أنتهى في التدوين في
ساعة 12:40 من شهر تموز
تموز 22- 2022

2- هذه المقالات هي دعايات كي
يشوه أسم ملكة قوية سميراميس
يعرفون كلهم لقد حطمة أقوى رجال، امين

هل تعلم
سامع (ج.أ.ب.)
وكاتب ومدون ومدقق في صحه المقالات جوزيف ايشو بجي بك

~~٢٨١ #381 p208~~
٢٨١ - 381 - تكمله ملكه شجاعه أسطوريه وقويه سميراميس من صفحه ٢٠٨ رقم ٢٨١
المبدعين وكاتب الذكي اكبر أسم جوزيف إيشو بجي بك
آشوري ولادة وعراقي الجنسيه وأمريكي. ح.ع.ج. . J.E.B.

3- أكثر مقالات في والتاريخ ليس لها أي مصدر موثوق بها
كلها غير صحيحه وغلط حتى إذا كانت ملكه سميراميس
موجود. ولكن هي والقصه اخبار وهميه لا صحه لها من
التدوين لا في العهد القديم ولا عهد الجديد صدقوني ج.أ.ب

4- دعايات وخرافات وهميه ليس لها صحه من مقال مثل ملكه
سميراميس كانت تحت ملك أرمينيا ولكن لماذا قتلته أذا
كانت تحبه ولماذا احتلت بلاده وقتلت ملكهم كما يدعون أن ولادتها
ليس شرعيه لا أنهم هم ليسوا شرعين لذلك أقول كل دعايات عليها
كذب. ح.ع.ج. . ج.أ.ب. J.E.B. آمين

2:09 pm
Sat.
JUL. 23-22.
2022. A.C.
J.E.B.

٣٨٢ - 382 - كل الأطفال العالم أبرياء كالملائكه
أن الأطفال كالملائكه لا يعرفون شيئ
ج.أ.ب. ح.ع.ج. J.E.B. آمين

٣٨٢ - 382 - الاطفال العالم كلهم أبرياء لا يعرفون من هذه الدنيا أي شيئ كالملائكه:
أنهم أبرياء كل هذه الاطفال صافين لا يعرفون أي

شيئ من هذه الدنيا من أفكار الشيطانيه أي
الاشياء التي تضر في بني آدم بالوصايا العشره ربنا
وأبونا وخالقنا الذي أعطاها الى سيدنا نبي موسى
كي يعرفينا من الشر العشره لان كلها تضر في
بني آدم. كل أطفال أبرياء كالملائكه. إذا أتى نوعا
من أي فئه من بني البشر من الاديان والسياسه والأطياف
واللون أو قبيله أو أي بلد أو اذا كانوا يهود. اسلام. مسيحين
هنود والبوذيين. أو عرب أمريكي صيني روسي او أي مخلوق من
صنف البشر. آمين. الحق الحقيقه. كلهم سواسيه سوا
لا أنهم بني آدم والمولاد ربنا وخالقنا ومحب لنا ((الله. آلاه.
إيلي ايليهوم. يهوه. God. ELi)) آمين. كاتب ومدون الخاطره ج.أ.ب

٣٨٣ - 383 - أنا لا أفرق بين كل الاطفال أوي طفل لانهم أبرياء ليس لهم أي ذنب.
J.E.B. ٢٠٢٢-٧-٢٣. تموز. ب.أ.ج. . ح.ع.ج. ((آمين))

210

هل تعلم

384- الدينونه -٣٨٤ -384

الله (جل جلاله) فقط هو القاضي الوحيد الصحيح في دينونته أن يقدر
أن يبين بين البشر أو أي شيء الآخر كما هو اسمه مذكور ومدونه في كتابه المقدس
من عهد القديم التوراة ومن عهد الجديد ((Daniel)) Dan: القاضي الله ! Allah real
فقط هو اسمه دانيال القاضي أو حاكم الحكم عادل بين بني البشر كلهم، ليس لنا
حاكم أو أي حق أن نحكم الله هو أن يقدر أن يحكم أو يدين في الدينونة كما اسمه ليس
1:13 pm - JUL-25-2022 • اسم حاكم كلاسم الله في يهودية دانيال الله الحاكم، الله حاكم وغفور
تموز-٢٣-٢٠٢٢ أو أصبح ١:١٣ ب.ظ. ٥.٦.٢٠٢٢ و س ٩

((Daniel May God Judge is God)).

385- ((Shi-nar)) شنعار -٣٨٥ 385
شنعار أول بلد معروف في أوائل خليقته ((الله)) في اليهودية السهل البابلي
تكوين ٢ • Gen: 2:24 • أول بلد أو منطقه الذي طرد آدم وحواء فيه المنطقة سمية
اسمها شنعار ((Shi-nar)) سهل بابلي في جنوب العراق حاضراً.

386- The fall of Man سقوط الإنسان -٣٨٦ 386

((تكوين ٢: ٦ - ٢: ٧ Ge: 2: 6 - 2: 7))

٦- وعندما شاهدت المرأة الشجرة لذيذة للأكل وشهية للعيون ومثيرة للنظر قطفت من
ثمرها وأكلت، وأعطت زوجها أيضاً فأكل معها، فانفتحت للحال عينهما، وأدركا أنهما
عريانان فخاطا لأنفسهما مآزر من ورق التين. ٨ ثم سمع الزوجان صوت الرب الإله في
الجنة عند هبوب نسيم النهار فاختبا من حضرة الرب الإله بين شجر الجنة
٩- فنادى الرب ((أين أنت)) وأجاب سمعت صوتك في الجنة فاختبأت منك
لأني عريان ١١- فقال له ((من قال لك أنت عريان هل أكلت من ثمر الشجرة
التي نهيتك عنها ؟ ١٢ فأجاب آدم أنها المرأة التي جعلتها رفيقه لي هي التي أطعمتني من
ثمر الشجرة فأكلت ١٣- فقال الرب الإله المرأة ((ماذا فعلت)) فأجابت أغوتني
الحية فأكلت.
لعنه والموت

* Death punishment

The Fall of Man سقوط الإنسان عقوبة الموت

Genesis:3 التكوين: ٣

Genesis 3,4 4/٤ التكوين ٣، ٤

one page.

The Fall of Man

3 Now the serpent was more crafty than any of the wild animals the LORD God had made. He said to the woman, "Did God really say, 'You must not eat from any tree in the garden'?" [2]The woman said to the serpent, "We may eat fruit from the trees in the garden, [3]but God did say, 'You must not eat fruit from the tree that is in the middle of the garden, and you must not touch it, or you will die.' " [4]"You will not surely die," the serpent said to the woman. [5]"For God knows that when you eat of it your eyes will be opened, and you will be like God, knowing good and evil." [6]When the woman saw that the fruit of the tree was good for food and pleasing to the eye, and also desirable for gaining wisdom, she took some and ate it. She also gave some to her husband, who was

سقوط الإنسان

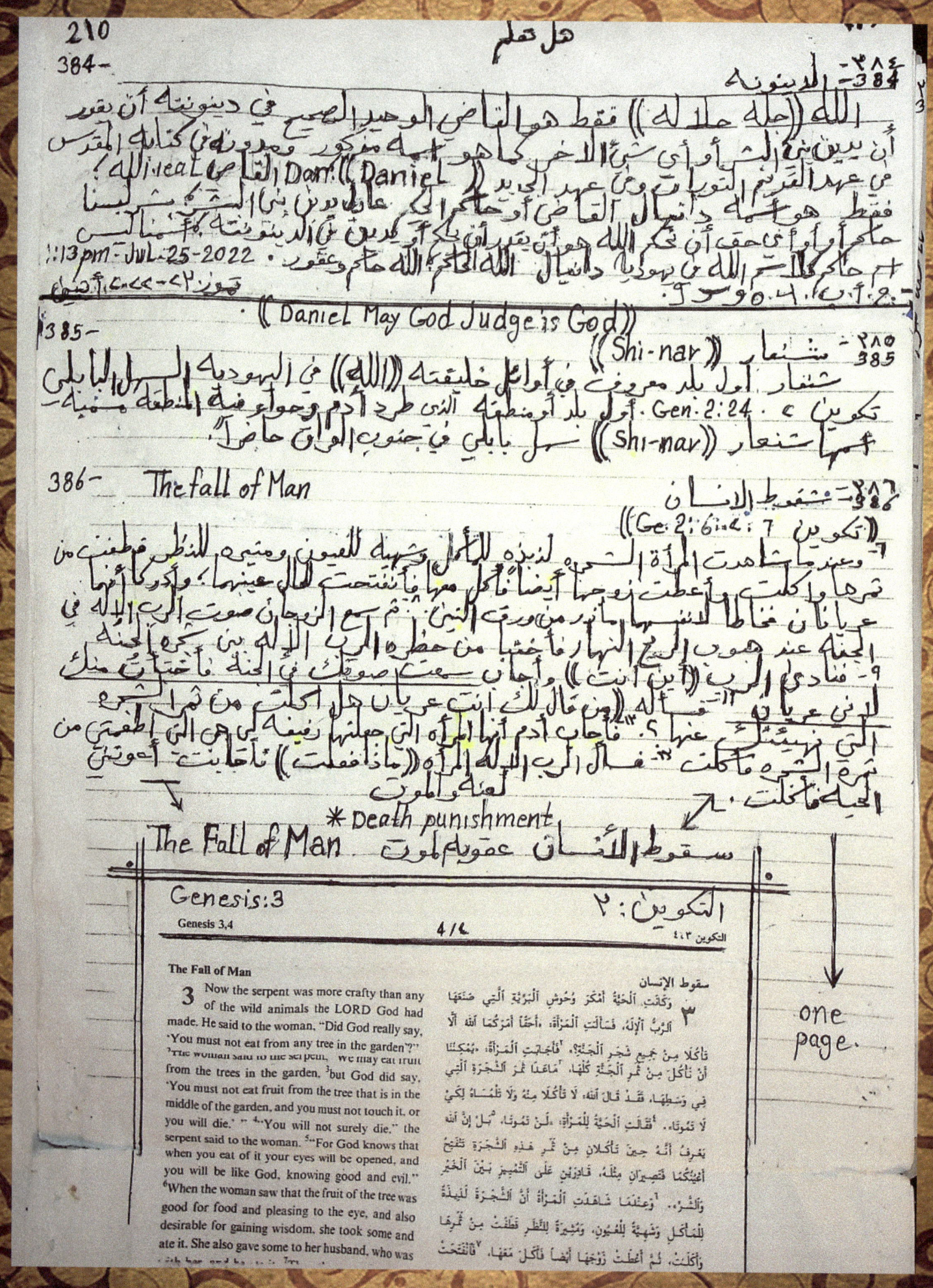

٣ وَكَانَتِ ٱلْحَيَّةُ أَمْكَرَ وُحُوشِ ٱلْبَرِّيَّةِ ٱلَّتِي صَنَعَهَا ٱلرَّبُّ ٱلْإِلَهُ. فَسَأَلَتِ ٱلْمَرْأَةَ: «أَحَقّاً أَمَرَكُمَا ٱللهُ أَلَّا تَأْكُلَا مِنْ جَمِيعِ شَجَرِ ٱلْجَنَّةِ؟» [٢]فَأَجَابَتِ ٱلْمَرْأَةُ: «يُمْكِنُنَا أَنْ نَأْكُلَ مِنْ ثَمَرِ ٱلْجَنَّةِ كُلِّهَا، [٣]مَاعَدَا ثَمَرَ ٱلشَّجَرَةِ ٱلَّتِي فِي وَسَطِهَا، فَقَدْ قَالَ ٱللهُ: لَا تَأْكُلَا مِنْهُ وَلَا تَلْمَسَاهُ لِكَيْ لَا تَمُوتَا». [٤]فَقَالَتِ ٱلْحَيَّةُ لِلْمَرْأَةِ: «لَنْ تَمُوتَا، [٥]بَلْ إِنَّ ٱللهَ يَعْرِفُ أَنَّهُ حِينَ تَأْكُلَانِ مِنْ ثَمَرِ هَذِهِ ٱلشَّجَرَةِ تَنْفَتِحُ أَعْيُنُكُمَا فَتَصِيرَانِ مِثْلَهُ، قَادِرَيْنِ عَلَى ٱلتَّمْيِيزِ بَيْنَ ٱلْخَيْرِ وَٱلشَّرِّ». [٦]وَعِنْدَمَا شَاهَدَتِ ٱلْمَرْأَةُ أَنَّ ٱلشَّجَرَةَ لَذِيذَةٌ لِلْمَأْكَلِ وَشَهِيَّةٌ لِلْعُيُونِ، وَمُثِيرَةٌ لِلنَّظَرِ قَطَفَتْ مِنْ ثَمَرِهَا وَأَكَلَتْ، ثُمَّ أَعْطَتْ زَوْجَهَا أَيْضاً فَأَكَلَ مَعَهَا. [٧]فَانْفَتَحَتْ

good for food and pleasing to the eye, and also
desirable for gaining wisdom, she took some and
ate it. She also gave some to her husband, who was
with her, and he ate it. 7 Then the eyes of both of
them were opened, and they realized they were
naked; so they sewed fig leaves together and made
coverings for themselves.
8 Then the man and his wife heard the sound of the
LORD God as he was walking in the garden in the
cool of the day, and they hid from the LORD God
among the trees of the garden. 9 But the LORD
God called to the man, "Where are you?" 10 He
answered, "I heard you in the garden, and I was
afraid because I was naked; so I hid." 11 And he
said, "Who told you that you were naked? Have
you eaten from the tree that I commanded you not
to eat from?" 12 The man said, "The woman you
put here with me–she gave me some fruit from the
tree, and I ate it." 13 Then the LORD God said to
the woman, "What is this you have done?" The
woman said, "The serpent deceived me, and I ate."
14 So the LORD God said to the serpent, "Because
you have done this, "Cursed are you above all the
livestock and all the wild animals! You will crawl
on your belly and you will eat dust all the days of
your life. 15 And I will put enmity between you and
the woman, and between your offspring and hers;

he will crush your head, and you will strike his
heel." 16 To the woman he said, "I will greatly
increase your pains in childbearing; with pain you
will give birth to children. Your desire will be for
your husband, and he will rule over you." 17 To
Adam he said, "Because you listened to your wife
and ate from the tree about which I commanded
you, 'You must not eat of it,' "Cursed is the
ground because of you; through painful toil you
will eat of it all the days of your life. 18 It will
produce thorns and thistles for you, and you will
eat the plants of the field. 19 By the sweat of your
brow you will eat your food until you return to the
ground, since from it you were taken; for dust you
are and to dust you will return."
20 Adam named his wife Eve, because she would
become the mother of all the living. 21 The LORD
God made garments of skin for Adam and his wife
and clothed them.
22 And the LORD God said, "The man has now
become like one of us, knowing good and evil. He
must not be allowed to reach out his hand and take
also from the tree of life and eat, and live forever."
23 So the LORD God banished him from the
Garden of Eden to work the ground from which
he had been taken. 24 After he drove the man out,
he placed on the east side of the Garden of Eden
cherubim and a flaming sword flashing back and
forth to guard the way to the tree of life.

Cherubim

لِلْمَأْكَلِ وَشَهِيَّةٌ لِلْعُيُونِ، وَمُثِيرَةٌ لِلنَّظَرِ قَطَفَتْ مِنْ ثَمَرِهَا
وَأَكَلَتْ، ثُمَّ أَعْطَتْ زَوْجَهَا أَيْضاً فَأَكَلَ مَعَهَا. ٧ فَانْفَتَحَتْ
لِلْحَالِ أَعْيُنُهُمَا، وَأَدْرَكَا أَنَّهُمَا عُرْيَانَانِ، فَخَاطَا لِأَنْفُسِهِمَا مَآزِرَ
مِنْ أَوْرَاقِ التِّينِ.
٨ ثُمَّ سَمِعَ الزَّوْجَانِ صَوْتَ الرَّبِّ الْإِلَهِ مَاشِياً فِي الْجَنَّةِ عِنْدَ
هُبُوبِ رِيحِ النَّهَارِ، فَاخْتَبَأَ مِنْ حَضْرَةِ الرَّبِّ الْإِلَهِ بَيْنَ
شَجَرِ الْجَنَّةِ. ٩ فَنَادَى الرَّبُّ الْإِلَهُ آدَمَ: «أَيْنَ أَنْتَ؟»
١٠ فَأَجَابَ: «سَمِعْتُ صَوْتَكَ فِي الْجَنَّةِ فَاخْتَبَأْتُ خَشْيَةً
مِنْكَ لِأَنِّي عُرْيَانٌ». ١١ فَسَأَلَهُ: «مَنْ قَالَ لَكَ إِنَّكَ عُرْيَانٌ؟
هَلْ أَكَلْتَ مِنْ ثَمَرِ الشَّجَرَةِ الَّتِي نَهَيْتُكَ عَنْهَا؟» ١٢ فَأَجَابَ
آدَمُ: «إِنَّهَا الْمَرْأَةُ الَّتِي جَعَلْتَهَا رَفِيقَةً لِي. هِيَ الَّتِي
أَطْعَمَتْنِي مِنْ ثَمَرِ الشَّجَرَةِ، فَأَكَلْتُ». ١٣ فَسَأَلَ الرَّبُّ الْإِلَهُ
الْمَرْأَةَ: «مَاذَا فَعَلْتِ؟» فَأَجَابَتْ: «أَغْوَتْنِي الْحَيَّةُ فَأَكَلْتُ».
١٤ فَقَالَ الرَّبُّ الْإِلَهُ لِلْحَيَّةِ: «لِأَنَّكِ فَعَلْتِ هَذَا، مَلْعُونَةٌ أَنْتِ
مِنْ بَيْنِ جَمِيعِ الْبَهَائِمِ وَمِنْ جَمِيعِ وُحُوشِ الْبَرِّيَّةِ. عَلَى
بَطْنِكِ تَسْعَيْنَ، وَمِنَ التُّرَابِ تَأْكُلِينَ طَوَالَ حَيَاتِكِ،
١٥ وَأُثِيرُ عَدَاوَةً دَائِمَةً بَيْنَكِ وَبَيْنَ الْمَرْأَةِ، وَكَذَلِكَ بَيْنَ
نَسْلَيْكُمَا. هُوَ يَسْحَقُ رَأْسَكِ وَأَنْتِ تَلْدَغِينَ عَقِبَهُ».

١٦ ثُمَّ قَالَ لِلْمَرْأَةِ: «أُكَثِّرُ تَكْثِيراً أَوْجَاعَ مَخَاضِكِ فَتُنْجِبِينَ
بِالْآلَامِ أَوْلَاداً، وَإِلَى زَوْجِكِ يَكُونُ اشْتِيَاقُكِ وَهُوَ يَتَسَلَّطُ
عَلَيْكِ». ١٧ وَقَالَ لِآدَمَ: «لِأَنَّكَ أَذْعَنْتَ لِقَوْلِ امْرَأَتِكَ، وَأَكَلْتَ
مِنَ الشَّجَرَةِ الَّتِي نَهَيْتُكَ عَنْهَا، فَالْأَرْضُ مَلْعُونَةٌ بِسَبَبِكَ
وَبِالْمَشَقَّةِ تَقْتَاتُ مِنْهَا طَوَالَ عُمْرِكَ. ١٨ شَوْكاً وَحَسَكاً تُنْبِتُ
لَكَ، وَأَنْتَ تَأْكُلُ عُشْبَ الْحَقْلِ. ١٩ بِعَرَقِ جَبِينِكَ تَكْسَبُ
عَيْشَكَ حَتَّى تَعُودَ إِلَى الْأَرْضِ. فَمِنْ تُرَابٍ أُخِذْتَ، وَإِلَى
تُرَابٍ تَعُودُ».
٢٠ وَسَمَّى آدَمُ زَوْجَتَهُ «حَوَّاءَ» لِأَنَّهَا أُمُّ كُلِّ حَيٍّ. ٢١ وَكَسَا الرَّبُّ
الْإِلَهُ آدَمَ وَزَوْجَتَهُ رِدَاءَيْنِ مِنْ جِلْدٍ صَنَعَهَا لَهُمَا.
٢٢ ثُمَّ قَالَ الرَّبُّ الْإِلَهُ: «هَا الْإِنْسَانُ قَدْ صَارَ كَوَاحِدٍ مِنَّا،
يُمَيِّزُ بَيْنَ الْخَيْرِ وَالشَّرِّ. وَقَدْ يَمُدُّ يَدَهُ وَيَتَنَاوَلُ مِنْ شَجَرَةِ
الْحَيَاةِ وَيَأْكُلُ، فَيَحْيَا إِلَى الْأَبَدِ». ٢٣ فَأَخْرَجَهُ مِنْ جَنَّةِ
عَدْنٍ لِيَفْلَحَ الْأَرْضَ الَّتِي أُخِذَ مِنْ تُرَابِهَا. ٢٤ وَهَكَذَا طَرَدَ
اللهُ الْإِنْسَانَ مِنْ جَنَّةِ عَدْنٍ، وَأَقَامَ مَلَائِكَةَ الْكَرُوبِيمِ وَسَيْفاً
نَارِيّاً مُتَقَلِّباً شَرْقِيَّ الْجَنَّةِ لِحِرَاسَةِ الطَّرِيقِ الْمُفْضِيَةِ إِلَى
«شَجَرَةِ الْحَيَاةِ».

الكروبي

211 — ٢١١

هل تعلم

387- لا يحل السلام مادام الشيطان موجود في الأرض ولا يكون السلام ٣٨٧ -387
بين بني البشر من كل طوائفه مادام الشيطان موجود على الارض و بين
الامم والأديان والسياسات أيضا مادام الأبليس موجود في كل بقعه
على الارض الا مجئ مخلصنا و القضاء على الشيطان نهائيا . وشكرا ج . أ . ب
مدون الخاطره جوزيف إيشو بحري بك . ج . ع . ه J.E.B 11:15 pm Jul. 23-2022
((لا يحل سلام ما دام شيطان موجود على الأرض))
ويحكم في أعماله . آمين .
ج . ع . ه . ب . أ . ج
J.E.B.

٣٨٩ -389

389- لولا الله ومخلصنا جميعنا
لما تغفر الى بني البشر يكونوا غفورين
ولما كانوا غفورين
لما يعملون صالحين اعمالهم الصالحه . عمل
الى جميع من البشر
أمين . ج . أ . ب
الله
الروح القدس
المسيح
J.E.B
12:00 midnight. July-23-2022 الاثنين
J.E.B. . ج . ع . ه جوزيف إيشو بحري بك
٢٠٢٢ و ٢٣ و ٧

390- بسم الاب والابن والروح القدس

البسمله ٣٩٠ -390
بسم الاب
والروح القدس

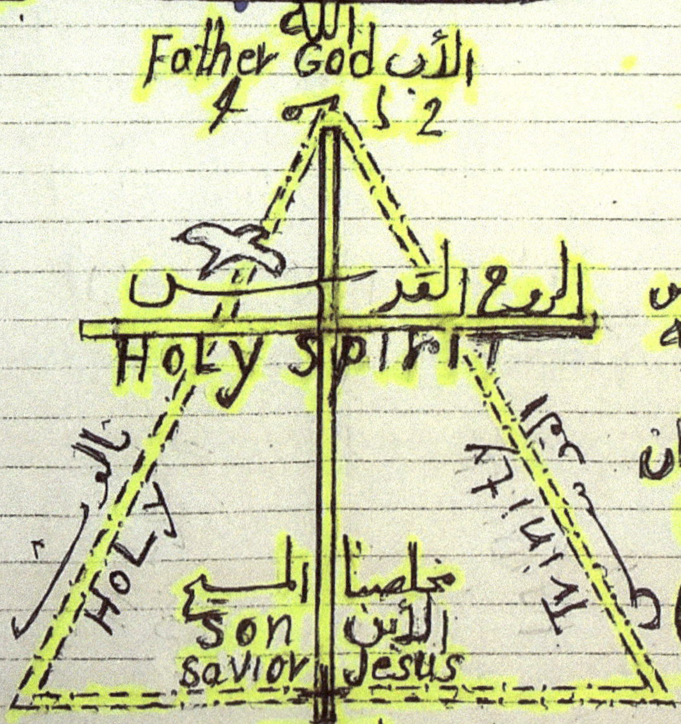

والابن
من الروح المقدس
بطن أمه نقيه
مريم عذراء
وأصبح انسان
على الارض
((جسد
انسان))
ج . أ . ب
ج . ع . ه
J.E.B.
7-23-2022
٢٠٢٢ و ٢٣ و ٧
جوزيف
Joseph
Bahri Bek

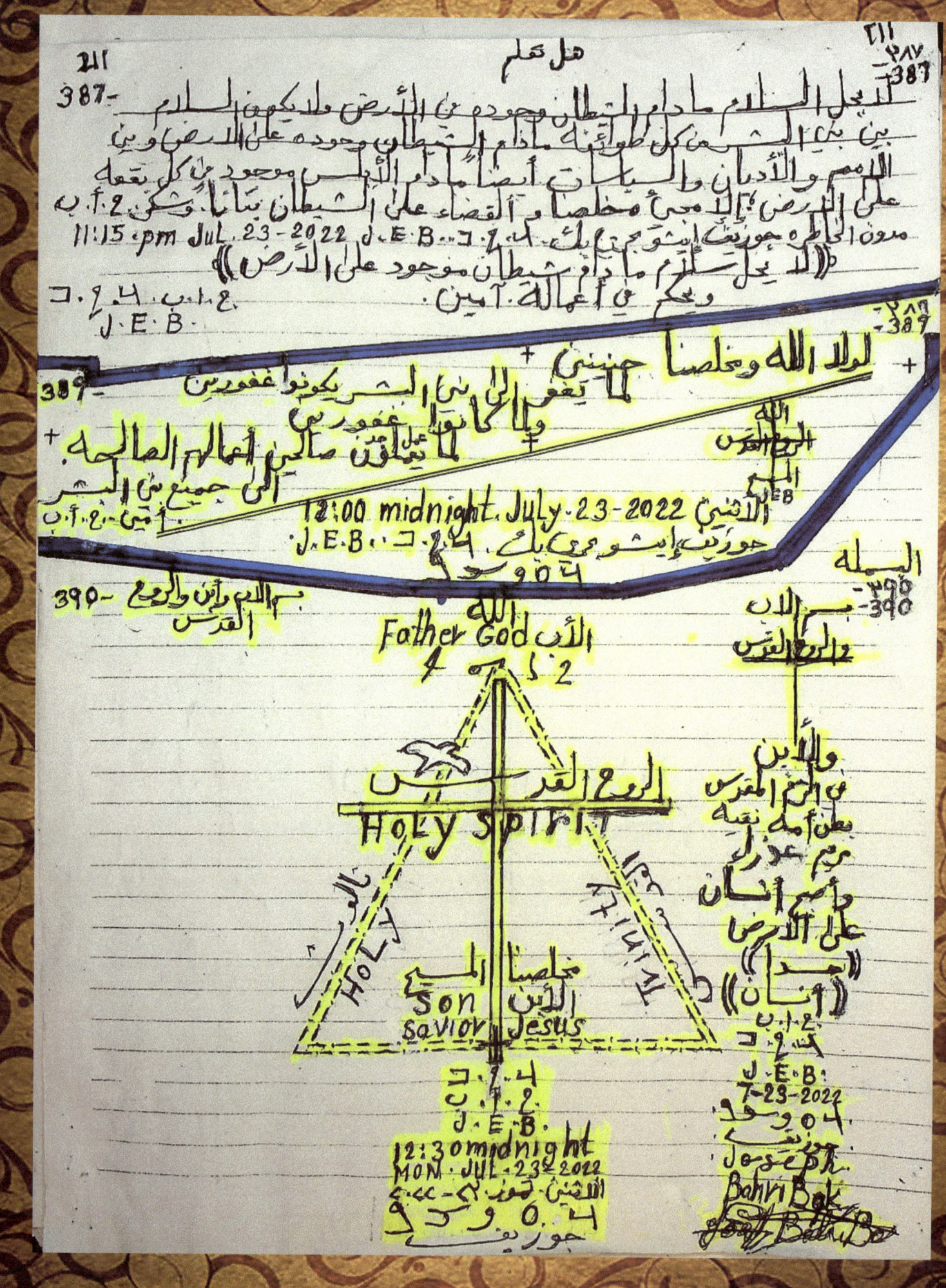

ج . ع . ه
ج . أ . ب
J.E.B.
12:30 midnight
MON. JUL. 23-2022
الاثنين تموز ٢٣ - ٢٠٢٢
٢٠٢٢ و ٢٣ و ٧
جوزيف

هل تعلم

388 -

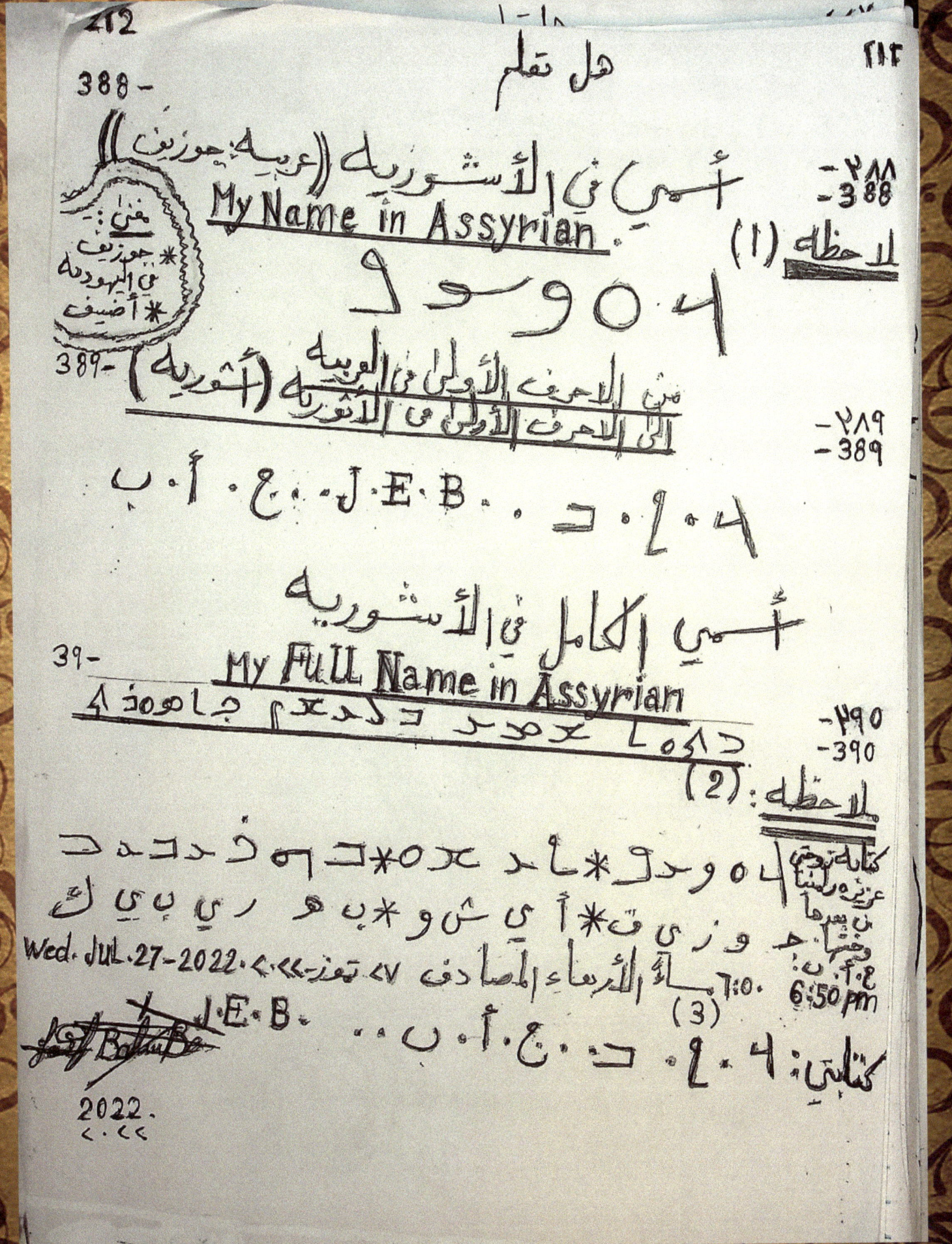

أسمي في الأشورية (عربية جوزيف) -٣٨٨ -388

My Name in Assyrian

ملاحظة (1)

ܝܘܣܦ

مِنْ: جوزيف* في اليهودية أضيف*

389- من الاحرف الأولى في العربية (أشورية) الى الاحرف الأولى في الأشورية -٣٨٩ -389

أ.ب.ج.. J.E.B.. ܝ.ܐ.ܒ

أسمي الكامل في الأشورية

39- My FULL Name in Assyrian -٣٩٠ -390

[illegible]

ملاحظة: (2)

كتابة ترجمة عربية لشا بن سرها وختمها

ܝܘܣܦ [illegible]

جـ و ز ي ق* أ ي ش و* ب هـ ر ي ب ي ك

Wed. JUL.27-2022. ٢٠٢٢-تموز ٢٧ المصادف الأربعاء مساءً ٦:٥٠ 6:50 pm

(3)

كتابي: ܝ.ܐ.ܒ .. ب.أ.ج.. J.E.B.

2022.
٢٠٢٢

توليد كهرباء في عدة طرق

١-

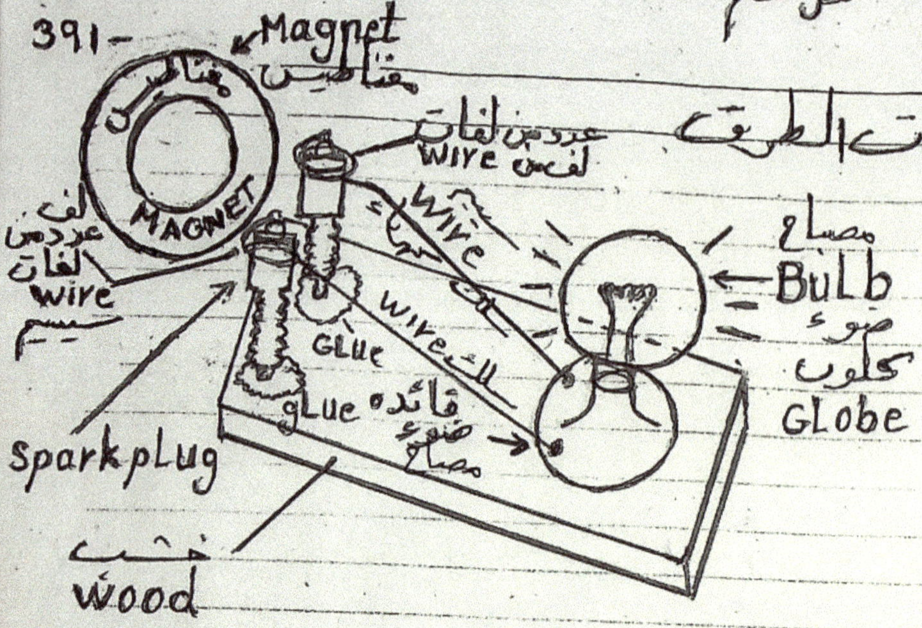

-2

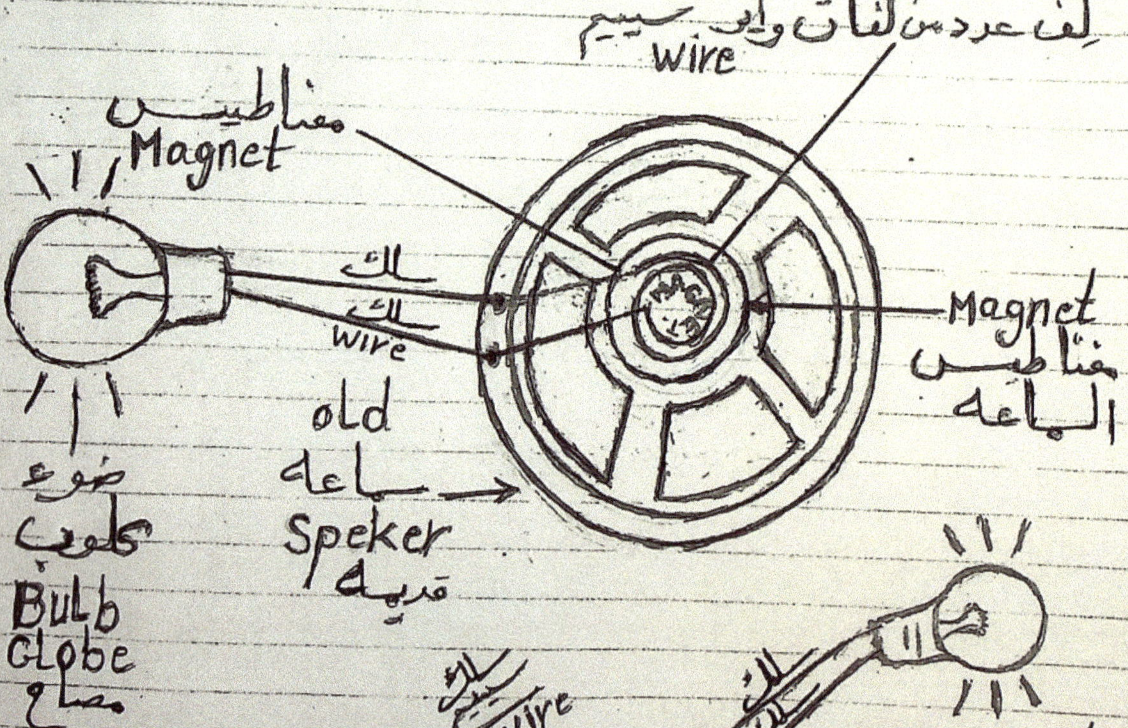

-3

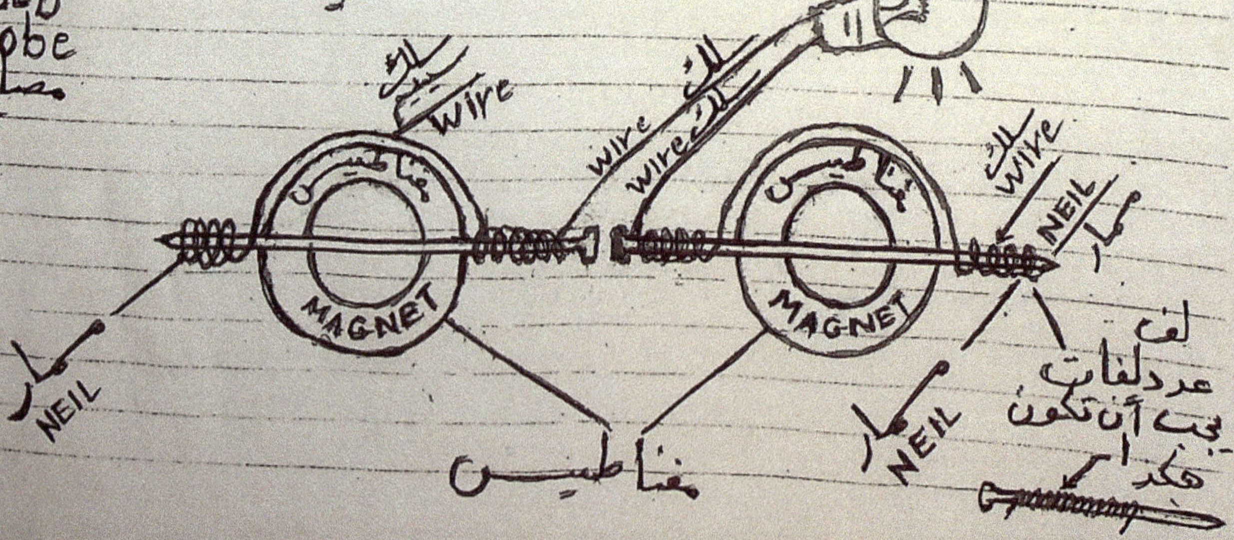

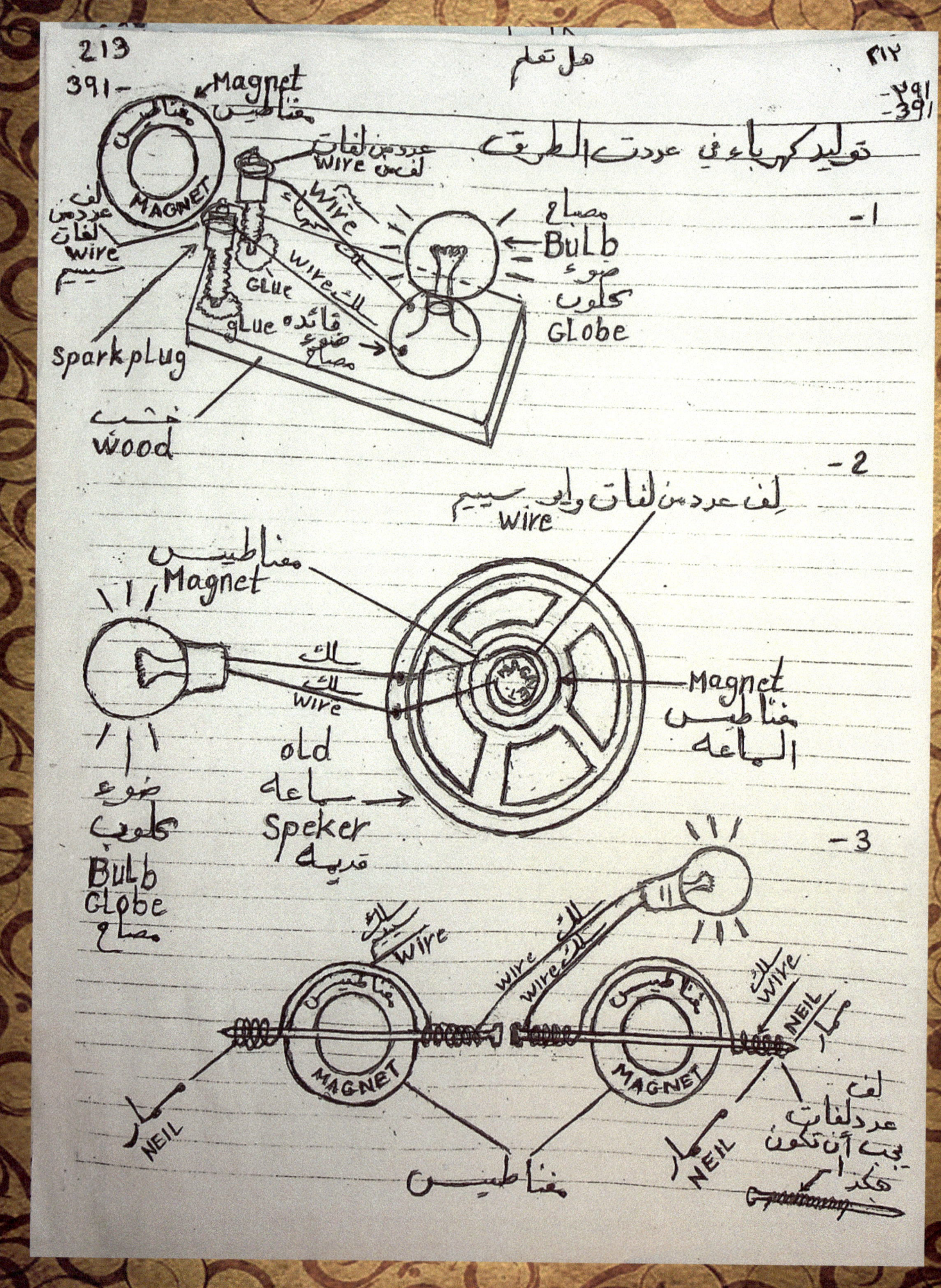

هل تعلم

٢٩١ - 391 - تكملة صفحة ٢١٣ page 213 رقم ٢٩١ 391 ✱

توليد كهرباء في عدة طرق

4-

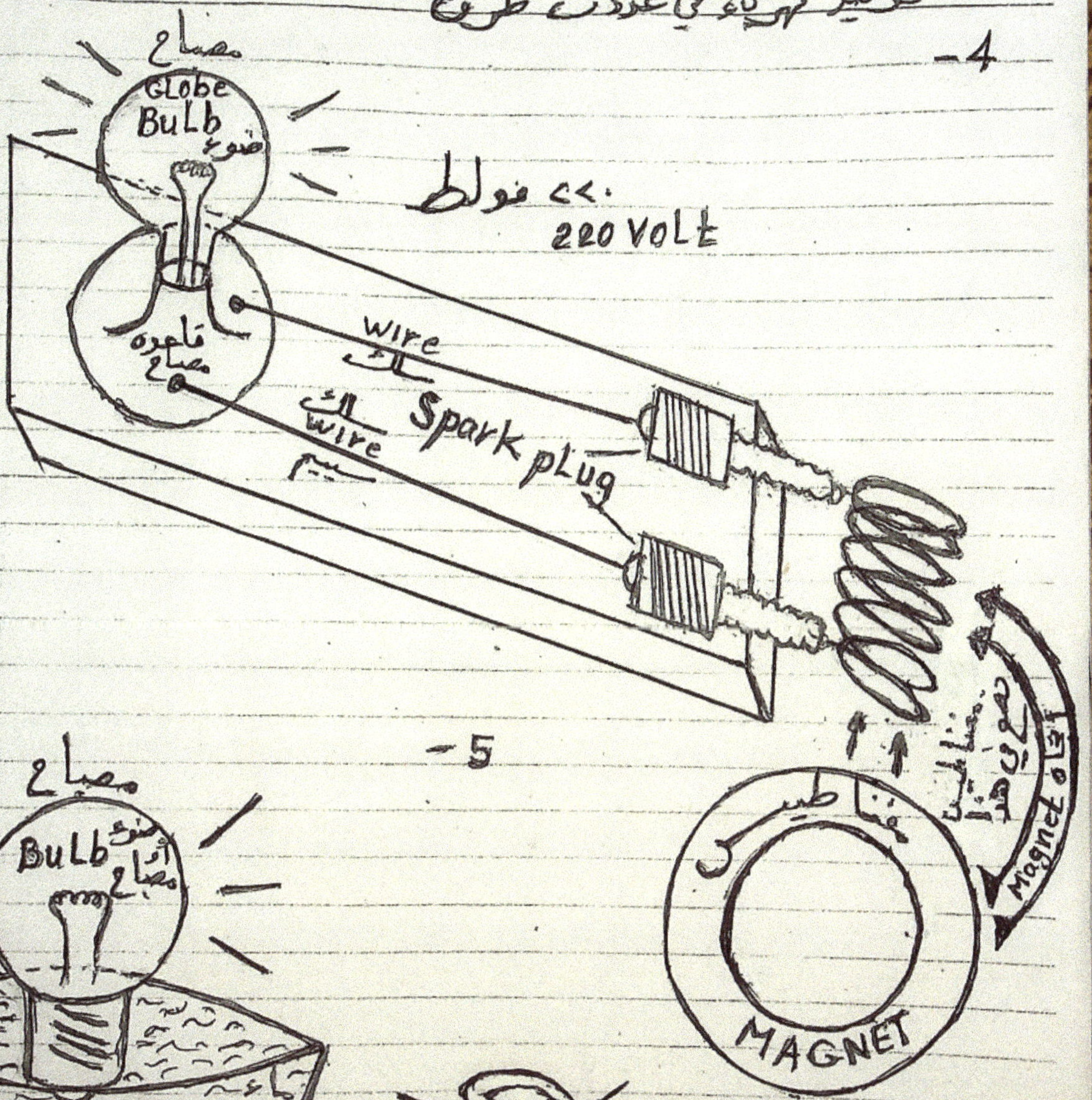

5-

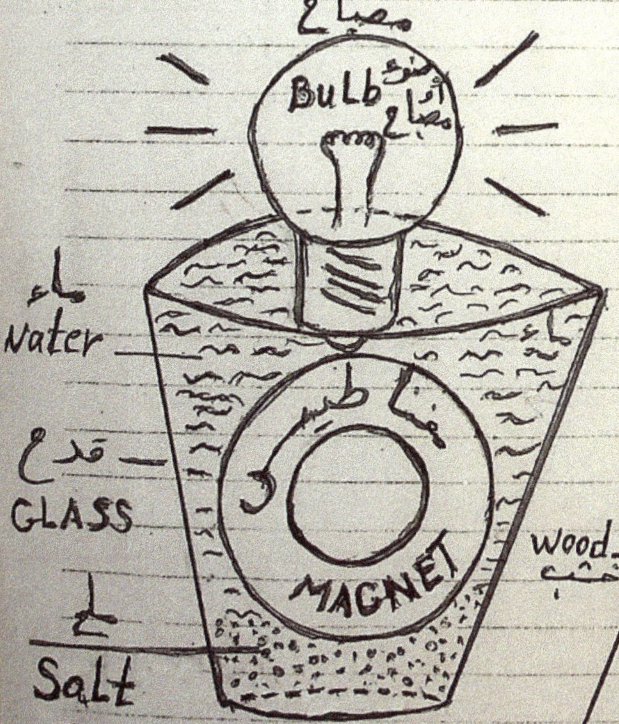

6-

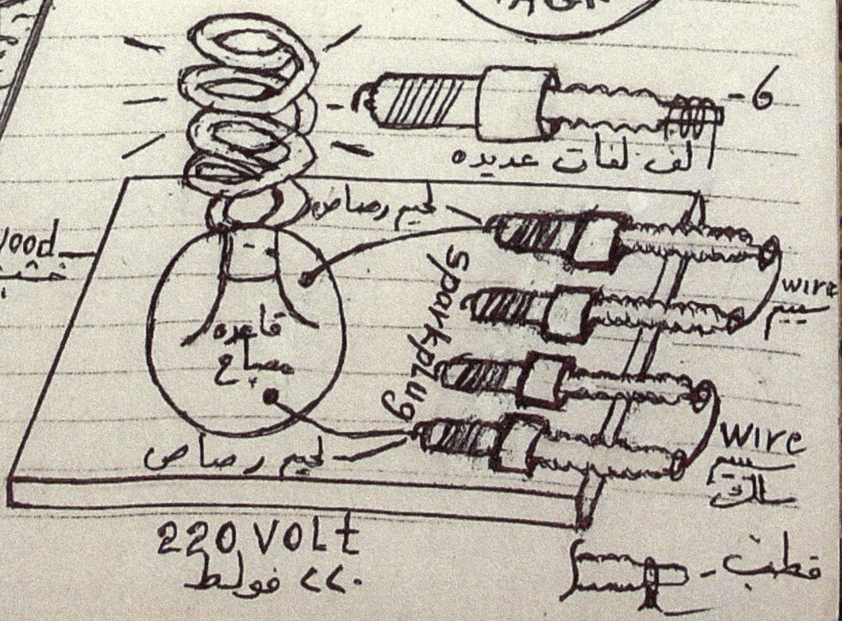

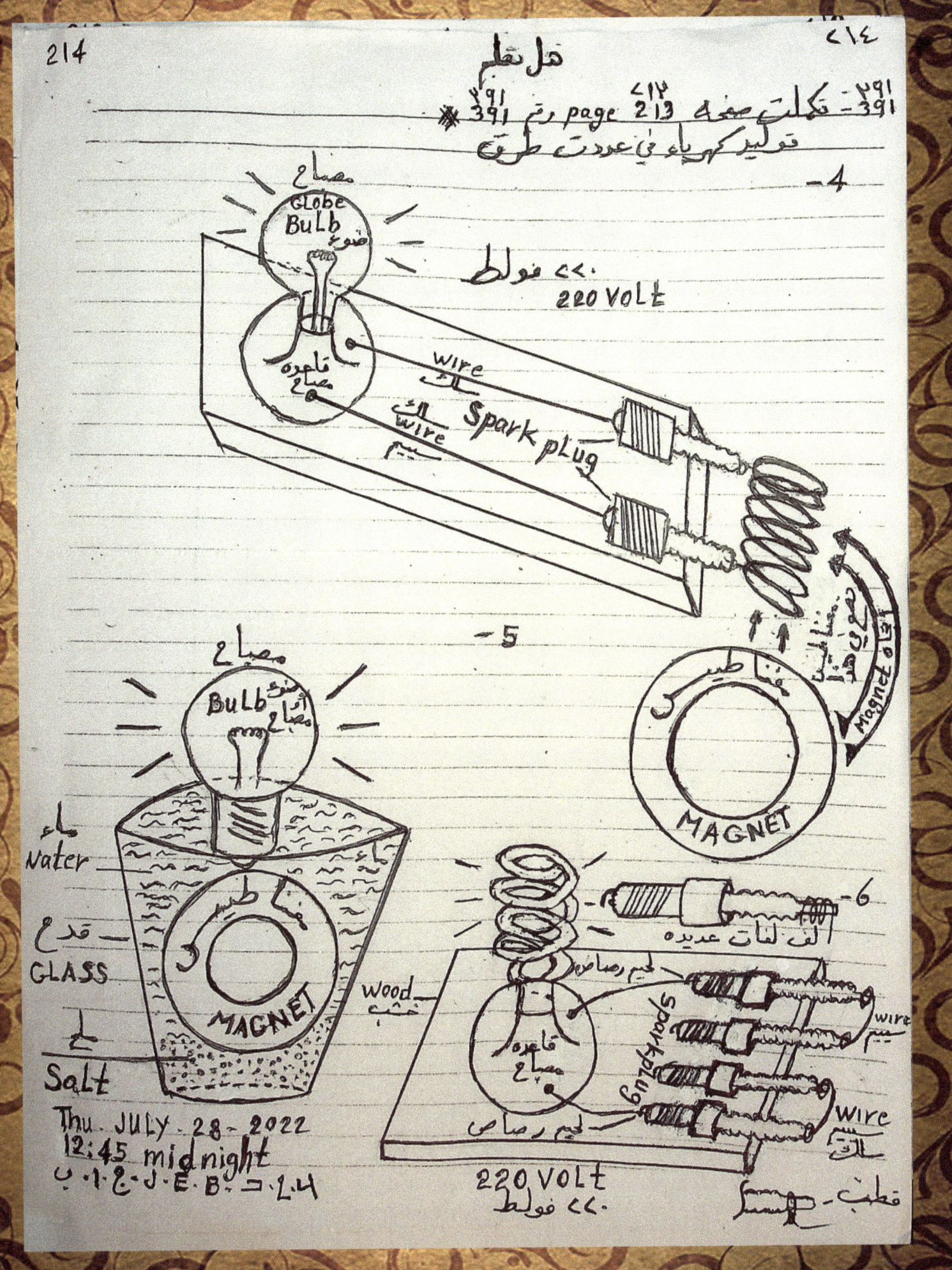

Thu. JULY-28-2022
12:45 midnight

هل تعلم

٣٩١ -
391 - 391..

تكملة صفحة ٢١٤ page 214 رقم ٢٩١ 291 *

توليد كهرباء عدة طرق

-7

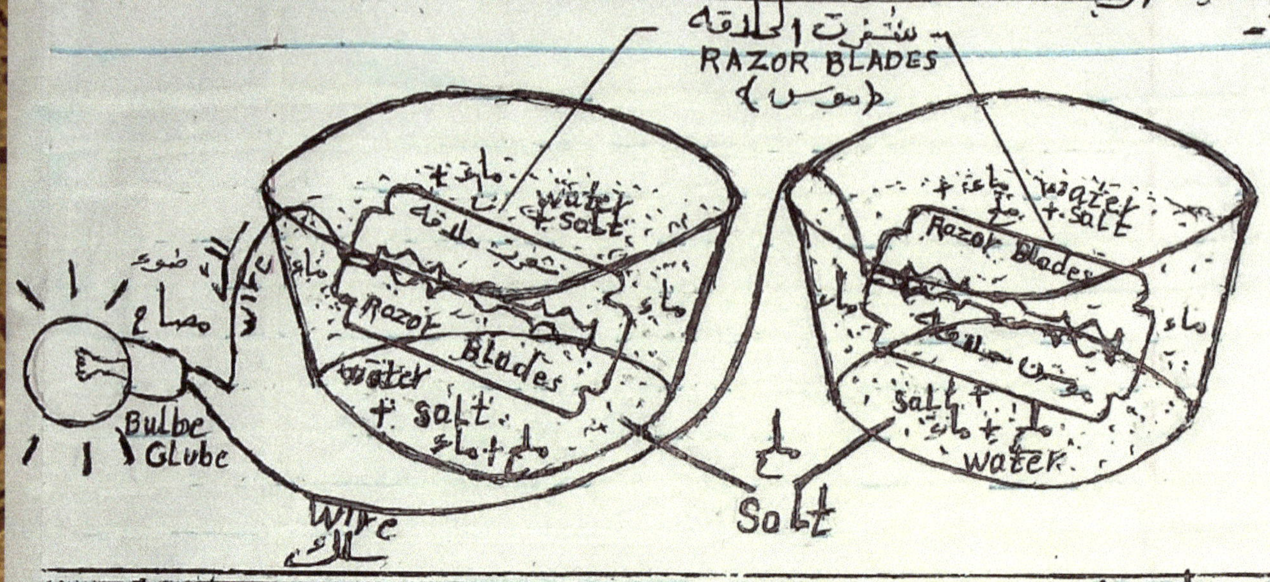

-8 كهرباء مجانيه مدى الحيات تدوم بدون شحن

أبو ديشو للمعلومات العامه . 67k Views published on Jul-12-2022

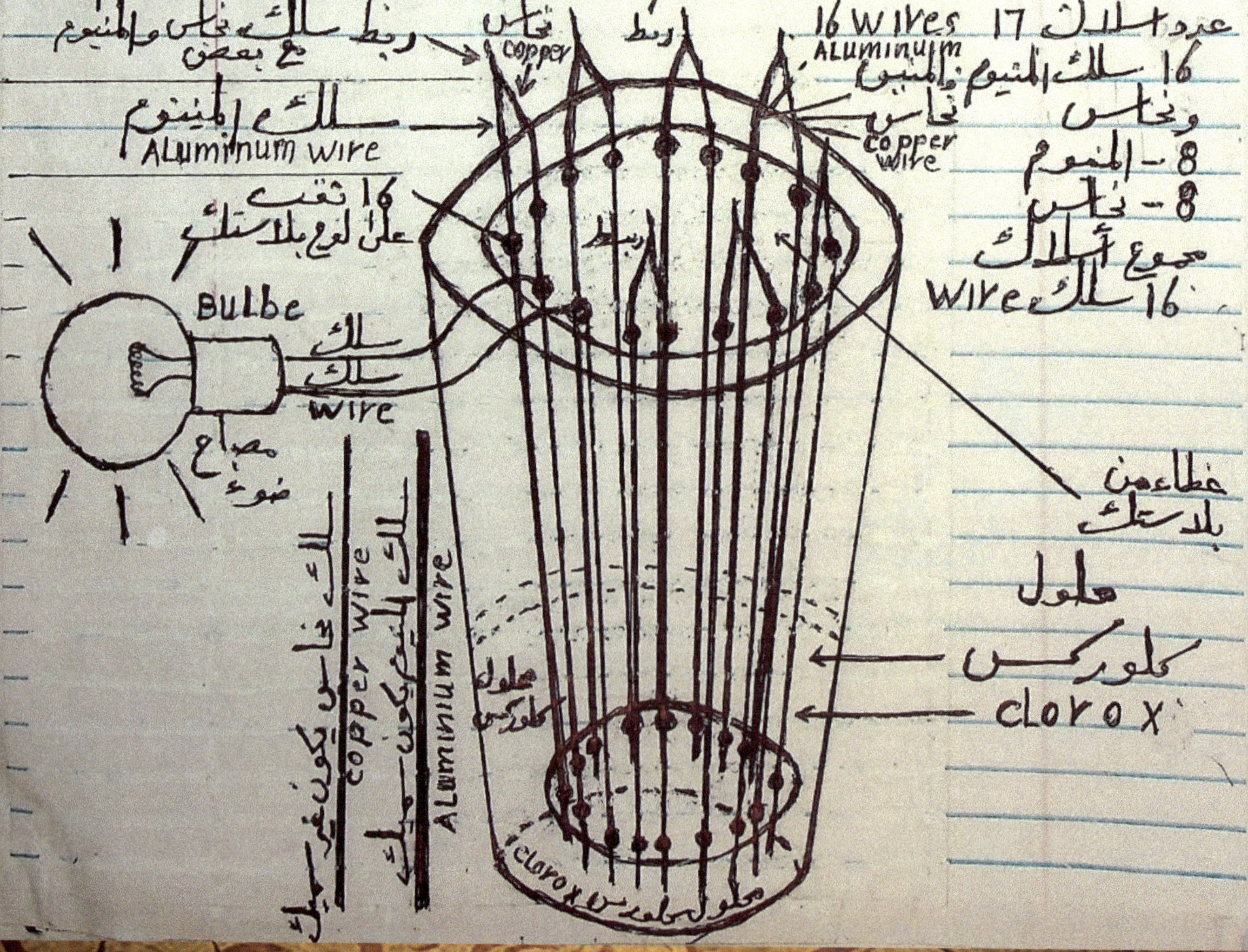

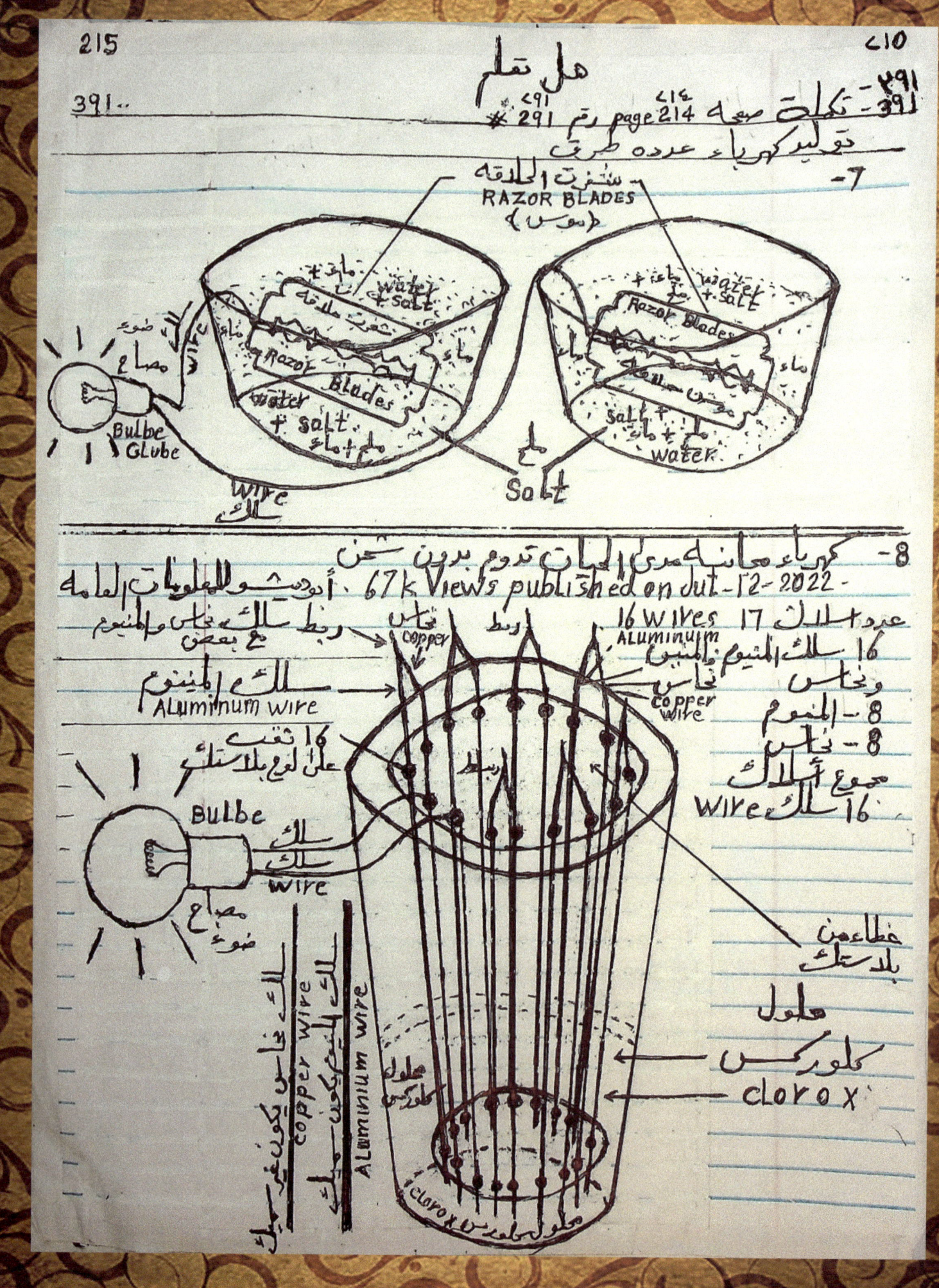

392- ٣٩٢- 392

Sun. July-31-2022

هل تعلم

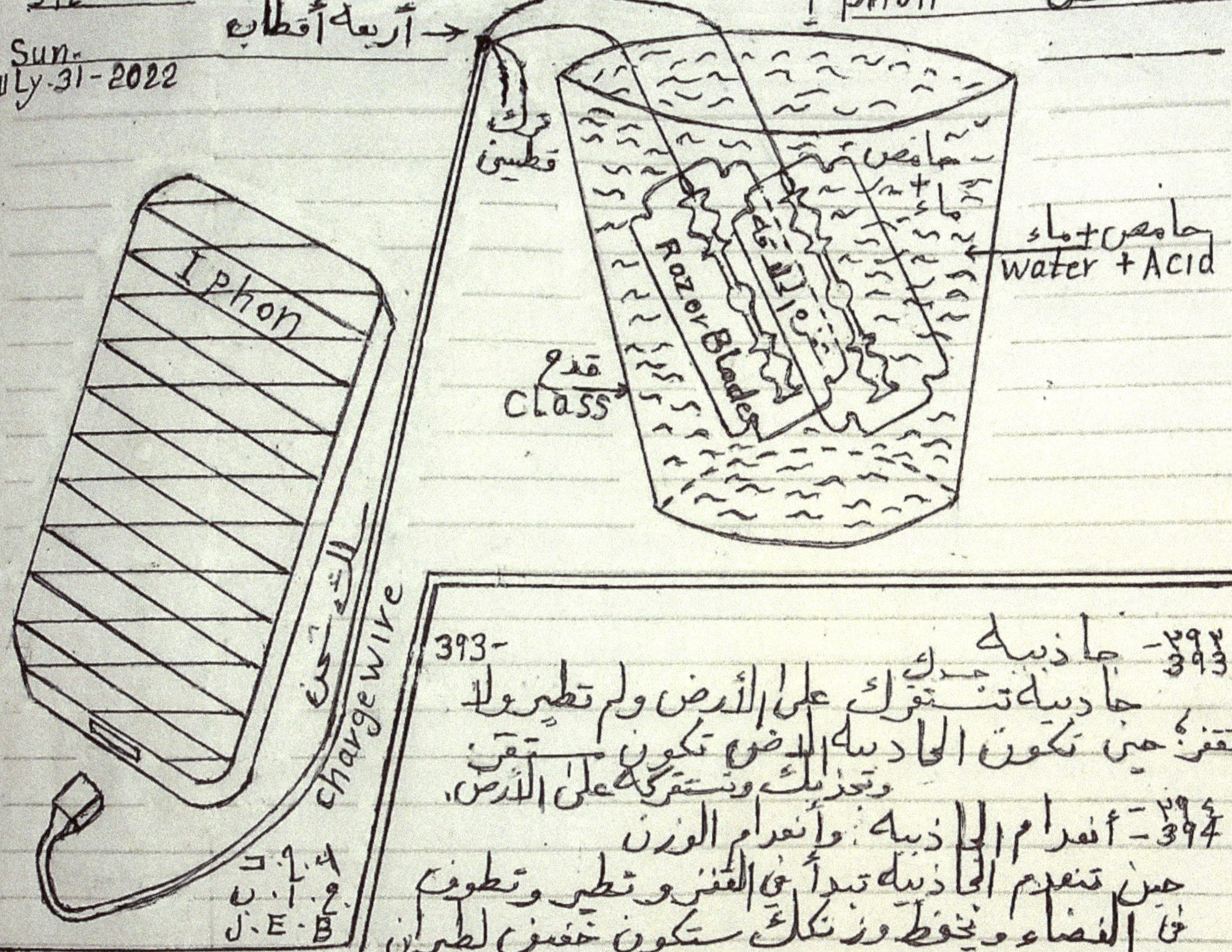

393- ٣٩٣- 393 جاذبيه

جاذبيه تتحرك على الأرض ولم تطير ولا
تقفز حين تكون الجاذبيه الارض تكون مستقر
وتحريك وتستقر على الأرض،

٣٩٤- 394- أنعدام الجاذبيه: وأنعدام الوزن
حين تنعدم الجاذبيه تبدأ في القفز وتطير وتطوف
في الفضاء ويخوط وزنك ستكون خفيف لطيران
وغير مستقر ((أنت))

395- ٣٩٥- 395- الجاذبيه تأثر على طول الأشياء على أنسان والأشجار ونباتات والح

396- ٣٩٦- 396- الماء والجاذبيه. حين أنعدام الجاذبيه يبدأ الماء في الفضاء في طوف ((يطوف))
ويطير على شكل فقعات كبيره
(كالفقاعات)

397- ٣٩٧- 397- الجاذبيه في القمر ½ تبدأ في القفز والماء يبدأ بطير وتخف وزنك
في كثير والماء تبدأ في طيران على شكل فقعات

398- ٣٩٨- 398- عندما تزرع البصل في القمر يبدأ في طولان أي يطول طوله عدد مرات
لان لا يوجد جاذبية قويه كالجاذبيه الارض أي تقصره. البصل،

٣٩٩- 399- الجاذبيه التي تجذب الأجسام حولها كالذره متكونه من النوات
والالكترونات يدور حول نواة كالشمس والكواكب

400- لولا مواد الكيمياويه لما يحصل من التفاعلات الفيزياويه الناتجه من تفاعلات الكيمياويه

٤٠١- 401- لولا عنصرين لما يحدث العمل من تفاعلاتهم

6:26 pm. MON. AUG-1-2022. J.E.B

هل تعلم

402 موقع الجنه ((حسب في أعتقادي مابين النهرين المذكور في التورات)) ٤٠٢ 402

تقع الجنه في وادي الرافدين بين النهرين الدجله والفرات كما مذكوره في عهد القديم التوراه ((oldTestamen · TORH))

403- أول أنسان خلقه الرب ((خالقه)) ٤٠٣ 403

أول أنسان خلقه الرب كان في وادي الرافدين، وحين طرده من الجنه الى طرده سهل الشنعار البابلي في وادي الرافدين، كل ماتي خليقته كان في أراضي عراق الحاليه

404 لغات العالم: ((ظهور أول لغاته)) ٤٠٤ 404

ظهرت كل اللغات العالم الموجوده الان هي بدأه من البابل جنوب العراق في حين ذلك كانت لغه واحده ومن بعضها وبلبلها في مدينة البابل حيث نشأه كل اللغات العالم في مدينة البابل، لبلبة اللغات (بلبلة اللغات) وحين ذلك ظهرت عدد اللغات التي يتحدثون بها جاءت من وادي رافدين في مدينة البابل ((مدينة بابل معناها بلبلة))

405- ظهور الكتابه والقانون ومكتبه ((الواح الطينيه)) ٤٠٥ 405

كلها ظهرت في وادي الرافدين

406- ظهور العجله والعمران والبطاريه ومشروب الكحوليه (البيره) وأول مطبخ في عالم. في وادي الرافدين العراق ٤٠٦ 406

407- كيف تقطع الزجاج بطل: عدة طرق:- كمايلي:- ٤٠٧ 407

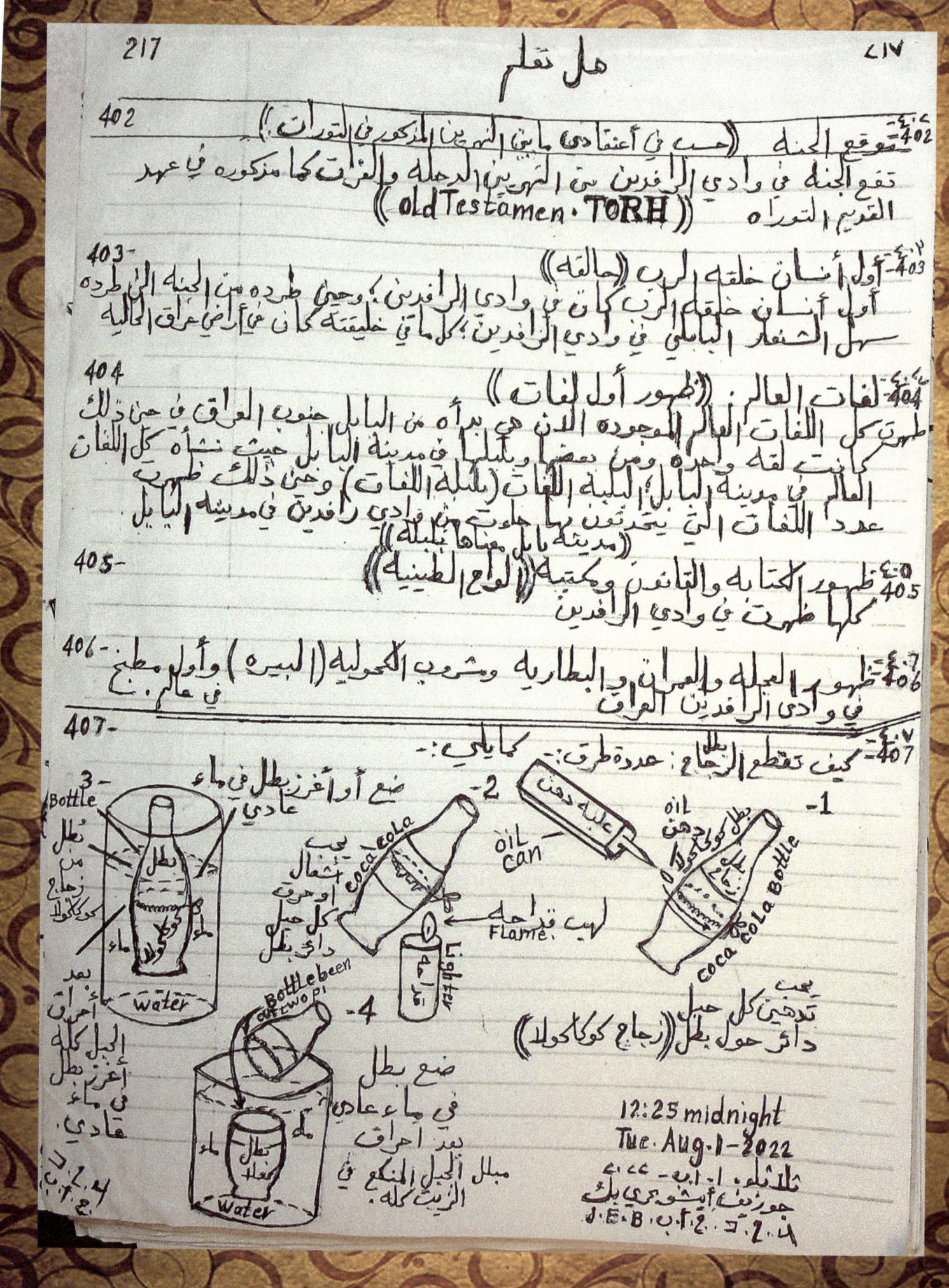

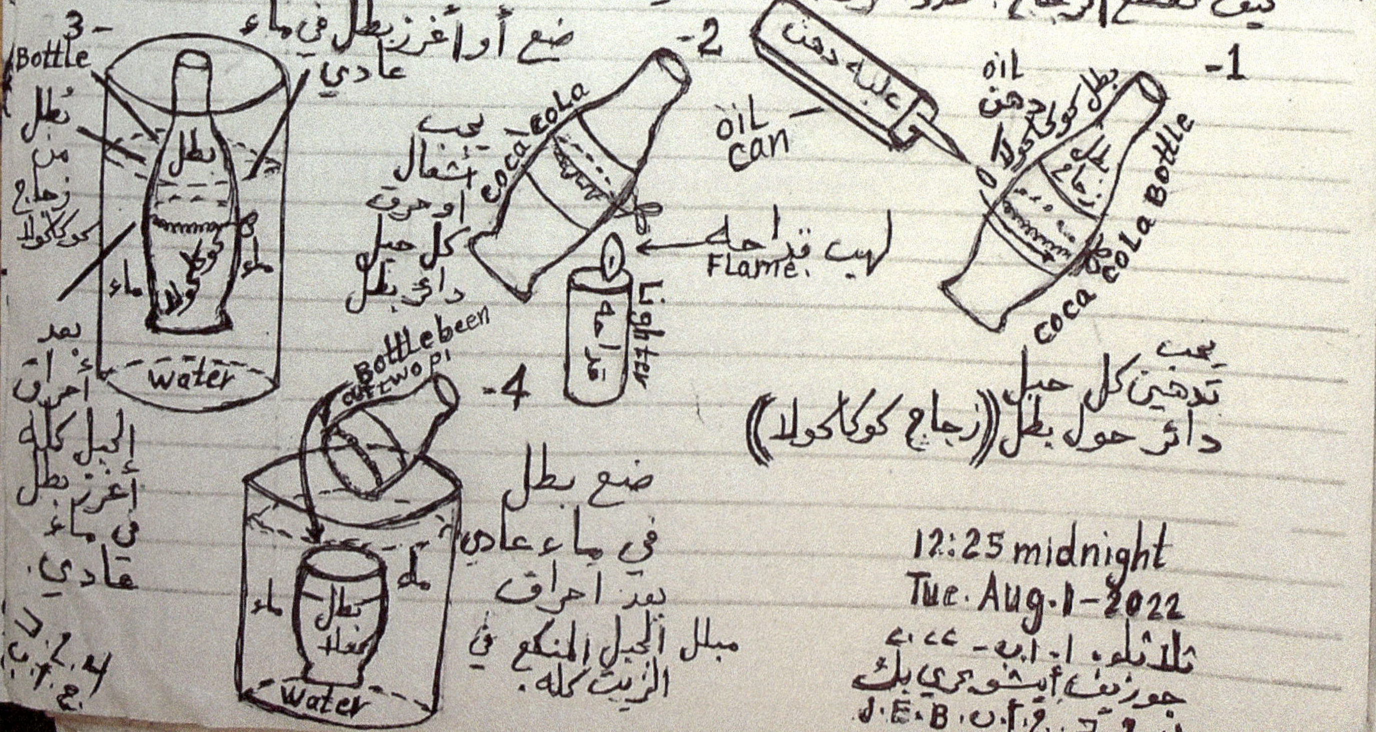

12:25 midnight
Tue. Aug. 1-2022
ثلاثاء ١-آب-٢٠٢٢
جوزيف أيشو بري بك
J·E·B

408- ٤٠٨- طبقات الجو هي
خمسة طبقات وهي:-

١- تروبوسفير.
2- ستراتوسفير.
3- ميزوسفير.
4- فيرموسفير.
5- أكسوسفير.

طبقات خلاف الجوي
طبقات الغلاف الأرضي:-
١- الطبقة الأولى تروبوسفير في هذه الطبقة تتولد أعاصير والعواصف والبرق
2- الطبقة الثانية ستاتسفير: درجة حرارة منخفظة في هذه الطبقة تحتوي على ذرع الأوزون الذي يحمي كوكبنا الأرضي من اشعاعات الشمسية المميتة (المومية)
3- الطبقة ميزوسفير:
4- فيرموسفير:
5- الطبقة أكسوفير: طبقة أكسوفير تفصلنا بين كوكبنا الأرضي وبين الفضاء الخارجي.

409- ٤٠٩- بعد القمر عن الارض 384 ألف كيلومتر 238 الف ميل.

410- ٤١٠- الله خلق نظامنا الشمسي كالنظام الذرة، التي تتكون من نواة نواة تتكون من بروتون ونيترون والكترون يدور حول النواة، الله خلق نظامنا الشمسي هكذا الكواكب تدور حول الشمس تشبه الكترون والشمس النواة تتكون من غازات مشتعلة المتوهجة بالغازها يدروجين النيتروجين وغازات أخرى، هكذا الله خلق هذ نظامنا الشمسي كالذرة. أمين
2:21 pm. Thu. AUG-4-2022. J.E.B. ب.أ.ع. د.ل.ه.

411- ٤١١- لا شئ يأتي من في صدفة أذا لم يكون دافعة أو ورائه، لم يأتي أي شئ أذا لم يكون عنصرين كي يولد الشئ له من وجود. هو الله من وراء كل شئ. أمين.
2:23 pm. Thu-Aug-4-2022. ب.أ.ع. د.ل.ه.

412- ٤١٢- الله جل جلاله ليس له أي مقاييس أو التقويم ولا أيام في عرشه أي نوع لا يملك ليلة الليل والنهار أو عدد أيام وأنما يوم بالنسبة الله ١٠٠٠ سنة = ٦٠٠٠ في خلقه. محمد نحن من عمله علا الله خلق أرض والسموات في ٦ أيام في نسبة الله

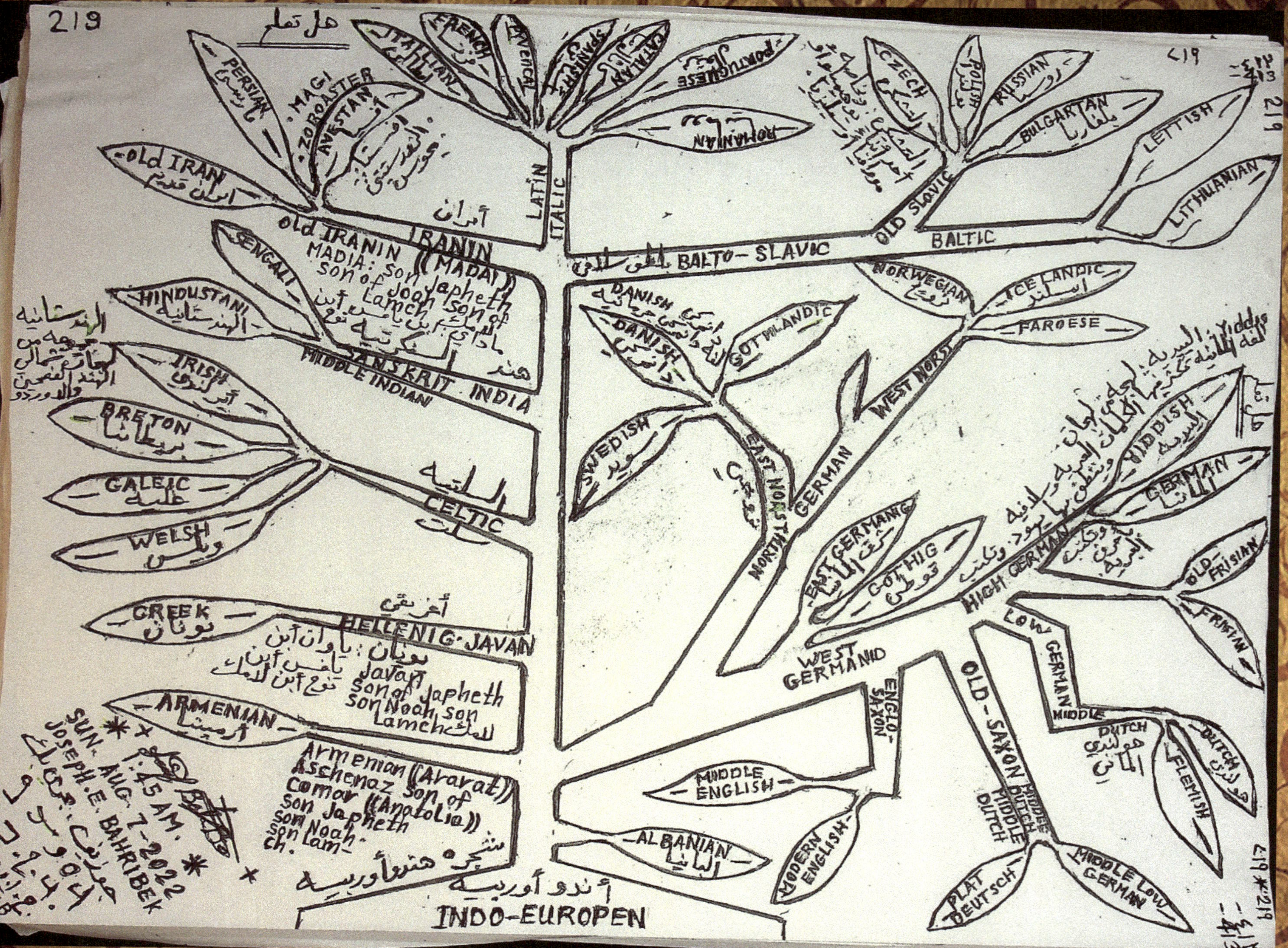

219
INDO-EUROPEN
BALTO-SLAVIC
BALTIC
LITHUANIAN
LETTISH
OLD SLAVIC
BULGARTAN
RUSSIAN
POLISH
CZECH
ITALIC
LATIN
ROMANIAN
PORTUGUESE
CATALAN
SPANISH
FRENCH
ITALLIAN
NORTH GERMAN
EAST NORS
WEST NORS
NORWEGIAN
ICE LANDIC
FAROESE
GOTLANDIC
DANISH
SWEDISH
WEST GERMANID
HIGH GERMAN
GERMAN
YIDDISH
EAST GERMANIC
GOTHIG
LOW GERMAN
OLD FRISIAN
FRISIAN
DUTCH
FLEMISH
MIDDLE DUTCH
MIDDLE LOW GERMAN
OLD-SAXON
PLAT DEUTSCH
ENGLO-SAXON
MODERN ENGLISH
MIDDLE ENGLISH
ALBANIAN
IRANIN
Old IRANIN ((MADAI))
MADIA: Son of Japheth Son of Nooh Son of Lamch
ZOROASTER
AVESTAN
MAGI
PERSIAN
OLD IRAN
SANSKRIT INDIA
MIDDLE INDIAN
BENGALI
HINDUSTANI
CELTIC
IRISH
BRETON
GALEIC
WELSH
HELLENIG JAVAN
Javan Son of Japheth Son Noah Son Lamech
GREEK
Armenian ((Ararat)) Aschenaz Son of Comar ((Anatolia)) Son Japheth Son Noah Son Lam-ch.
ARMENIAN
1:45 AM.
SUN. AUG. 7-2022
JOSEPH E. BAHRIBEK
J.B.

هل تعرف

1:25 pm Sat. AUG. 6 - 2022. J.E.B. 414-9 ج.٤.٩ ب.٢.٠

هل تريد تعرف سلف من أين جائوا ٤١٤ - 414 -

هل تريد أن تعرف أصل سلف من أين ومن أين أتيت ؟

فرعون pharoah:- مصري
1- phetrus
2- Mesraium مصرايم

روماني أيطالي Roman:- ((Italic))
1- Roman
2- Italion
3- French
4- provencal
5- spanis
6- catalonia
7- portugese

أغريقي يوناني Greek:- ((Javan))
1- Ionian
2- Acheans
3- Aetolians
4- Dorians
((Hellenism))

جرماني الماني German:-

السلت cletic:- سلتي:
1- أنكليزي
2- ويلزي
3- أيرلندي

415 ٤١٥ 415

18 طعام يفرز الانسلين طبيعيا"

Red 1- Cabbage - الكرنب لها به حماية من خضروات التي تمنع في أصابة من السرطان ومرض السكر ولها انه تساعد على فرز أنسلين

2- Okra - البامية على أنعقاد مستويات السكر فالبذور التي توجد في بامية بمثابة ألغاز التي تمنع النشأ من تحول إلى كلوكوز فيمكن تنقع البامية في ماء وماء للصباح وشرب الماء في يوم التالي

3 - الكلفة أستعمالها بالمشروب أو أضافها في السلطة

4- Garlic - الثوم (Garlic): يحتوي على مركب يسمى الأليسين الذي يساعد وقاية من سرطان البنكرياس والالتهابات؛ الثوم وتحقق البنكرياس على أنتاج كميات كافية من الانسولين؛ نصيحة تناول 2 أو ثلاثة (3) من فصوص الثوم يوميا

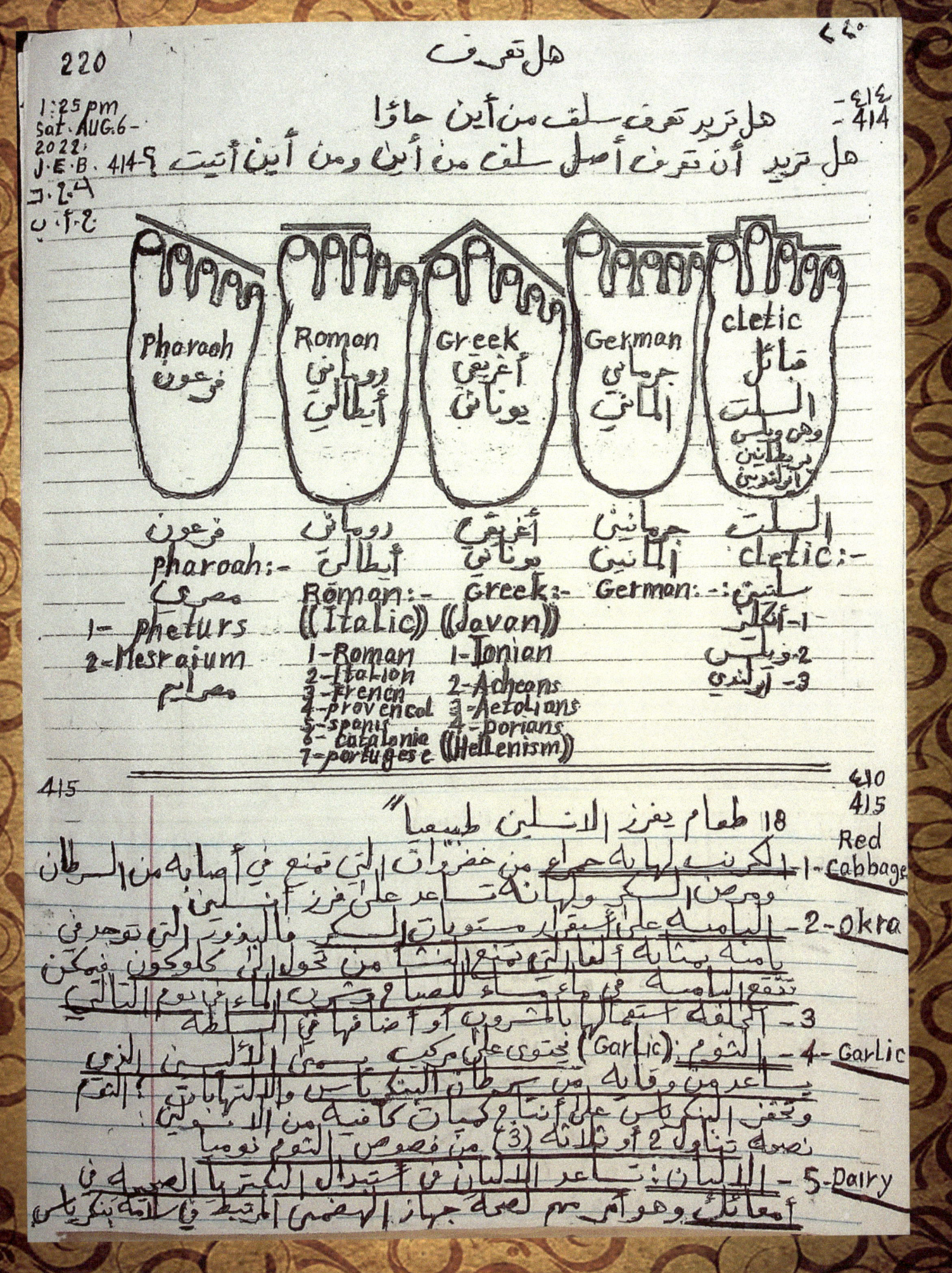

5- Dairy - الالبان: تساعد الالبان في أستبدال البكتريا الصحية في أمعائك وهو أمر مهم لصحة جهاز الهضمي المرتبط في سلامة بنكرياس

416-417 تكملة صفحة 220 p 220 رقم 417 #416 ١٨ طعام يفرز الأنسولين

5- السبانخ (سبيناخ) يحتوي على عامل قوي لمكافحة السرطان
ويبطئ من نمو السرطان في بنكرياس سبناخ سبيناخ
يسيطر على الكلوكوز، نشرت في مجلة الكلية الأمريكية في 2015
يساعد على سيطرة على دهون والكلوكوز — Spinach

6- الكركم نوع من توابل التعبية مفيدة في طهي يومياً لبنكرياس
وهو يمتلك خصائص مكافحة *سرطان، أن الكركم المعروف بالكركمين
قد يكون بديلا للعلاج كيماوي في علاج *سرطان البنكرياس وكذلك
يساعد أن كركمين يساعد في وقاية وعلاج السكري، نصيحة
يمكنك إضافة في كوب حليب ملعقة من كركم يومياً مع قليل رش
فلفل أسود — Turmeric

7- التوت الأرضي تناول التوت فهو يحتوي على مركب يدمر خلايا *
*سرطان بنكرياس والرئة والمعدة، ويخفض المرض السكر — Black berry

8- البروكلي والقرنبيط: يحتوي البروكلي على محتويات عالية من كبريت
الذي يساعد على إزالة *السموم من أعضاء الجسم من السرطان
البنكرياس، أشارت دراسة على كفاءة مكونات البروكلي في إدارة
مرض سكر نوع 2 ومضاعفاته ويقلل من كلسترول في دم تناوله
نيئا بدون طهي قد يزيل معظم العناصر غذائية منه — Broccoli

9- البطاطة الحلوة غنية في مركبات بيتا كاروتين مضادة الأكسدة
ويساعد تنظيم خلايا البنكرياس المسؤولة على إنتاج أنسولين واستقرار سكر — Potato

10- عرق السوس مضاد للالتهابات تحدث في بنكرياس، وهضم طعام
عرق السوس تأثير علاجي لمرض السكر بسبب خصائص مضادة
للأكسدة ومضادات الحافظة للسكر نصيحة تناول 2-3 كوب يومياً — Liquorice

11- الجوافة (Guba) تتميز بفوائد مرض السكر مكافحة مرض السكر
ويحتوي نسبة عالية من فيتامين C يمكن يقلل من تلف الخلايا مرتبط بمرض
السكر — Guba

12- الأفوكادو: غذاء نادر لأي جهاز هضمي فهي غنية بالدهون
الأحادية غير مشبعة بطيئة الهضم والتي تحافظ على نسبة سكر
في دم الأفوكادو يمكن أن يساعد على عكس آثار مقاومة
الأنسولين ووقف أي مخاطر ناشئة من مرض السكر — Avocado

13- بذور الكتان: هذه البذور تعالج مرض السكري بثلاثة طرق مختلفة
بذور كتان غنية بالبروتينات والدهون الصحية والألياف ومصدر
للمغنيسيوم فهو معدن هام يساعد خلايا على استخدام الانسولين
واستقلاب الدهون — Cotton seeds

14- زبدة الفول السوداني (الفستق عبيد) أثبتت دراسات حديثة إلى أن
زبدة الفول السوداني يمكنها كبح الشهية للأكل لفترة تصل ساعتين
(2) أطول من وجبات غذائية الحقيقة ذات الكربوهيدرات العالية
المنخفضة الألياف كما تدعم للدهون غير المشبعة الأحادية في زبدة
فول السوداني عملية التمثيل الغذائي — Peanut Butter

15- التفاح: تحتوي التفاحة على نسبة عالية من الألياف (4 غرامات
4 غرامات في التفاحة الواحدة ويسيطر على جوع وبالتالي تحد من
حاجة إلى حقن الأنسولين بين وجبات، يعد التفاح مفيد في مقاومة * — Apple

11- الجوافه (Gua va) تتميز بفوائد مرض السكر مكافحة مرض السكر وتحتوي نسبه عاليه من فيتامين C ، يمكن يقلل من تلف الخلايا مرتبط بمرض السكر. Gub

12- الافوكادو : غذاء نادر لا يمر جهاز هضمي فهي غنيه بالدهون الاحاديه غير مشبعه بطيئة الهضم والتي تحافظ على نسبة السكر في دم الافوكادو ويكن أن تساعد على عكس آثار مقاومة الانسولين ووقف أي مخاطره ناشئه من مرض السكر. Avocado

13- بذور الكتان : هذه البذور تعالج مرض السكري بثلاثة طرق مختلفة بذور كتان غنيه بالبروتينات والدهون الصحية والألياف ومصدر للمغنسيوم فهو معدن هام يساعد خلايا على استخدام الانسولين واستقلاب الدهون. cotton seeds

14- زبدة الفول السوداني (الفستق عبيد) أثبتت دراسات حديثة الى أن زبده الفول السوداني يمكنها كبح الشهيه للاكل لفتره تصل ساعتين (2) اطول من وجبات غذائيه الحفيفه ذات الكربوهيدرات العاليه المنخفضه الألياف كما تدعم الدهون غير المشبعه الاحاديه في زبده فول السوداني عملية التمثيل الغذائي. peanut Butter

15- التفاح : تحتوي التفاحة على نسبه عاليه من الألياف (4 غرامات 4 غرامات في التفاحه الواحده وتسيطر على الجوع وبالتالي تحد من حاجه الى حقن الأنسولين بين وجبات ويعد التفاح مفيد في مقاومة الكلسترول الضار* وتحمي ضد ارتفاع* مستويات السكر في دم وتعتبر تفاحه واحده مع الشوفان والحليب في الصباح ووجبة افطار الأفطار متوازنه. APPLe

16- البيض : البيض يعتبر بروتين البيض غني بالاحماض الامينية والعناصر الغذائية الحيوية اخرى . أن الشخص الذي يتناول البيض لمدة 3 أشهر يتحكم في شهيته أفضل من الشخص الذي لا يتناول البيض كما انه لم تظهر علامات أي مؤشرات على زياده الكلسترول في دم بالنسبه للأشخاص الذين يعانون مرض سكري من نوع (2) ويتناولون البيض ، ويعتقد الناس أن تناول صفار البيض ضار ، ولكن تناول صفار* 1-2 في اليوم لا يضر معظم الناس هذا بالاضافه الى أن البيض يكبح الام الجوع مما يجعله اختيارا" ممتاز للاشخاص الراغبين لمكافحة مرض السكر. Eggs *

17- السمك : سمك تناول حصه واحده من السمك أسبوعيا" يقلل فرصه الاصابه بامراض القلب بنسبه 40 % في مائة حيث يحتوي السمك على دهون صحيه لها تأثير ايجابي على جسم كما أحماض الدهنيه تساعد على تقليل الالتهابات في جسم ، جنبا الى جنب مع أعراض السكري مثل مقاومة الانسولين. Fish

18- حبوب الشعير (Barly Seeds) حبوب الشعير يكن أن يحد من ارتفاع نسبه السكري الى بنسبه 70 % بعد وجبات الطعام كما أنها تتميز بقدره كبيره على ابطاء عملية الهضم بسبب الألياف القابلة للذوبان مما يمنح الجسم طاقه مستمره من الكربوهيدرات أو النشويات ويرى كثيرون من خبراء التغذيه أن حبوب الشعير أفضل من الارز البني من حيث الطاقه المستدامه كما انها تحتوي أيضا" على الكروم والمغنسيوم وفيتامين B1. Barly seeds

10:50 PM · SUN · AUG 7-2022 · J·E·B. ٢٠٢٢-٧ · ب · آ · ب · ا · ع · ج · ٩ · ٨

[illegible]

جوزيف بحر عيك

417 - ٤١٧ - تخلص الدماغ من السموم : ج.أ.ب

١- نوم ٩ ساعات كي دماغ يغسل السموم في الدماغ

٢- أكل الجوز واللوز وكاشو وفستق والبذور النيء (الغير مطبوخ) وبالطبع ازالت الدهون الثقيلة (الحيوانية)

٣- الخضراوات هي المضادات ضد الأكسدة الخضراوات الورقية كالخس والخ وخضراوات صليبية كالسبانخ واللهانة والقرنبيط والبروكلي

٤- شرب الماء والسوائل حوالي 2 لتر في اليوم الى 3 لتر كي يدفق الدم

٥- أخذ فيتامين B2.

٦- الاحماض الدهنية الموجودة في الاسماك والسمك كالسلمون

٧- البرتقال فايتمين (C.٧) يحمي خلايا دم من تلف يساعد على مرض الزهايمر

٨- حبوب يقطين. ٩- أفوكادو. ١٠- البيض. ١١- سمك مع طماطم ومع بصل (جداً جيد). ١٢- شاي الاخضر. ١٣ التوت الارضي

---

418 ٢.١.ب

٤١٨ - 418 - يتكون الدماغ من عدة الأجزاء أهمها الأجزاء الثلاثة الرئيسية هي :

١- الجزء الاكبر يسمى المخ يشكل 85 من وزن الدماغ ، يعتبر المخ الجزء المسؤول عن التفكير كما أنه يتحكم في العضلات الارادية ولا يمكن الانسان أن يتحرك من دونه وينقسم المخ الى قسمين

A - [illegible] الايمن وهو مسؤول عن التفكير المجرد مثل الموسيقى والألوان والأشكال وقسم الثاني الايسر

B - قسم الثاني الايسر المسؤول على الأمور التحليلية مثل الرياضيات والمنطق والكلام أما الجزء الثاني من الدماغ هو

2- الجزء الثاني (القسم الثاني) من الدماغ من أجزاء الدماغ هو

2- المخيخ والذي يقع تحت الدماغ في الجزء الخلفي منه وهو الجزء مسؤول تحكم من التوازن والحركة والتنسيق بين عضلات الجسم

3- الجزء الثالث من الدماغ هو جذع الدماغ يقع أسفل وأمام المخيخ وهو يربط الدماغ بالحبل الشوكي ومسؤول عن عضلات لا ارادية مثل عضلات القلب والمعدة وجميع وظائف التي يحتاجها الجسم للبقاء على الحياة كالتنفس الهواء وهضم الطعام وسعال والتقيؤ وحدوث النوم والاستيقاظ من النوم.

الأجزاء الرئيسية

١- الجزء الأكبر يسمى الدماغ المخ يسمى المخ وينقسم المخ الى قسمين A- الايمن. B- أيسر.

2- المخيخ.

3- جذع الدماغ.

Wed. Aug. 10-2022 - ٢٢.١٠ - الاربعاء. آب. ١٠ - ٢٠٢٢

جوزيف ايشو ميخائيل. ب.ج.٢.ج.ب

J.E.B.. [illegible]

هل تعلم

٤١٩ - عشبه الاكليل الجبل ،
419 - عشبه الاكليل ((Rosemary)) ينشط الذاكره ((Memory)) - 419

وفوائد الاكليل الجبل (روزميري)

١- ينشط الذاكره
2- لجهاز التنفسي والكحه أو بلغم ((عفواً)). وسعال الديكي كما يدعون على استعماله ، (شي عليان الاكليل الجبل وتتنفس من بخاريه (روزميري)
3- وضع قليل من كميه أكليل الجبل في الشاي وشربه لانه مضاد لجراثيم والبكتيريا في الجسم
4- غرغره الفم للتخلص من التقرحات في الفم
5- عند طهي السمك واللحم ضع من كميه أكليل جبل
6- جيد للشعر
7- يعطي لمعه للشعر
8- جيد لنمو الشعر

Wed. AUG. 10 - 2022 . ب . ١ . ٢ . ج - ٤ . ٨
J.E.B.

---

٤٢٠ - 420 نبته بلاديا هو أسم أسباني أطلقوها على نبته بلاديا نسبتا الى نهر بلاديا ، بلاديا معناها في كلمه اسبانيه النهر + 420 +

* ٤٢١ - 421 بابا الكرسي عوضاً لسيدنا ومخلصنا (Eshoo) ايشو (المسيح) الى حد الآن 112 بابا (pope) من بابا ستيفو الثاني الى بابا الحالي فرنسيس

Wed. Aug. 10 - 2022 , ب . ١ . ٢ . ج . ٤ . ٨
J.E.B

---

٤٢٢ - 422 كيف تفتح القفل مقفول ، بدون مفتاح في عدده لطرق الاتي : - 422

Open the Lock 4 Way

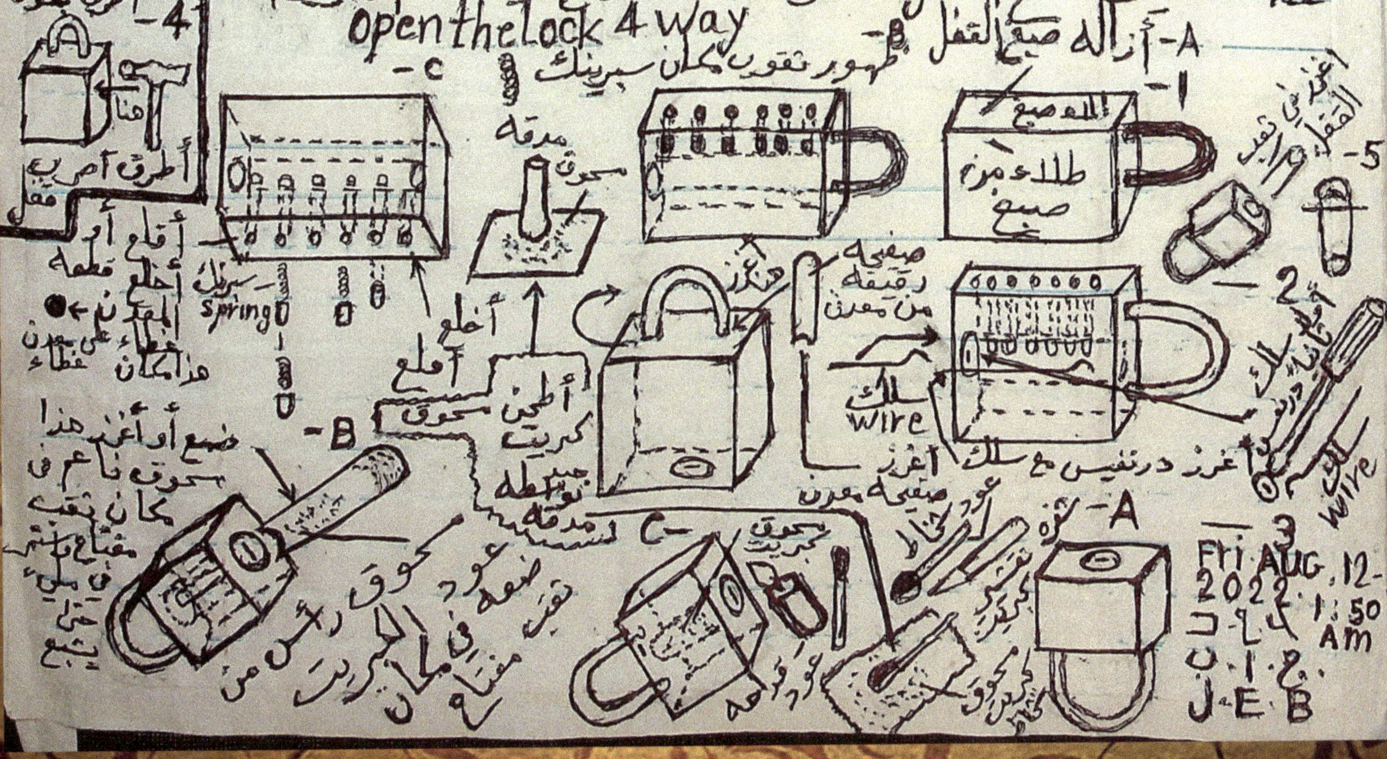

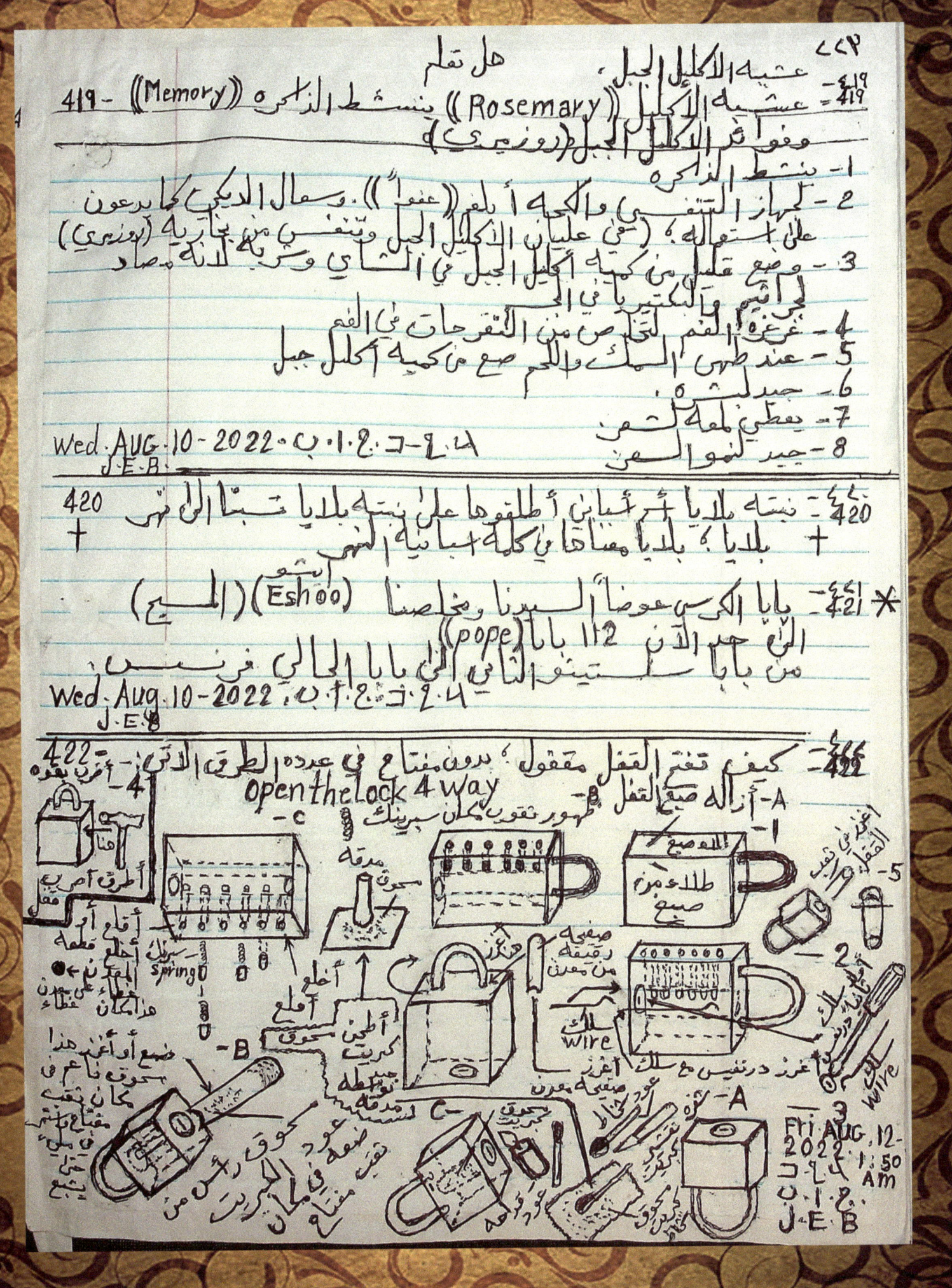

هل تعلم

٤٢٣- 423- أهم عنصر غذائي حديثاً يقوي مناعة ويحارب الشيخوخة 423-
من الأمراض ويطيل العمر

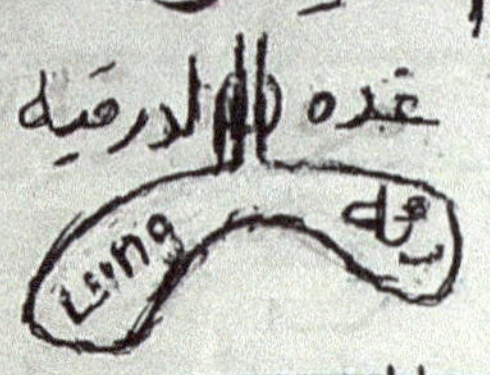

((Se)) Selenium

عنصر السيلينيوم يؤلف دفاعاً قوياً

((Se)) Selenium

معدن السيلينيوم
على أنه ضروري من ناحية لغذائية وبتدو ذلك حين كشف كمية هائلة من أكتشافات العلمية أن معدن سيلينيوم يلعب دوراً حاسماً إلى صحة أنسان تسبب وجود سيلينيوم ٢٤ من بروتينات السيلينية في جميع أنحاء الجسم بأن السيلينيوم له أدوارهم فيما يلي آ- نعرف دفاعاً قوياً ضد تلف الحمض النووي الذي تسبب السرطان ويسهل أزالة السموم الخطيرة في الجسم ويدعم وظيفة موتيك لغدة الدرقية يحافظ على نشاط جهاز المناعي بالأضافة إلى الوظائف الأخرى وهامة الجسم في الواقع تشير دراسات أن نقص السيلينيوم في بلازما الدم في أمراض القلبية والأوعية الدموية وتؤدي في أصابت من أنواع السرطان
والآن ما هو أمر الشائع لدى ما عمر طويلة أفضل الأمثلة على أهمية السلينيوم جاءت على أشخاص من دراسة التي أجريت جريت على أشخاص يعيشون في مناطق في صين الى أنه وجدت في أجسامهم مادة السلينيوم على مستويات عالية

ملاحظة نقص سلينيوم مهم في حدوث أمراض القلب

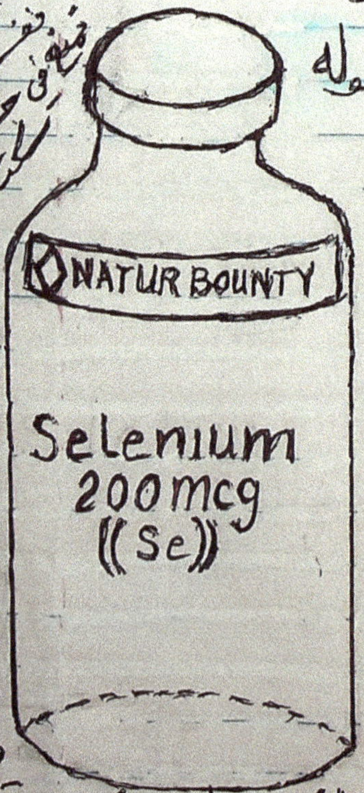

مايكروغرام. مكغم

Se- مادة سلينيوم يحافظ على مناعة جسم من تلف في الدم من سرطان والتهابات وجلطة سكتة قلبية

J.E.B.

كبسوله →

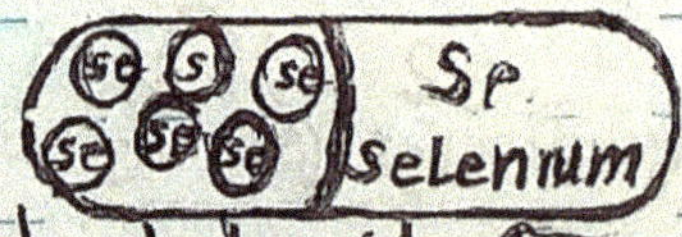

معدن سلينيوم موجود في كما يلي

١- 1- الجوز البرازيلي الأحتياجات اليومية من السلينيوم

٥٤٤ مكغم في أحيانٍ
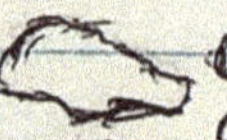

٢- 2- علبة تونا صغيرة تحتوي على ٩٧ مكغم

٣- 3- ٩٠ غم لحم ١٨ مكغم

٤- 4- علبة سردين تحتوي ٤٥ مكغم

الفئة عمرية عمر	مايكروغرام يومياً
أ- من عمر ١٤ سنة فما فوق رجال أو نساء	
١-A- نساء	٥٥ مكغم
ب-B- الحامل	٦٠ مكغم
ج-C- المرضعة	٧٠ مكغم

٢٠٢٢/٨/١٣ ن. ج.
MON. AUG. 13. 2022 J.E.B

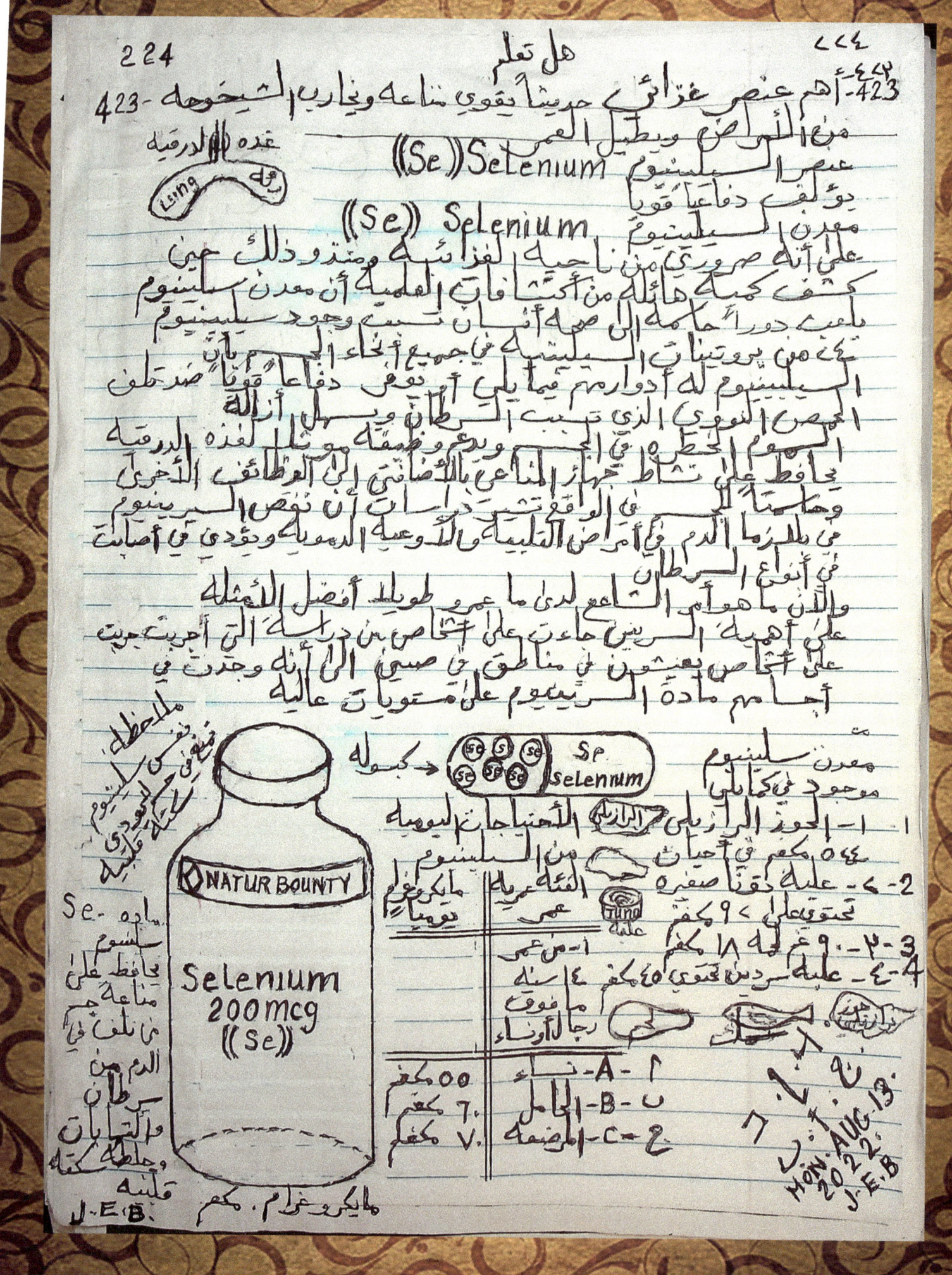

225
424-

هل تعلم

٢٢٥
-٤٢٤
-424

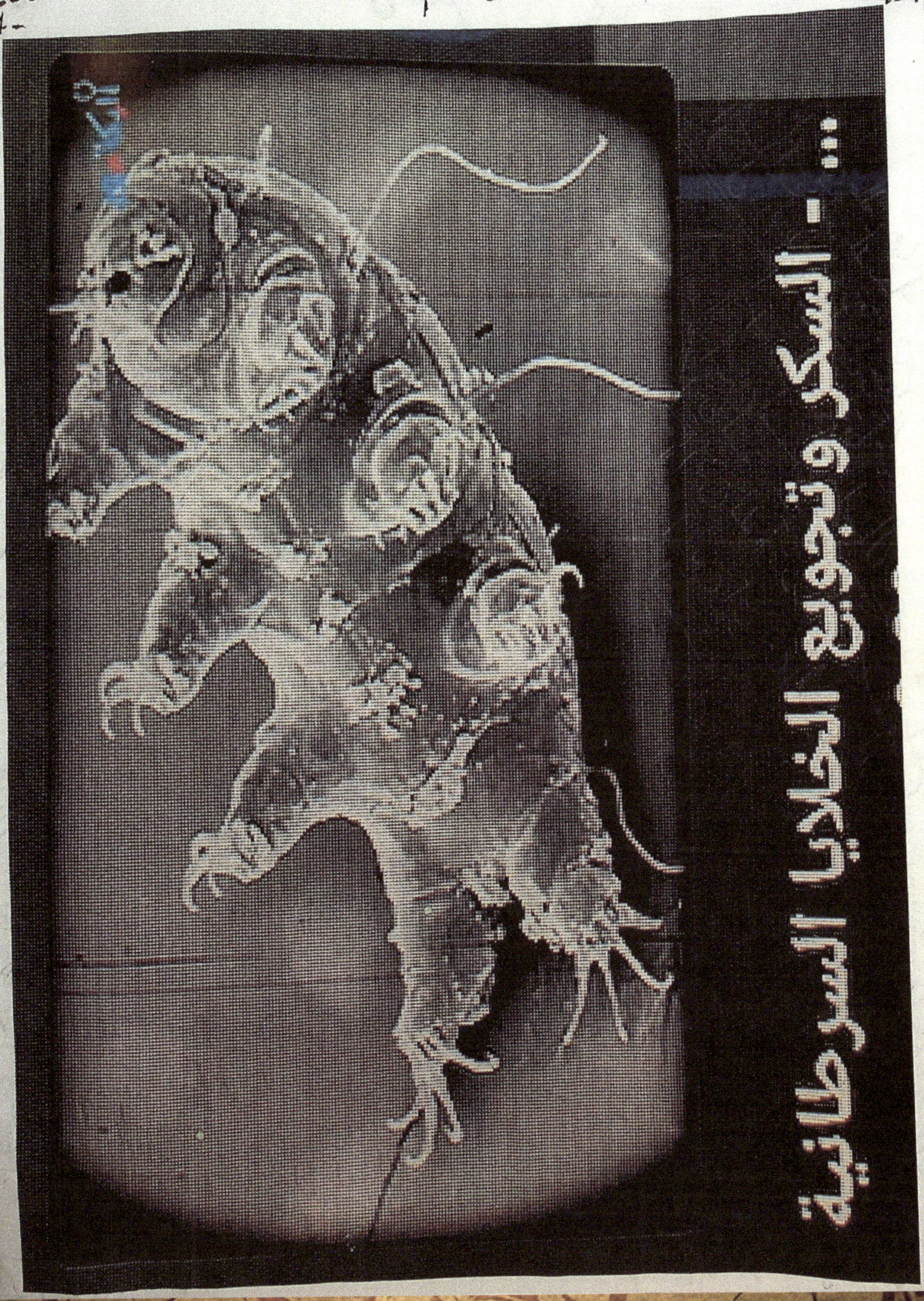

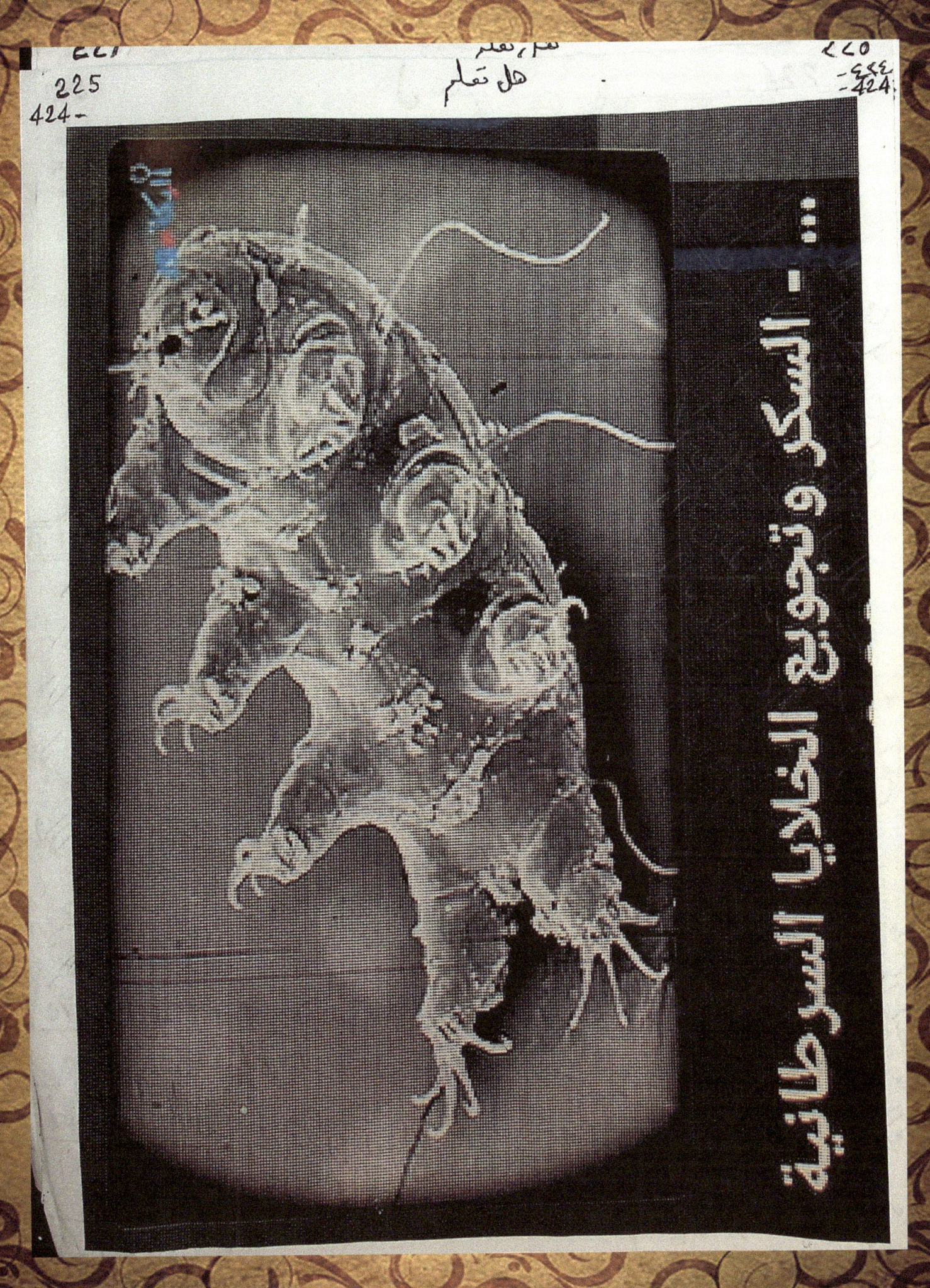

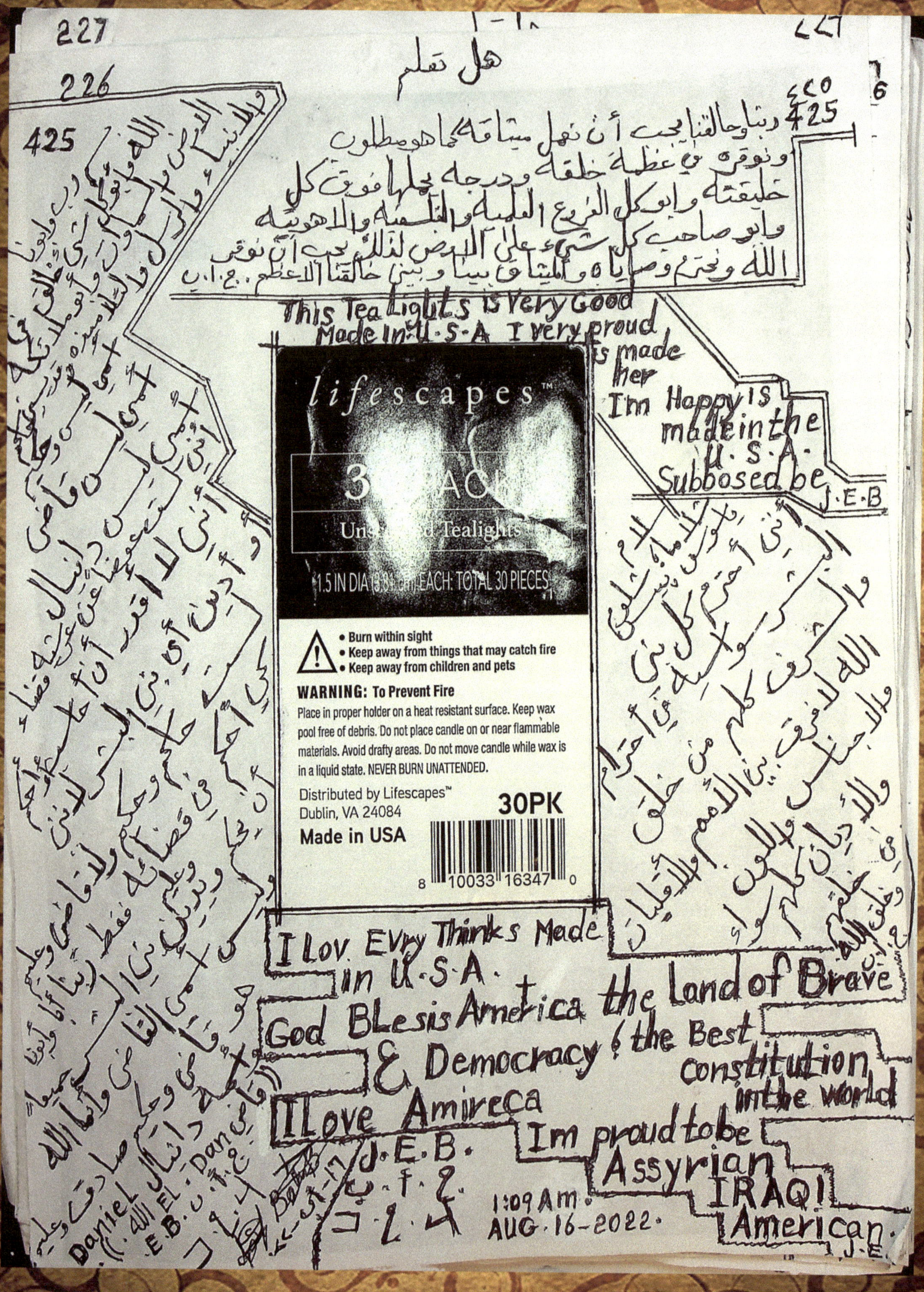

227
226
425
هل تعلم
425
ربنا وخالقنا يجب أن نهل ميثاقه كما هو مطلوب
ونوقر في عظمة خلقه ودرجه يحلها فوق كل
خليقته وابو كل الفروع العلميه والفلسفيه والاهوتيه
وابو صاحب كل شيء على الارض لذلك يجب أن نوقر
الله ونحترم وصاياه والميثاق بيننا وبين خالقنا الاعظم
This Tea Lights is very Good
Made in U.S.A I very proud
its made
her
Im Happy is
made in the
U.S.A.
Subbosed be
J.E.B
lifescapes™
30 PACK
Unscented Tealights
1.5 IN DIA (3.8 cm) EACH: TOTAL 30 PIECES
• Burn within sight
• Keep away from things that may catch fire
• Keep away from children and pets
WARNING: To Prevent Fire
Place in proper holder on a heat resistant surface. Keep wax pool free of debris. Do not place candle on or near flammable materials. Avoid drafty areas. Do not move candle while wax is in a liquid state. NEVER BURN UNATTENDED.
Distributed by Lifescapes™
Dublin, VA 24084
30PK
Made in USA
8 10033 16347 0
I Lov. EVry Thinks Made
in U.S.A.
God BLesis America the land of Brave
& Democracy & the Best
constitution
in the world
I Love Amireca
J.E.B.
Im proud to be
Assyrian
IRAQ!
American
J.E.
1:09 Am.
AUG-16-2022.
Daniel
E.B.

426 الملك الأماغزي ٤٢٦ - 426

أماغيزي حكم الجزائر والمغرب وتربى بحضن القيصر يوبا الثاني
وكليوبترا الحاكمة ملكة فرعونية أماغزية
تزوج ابنة كليوباترا

ملك أماغزي: ابن أحد أعظم ملوك الجزائر تربى في أحضان
قيصر روما حارب به رومان دولته وحكم باسمهم تزوج ابنة
كليوباترا إحدى أعظم ملكات مصر وبنى أضرحها صرحيا
خلد قصة حب فرعونية الأماغزية عظيمة يوبا الثاني
أعظم الملوك النوماديين وباني ضريح حب (حب) ملكي في
يسار ابن الملك تربى في أحضان القيصر انتقاما لم يحصل على
بال أحد تنفذه الرومان بحق يوبا الأول آخر ملوك نوميديا والذي
أذاق الرومان خسارة كبيرة وقف في وجه الرومان وضرب
أعظم أمثلة في الشجاعة حتى حقد الرومان عليه حقدا كبيرا وبعد مقتله
على أثر هزيمته على يد جيش رومان شرقة مدينة بونا والتي تسمى
اليوم عنابة.

427- الذره ATOM الذره ٤٢٧ - 427

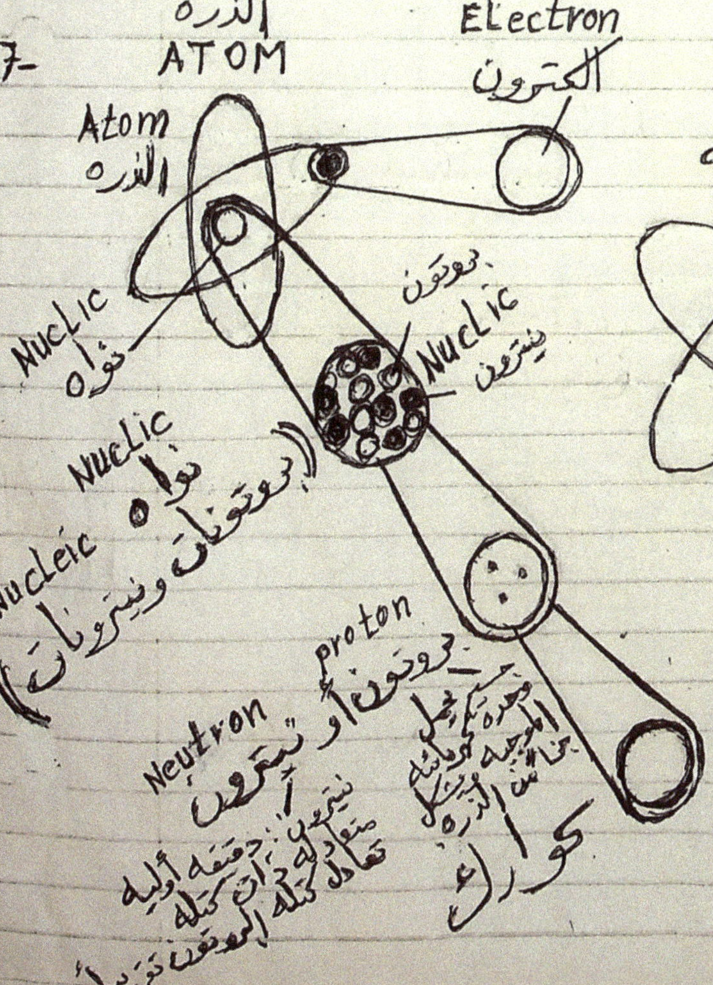

Electron: الكترون الكهرب: شحنة كهربائية سالبة تشكل جزءاً من ذرة.

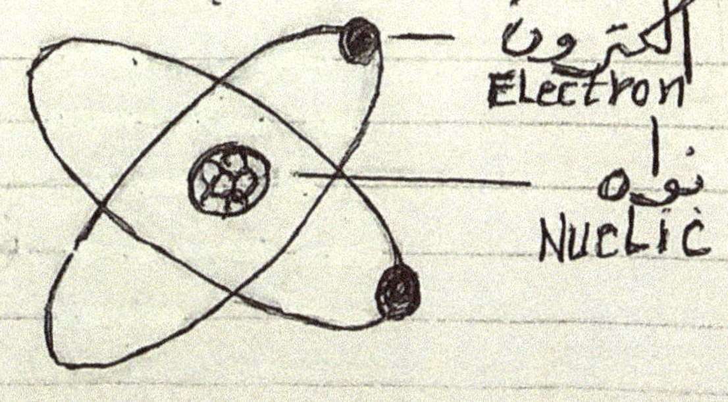

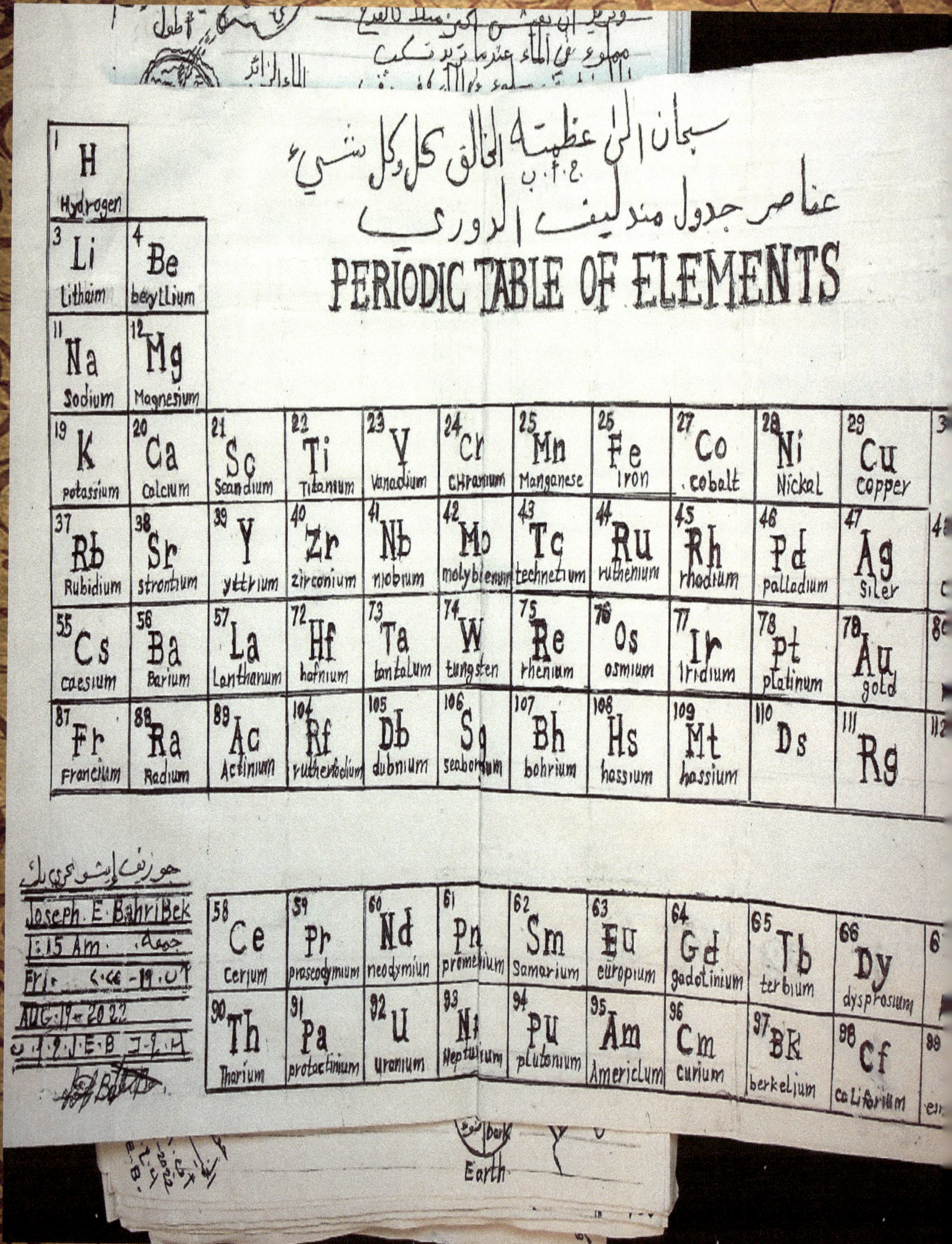

سبحان الي عظمته الخالق كل وكل شي

ب.٢.٢

عناصر جدول مندليف الدوري

PERIODIC TABLE OF ELEMENTS

1 H Hydrogen										
3 Li Litheim	4 Be beryllium									
11 Na Sodium	12 Mg Magnesium									
19 K potassium	20 Ca Calcium	21 Sc Scandium	22 Ti Titanium	23 V Vanadium	24 Cr CHranium	25 Mn Manganese	25 Fe Iron	27 Co cobalt	28 Ni Nickal	29 Cu copper
37 Rb Rubidium	38 Sr strontium	39 Y yttrium	40 Zr zirconium	41 Nb niobium	42 Mo molybienum	43 Tc technetium	44 Ru ruthenium	45 Rh rhodium	46 Pd palladium	47 Ag Siler
55 Cs caesium	56 Ba Barium	57 La Lanthanum	72 Hf hafnium	73 Ta tantalum	74 W tungsten	75 Re rhenium	76 Os osmium	77 Ir Iridium	78 pt platinum	79 Au gold
87 Fr Francium	88 Ra Radium	89 Ac Actinium	104 Rf rutherfodium	105 Db dubnium	106 Sg seaborgium	107 Bh bohrium	108 Hs hassium	109 Mt hassium	110 Ds	111 Rg

جوزيف إيشو بحري بك

Joseph. E. BahriBek

1:15 Am. جمعة

Fri. ٢٠٢٢-١٩-٠٨

AUG.19-2022

J.E.B

58 Ce Cerium	59 Pr prascodymium	60 Nd neodymiun	61 Pm promethium	62 Sm Samarium	63 Eu europium	64 Gd gadolinium	65 Tb terbium	66 Dy dysprosium
90 Th Tharium	91 Pa protactinium	92 U uranium	93 Np Neptunium	94 Pu plutonium	95 Am Americium	96 Cm curium	97 Bk berkelium	98 Cf califorium

Earth

هل تعلم

النموذج القياسي للجسيمات الأولية

ثلاثة أجيال من المادة (الفيرميونات)

الكتلة / الشحنة / الدوران	1	2	3		
الكواركات	=2.4 MeV/c2, 2/3, 1/2, u العلوي	=1.275 GeV/c2, 2/3, 1/2, c الساحر	=172.44 GeV/c2, 2/3, 1/2, t القمي	0, 0, 1, g غلوون	=125.09 GeV/c2, 0, 0, H هيغز
الكواركات	=4.8 MeV/c2, -1/3, 1/2, d السفلي	=ASSMeV/c2, -1/3, 1/2, S الغريب	=4.18 GeV, -1/3, 1/2, b القعري	0, 0, 1, Y فوتون	
اللبتونات	=0.511 MeV/c2, -1, 1/2, e الكترون	=105.67 MeV/c2, -1, 1/2, M ميون	=1.7768 GeV/c2, -1, 1/2, T تاو	=91.19 GeV/c2, 0, 1, Z بوزونات	
اللبتونات	=2.2 eV/c2, 0, 1/2, نيوترينو الكترون	=1.7 MeV/c2, 0, 1/2, نيوترينو ميوون	=15.5 MeV/c2, 0, 1/2, نيوترينو تاو	=80.39 GeV/c2, ±1, 1, W بوزونات ضعيفة	

البوزونات العيارية

جدول عناصر كيماوية المندليف الدوري
- PERIODIC Mendev TABLE OF ELEMENTS -

429 ٤٢٩

				2 He
6 C carbon	7 N Nitrogen	8 O oxygen	9 F Fluorine	10 Ne Neon
14 Si silcon	15 P Phospharis	16 S sulfur	17 Cl chlorine	18 Ar Argon
32 Ge Germanium	33 As Arsenic	34 Se Selenium	35 Br bromine	36 Kr krypton
50 Sn Tin	51 Sb tin	52 Te Tellurium	53 I Iodine	54 Xe xenon
82 Pb Lead	83 Bi bismuth	84 Po Polonium	85 At asatine	86 Rn radon
114 Fl	115 Mc	116 Lv	117 Ts	118 Og

69 Tm Thulium	70 Yb ytterbium	71 Lu Lutetium
101 Md mendelevium	102 No nobelium	103 Lr Lawrencium

Nucleus نواة ذرة
Element عنصر
Atom ذرة
Electron: الكترون
Atom
Element
Proton
Neutron

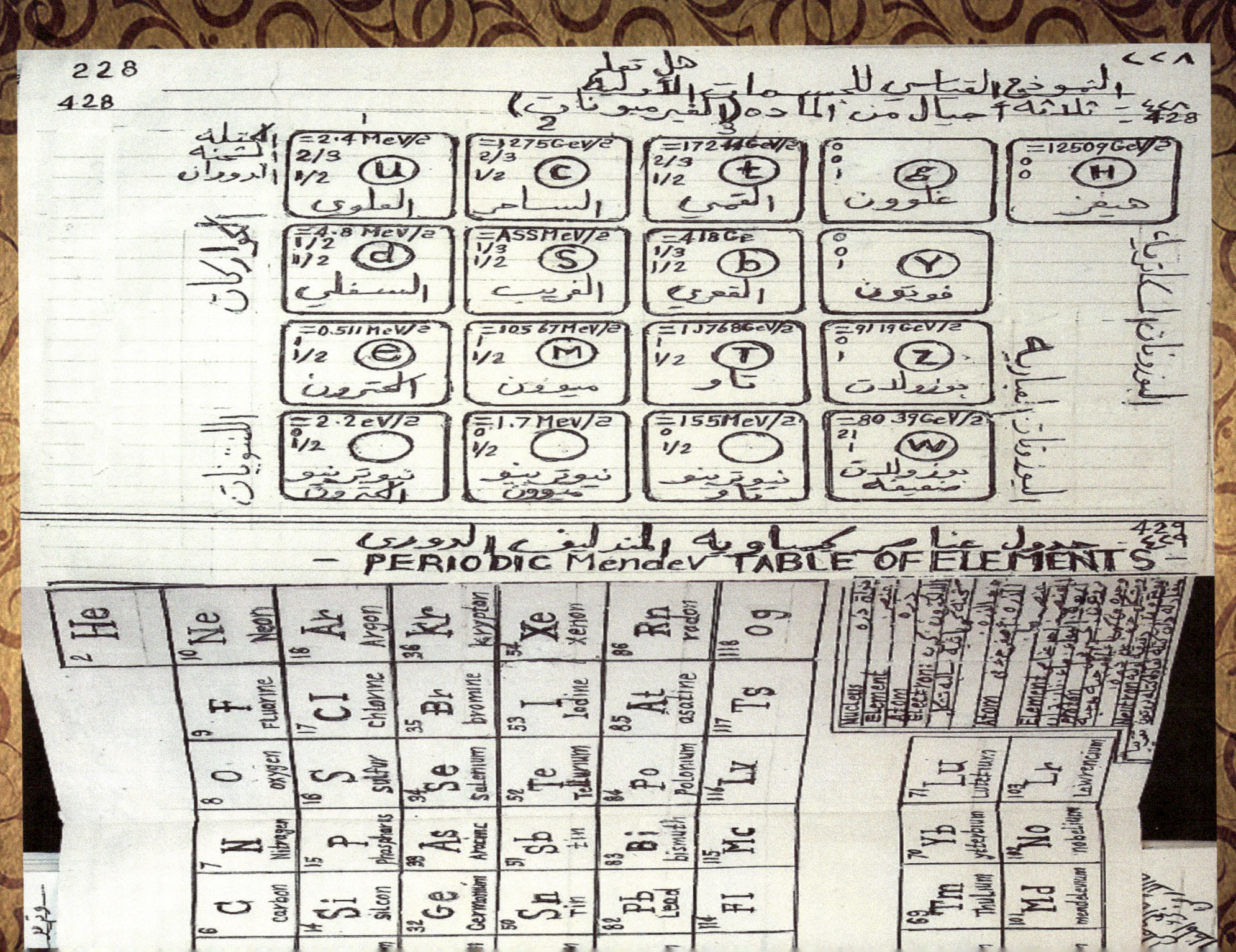

هل تعلم

430 - ٤٣٠ - عمر الطويل

مهما تريد أن يطول عمرك

وتريد أن تعيش أكثر مثلك كالقدح

مملوء من الماء عندما تريد تسكب

الماء منه فهو مملوء من الماء، فسوف

يسكب الماء منه إ معنى ذلك تريد

أن يطول عمرك وفي أخره من حياة

الطويله سوف تموت، فقدح مملوء

بالماء هو الموت وسكب الماء منه هو

حياة طويله فكل كل هذه الحياة طويله

سوف تموت، وسوف لا تقدر أن

تهرب من الموت مادام لعنة الله علينا

في الموت، من أكل الفاكهة من جنة ((الشجرة))

امين

30 -

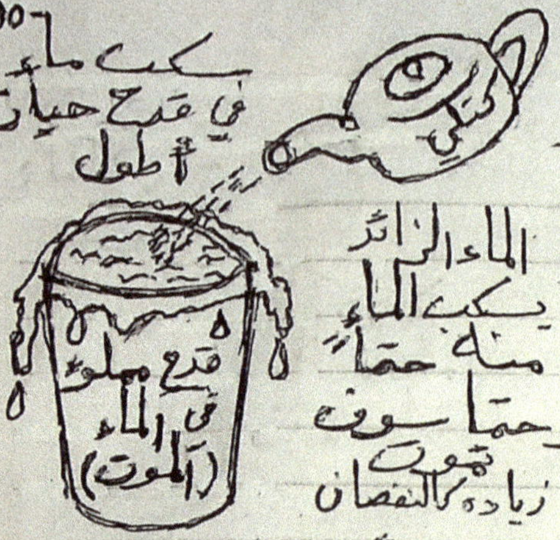

في أخره حتماً ستموت

لا أحد أن نقدر أن نعش

أكثر كما هي مكتوبه عليه

((علينا))

4:40 pm - Wed Aug 17 - 2022. J.E.B - الاربعاء، آب - ١٧ - ٢٠٢٢ ، ٤:٤٠ م . ج.أ.ب

431 - ٤٣١ -

وحده الزمن كما قال أرسطو

وقت هو مقياس تحول أو حركه الزمن هو مقياس لتغير أو حركه

وصول ضوء القمر الى الارض في ثانيه

وثلث ثانيه - 1:3.5

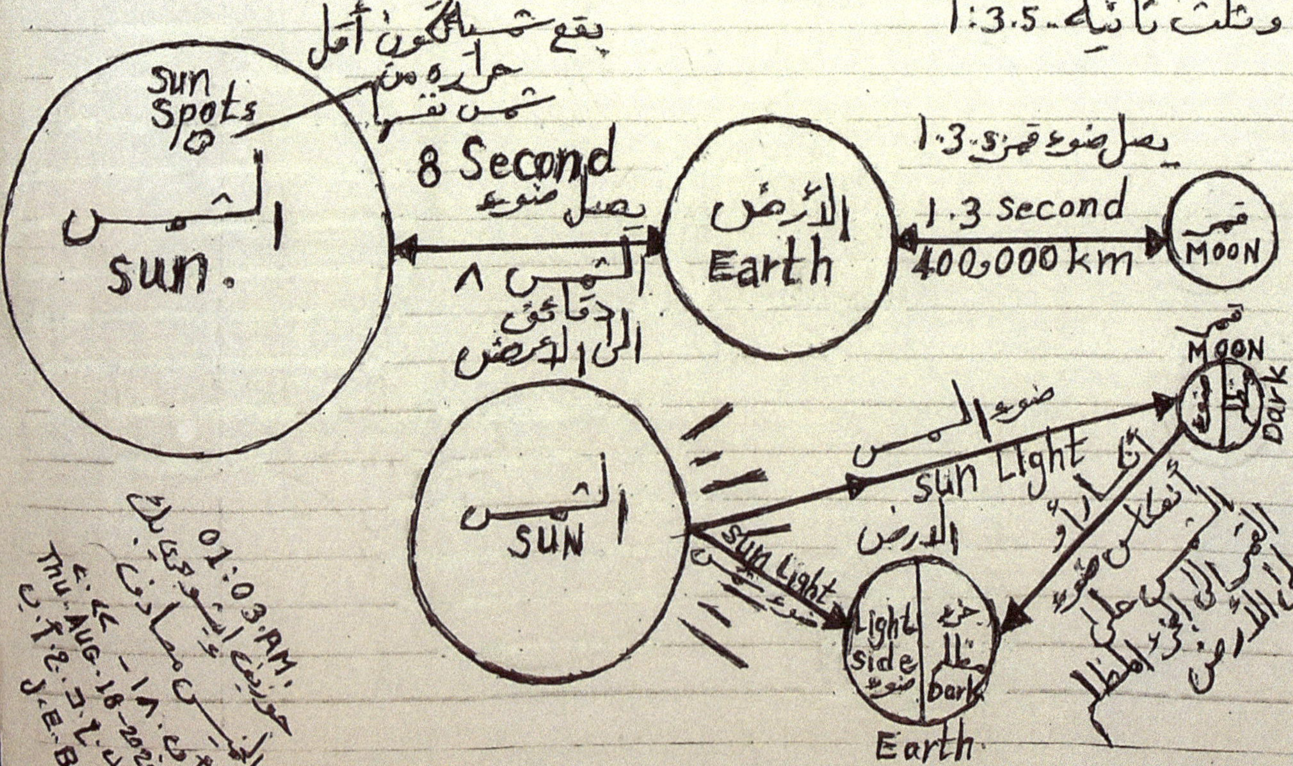

01:03 AM
الخميس ١٨ - آب - ٢٠٢٢
Thu. AUG - 18 - 2022
J.E.B.

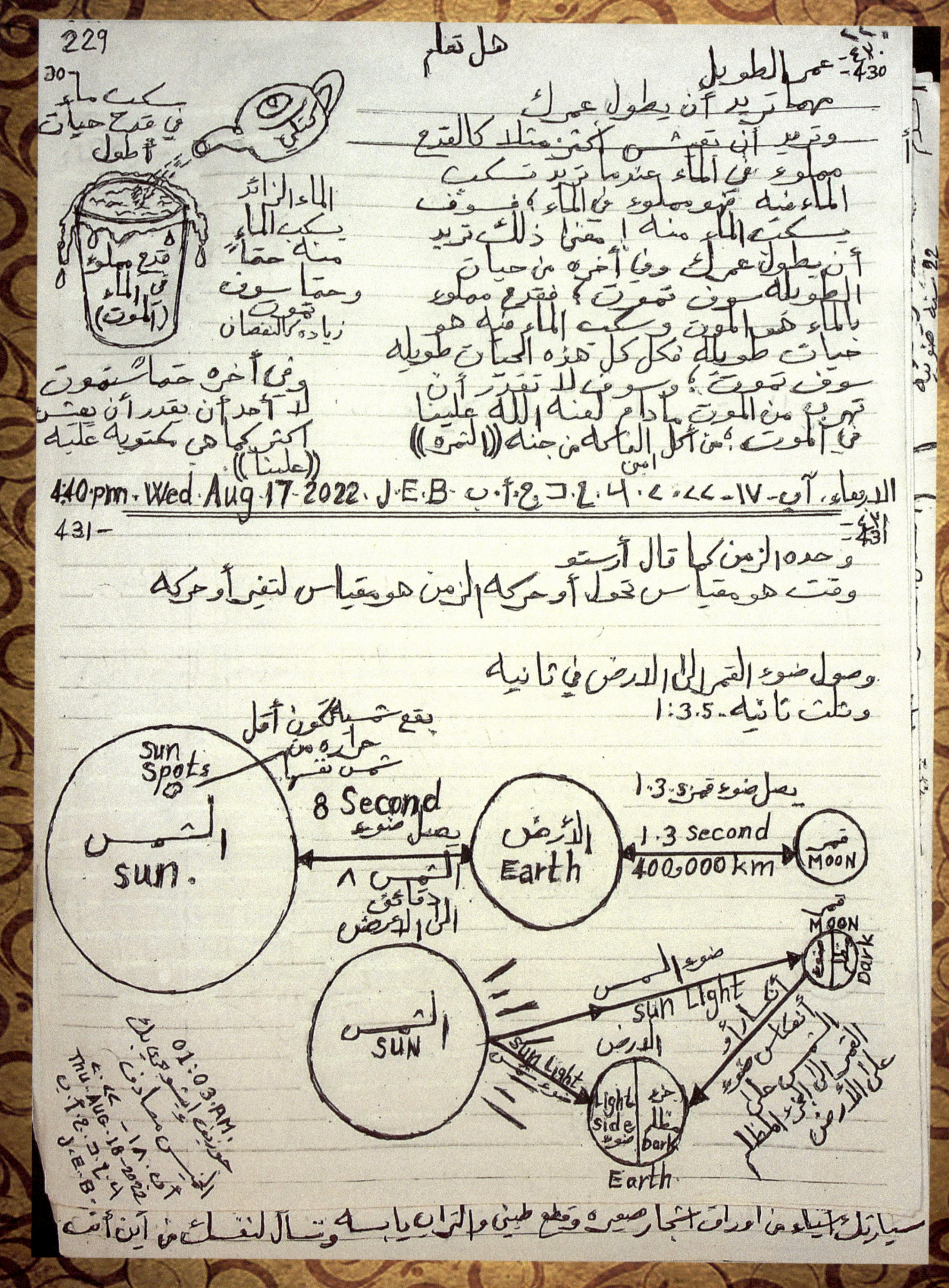

سيارتك أشياء من أوراق أشجار صغيره وقطع طين والتراب يابسه وتسأل نفسك من أين أتت

هل تعلم

432- ظاهره دوران الأرض أسرع مما معتاد (يوم يكون أقصر) سنه 2022 -432

الأرض تدور حول نفسها بأسرع مما ينبغي وطول أيام تتناقص

حيثما أن شعرت ذلك في 29 من يوليو الماضي عشنا أقطر يوما

في تاريخ على أطلاق ((يوليو . 29 - 2022 -)) كوكبنا داره حول

نفسه بمعدل أقل بنحو واحد فاصل 59 من من ثانيه بالنسبه

لعلماء الفلك و الفيزياء فرق ثانيه واحده من اليوم أن تكون مره

الأولى كرره العمليه منذ 1972 أكثر من مره وأخرها 216 ماذا أذن

لم نشعر في تغير بالاضافه ثانيه واحد هكذا مقتصر بمكافحه الشركه

أخرتها أومكا معداً خطر للغايه ونتيجه دماراً بنيتنا

التحتيه تكنولوجيه تعطل البرامج وتلف البيانات وخسائر عالميه تمسد

الى جميع القطاعات التي تعتمد أنشطتوها على صعت والتوقيت ربما

حان الوقت أن نتحدث عن السبب قد يكون معداً نحنوا

السبب علميا ربما أخرى الأرض تتأثر بالمستويات المحيطات

والمناخ المد والجزر أذا سبقه الرضيات المؤكده أننا بين كثيرا ٤٣٣-433

بماهو الرد الفعل.

النظريه:

Theory :-

433-Theory: ALways theory Can be change Ever your brainis DeveLop

ماهي الاهي أعتقاد أو تخيل Imagination وحساب Figuring out

أو تفكير، فكره أو حساب أورؤيه Calcultion. تحسب في ذهنك

ولكن ليست صحيه ولا جواب مستقر. دائما نظريه تتغير ولم تكون مستقره.

بأنني نسبتا الى تطور ذهنك ولم تأتي بجواب صحيح ومستقر لان ذهنك

وفكرك دائما في حالت التطور لذلك يتطور أو تتطور نظريه أو أعتقادك

الفكري حول الشي أعتقادك. دائما نظريه تتغير لانه لا يوجد برهان

السبت . آب . 20 - 2022 . جوزيف . بحري . ي . ع . ج . ت . ب . ٠ . أ . ب . 1:38 Am

J . E . B .

Theory: Theory is yours Imagination ; your Thinking ; yor Figuring out

is your calcultion. your brain is Come Not Right Answer No stble Answer.

جوزيف . أ . بحري بك . ي . ع . ج . J . E . B . ج . أ . ب . Josph . E . BahriBek

---

٤٣٤-434 يجب أن نسبح عظمه الله في أمتلاك الخبره الدرجه الفائقه الأعلى على

كل ((الله عالم وعالما وحاكم وحكيم ونعلم في الباطن في كل أشياء أمين))

يجب أن نسبح عظمه الله في أمتلاك من قدره عظمته فوق كل مختلف في

الى أمتلاكه درجه فائقه فوق كل يملك خبره من أخصاصيه الانسان هو

فوق الكل من علاويه (الله) أنه كل خلق الذي خلقه على الارض والكون وعلى أيدي

وما لا يوري في كل شئ موجود في الكون والأرض سبحان عظمته فلذلك يجب

أن نعظمه ونسبح عظمته ونحترم المقالاته في هذه الدرجه والبراعه الفائقه العالي فوق

كل من يحمل عدد من درجات ((أيني اليس)) أمين جوزيف أيشو . بحري بك

1:06 pm AUG Sat AUG - 20 - 2022 . ي . ع . ج . ب . أ . ج . ع . ب . أ

I Love Who Do Good will For ALL Mankind. هل تعلم

٤٣٥- 435 I Love Who Do Good For Mankind أحب كل من يعمل الخير الى بني البشر -435
politics أحب كل من يعمل الخير لبني البشر مهما كانت هويته! السياسية
or county أو بلد or color أو اللون or Root أو عرق or Religeon أو دين
Inhabitant أو قاطن أو ساكن أو or offspring أو ذرية or Tribe أو قبيلة
أو ساكن أو مقيم or DWell أو كل صنف البشر يعمل الخير للناس.
or AL kind mankind they Do Good will For ALL. For his people
Joseph E. Bahri Bek 4:40pm جوزيف أيشو بحري بك ٤:٤٠ مساءً
AUG-2022. Saturday. J.E.B. ب.أ.ع.د.ج.و.ا شهر أب. ٢٠ - ٢٠٢٢

~~Joseph Bahri Bek~~

٤٣٦- 436- Number has No End الأرقام لها ليس نهاية
الأرقام ليس لها نهاية مهما تبدأ أن تكتب الأرقام وستمر في
كتابتها سوف لن تنتهي من كتابتها وسوف ستخلق الارقام أسماء لها
لها أسماء جديدة لها ولكن ستتعب من كتابتها لأنها سوف لن
تنتهي ولا لها النهاية فلذلك أقول كم ليس لها النهاية في
كتابة الأرقام مثلا كتابة هذه أرقام 0000.0000.000.00.1 إلى
ستتعب يدك من كتابتها وسوف تستريح يدك من كتابتها ستبدأ
مرة أخرى في استمرار من كتابتها وهكذا لم تنتهي من كتابتها الى الأبد
ليس لها النهاية صدقوني صدقوا الملاحظة ومفهومها مقالي صحيح
Sat. Aug. 2022. 6:15pm J.E.B. ب.أ.ع.د.ج.و.ا
جوزيف أيشو بحري بك. السبت. شهر أب. ٢٠/٢٠٢٢

٤٣٧- 437- Arrow & the Line السهم أو الخط ليس لهما النهاية -437
have No End ALso أيضا
كذلك عندما تبدأ في الرسم الخط أو السهم ليس لهما من النهاية

٤٣٨- 438- Universe has End الكون له النهاية ولكن في أعتقادي الفراغ
ليس له النهاية (كما في أعتقادي الله يعرف اذا له النهاية أم لا)
الكون له النهاية بالنسبة المادة ((الفيزياء والكيمياء)) من ناحية وجود المجرات
والسدم وكواكب والشمس والنجوم والمذنبات وكويكبات والخ كلهم يشغلون
الفراغ الموجود في هذه الاشياء كما ذكرتها لها حدود من ناحية شكله.

٢٧٢ ← خلف

هل تعلم

إني آمن وأعرف الله
232 خالق كل شئ
مخلوق في هذه دنيا.

٤٣٨ 438 - تكملة الكون له النهاية من صفحة ٢٣١. رقم ٤٣٨ #438 p.231
من ناحية شكل اذا كان دائري أو بيضوي أو مثلث أو مربع أو مستطيل
لا أحد أن يقدر أن يقرر نهايته ولا شكله ولا في عقولنا وتخيلنا ومن
أقوالنا وأفكارنا حتما يوم من الايام عندما ينضج أو تنضج عقولنا في صناعة
أقوى المقربات تلسكوب أو راديو تلسكوب أن ١٠٠٪ مائة في مائة كي أن
تعرف حدود الكون وما من بعده. ٢٠٢٢.٨.٢٠ ب.أ.ع.ن" Sat. Aug. 20-2022.

هل كون شكله محدود وما شكله وكيف يشبه هو شكله على كماني خيالي
هذه الأشكال هل كون على هذه الأشكال يشبه

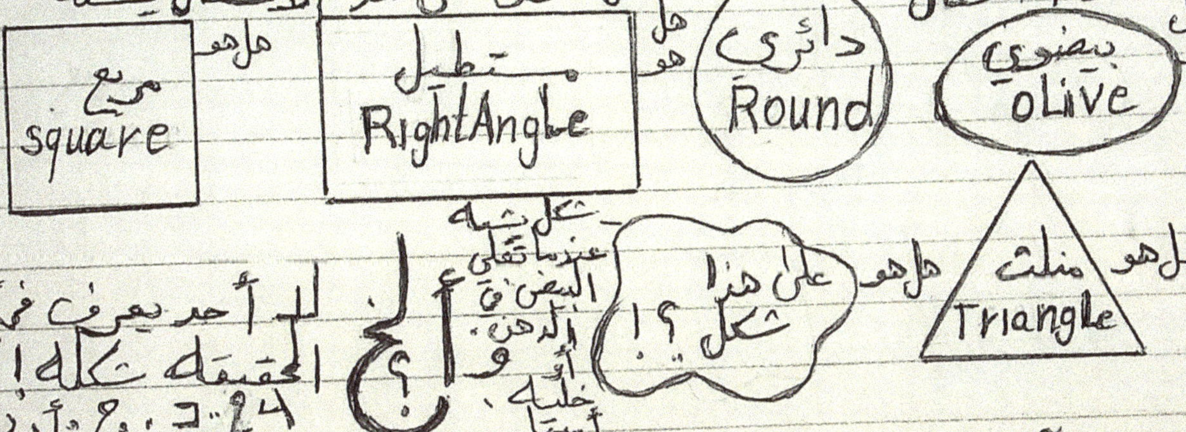

لا أحد يعرف في الحقيقة شكله!
٢٠٢٢.٨.٢٠ ع.أ.ن

11:12. pm. Almost midnight Sat. Aug. 20-202 السبت. آب/٢٠/٢٠٢٢
J.E.B.

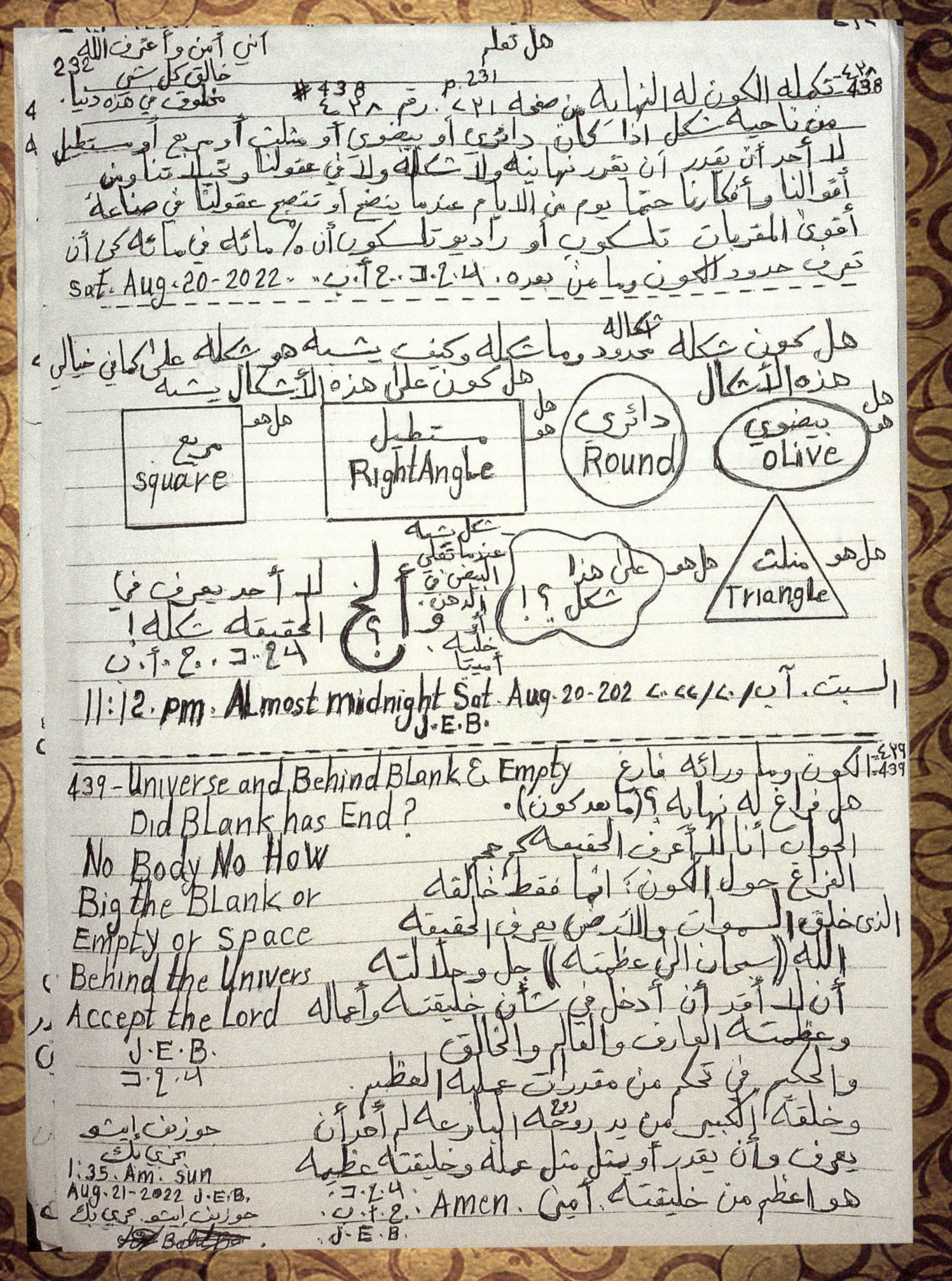

٤٣٩ 439 - Universe and Behind Blank & Empty الكون وما ورائه فارغ
Did Blank has End? هل فراغ له نهاية؟ (ما بعد كون).
No Body No How الجواب أنا لا أعرف الحقيقة كم حجم
Big the Blank or الفراغ حول الكون: إنما فقط خالقه
Empty or Space الذي خلق السموات والأرض يعرف الحقيقة
Behind the Univers الله (سبحان الى عظمته) جل وجلالته
Accept the Lord أن لا أقدر أن أدخل في شأن خليقته وأعماله
J.E.B. وعظمته العارف والعالم والخالق
٢٠٢٢.٨.٢١ والحكم في تحكم من مقدرات عمليه العظيم
حوزيف إيشو وخلقه الكبير من يد روحه البارعة لم أحد أن
عمي بك يعرف وأن يقدر أو يمثل مثل عمله وخليقته عظيمة
1:35. Am. sun هو اعظم من خليقته. آمين. Amen.
Aug. 21-2022 J.E.B. ٢٠٢٢.٨.٢١
حوزيف إيشو عمي بك ع.أ.ن
J.E.B.
Bahtu

هل تعلم

٤٤٠ 440 - النظريه النسبيه الخاصه سرعه الضوء في الفراغ

440 - سرعه الضوء في الفراغ هي أعلى سرعه وصول في الكون الا هي أعلى سرعه ممكن وصول عليها في الكون الا هي ٣٠٠,٠٠٠ ثلثمائة ألف كيلومتر في سنه

٤٤١ 441 - دوران الأرض حول نفسها

441 - دوره الارض حول نفسها 1670 كيلومتر في ساعه

٤٤٢ 442 - دوران الأرض حول الشمس

442 - تدور الأرض حول الشمس 107.000 مائه وسبعه ألف كيلومتر في ساعه

---

٤٤٣ 443 - موقعنا من الفضاء الخارجي (كره الأرضيه)

443 - تقع الكره الأرضيه ثالث كوكب من كواكب المجموعه الشمسيه وبالتالي الى الشمس والمجموعه الشمسيه متكونه (الاسره الشمسيه) من 8 كواكب وتقع المجموعه الشمسيه تقريبا على حافه مجرتنا (طريق اللبنى) Milkway Galaxy ومجرتنا وهي واحده من عدده المجرات ضمن الكون الفسيح (الفضاء)

٤٤٤ 444 - خلق الكون والأرض وكل شيء يوري ما لا يوري

لا تقدر أن تحس وتنطق في غلط وتقول في عباره كيف نشأ أو تكون الكون حتى أذا خطره في عدد من أفكار النظريه نظرة في فكرك ليس صحيحا ولا لها من مصداقيه صحه مصدرها في بعض الأحيان تأتي لك الخاطره وتقول هذا الكون قد نشأ أو جاء في الصدفه؟ ليس من هذا التفكير ومصداقيه هذه الفكره خاطره أي شيء لا يأتي في الصدفه! يوجد وراء كل شيء دافع يوجد مصدر وراء كل شي كي يكون موجودا في وجوده كالذره أذا لم توجد النواة لا يقدر الكترون يدور ويتكون الذره فلذلك أقول لكم يجب أن يكون عنصرين كي يخلق الشيء الأثنين وليس مصدر واحد فلذلك أقول مثلا هل تقدر تصفق في يد واحده كي يصدر الصوت الجواب كلا! يجب أن يكون مصدرين كي يخلق في وجوده مثلا: قبل ذهابك الى سوق نصف سيارتك في مكانها وأذهب في السوق وأرجع الى سيارتك وسوقها الى بيتك وصفها أمام بيتك وأنهض من نومك وافتح باب سيارتك حينئذ ترى في سيارتك أشياء على أرض سيارتك أشياء من أوراق أشجار صغيره وقطع طين والتراب يابسه وتسأل نفسك من أين أتت

p.234

٤٤٤- 444 - تكملة من صفحة ٢٣٤ . رقم ٤٤٤ . 444 ✻

من أين أتت هذه المهلات في سيارتي ! أنني أعرف حيث
نظفتها وفاكيومتها في الليل الفائت والآن فيها قطع صغيرة من أوراق ومهلات
وتراب وحتى قطع من طين من أين أتت هذه كل المهلات ! الجواب أن
تعرف المهلات أتت من رحلتك حذاء عند ذهابك وتسويق أنت التي جلبتها من
تحت قدميك المعلقة وجلبتها في سيارتك معنى في هذه العبارات لم تأتي
هذه هي يوجد شيء من وراء جلبت هذه المهلات الى سيارتك هي القدمين
حذاء القدمين التي أجلبتها في سيارتك في هذه عبارات هو ربنا الله الذي خلق
كل شي لا تأتي من نفسها وانما أتت من جذاء كل هذا الفضاء كل خليقة لم تأتي
من نفسها ألا يوجد شي من وراء اشياء هو الله خلقها أي خلقها بالفضاء وبني البشر
وحيوانات وكل مخلوقات التي ترى وما لا ترى الله أبونا وخالق كل شيء وأبو أنا
كل خليقة التي خلقها وكل شيء تراه هو أبوهم وخالقهم وآباهم آمين آمين
فلذلك أقول لكم في الصراحة وأنا لا أخاف من كل شي حولي وإنما أقول
قولا صحيح وصريح وانما الحقيقة لأن الحقيقة هي مفتاح الحيات وأقول
وأنطق في صراحة وعدل وطريقة وحيات وحياتي الفلسفة حقيقة
وقد تأثرت في الفلسفة يونانية الفيلسوف ديكارتس أقولها في طلاقة
كلامي في حرية التكلم ولا أخاف وأخاف من الحقيقة نطقها وقولها كما علمنا
ونصحنا الرب والمسيح في الصحيح وجهها لنا كما قال لنا أنا الطريق أي طريق
الصحيح وأنا النور كي أدرك حقيقة هذه الأشياء وأنا الكلمة كلمة عادلة وصحيحة
أن كلماتي وعباراتي وتدويني صحيح وكتابتها صحيحة التصدفت شي جاء في الصدفة
أذا لم يكن وراء هذا الشي معنى أثنين الله وراء المادة والمادة هي نائمة . آمين

٤٤٥- 445 - أثبات حقيقة خلق كل شي ؟ الجواب الحقيقي هو الله . ج . أ . ب .

١- الله خالق كل شيء خلق فقط حيات على الارض ولا يوجد حيات أخرى
في الكون ولا في أقرب كواكب المجموعة الشمسية وأنما فقط على الارض ولماذا
الرب لم يخلق في الفضاء وأنما خلق فقط حيات على الارض (من الهواء وماء وللأكل)

2- الجاذبية خالقنا الله خلق جاذبية فقط على الارض كي مستقر في الأرض
كي لا تطير أي من ناحية البشر وحيوانات والماء والخ) وعندما نرى حتى أننا
القمر لا يوجد جاذبية كبيرة ولا ماء ولا هواء فقط الله خلق الحيات على الارض وليس
ولا في مكان آخر من الكون وأذا كان نشأ الكون في الصدفة لماذا فقط لم تكون حيات
الثانية مثالية مثل الارض ، معنى ذلك الله خلق كما ذكرها في كتابه مقدس أي حيات
فقط ذكر الحيات على الارض وليس في مكان أخر . ج . أ . ب . ٢٠٢٤/١/٤

7:05pm.

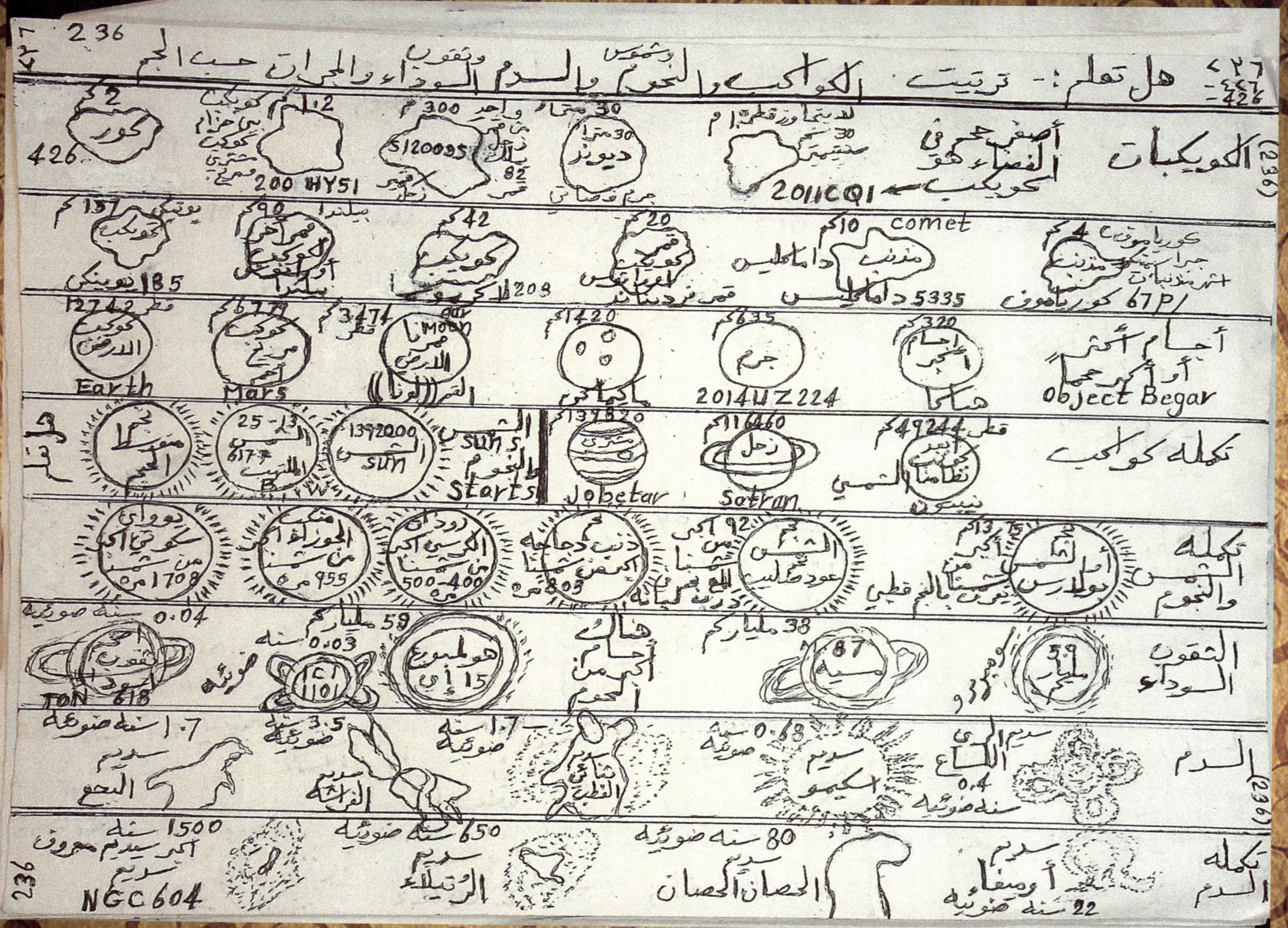
236
هل تعلم :- ترتيب الكواكب والنجوم والسدم والثقوب السوداء والمجرات حسب الحجم
الكويكبات
426
200 HY51
2011CQ1
comet
5335
67P/
أجسام أكثر أو أكبر حجماً
Object Begar
Earth
Mars
Moon
2014UZ224
تكملة كواكب
sun
Starts
Jobetar
Satran
تكملة الشمس والنجوم
الثقوب السوداء
TON 618
0.04 سنة ضوئية
59 مليار كم
38 مليار كم
السدم
1.7 سنة ضوئية
0.68
0.4
تكملة السدم
NGC604
1500 سنة
650 سنة ضوئية
80 سنة ضوئية
22 سنة ضوئية
236

مجرات GLaXy

6500 سنة ضوئية مجره سيه

مجره سيه 32

سحابه ماجلان الكبرى

14000 سنة ضوئية سحابه ماجلان

1100000 سنه طرق اللبني

مجره درب اللبانه MILK Way CoLXy

تكمله مجرات CoLXy

2000000 سنة ضوئية

IC1101

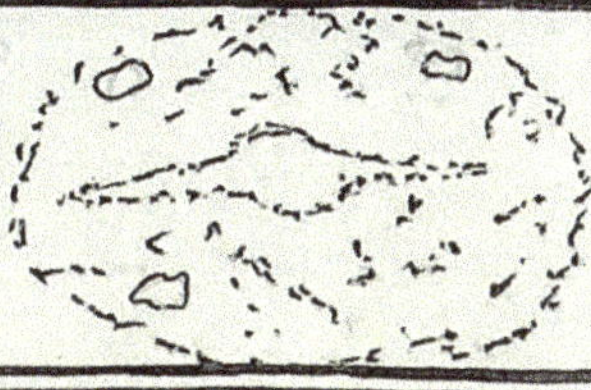

10000000 سنه ضوئيه مجره المحليه

10000000

عنقود العذراء المجري

5200000

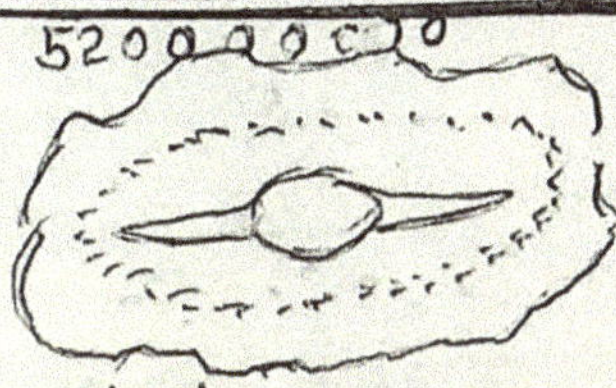

عنقود لانياكيا

10000000000 سنه ضوئية ضوئية

جدار توس العظيم

4000000000

LQG العملاقه

10000000000 عشرة مليار سنه ضوئية

عنقود مجرات الجاثي العظيم في سور هرقل كورونا

٤٣٧-
437- أنواع المجرات

1- مجرة شاذه غريبه
2- مجره حلزونيه
3- مجره حلزونيه خطيه
4- مجره عدسيه
5- مجره غريبة
6- مجره بيضويه

1:35AM sat AUG-27-2022

-٤٢٨
-428 ضغط طبيعي 120/8 ضغط الانقباض / ضغط الانبساطي

ضغط عالي تؤدي الى:
1- جلطه دماغية. 2- تأثر على القلب.
3- تأثر على الكليتين.

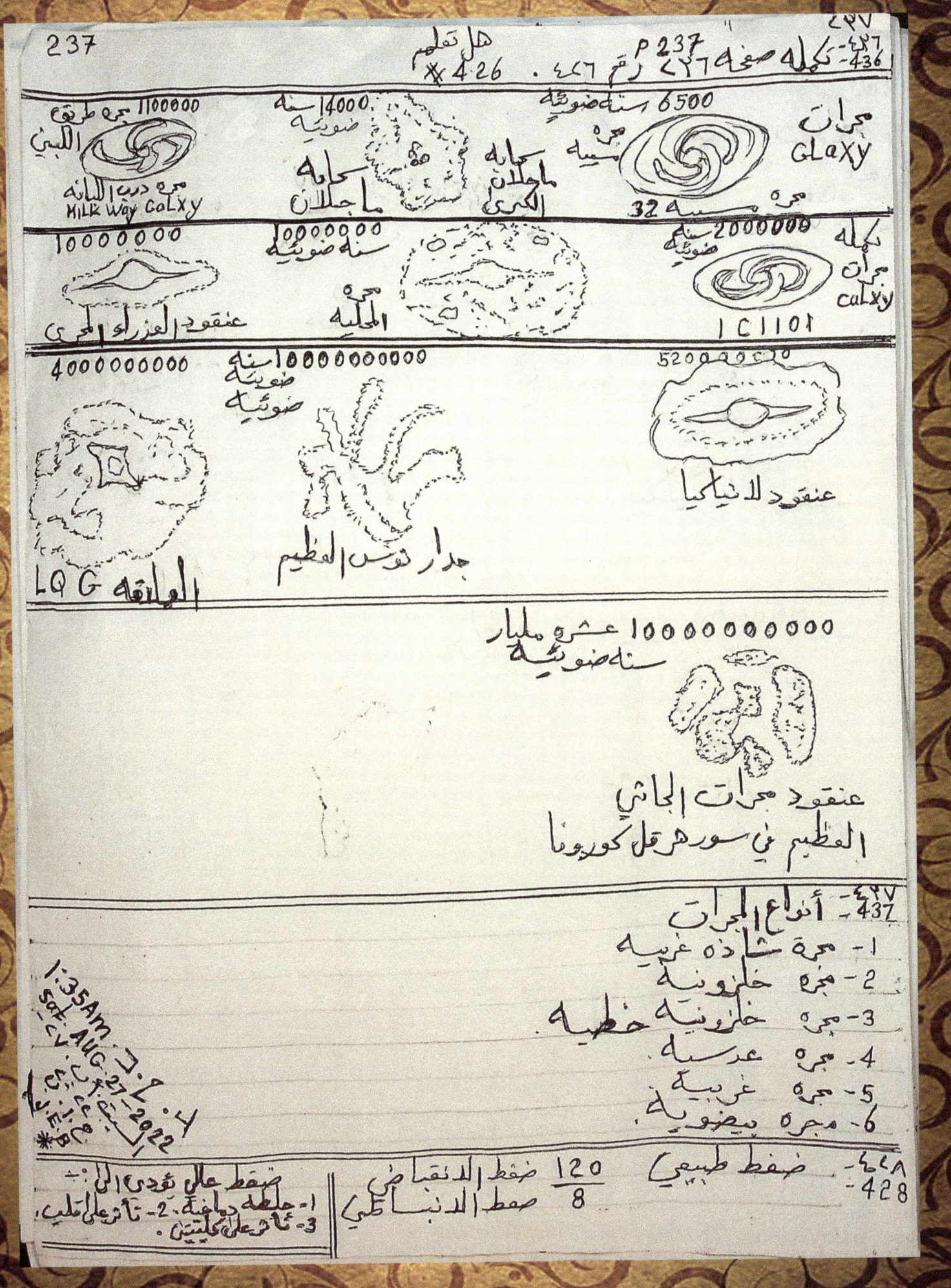

Table of elements

جدول مندليف (الدوري)

MEDELEEV

H hydrogen 1																	He helium 2
Li lithium 3	Be beryllium 4											B boron 5	C carbon 6	N nitrogen 7	O oxygen 8	F fluorine 9	Ne neon 10
Na sodium 11	Mg magnesium 12											Al aluminium 13	Si silicon 14	P phosphorus 15	S sulphur 16	Cl chlorine 17	Ar argon 18
K potassium 19	Ca calcium 20	Sc scandium 21	Ti titanium 22	V vanadium 23	Cr chromium 24	Mn manganese 25	Fe iron 26	Co cobalt 27	Ni nickel 28	Cu copper 29	Zn zinc 30	Ga gallium 31	Ge germanium 32	As arsenic 33	Se selenium 34	Br bromine 35	Kr krypton 36
Rb rubidium 37	Sr strontium 38	Y yttrium 39	Zr zirconium 40	Nb niobium 41	Mo molybdenum 42	Tc technetium 43	Ru ruthenium 44	Rh rhodium 45	Pd palladium 46	Ag silver 47	Cd cadmium 48	In indium 49	Sn tin 50	Sb antimony 51	Te tellurium 52	I iodine 53	Xe xenon 54
Cs caesium 55	Ba barium 56	Lu lutetium 71	Hf hafnium 72	Ta tantalum 73	W tungsten 74	Re rhenium 75	Os osmium 76	Ir iridium 77	Pt platinum 78	Au gold 79	Hg mercury 80	Tl thallium 81	Pb lead 82	Bi bismuth 83	Po polonium 84	At astatine 85	Rn radon 86
Fr francium 87	Ra radium 88	Lr lawrencium 103	Rf rutherfordium 104	Db dubnium 105	Sg seaborgium 106	Bh bohrium 107	Hs hassium 108	Mt meitnerium 109	Uun ununnilium 110	Uuu unununium 111	Uub ununbium 112						
		La lanthanum 57	Ce cerium 58	Pr praseodymium 59	Nd neodymium 60	Pm promethium 61	Sm samarium 62	Eu europium 63	Gd gadolinium 64	Tb terbium 65	Dy dysprosium 66	Ho holmium 67	Er erbium 68	Tm thulium 69	Yb ytterbium 70		
		Ac actinium 89	Th thorium 90	Pa protactinium 91	U uranium 92	Np neptunium 93	Pu plutonium 94	Am americium 95	Cm curium 96	Bk berkelium 97	Cf californium 98	Es einsteinium 99	Fm fermium 100	Md mendelevium 101	No nobelium 102		

Radioactive symbol

New elements may be discovered

Science discovery

The periodic table of chemical elements was proposed in 1868 by Dmitri Medeleev (also spelled Mendelayef) (1834-1907). He wrote down the features and properties of each element on a card, then tried arranging the cards in different patterns.

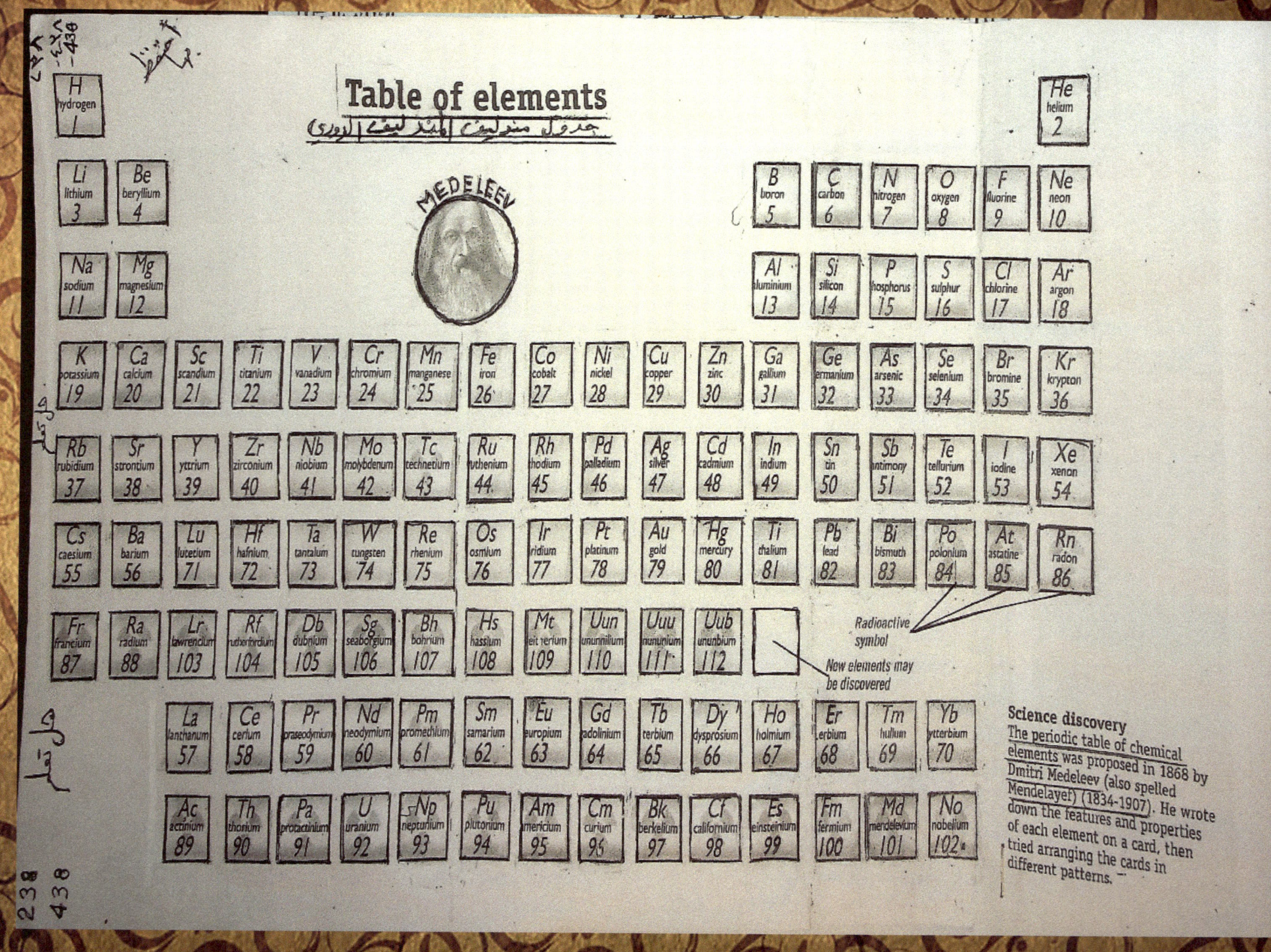

مقاييس

Measurement

1	Meter: 39,37 in	المتر: وحدة الطول في نظام المتري (٣٩,٣٧ أنجا (إنج))	١
A	kilometer	كيلومتر: كيلومتر الف متر (٣٢٨٠,٨ قدما و ٦٢, ميلا)	٢
2	Millcurie.	المليكوري: جزء من ألف من الكوري	٢
3	Millifarad:	المليفاراد: جزء من ألف الفاراد	٣
4	Millgram:	المليغرام: جزء من ألف	٤
5	Millihenry:	الميليهنري: جزء من ألف من الهنري	٥
6	MilLambert: (lambert. ر)	الميلالمبرت: جزء من ألف اللامبرت (ر)	٦
7	lambert	اللامبرت: وحدة القياس اشراقة سطحيا	٧
8	Lambrequin (في القرون الوسطى)	حجاب الخوذة: قماش يكسو خوذة الفارس (في القرون الوسطى) لوقايتها من الحرارة	8
9	MilliLiter	المليلتر: جزء من ألف من اللتر	٩
10	MilLimeter.	المليمتر: جزء جزء من ألف من المتر	١٠
11	MilLimicron (micron. ر)	المليميكرون: جزء من ألف من الميكرون (ر)	١١
12	Micron:	الميكرون: جزء من ألف من المليمتر	١٢
13	Henry:	هنري: وحدة الحاثة الكهربائية (كع)	١٣
14	Million: Thousand Thousand	المليون: ألف ألف	١٤
15	Milliroentgen: (roentgen. ر)	المليرونتجن: جزء من ألف من الرونتجن (ر)	١٥
16	Roentgen	الرونتجن: الوحدة الدولية لأشعة اكس	١٦
17	Millennium	ميلينيوم: الف عام، العصر الألفي السعيد (الذي سيملك فيه المسيح على الأرض)	١٧
18	Milli.	ميلي: بادئة معناها جزء من ألف (millimeter)	١٨
19	Milliard	المليار: ألف مليون	١٩
20	Milliary: Roman 162 yard	ميلي: متعلق بالميل الروماني (١٦٢٠ ياردا)	٢٠
21	Millibar $\frac{1}{1000}$ من	المليبار: وحدة لقياس الضغط الجوي تساوي بار (ر) (bar. ر)	٢١
22	bar:	بار: وحدة لقياس ضغط تساوي مليون (داين في سنتيمتر مربع مقصيب)	٢٢
23	Dyne:	الداين: وحدة قياس القوة (ق)	٢٣
24	Mile: 176 yard, 1609,35 Meter	الميل: وحدة طول تساوي ١٧٦ ياردا و ١٦٠٩,٣٥ مترا	٢٤
25	kiLo	كيلوغرام، كيلومتر	٢٥
26	kiLo	كيلو: بادئة: معناها: ألف (kilowatt)	٢٦
27	Watt	الواط: وحدة قوة الكهربائية	٢٧
28	kilocalorie	السعر الألفي مقدار الحرارة الضروري لرفع حرارة كيلوغرام من الماء درجة مئوية واحدة	٢٨

مقاييس

Measurement

29	kilocycle(s): (كيلو سيكل)	الكيلو سيكل: ألف دورية وخاصة ألف دورة في الثانية	٢٩
30	kilo gram:	الكيلو غرام	٣٠
31	kilogram-meter	الكيلوغرام متر: وحدة لقياس العمل تساوي القوة	٣١
		المطلوبة لرفع كيلوغرام واحد مترا واحدا	٣٢
32	kilogram:	الكيلوغرام: ألف غرام ١/١٠٠٠	٣٣
34	Gram: 1/1000kg	الغرام: الغرام ١/١٠٠٠ من الكيلوغرام	٣٤
35	kilo Liter:	الكيلولتر: ألف لتر؛ متر مكعب	٣٥
36	kilometer: 3280,8 Foot.	الكيلومتر: ألف متر (٣٢٨٠٫٨ قدما أو ٦٢١ ميلا)	٣٦
37	kilometer: 3280,8 Feet. 621 Mile	الكيلومتر: 1000M	٣٧
38	kiloton	الكيلوطن: ألف؛ قوة إنفجارية تعادل تلك التي للألف طن من ثلاث نترات تولوين	٣٨
39	kilovolt:	الكيلوفلط: ألف فلط	٣٩
40	kilo Watt:	الكيلوواط: وحدة القياس طاقة تساوي ألف واط.	٤٠
41	kilo Watt-hour:	الكيلوواط الساعي: وحدة عمل أو طاقة تعادل تلك التي يؤديها كيلوواط واحد في ساعة واحدة	٤١
42	kilovolt-ampere:	الكيلوفلط أمبير: وحدة لقياس القوة الظاهرية	٤٢
43	Ton:	الطن: وحدة وزن تساوي 2240 باوند في انكلترا و 2000 USA	٤٣
44	Volt:	الفلط: وحدة القوة المحركة الكهربائية	٤٤
45	Watt:	الواط: وحدة القوة الكهربائية	٤٥
46	Ampere:	الأمبير: وحدة لقياس قوة التيار الكهربائي	٤٦
47	Ton Meter: 1000 kilograms	الطن المتري: ألف كيلوغرام	٤٧
48	kilovolt-Amper	الكيلوفلط أمبير: وحدة لقياس القوة الظاهرية	٤٨
49	kilo Watt:	(في دائرة كهربائية) تساوي ألف فلط - أمبير	٤٩
50	kilo Watt:	الكيلوواط: وحدة لقياس الطاقة تساوي ألف واط	٥٠
51	Voltaism = Galvanism	الكلفانية	٥١
52	Galvanism:	الكلفانية؛ الفلوانية: كهرباء محدثة بالتفاعل الكيماوي؛	٥٢
		فرع من الفيزياء يبحث في هذا الضرب من الكهربائية؛ استخدام هذا الضرب من	
		الكهرباء في أغراض الطبية	
53	Ohm:	الأوم: وحدة المقاومة الكهربائية	٥٣
54	Hertz. Heinrch Herts: Work mainly with redio waves.	هرتز:	٥٤
	rather than Sound.	الموجات هرتزية	٥٥
55	Hertzian wave:	التريليون: رقم مؤلف من واحد إلى يمينه ١٢ صفرا في	٥٦
56		الولايات المتحدة الامريكية وفرنسا، أو ١٨ صفرا في أنكلترا و المانيا.	
57		مائة 100 ، ألف 1000 ، مليون 1000000	٥٧

Million 1000000 . Thousand 1000 . 100 Hundred

هل تعلم

لا أقدر أن أبرهن على ذلك!

٤٤١ 441- ما وراء الكون؟ ((أنني لا أقدر أن أتدخل في أمر أو لا عارف!)) لا عارف!

مالك وخالق ورب وأب كل أشياء الذي خلقه الله هو أبا كل شيء هو حقاً خالق
عندما خلق كل أشياء له لم نهاية في أشكالها وأحجامها لهم حدود من مظاهرهم
الكون وجوده الموجود هو من خلق كل شيء فيه من مجرات Galaxes ومجموعات
الشمسية salar system وكواكب planet والأقمار Moons ومذنبات cometes
والشموس الشمس sun والنجوم starts والثقوب السوداء
Black Hole والسدم Nebulous فالخ كلهم من خلق وأبوهم وصاحبهم الله من
صنعه العظيم له حدود من بدأ خلقه وله نهاية من نهاية خلقه (كل شيء
الذي خلقه له بداية وله النهاية)؛ معنى في تدويني ومقالي المدونة على هذه
الورقة هي خاطرة التي خطرة بها في عقلي في ماوراء حدود الكون هل يوجد
نهاية إلى الفراغ حول الكون؟ حتماً أذا لم يوجد أشياء في الفراغ فقط الفراغ الذي
يشغل مسافات شاسعة هل لها حدود من هذا الفراغ كما في الانكليزي الفراغ space
(معنى الفراغ بين شيء أو شيء آخر) والكلمة أخرى: فراغ لا يوجد أي شيء فيها يسمى
Blank معنى في انكليزي لا يوجد أي شيء في الفراغ؛ من هنا المعنى هل هذا الفراغ له
حدود مثل المادة لها حدود (أي الكون) أو في أي شيء فكرهم هل فراغ له حدود
الجواب: الجواب تاركه في يد خليقته هو يعرف وأنا أنا الجاهل لا أعرف شيء من!
فأكثر الجواب لا أقدر أن أدخل في أعماله وأشغال خالقنا هو فقط يعرف إذا أن
كان الفراغ له نهاية أو ليس له النهاية الله عالم وعليم وحكيم أن يقدر أن يحكم ويتحكم
في المعرفة عمله آمين. مدون التذكرة والخاطرة وكاتبها جوزيف أشو بحري بك
ساعة الثالثة وسبع دقائق عصر يوم الثلاثاء
3:07. pm. Tue. Aug. 30-2022
آب - ٣٠ - ٢٠٢٢ . ج.إ.ب. J.E.B.
Joseph. E. BahriBek.

المعرفة
طريه

٤٤٢ 442= عقولنا لا تقدر أن تعرف كل شيء إلا خالق عقولنا وكل شيء!
مقارنة المعرفة الله بالنسبة عقولنا المعرفة شيء لا تقدر أن نبرهن صحة مقارنة
معرفة الله وعقولنا بالنسبة له فقط كالرأس الدبوس أو الذرة في الله
خالقها وبالنسبة إلى عظمة معرفته الجبارة العظيمة خالق الكون والأرض
وكل شيء ترا أو لا ترا؛ فلذلك أقول لكم معرفته هي أكثر من الشيء أو الأشياء
الذي خلق كما ذكرة (الكون والارض وكل الشيء) من خليقة جبروته الجبارة
فلذلك أقول لكم لم تقدر أن تعرف أو تحتمل كيف؟ إلا هو (الله) يعرف كل
هذه المعرفة والأسرار وأسراره آمين. ج.إ.ب.
5:15 pm. Tue. Aug. 30-2022
J.E.B

٤٤٣ 443- الله لا يملك العقل أو الدماغ وإنما المعرفة. ((الله روح قوية وليس جسداً ضعيفاً))
الله لا يملك كلاهما وإنما هو صانع وخالق عقل وعقولنا لكي يخزن في
الدماغ معلومات المعرفة بالكمبيوتر التي أنت تخزن أو يحتفظ المعلومات
المختلفة التي تشحن فيها شحنات. لذلك الله خلق دماغ لنا لكي نخزن معلومات خليقته
كل أشياء تخزن في الدماغ. ج.إ.ب.
5:40 pm. Tue. Aug-30-2022 J.E.B.

هل تعلم

444 - ٤٤٤ - لولا الجاذبية لما يكون بنى آدم المقيمين على الأرض أن يكونوا مقيمين inhabitants في أرض أو منطقة ما. ٢٠٢٠ ب.
2:57pm. J.E.B. ٢٠٢٢-٨-٣١
2022-31-آب، الأربعاء

445 - ٤٤٥ - لولا وجود الله لما خلقه معقدة أن تخلق من نفسها ولا بنى آدم! تخلق كالرئة والقلب والكليتين أو العين وإلى أنهما مصنوعة ومخلوقة من اللحم فقط الله أن يقدر يعمل هكذا (صنعهم من اللحم) أما بني آدم لا يقدر أن يصنع هكذا من اللحم، بني آدم فقط يقدر أن يصنع مثل هذه الأشياء من شيء صلب أي من المعادن أو من بلاستيك وإلخ وأنما لا يقدر أن يصنعهما من اللحم فقط ربنا وخالقنا وخالقهم أنهم جدا صنع معقدة من اللحم وليس من المعادن. ربنا وخالقنا جعلها من الطين وخلقها من التراب وثم من الطين هذه كلها وصورها وعملها على هذه الأشكال كذلك أشكال وأشكال جدا كبيرة كالكواكب الكبيرة، يوجد أكبر من كوكب المشتري في مجموعتنا الشمسية كيف تسبح وتطوف في الفضاء ولا يتصادمون بعضهما مع البعض سبحان عمله البارئ الجبار العظيم كم عمله الجبار (الفضاء) هو أحد وجبار الجبارين وأعظم العظماء وهو فوق الكل وأكبر من كلهم لا يطيق قوله. آمين. ٣١ آب ٢٠٢٢ م الأربعاء
7:36 pm. J.E.B.
2022 -31 - آب.

446 - ٤٤٦ - لماذا أطلق الصينيون القدماء على العرب هذه والأوروبيين أسماء غريبة. في القرون الوسطى مثل Saracens و Saracenus وأطلق الصينيين على عرب داشي 大食 لفظها تاشي أو طاشي

الجواب: قبل القرن السابع الميلادي (قبل بعثة النبي محمد) كانت بعض القبائل العربية خاضعة إلى الفارسية والبيزنطيين ومن أكبر القبائل العربية التي كانت وصفقة مع امبراطورية الفارسية هي قبيلة بنو طيء وهي كانت من أقدم القبائل العربية التي يعود أصلها إلى اليمن التي من ينتسب لها من أشهر الشخصيات التاريخ العربي وهو حاتم الطائي وهو أسم الحاتم الطائي يحمل لغز مفتاح إلى إطلاق أسم العرب عند الصينيين كلمة الطائي أكل من ينتسب إلى قبيلة طيء (طائي) والروماني كانوا يطلقون أسم Taeni قبيلة طي أو Taenos (طائي) والفرس يطلقون على قبيلة طائي تازي / تازيك في زمان خلافة الراشدة ٦٦١م عباسيه وأمبراطورية تانغ. أطلق أسم تاجي وهو أصلي غريب طاجي. الصيني على العرب معنى التاجي لأن معظم العرب تاجروا مع الصينيين التجارة مع بعضهم أول من القبائل أو من شعوب الصينية قد اعتنقوا الإسلام (دين شعب الهوي) الهوي: القبيلة أسمها اعتنقوا الإسلام (هوين). أطلق اسم (طاجكستان) على اسم قديم عرب طاجي معنى البلاد طاجيكستان حالياً سابقا سكنها العرب معناها أرض العرب طاجيكستان الحالية.
2022-31-آب.

٤٤٧- الدروز :

447- الدروز: تأسست الطائفة الدروز (الموحدين الدروز) (لا إله إلا الله
وليس شريكه له كما يدعون) في عهد الخليفة الفاطمي السادس
في مصر الحاكم بأمر الله التي أمتدت ولايته بين عام ٩٩٦ - ١٠٢١ م
أو حسب المراجع التاريخية بدأت الدعوة إلى الدروزية
بين عام ١٠١٧ أقفل باب الدعوة إلى المذهب الدروزي أقفل عام
١٠٤٣ م

٤٤٨: الاشجار سكويا ((sequoia))

448- وجود الاشجار عملاقة (سكويا) أكثر من 2500 عام طولها 115 متراً ويصل قطرها
٩ أمتار

٤٤٩- طبقات الأرض - 449

449-

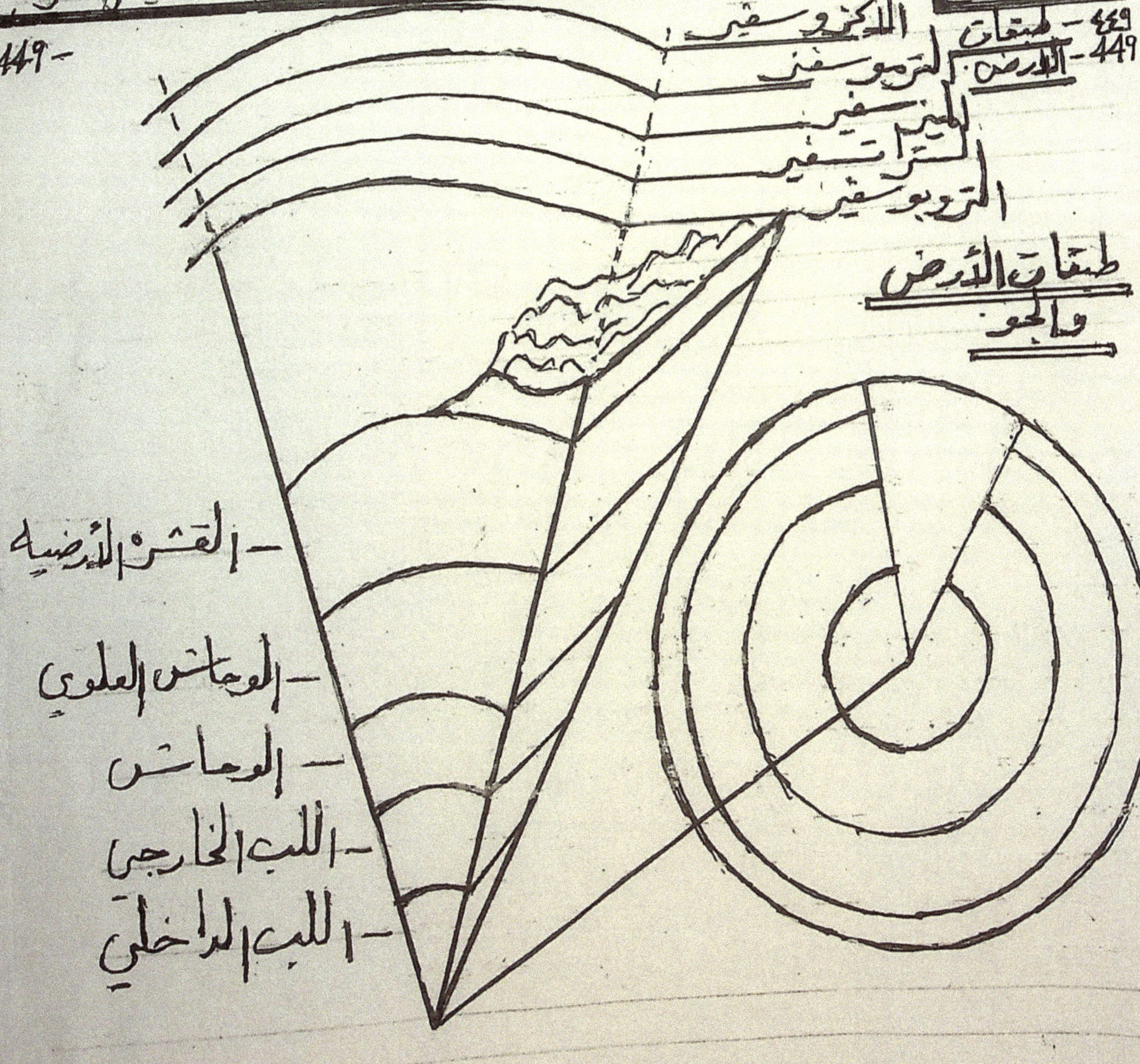

هل تعلم

450 ٤٥٠ 450 الله لا يملك الدماغ بل هو المعرفه
ربنا وخالقنا لا يملك الدماغ وانما هو المعرفه أنما هو نقط روح عظيمه التي
تخلق من لا شيء أشياء كثيره؛ ربنا فقط خلق دماغ الى بني آدم والحيوانات
الاخرى كالكلب والقط (والحيوانات الاخرى) ربنا وخالق كل هذه الاشياء والدماغ
خلق كي يستوعب المعلومات المعرفه من معرفته وخليقته حيث خلق الله
دماغ الى بني آدم كي يستوعب الاشياء وخزنها في دماغ كالكمبيوتر الى
بني آدم يتبرمجوا ويخزنها في الكومبيوتر هكذا الرب خلق الدماغ كي يكون
كالكمبيوتر كي يحفظ المعلومات الواثقه والمعرفتها من الخليقه. ج. أ. ب.
12:55 pm . Thu . Sep 6 - 2022 جوزيف أيشو بحري بك. ٦. ٩. ٢٠٢٢
J.E.B.

---

٤٥١ - 451 - لا تقدر أن تحكم وترفع أو ترفيه (promotion) أو تنزل أحد (Demode):
انتم أيها البشر كلنا لسنا حكماء أي بني آدم وانما الحكيم العادل هو الله
القاضي ذو معرفه متساويه مع الله يحكم في عدالته المعرفته. بما أنكم تعرفون
ومن النسل آدم والحواء الذي أكلوا الفاكهه المعرفه مقارنه معرفه آدم والحواء
بالنسبه الى الله التي معرفتهم هي نقطه صغيره التي قصها على الصفحه من الورق
بالنسبه الى عظمته والمعرفته العظيم لذلك سميه الله في القاضي العادل
يعرف كل شيء وأطلق عليه الله القاضي الحكيم العادل وذو معرفه عاليه فوق
كل شيء خلقه باسم دانيال أي الله الحاكم عادل (Daniel) الله من يقدر أن يرفع أو
ينزل أو يرفعه هو الله كما مدونه في عهد القديم لملك البابل نبوخذنصر هو الذي رفعه وهو
الذي أنزله من رتبته حيث أنزله من مملكته الى مستوى مستوى الحيوانات
حيث جعله نفس المستوى الحيوانات حيث أكل الحشائش ((أعشاب))
معنى لا تتهمون بالناس الذين أن يرفعوكم أو يرفعوكم أو ينزلكم من اشكال أعمال
والرتبه مع الرب عن ترفيعكم وانزالكم ولا تتهمون في الناس الذي سيرفعكم
أو يرفعكم أو ينزلكم من رتبتكم ولا تتهمون في الناس الذي أدخل فيهم أفكار
السيء السيئه المضاده الى الصالحه العشره؛ لا تتهم أو تتهمون في الناس
كي يرفعونكم أو ينزلكم من واقع حياتكم مع الله وفي يده كي يرفعكم أو ينزلكم. آمين. ج. أ. ب
لا تتهمون في الناس أن يرفعكم أو ينزلكم مع الرب أن يرفعكم أو
ينزلكم من رتبتكم. جوزيف ايشو بحري بك. آمين. ج. أ. ب
الأربعاء. ٧ أيلول. ٢٠٢٢. ب. ع. ج.
1:09 pm . Wed . Sep . 7 - 2022 . J.E.B.

---

٤٥٢ - 452 - عضه من الفاكهه المعرفه الجنه: عندما أكلوا آدم والحواء من الفاكهه المعرفه فقال
الرب لقد أصبحوا يعرفون أو يعرفوا من الحسنه وغير الحسن وأصبحوا مثلنا في المعرفه. ج. أ.
٤٥٣ - 453 - كومبيوتر آبل (Apple) كما في تحليلي  في جانب تفاحه فيها عضه عضه حول
آدم ((Adam + Eve)) تفاحه الكومبيوتر وفيها على جانبها عضه؛ هي عضه
آدم وحواء وعضه المعرفه. ٦. ٩. ٢٠٢٢. ج. أ. ب. ٧. أيلول. ٢٠٢٢ - 1:38 PM
جوزيف إيشو بحري بك. J.E.B. تحليلات وتعليقات وخاطره. ج. أ. ب

هل تعلم أعراض

B.17 Vitamins ولها عوارض الجانبيه كالسموم! = ٤٠٤ / 454

يوجد B.17 في الحبوب كالوزه، وفي المشمش، وفي الزبيب، وفي تفاح، وكرز والتمر

Amygdalin is Naturully a occurring chemical Compound found in Many plant, most notably in Seeds of apricots, bitter almond, Appels, peaches, cherrise, and plums. Vitamin B.17 refers to a drug called Laetrile, an artificial from of amygdalin. Amygdlin is plant Substance present in Some nuts: may take to treat Cancer & B.17 does Not have Approval By Drug Administration F.D.A. Affective treatment For Cancer. B.17 can caus the Body to produce Cyand a poisonous and dangerous chemical. J.E.B. 1:39 Am. Thu. Sep-8-2022 ب.أ.ع.ج.ع.ه ٩٠٤٩ ٥٠٩٤

Joseph. E. BahriBek ج.ع.ه. جوزيف ايشو بحري بك

---

٤٠٠ - 455 - معلومات مهمه

((كل شيء جسمك يحتاجه ولكن لا بالغزارة أو كثره))
((كما قال ربنا جسمك هو حياتك))
((كما ربنا سوى كوريات الحمر والبيض))
((كما قال ربنا أعتني في جسدك))
((J.E.B. ب.أ.ع.ج.ع.ه))

1- الزنجبيل: يعالج الصداع
2- الزعتر: يعالج السعال
3- الكمون: يعالج سرطان
4- الإكليل: يعالج الذاكره
5- الثوم: يعالج تخفيض الكلسترول
6- القرفه: يعالج تخفيض السكر
7- الكركم: يعالج الالتهاب المفاصل
8- اليانسون: يعالج يهدئ الأعصاب
9- حب الرشاد: يعالج ضغط الدم الفم
10- البابونج: يعالج الالتهاب

J.E.B.
Thu. Sep. 8-2022
2:00 Am
.ج.ع.ه.

---

٤٠٧ - 456 - مصطلحات:

1- الظهر. 2- منتصف ليل. 3. Noon ب.ظ. بعد الظهر 2-pm. ق.ظ. قبل الظهر 1-Am
4- Midnight. منتصف الليل. Midrash المدراش تفسير يهودي التقليدي للتورات

ب.أ.ع.ج.ع.ه

---

٤٥٧ - 457 - أسم الحقيقي لسيدنا المسيح أم يهودي: ((ميشيحا))

أسم الحقيقي لسيدنا المسيح في اليهودي ميشيحا الآرامية اليهودية في اللغه الآشوريه ايشوع في اللغة العربيه مسيح وأيضاً لقد أقتبصنا أقتبصنا أسم ميشيحا من الكلمة العربيه الدارسيه، وأما بالنسبه الاسم عيسى ليس مدون لا في عهد القديم التورات ولا في كتاب المقدس الانجيل لا يوجد أي تدوين في كتاب العهدين المقدس عهد القديم وعهد الجديد. وأما اسم [illegible] عربي يسوع المسيح، كما قلت في الآشوريه ايشوع فقط. آمين

5:56pm Thu Sep.8-2022 J.E.B. ب.أ.ع.ج.ع.ه.ك-٨. أيلول. خميس

هل تعلم

٤٠٤ - 454 B.17 Vitamins ولها عوارض جانبية كالسموم!

يوجد B.17 في المكسرات كالوز، وفي المشمش، وفي الزبيب، وفي تفاح، وكرز والتمر.

Amygdalin is Naturally a occurring chemical Compound found in Many plant, most notably in Seeds of apricots, bitter almond, Appels, Peaches, Cherrise, and plums. Vitamin B.17 refers to a drug called Laetrile, an artificipl from of amygdalin. Amygdlin is plant Substance present in Some nuts! may take to treat Cancer & B.17 does Not have Approval By Drug Administration F.D.A. Affective treatment For Cancer. B.17 can caus the Body to produce Cyaind a poisonous and dangerous Chemical. J.E.B. 1:39 Am. Thu. Sep-8. 2022. ب.أ.ع.ح.ع.٨ ٩٥٥ ٩٥٤

Joseph. E. Bahri Bek جوزيف ايشو بحري بك.

---

٤٠٥ - 455 معلومات مهمة

١- الزنجبيل: يعالج الصداع

٢- الزعتر: يعالج السعال

٣- الكمون: يعالج سرطان

٤- الإكليل: يعالج الذاكرة

٥- الثوم: يعالج تخفيض الكلسترول

٦- القرفة: يعالج تخفيض السكر

٧- الكركم: يعالج الالتهاب المفاصل

٨- اليانسون: يعالج يهدئ الأعصاب

٩- حب الرشاد: يعالج ضغط الدم الغم

١٠- البابونج: يعالج الالتهاب

((كل شيء جسمك يحتاجه ولكن لا بالغزارة أو كثرة))

((كما قال ربنا جسمك هو حياتك))

((كما ربنا سوى كوريات الحمر والبيض))

((كما قال ربنا أعتني في جسدك))

((J.E.B. ب.أ.ع.ح.ع.٨))

J.E.B.
Thu. Sep. 8-2022
2:00 Am
.ح.ع.٨.

---

٤٠٧ - 456 مصطلحات:

١-١ الظهر - ٢ - منتصف ليل 3. Noon ب.ظ. بعد الظهر 2-PM . ق.ظ. قبل الظهر 1-Am

4- Midnight. منتصف الليل .. Midrash المدراش تفسير يهودي التقليدي للتوراة.

ب.أ.ع.ح.ع.٨

---

٤٠٧ - 457 - اسم الحقيقي لسيدنا المسيح اسم يهودي: ((ميشيحا))

اسم الحقيقي لسيدنا المسيح في اليهودي ميشيحا الآرامية اليهودية في اللغة الآشورية ايشوع وفي اللغة العربية مسيح وأيضاً لقد اقتبصنا اقتبصنا اسم ميشيحا من الكلمة العبرية الآرامية، وأما بالنسبة الاسم عيسى ليس مدون لا في عهد القديم التوراة ولا في كتاب المقدس الإنجيل لا يوجد أي تدوين في كتاب العهدين المقدس عهد القديم وعهد الجديد. وأما اسم المسيح يسوع المسيح، كما قلت في الآشورية ايشوع فقط. آمين

خميس ايلول ٨ ب.أ.ع.ح.ع.٨ J.E.B. 5:56 PM. Thu. Sep. 8-2022.

247
458- AmalakSkul ! Did They ? هل تعلم هل هم ؟ جمجمه العمالقه ! ٢٤٧ - ٤٥٨

عماليق عمالقه جابو أخدروامي أبن الياس (قمناء) الياس ابن عيسو

SEP-9-2022

هل تعلم

بريطانيا

رغم الملك أو الملكه البريطانيه يملك ولا يحكم فأن له لديه عديد الصلاحيات والمهام أهمها

المملكه المتحده
الملك يملك ولا يحكم

يرث الملك بشكل رمزي
حكم عديد من الدول

المملكه المتحده الملك يحكم ولا يملك

يحكم فعلياً دول المملكه المتحده (بريطانيا)

المملكه المتحده الملك يحكم ولا يملك

التاج البريطاني

هو رئيس الكومنولث وملك
12 دوله

أصبحت مستقله منذ أنضمامها

المملكه المتحده (بريطانيا)
الملك يملك ولا يحكم

التاج البريطاني

الملك هو رئيس الدوله في البلدان التي ما زالت
تحت التاج البريطاني دون صلاحيات حقيقيه

المملكه المتحده الملك يملك ولا يحكم

صلاحيات الملك دستورياً

* أجراء الإنتخابات العامه
* التدخل في أوقات الأزمه

المملكه المتحده الملك يملك ولا يحكم

حل البرلمان وأستدعاؤه للانعقاد
وزراء الحكومه يستخدمون هذه الصلاحيات نيابه عند حاجه

التصديق والتوقيع على مشروعات القوانين يصدرها برلمان،
الحق في رفض المصادقه على القوانين

المملكه المتحده الملك يملك ولا يحكم

* تعيين وأقاله الوزراء
* أعلان الحرب
* العفو الملكي ·J·E·B·

إنني أؤمن في الله
أمي أؤمن في [illegible] وأؤمن في
مخلصنا وجود الله [illegible] يسوع المسيح وأؤمن في
في الروح القدس وموسى [illegible] وأفكاره
الدنيا [illegible] J.E.B.

خاتم
8:42 PM
Fri Sep 9 2022
J.E.B.

حولها جو 9790٤

هل تعلم

459 - The Call abram. Gen:12:1-4.
The Lord Siad to Abram Leave your native Land: When Abram was 75 years he started out from Haran: Abram took his Wif Sarai, his nephew Lot. Gen:12:5-6.

دعوة أبرام: تكوين ١٢: ١-٤. - 459
ترك أبرام بيته من أور وكان عمره ٧٥ عاماً وأخذ ساراي زوجته ولوط
ابن أخيه: تكوين ١٢: ٥-٦.

460 - Tearh the father of Abram. Gen.11:36
Thearh Lived 205 years and died in haran

تارح أبو ابرام: تكوين ١١: ٢٦ - 460
مات تارح في حران وكان عمره
٢٠٥ سنة

461 - Abram Rescues Lot. Gen:14:1-3.
- Amraphel: king of Shinar. Gen:14:1-3.
! - Arioch: king of ELasar Gen:14:1-3.
3 - kedorlaomer: king of ELam. Gen:14:1-3.
4 - Tidal: king of Goiim. Gen:14:1-3.
5 - Bera: king of Sodom: Gen:14:2-3.
6 - Birsha: king of king Gomorra. Gen:14:2-3.
7 - Shinabi king of Adamh: Gen:14:2-3
8 - Shemeber king of Zeboiim: Gen:14:2-3.
9 - Bela: king of Zoari. Gen:14:2-3.

انقاذ لوط والأسرى: تكوين ١٤: ١-٢. - 461
١- أمرافل ملك شنعار تكوين ١٤: ١-٢ الملوك
٢- أريوك ملك ألاسار تكوين ١٤: ١-٢ الملوك
٣- كدرلعومر ملك عيلام تكوين ١٤: ١-٢ الملوك
٤- تدعال ملك جوييم تكوين ١٤: ١-٢ الملوك
٥- بارع ملك سدوم: تكوين ١٤: ٢-٣ الملوك
٦- برشاع ملك عمورة: تكوين ١٤: ٢-٣ ملوك
٧- شناب ملك أدمة: تكوين ١٤: ٢-٣ الملوك
٨- شمئبر ملك صبوييم تكوين ١٤: ٢-٣ ملوك
٩- بالع ملك بصوعر تكوين ١٤: ٢-٣ الملوك

462 - Abram: Father is High: Gen:17:5-6.
Abraham father for many Nation: Gen:17:5-6:

أبرام معناه رفيع. تكوين ١٧: ٥-٦ - 462
أبراهيم معناه أب الجمهور تكوين
وكان عمر ابرام ٩٩ سنة حين قال الرب له سوف يكون اسمك ابراهيم

463 - Sari: Gen:17:15-16
Sarah: Gen:17:15-16

ساراي: تكوين ١٧: ١٥-١٦ ساراي - 463
سارة: تكوين ١٧: ١٥-١٦ سارة معناه أميرة

كان عمر أبراهيم ١٠٠ سنة حين ولد إسحاق وكان عمر سارة ٩٠ سنة عندما ولد إسحاق - 464
تكوين ١٧: ١٧-١٨

464 - Abraham
Abraham was 100 years When Isaac born and: Sarah was at age 90 years.
Gen:17:17-18
((Isaas Son of) Sarah bear a child at Age ninty years.

465 - ١: الله خلق الجاذبية على الأرض كي تستقر كل خليقته
ربنا وخالقنا القدير اوجد جاذبية قوية على الأرض لتستقر كل خليقته على الأرض
كي يستقرون ولا يتأثرون ويتطايرون كالبشر كي لا يطيروا والحيوانات البحرية
كي لا يتطايرون مع مياه الذين خلقوا ولا تتساقط مياه في الفضاء يصبحون
كالفقاعات تسبح وتطير في الفضاء مع اسماك فيها كذلك سوف يتطايرون في
الفضاء وطول قامة الأشجار والطيور سوف تصطدم ببلادها أخرى وكل الخليقة التي
خلقها على الأرض مهدد دليل ثابت خلق الجاذبية الى استقرار الحياة على الأرض ٢٠٢٠ ب J.B.
مدون الخاطرة وأثباته على هذا جوزيف بحري بك 12:40 Am. Sun. Sep. 11 - 2022.

هل تعلم

466-Sari & Sarah — ٤٦٦- ساراي، سارة: يدعون الاسرائيلين أنها يهودية

الاسرائيلين (اليهود) يدعون أن ساراي أو (سارة Sarah) أنها
اسرائيلية (اليهودية) الحقيقة ليس وأنما هي من جنوب العراق أور
العراقية حاليا لأنها علاقتها من أبرام (ابراهيم) أخته من الاب وليست
من الام (في ذلك الوقت لا يوجد اسمها دين سنهاريم أو القانون الدم) فلذلك
أبراهيم تزوج من أخته فقط من الاب، وليس أم ساراي في جنوب العراق سكنها
وأمها من جنوب العراق فمعنى ذلك أمها عراقي القديم. تكوين ١٢: ٤-٥ Gen:12:4-5
كما مدونه في عهد القديم في التكوين كما ذكره ١٢: ٤-٥ Gen:12:4-5 حين دعى دعوه
أو نادى الرب الى أبرام (أبراهيم) أترك مسكن والدك وموطن (أور Ur) الكلدانيه
وأذهب الى الكنعان. حين ذلك ترك أبرام بيتيه وكان عمره ٧٥ سنه وأخذ معه
زوجته ساراي وأبن أخوه لوط وذهب بلاد الكنعان: تكوين ١٢: ٤-٥
Gen:12:4-5.

12:30Am Mon Sep 12 2022

467- Isaac — ٤٦٧- أسحاق: يدعونه أنه أبن يهودي ليس ذلك صحيح!
وأنه يهودي!

عند ولد أسحاق كان عمر أبرام (أبراهيم) ١٠٠ سنه وساره حين كانت من
عمرها ٩٠ سنه عندما أنجبت أسحاق،
Abram Was 100 years When Isaac Was born & his mother ((Sarai Sarah)) Was 90 year When Isaas Was born.
كما مدونه في التوراة التكوين ١٧: ١٧-١٨ Gen:17:17-18
أنه مولود من أب عراقي أور أبرام (أبراهيم) ومن أم عراقيه أور، ساراي
(ساره).
Isaacs mother Sarai ((Ur)) IRaqi & his Father Abram ((Ur)) Iraqi Born. Gen:17:17:18

ملاحظة: كل هذه معلومات مدونه ليست لا من
أنجيل والسن قرآن وأنما من التوراة. ٢٠٢٠.

*

468- Ishmeal — ٤٦٨- أسماعيل: أصله ونسله ((عراقي ومصري))

كما مدونه أسمه ونسله في التوراه في كتاب المقدسين في عهد القديم
التكوين ١٦: ١-٦ Gen:16:1-6. أسماعيل أبوه أبراهيم عراقي وأمه مصريه هاجر مصري
التكوين ١٦: ١٠-١٢ Gen:16:10-12. أسماعيل معناه الله يسمع. مدونه في التوراة.
Ishmeal his father IRAQI & his Mother Egypt. Gen:16:1-16.

٤٦٩- العرب
من أين جاؤا العرب كما مدونه في التوراة جاؤا:-
١- من يقطان ((Jactan)) وأولاده ((١٠: ١٣)).
٢- من أسماعيل ((Ishmeal)) وأولاده ((١٢: ١٢)).
٣- ومن تزوجت أبراهيم الثالثة قطوره (keturah) وأولادهم وأحفادهم.

1:30Am. Mon. Sep. 12. 2022
كما مدونه في العهد القديم (تكوين) في التوراة.
كما المدون ٢٠٢٢. ٩. ١٢
J.E.B.

هل تعلم

أشهر القبطيه: أسماء ومعاني أشهر القبطيه:
في عام 4241 قبل الميلاد
أثيوبيا وجنوب أرتيريا وجيبوتي — 13 شهر
الكنيسة القبطية الارثوذكسية — 12 * 30
1 * 5 أو 6

لتقويم القبطي

١- توت، 2- بابه: 3- هاتور: 4- كيهك 5- طوبه، 6- أمشير،
٦- برمهات، 8- برموده، ٩- بشنس، ١٠- بؤونه، ١١- أبيب، 12- مسرى
13- النسئ

١- شهر توت: نسبه الى الأله (تهوت تحوت) إله الحكمه والعلوم وفنون والاختراعات ومخترع الكتابه ومقسم الزمن، يأتي في فتره من ١١ سبتمبر الى ١٠ اكتوبر

2- بابه: سميه نسبه اله الزرع (بي نت رت) لان فيه يكسو وجه الارض بالخضرة

3- شهر هاتور: يأتي في فتره من ١١ اكتوبر الى ٩ نوفمبر
نسبه الى الاله (هاتور أو اثور) اله الحب والجمال وملكه السماء والفرح والمحبه التي يقابلها عند اليونان (أفرودت) يأتي من ١٠ نوفمبر الى ٩ ديسمبر

4- كيهك: نسبه الى إله (كاكا) اله الخير او الثور المقدس المعروف عند العامه بالعجل أبيس المقدس
يأتي من ١٠ ديسمبر الى 8 يناير

5- طوبه الى الاله (أمسو أو طوبيا) أي الدسمى أو الأعلى أو اله المطر الذي سميت باسمه طيبه بالاقصر
يأتي من ٩ يناير الى ٧ فبراير

6- أمشير: نسبه الى السنه الزوابع والاهويه لكثرها شدتها في هذا شهر فيقال شيطان الزوابع
يأتي من 8 فبراير الى ١٠ مارس

7- برمهات: نسبه الى (بامونت اله الحرب والحراره وهو الموصوف بالثور المنصور وفيه تشتد الحراره لنضج المزروعات
يأتي من ١٠ مارس الى 8 أبريل

8- برموده: نسبه إلى الاله (رينو) اله الرياح القارصه أو اله الموت ويصور أحيانا بصوره أفعى نسبه الى ومويه الأفعى المعرسه اله حصاد. يأتي من ٩ أبريل الى 8 مايو

9- بشنس: نسبه الى المعبود (خونسو أو خنسو) أحد ثالوث لمعسر طيبه وهو (اله القمر) (أبن اله) (أمون رع) (الموت) يأتي يأتي من ٩ مايو الى ٧ يونيو

10- بؤونه: نسبه الى الاله (حنتي - باذني) أحد أسماء حوريس أو الشمس ومعناه اله المعادن لان فيه تستوي المعادن والاحجار الكريمه يأتي 8 يونيو الى ٧ يوليو

١١- أبيب: نسبه الى الاله (أبيفي أو أبيب) وهو ثعبان الكبير الذي أهلكه حورس أو الشمس أبن أوزوريس. ويأتي 8 يوليو الى ٩ أغسطس

12- مسرى معه أبن الشمس لانه مخصص لولاده الشمس أو بما يسمى بالانقلاب الصيفي. أو ليه الشهر يأتي من ٦ أغسطس الى 5 سبتمبر

13- النسئ: معناها في اللغه (العقيب، الناخير) وعرف بالقبطيه باسم الشهر الصغير

9:30 pm
wed.
Sep-14-2022
٢٠٢٢-٩-١٤ الأربعاء

5 أيام * 3 سنين متتاليه
6 أيام في السنة الرابع

هل تعلم

471- ٤٧١-

كلمات سريانية نتكلمها هي ليست كلمات عربية

	سريانية	عربية		سريانية	عربية		سريانية	عربية		سريانية	عربية
1-	لطا	أختبئ	9	فرم	قطع	17	شقف	هشم	23	أتقندر	عندور
2-	لقط	قبض أو	10	منتوش	ممزق	18	شرش	جذر - نسل	24	ابنالشر	أبتلى
		اس	11	مرتي	زوجتي	19		سلاله	25	برا	في خارج
3-	سكر	أغلق	12	شوب	حر سدير	20	شبط	ضرب	26	جواني	في داخل
4-	بعبعه	ثرثره	13	نكس	كشف	21	شلف	رمى	27	هزك دعكك	تفكير عميق عجن
5-	نبش	حفر	14	تفشكل	أصطدم	22	فرشخ	باعدما	28	زفر	قذر
6	قاق	غراب	15	دقر	لمس			بين قدميه	29	دادا	ألم
7-	لعي	كلام سيئ	16	زربعه	أحواص	22-	حوش	منطقه	30	حصير	عشب
8	حيكلك	قو تكلك			مزروعه						جفف

Thu. Sep. 15-2022
J. E. B.
ج.ع.ب

472- ٤٧٢- أصعب اللغات في العالم
أصعب اللغه في العالم هي اللغه الصينيه وتحتوي 5000 حرف ورمز.

473- ٤٧٣- واللغات الصعبه هي أيضاً 1- اليابانيه. 2- اللغه العربيه.

9:14 pm
Thu. Sept. 15-2022 J. E. B. ج.ع.ب. ج.ع.ب.

474- ٤٧٤- مامعنى الستان: الستان هي كلمه فارسيه معنى مساحه أو أراضي أرض. مثل: أفغانستان، تركمستان، باكستان

475- ٤٧٥- ختم بابل ١٥٦٢ق؟ C 1563. ((جنوب العراق)).

١- ملحمة كلكامش قرن السابع قبل ميلاد C. 7 centry B.C

٢- أريدو ٥٩٠٠ قبل ميلاد Eridu C. 5900-4000 B.C

٤- ختم عبيد ٥٩٠٠-١٠٠٠ قبل ميلاد Ubaid. Stmp Seal C5900-100 B.C.

٥-

5- ٥- أورك: سلاله ٤٠٠٠-٣١٠٠ق.م Uruk period C. 4000-3100 B.C.

6- Evolution of Cuniform Sign 3000 B.C ٦- تطور كتابه مسماريه وعلامات.

7- Cylinder Seal 3300-3100 B.C ٧- ظهور ختم

8- Early Dynastic period of Summer C. 2900-2334 B.C. ٨-

9- Lugal: Literally means ((Big man)) ٩- لوكال: كبير أو رجل عظيم

253'A ٤٥٢

476- -٤٧٦ -476

هل تعلم

أشهر السريانيه

تعود تسمية السريانيه الى القرن الرابع قبل الميلاد

١- كانون الاول: يرى البعض أن أسم كانون مشتق من الثبات والأستقرار وحينما يرى الاخر أنه من كلمه من الثبات والاستقرار من البيت، وقصده به طوهر فصل الشتاء كلمه كانون تعني الشتاء

2- شباط: يعود معنى الكلمه الى كلمات البابليه تشير الى الضرب والجلد وسبب التسميه شدده البردي والرياح في هذا الوقت من السنه

3- أذار: أصل التسميه هو لفظ البابلي (آذارو) ويعتقد أنه مشتق من فعل "الصوت العنيف" التي تشبه عواصف هذا الشهر
أمثال: أذار هدار فيه صواعق والأمطار، هواء أذار يقلع الأشجار

4- نيسان: الكلمه من اللفظ البابلي (نيسانو) ويعني البدا والتحرك أو شروع بالشيء، مطر نيسان خير صحه للانسان

5- أيار: الكلمه البابليه الأصل وتعني الضياء والنور أو من كلمه البابليه أخرى تعني الزهره وقصده به زهر فصل الربيع
أمثال: أيار شهر ريحان والأزهار، في أيار نام على سطح الدار

6- حزيران: لفظ سرياني يعني الحنطه أي القمح من الحصاد فيه الأمثال شبعه لشهر حزيران تيقى زراع مثل الخيزران

7- تموز: اللفظ البابلي عن الاخر السومري يعني ابن حيات وقصد به إله عيد السومرين والكديين وكان هذا الشهر مكرسا له وهو إله يموت ويعود
مثل تموز تغلي ماء الى الكوز (أبريق)، مع شده حر وهذا شهر

8- آب: الكلمه من الاصل البابليه يعني العداء وكان شهرا مكرسا الى الهه نار وقد تكون التسميه سريانيه بمعنى هلال ومواسم أو ثمر ناضج
أمثال: آب لهاب يسوع البصار عن الباب

9- أيلول: الكلمه بابليه تشابه ما يقابلوها في عربي بمعنى، صراخ والعويل
أيلول دباغ الزيتون، أيلول ذيله مبلول.

10- تشرين الاول

11- وتشرين الثاني من الكلمات السريانيه (أصلها من جنوب عراق)
وكان هناك تشري القديم وتشري آخر أي لاحق. وكان شهر تشرين هو أول السريانيه أمثال التسميه عن شهر تشرين
أذا ما شبع عنب والتين شبع من مية (مياه) تشرين

12- كانون الثاني: مثل كانون الاول، كلمة كانون معناه الثبات والاستقرار

ع . أ . ب

7:40 pm Thu خميس
Sep.15-2022 ، 10 ، أيلول
J.E.B. + ، ב.ع.ك

J.E.B.

253.B. هل تعلم ٢٥٣

467-

-٤٦٧ -467

نبات الشمروخ: نبات النفل في العربية

١- ما معنى اسم : مريم ؟ المرأة العابدة و لخادمة الله.

٢- من من الملائكة نزل الى مريم : سيدنا جبرائيل

-٤٦٨ -468

العلم بريطانية : يتكون من أربعة علم (أعلام)

Tue. Sep. 13-2022

J.E.B. جوزيف جمي بابك

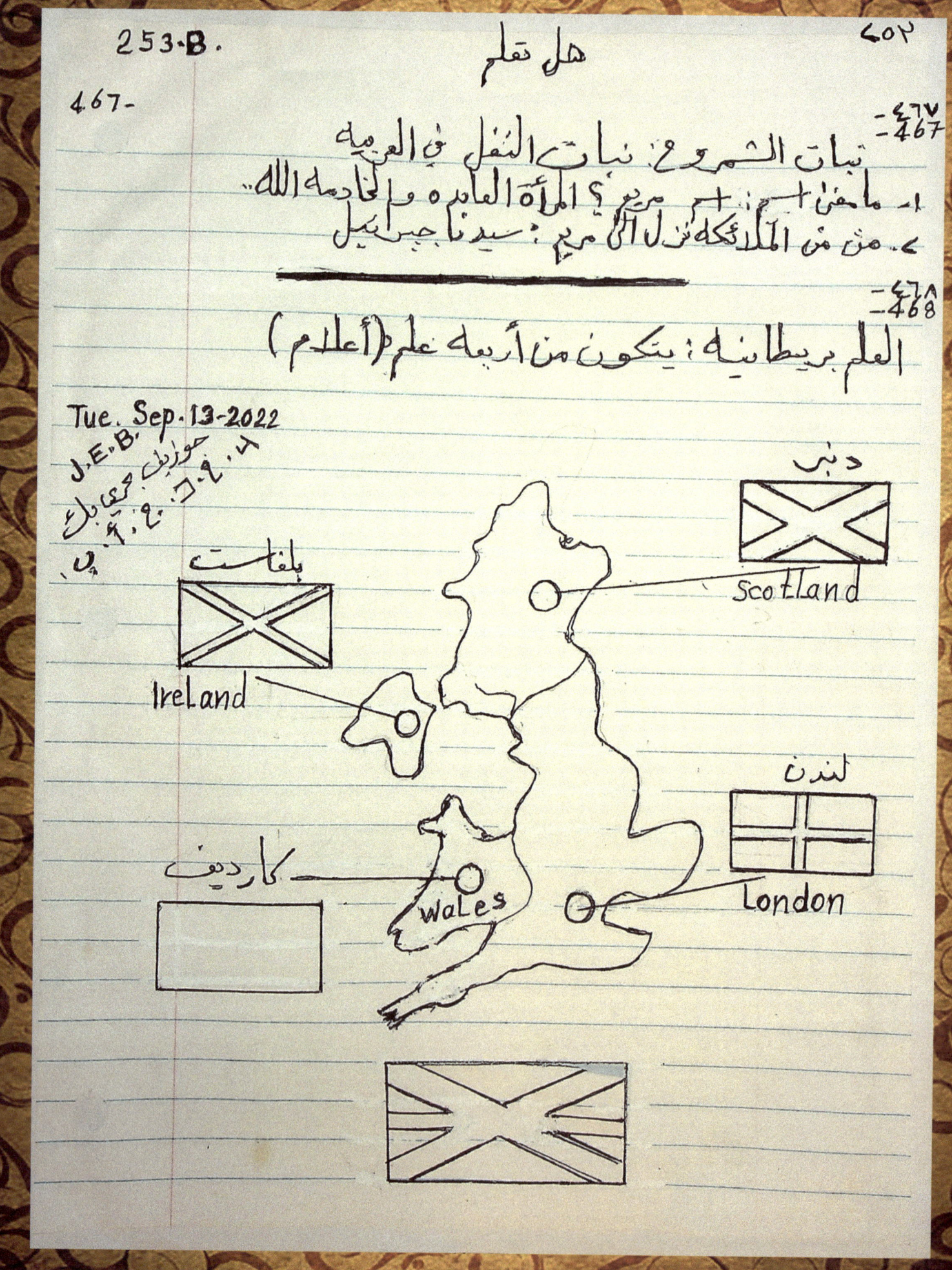

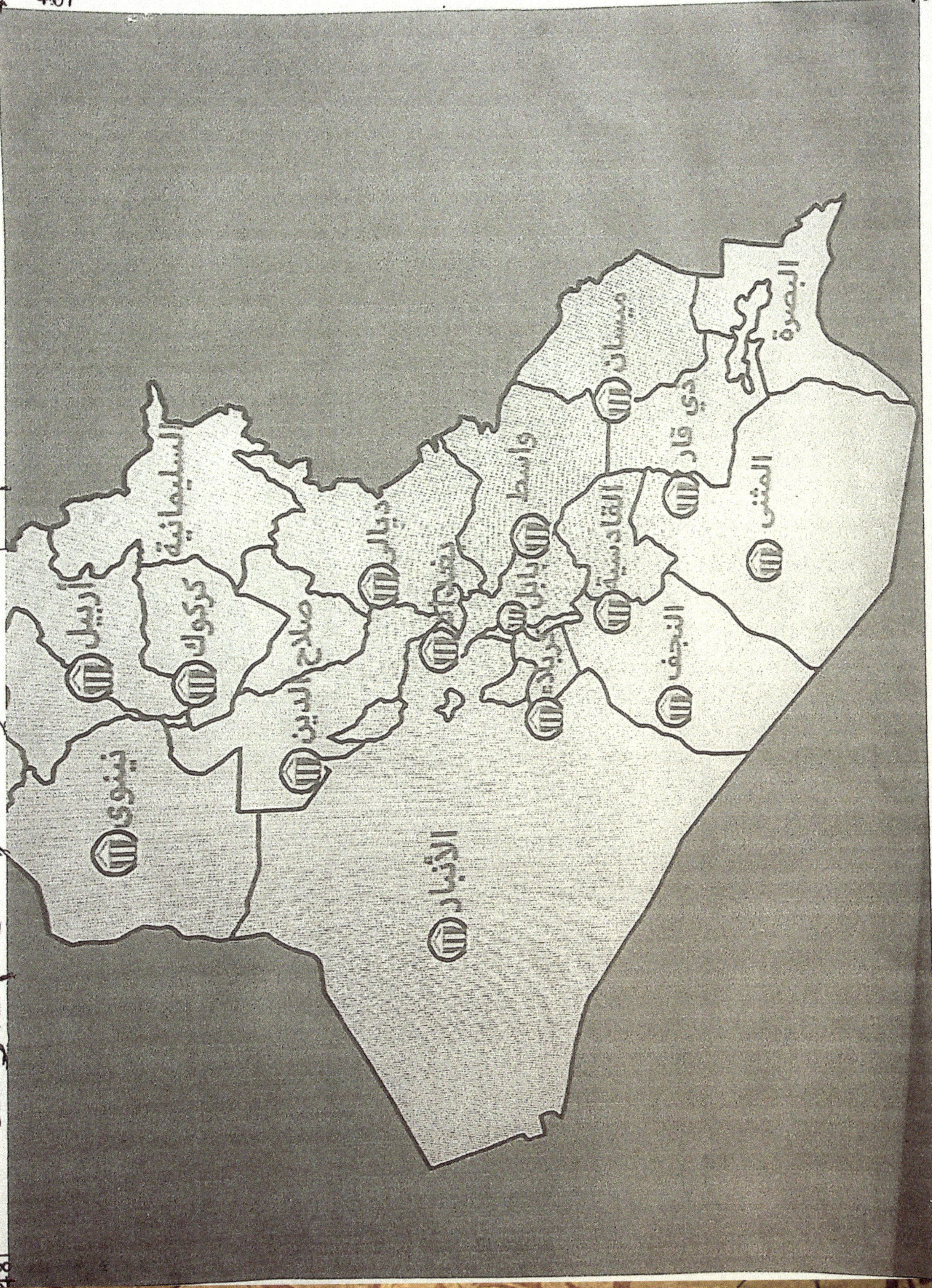
نينوى
أربيل
السليمانية
كركوك
صلاح الدين
ديالى
بغداد
واسط
بابل
كربلاء
الأنبار
النجف
القادسية
المثنى
دي قار
ميسان
البصرة

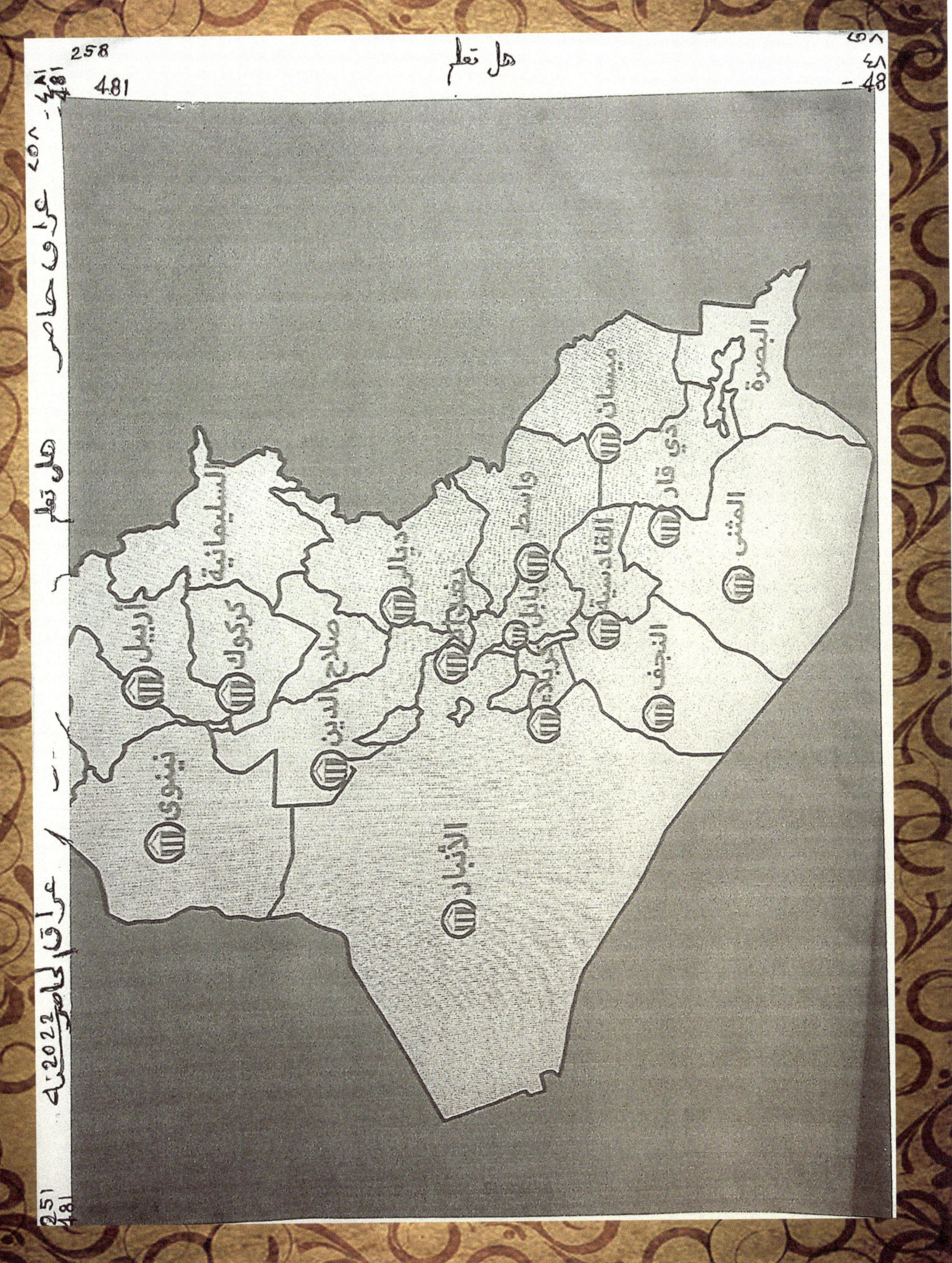

هل تعلم
480-
257
نينوى
ماري
شولكي
أكد؟
كيش
نيبور
شوروباك
أداب
أوما
أوروك
لارسا
باد تيبرا
لكش
أور
إريدو
2030-1982

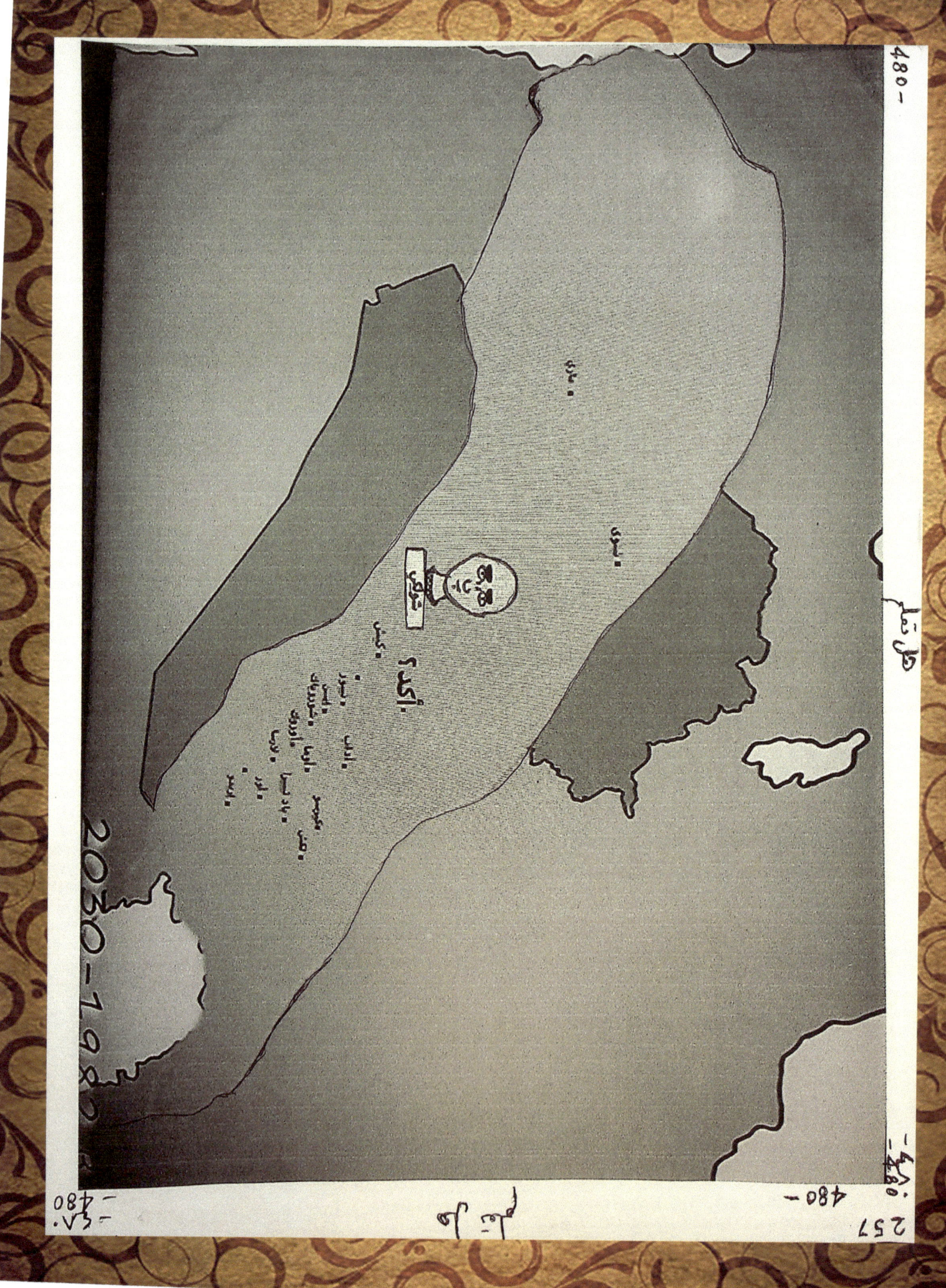

مملكة الأكد
سرجون الأكدي

255
هل تعلم
٢٥٥
-٤٧٨
-478
AKKD
أكد؟
جنوب عراق
South IRAQ
كيش
نيبور
Nipper
إيسن
أداب
نشوء أول
كيرسو
شورورياك
أوما
لكش
أوروك
حضارات قديمه
باد تيبيرا
لارسا
Ur
أور
Eridu
إريدو
J. E. B.
2022.

254
477-
أكد

www.ingramcontent.com/pod-product-compliance
Lightning Source LLC
Chambersburg PA
CBHW041508120626
46551CB00018B/2355
9798893892765